■ 教育部人文社会科学研究一般项目研究成果（项目编号：16XJA820001）

刑事庭审质证规则研究

XINGSHI TINGSHEN
ZHIZHENG GUIZE YANJIU

潘金贵 等著

撰稿人：

潘金贵　李冉毅　王　彪
王志坚　黄　琪　李国华
唐海东　唐昕驰　赵飞龙
王剑虹　夏睿泓

中国检察出版社

图书在版编目（CIP）数据

刑事庭审质证规则研究 / 潘金贵等著 . — 北京：中国检察出版社，2019.12

ISBN 978-7-5102-2345-7

Ⅰ . ①刑… Ⅱ . ①潘… Ⅲ . ①刑事诉讼—审判—研究—中国 Ⅳ . ① D925.218.4

中国版本图书馆 CIP 数据核字（2019）第 233737 号

刑事庭审质证规则研究

潘金贵　等著

出版发行：	中国检察出版社
社　　址：	北京市石景山区香山南路 109 号（100144）
网　　址：	中国检察出版社（www.zgjccbs.com）
编辑电话：	（010）86423751
发行电话：	（010）86423726　86423727　86423728
	（010）86423730　68650016
经　　销：	新华书店
印　　刷：	北京宝昌彩色印刷有限公司
开　　本：	710mm×960mm　16 开
印　　张：	20　插页 4
字　　数：	307 千字
版　　次：	2019 年 12 月第一版　2019 年 12 月第一次印刷
书　　号：	ISBN 978-7-5102-2345-7
定　　价：	68.00 元

检察版图书，版权所有，侵权必究
如遇图书印装质量问题本社负责调换

《证据法学文丛》总序

证据是认定案件事实的基础。然而，证据法学在我国的法学学科体系中长期以来属于"冷门学科"，主要表现为证据法学的教学科研总体上似乎无足轻重，这与其在国外尤其是英美法系国家中属于"显学"形成鲜明对比。"证据法学"课程在很多法学院校属于可有可无的选修课，师资力量薄弱，而有的院校根本不开设该课程，甚至某著名政法大学曾经取消了本科生的证据法学课程，其不受重视可见一斑。证据法学方面的科研成果，无论专著、译著还是论文，较之其他法律领域的成果相对较少。不夸张地说，我国法学理论研究和司法实务长期存在"重实体、轻程序、更轻证据"的现象。究其原因，无疑与我国多年以来证据立法不受重视、证据规则阙如有很大关系———在没有一部法律名为《证据法》的情况下，证据法学教学科研的边缘化似乎也情有可原。受大陆法系立法模式的影响，我国的证据规则散见于实体法和程序法中，不成体系，实体法或者程序法的制定者也不会过多地关注其中的证据问题。例如：1979年刑事诉讼法证据一章只有7个条文；1996年刑事诉讼法修订时仅增加了1个条文；而2012年刑事诉讼法修订将证据一章增加了8个条文，但总体条文依然非常粗疏。1982年民事诉讼法证据一章只规定了11个条文；2007年民事诉讼法第一次修订时对证据一章只作了个别调整和删减，只增加了1个条文；2012年民事诉讼法第二次修订时将条文增加到了19个；2017年民事诉讼法第三次修订则根本未对证据条文作任何修改。1989年制定的行政诉讼法证据一章只有6个条文，2017年行政诉讼法修订时增加了5个条文，总共也只有11个条文。立法上的这种情况自然导致理论研究和司法实践的不重视。虽然在21世纪初一些学者曾经试图扭转这种窘境，推出了统一证据法典或者单行证据法的专家建议稿，[①]但最终归于寂寥。

所幸的是，随着我国法治建设进程的加快，证据法的重要性日益受到重视。其首先表现为立法机关日益重视证据规则体系的构建，而这对于证据法在整个法律体系中地位的提升无疑具有极其重要的意义。2002年最高人民法院先后发布的《关于民事诉讼证据的若干规定》和《关于行政诉讼证据若干问题的规定》两个司法解释，基本构建了民事、行政诉讼领域的证据规则体系。2010年"两高三部"联合发布了《关于办理死刑案件审查判断证据若干问题的规定》和《关于办理刑事案件排除非法证据若干问题的规定》，基本构建了刑事诉讼领域的证据规则体系，其后在2012年刑事诉讼法修订以及之后的一系列相关司法解释中，刑事证据规则体系得到了不断的完善。在前述刑事、民事、行政诉讼的相关司法解释中，"认定案件事实，必须以证据为根据"的"证据裁判原则"得以确立，证据规则在诉讼活动中的重要作用得到彰显。其次，对证据法重要性的认识

---

① 参见江伟主编：《中国证据法草案（建议稿）及立法理由书》，中国人民大学出版社2004年版；毕玉谦等：《中国证据法草案建议稿及论证》，法律出版社2003年版；陈光中主编：《中华人民共和国刑事证据法专家拟制稿（条文、释义与论证）》，中国法制出版社2003年版。

在司法实务部门中得到极大的提升，公安司法人员的证据意识有了很大的提高，证据裁判理念得到了普遍的认同。尤其是《中共中央关于全面推进依法治国若干重大问题的决定》绘制了我国法治建设的宏伟蓝图，法律在国家治理和社会生活中的重要性得到凸显，民众的法律意识包括证据意识普遍得到增强。《决定》中强调指出了证据的重要性："推进以审判为中心的诉讼制度改革，确保侦查、审查起诉的案件事实证据经得起法律的检验。全面贯彻证据裁判原则，严格依法收集、固定、保存、审查、运用证据，完善证人、鉴定人出庭制度，保证庭审在查明事实、认定证据、保护诉权、公正裁判中发挥决定性作用。"随着对证据重要性认识的提升，一些地方公安司法机关如上海、浙江、贵州等地陆续制定了诸如证据指引之类的地方性证据规则，为公安司法机关办理案件提供指导性、操作性的证据规程，证据法的实践价值日益得到体现。最后，证据法学研究近年来有了较大的进步，有方兴未艾之势。证据规则体系的基本构建和司法实践的迫切需要，为证据法学研究的开展提供了更为广阔的空间。近年来，理论界推出了一些证据法学方面的优秀学术成果，一些法律院校设立了专门的证据法学研究机构，创办了专门的证据法学研究刊物，如此种种为证据法学研究的深入开展搭建了更多的平台。因此，无论从立法、司法还是理论研究，我国证据法在法律体系中的地位正在从无足轻重逐渐提升为举足轻重。这从教育部将"证据法学"列为法学本科生的B类必修课第一门首选课程以及部分法学院校开始将证据法学列为本科生的必修课可见一斑，从某种意义上可以说，我国证据法学研究的春天已经姗姗而来！

然而，证据法学在我国不是一个独立的二级学科，多数法学院校都是将其作为诉讼法学下属的一个研究方向，实际上这种做法非常值得商榷。证据法并不是单纯的程序法内容，无论刑事还是民事、行政诉讼领域，很多证据规则来源于实体法规范。准确地说，证据法学是唯——门兼容了实体法和程序法内容的法学学科，应当作为独立的二级法学学科更为适当。目前，已有少数法学院校将证据法学单列为二级法学学科来予以建设。在笔者所任教的西南政法大学，证据法学甚至不是诉讼法学科下属的研究方向，在本科教育中不够重视，也不招收证据法学方向的研究生。不过，西南政法大学的诉讼法学作为国家重点学科，在法学界一直有较大的学术影响力，多年以来本学科师生对于证据法学有相对深入的研究，无论在教材、专著还是论文方面均发表了一定数量和质量的科研成果，得到了理论界和实务界的充分肯定。① 只不过本学科证据法学方面的科研成果都是归属于诉讼法学科，且列入不同的出版丛书序列，如已经出版的证据法学方面的专著多数列入"西南政法大学诉讼法学博士精品文库"，部分列入"程序法文库"，个别列入"西南政法大学博士文库"。如此则显得西南政法大学证据法学方面的科研成果不能自成序列，体系凌乱，不能更好地提升本学科在证据法学方面研究成果的学术影响力。故此，经笔者申请，并在西南政法大学法学院领导的大力支持下，拟创建由西南政法大学证据法学研究中心主办、由笔者主编的《证据法学文丛》，主要出版由西南政法大学师生撰写的关于证据法学方面的学术专著，包括刑事诉讼法学、民事诉讼法

---

① 专著、教材方面的代表性研究成果主要有孙长永等：《刑事证明责任制度研究》，中国法制出版社2009年版；王剑虹：《亲属拒证特权研究》，法律出版社2010年版；闫召华：《口供中心主义研究》，法律出版社2013年版；王彪：《犯罪主观要件证明问题研究》，法律出版社2016年版；颜飞：《书面证言使用规则研究——程序法视野下的证据问题》，中国法制出版社2012年版；纪虎：《被告人作证制度研究——以英美法为中心展开的比较法考察》，法律出版社2012年版；包冰峰：《民事诉讼证明妨碍制度研究》，厦门大学出版社2011年版；笔者主编的《证据法学》教材和《证据法学论丛》《证据法学译丛》《证据刑辩散思集》系列文集等。

学方向以及侦查学方向的博士研究生撰写的博士论文等。校外作者撰写的证据法学专著如果学术水平较高的也可以纳入该文丛的出版序列。该文丛与西南政法大学证据法学研究中心主办、笔者主编的《证据法学论丛》《证据法学译丛》形成一个西南政法大学主办的证据法学方面的系列文库，既可以给证据法学研究者提供发表科研成果的学术平台，也可以进一步扩大西南政法大学证据法学研究的学术影响力，进而推动我国证据法学研究的不断深入。

"巍巍学府，屹立西南。自强不息，历创业之维艰；精思睿智，穷学术之浩瀚"，西南政法大学校歌中的这几句歌词既写出了作为西政人的自豪感，也写出了西政人的创业精神和学术精神。作为在西南政法大学求学十年的学子，笔者对母校培育之恩的感激之情难以言表！适逢明年母校即将迎来七十周年校庆，《证据法学文丛》的创办或可作为证据法学研究中心献给母校的薄礼。我本不才，且徘徊在理论与实践之间，学术水平有限，实务能力欠佳，故只能做一些力所能及的自认为有意义的事情，不求功名，但求心安。惟愿母校能够蒸蒸日上，惟愿我国的证据法学研究能够欣欣向荣。

是为序！

西南政法大学证据法学研究中心主任
教授　博士生导师　潘金贵
2019年秋于渝

序

　　刑事诉讼是国家公权力行使与公民私权利保障之间的博弈。这场博弈最大的魅力就在于控辩对抗：由于控方以国家资源为后盾，辩方处于先天的弱势，因此如果辩方在这种"先天失衡"的对抗中胜出，例如，经过辩护被告人被宣告无罪，这种成就感是无可替代的——这或许是专注刑事辩护的律师们的共同感受。控辩对抗贯穿于刑事诉讼的整个过程，而且在侦查阶段更为突出，但是审前程序中的对抗都是"隐性"的、不为公众所知的，能够为公众所感知的最突出的外在表现形式无疑是控辩双方在庭审中的对抗。庭审除了应当"在查明事实、认定证据、保护诉权、公正裁判中发挥决定性作用"外，还有其他附属功能，其中一个方面即庭审是控辩双方在公众面前展现自己综合素养和水平的最佳也是唯一的舞台。且是控辩双方包括裁判者能否将这个舞台剧中自己的角色演得出彩，除却自身综合素养和水平之外，还需要有科学合理的庭审规则，其中一个重要方面是科学合理的质证规则。

　　随着以审判为中心的诉讼制度改革的推进，学界近几年来对于庭审实质化问题研讨较多，而对庭审质证规则似乎关注较少。在笔者看来，庭审实质化的核心就是质证实质化。① 因为在庭审的开庭、法庭调查、法庭辩论、被告人陈述、评议和宣判五个阶段中，涉及实质化改革的主要是法庭调查和法庭辩论两个阶段。而从司法实践来看，法庭辩论阶段基本上都能够保障控辩双方充分发表辩论意见，形式化问题并不突出。因此，庭审实质化改革的重点应当是对法庭调查阶段的形式化问题进行改革。在此阶段，主要包括举证、质证、认证三个环节，其中举证环节基本上是程序化的流程，而认证环节由于庭审的特殊性只能让审判人员作形式化的表态，因而法庭调查阶段实质化改革的核心无疑应当是实现质证的实质化。而如何实现质证实质化，除却完善人证出庭机制等外，其中的重要一环是完善质证的相关规则，通过规则的完善来避免质证的虚化。故此，对刑事庭审质证规则进行系统研究无疑具有重大的理论价值和实践意义。

笔者对刑事庭审质证规则的研究兴趣肇始于长期参与的刑事辩护实务。"规则缺失"是笔者对刑事庭审质证的深刻感受，这种规则缺失既包括一些基本证据规则的缺失，也包括一些技术性操作规则的缺失。例如，由于长期以来证人等人证不出庭，法庭调查时多少带有"交叉询问"色彩的主要就是控辩双方对被告人的"发问"，尤其在共同犯罪案件中对同案被告人的发问更会体现出一定的"交叉询问"色彩。但是在"发问"时，到底哪些属于"诱导性询问"，很多时候控辩审三方均未能正确理解和把握，从而导致一些原本错误的诱导性询问对方不能及时提出异议，法官未能予以制止，而一些原本正确的诱导性询问对方却错误地提出异议，法官则不当制止。

---

① 参见拙文《庭审实质化的核心是质证实质化》，载《证据法学论丛》（第五卷），中国检察出版社2016年版，第1—6页。

再如，一方举证，对方发表质证意见后举证方进行答辩，如果对方认为举证方的答辩意见错误，能否再针对答辩意见发表质证意见，实践中做法不一，绝大多数法官都不允许在质证阶段控辩双方针对某个证据展开多轮辩论，而是要求到法庭辩论阶段再发表，而到了法庭辩论阶段，已经基本上不可能再针对法庭调查中的某个争议证据专门发表辩论意见，如此等等。不难看出，质证规则的不完善是导致质证形式化进而导致庭审形式化、庭审缺乏"看点"的重要原因。

正是基于在辩护实践中对质证规则的一些粗浅的思考，笔者申报了教育部的科研项目"刑事庭审质证规则研究"并有幸获得立项，从而能够带领课题组对刑事庭审质证规则的相关问题进行相对系统的研究，本书即该课题的最终研究成果。本书对庭审质证规则的理论基础和诉讼价值进行了分析，对一些国家和地区及国际刑事司法中的庭审质证规则进行了比较法考察，对我国刑事庭审质证规则进行了规范分析和实证研究，提出了完善我国刑事庭审质证规则的基本构想，力图构建我国刑事庭审质证规则的体系和框架，以资有益于立法、理论和实践。然而，由于课题组成员学力不逮，书中尚存在诸多不足之处，一些问题的研究还不够深入，诚望各界批评指正。

本课题的最终完成，除了课题组全体成员的共同努力外，尤其要感谢重庆市高级人民法院刑二庭张波庭长和重庆市第一中级人民法院刑二庭蒋林庭长两位实务专家在研究过程中提出了很多宝贵的指导性意见。同时，还要特地感谢中国检察出版社编辑俞骊女士长期以来对于西南政法大学证据法学研究中心教学科研工作的鼎力支持。谨致谢忱！

此外，本书拟作为笔者主编的《证据法学文丛》的第一本专著。

近年来，笔者以西南政法大学证据法学研究中心为依托，基本上以一己之力，开展了一些自认为有价值、有意义的教学科研工作，搭建了一定的教学科研平台，其中包括出版了《证据法学论丛》《证据法学译丛》系列丛书。笔者一直有一个愿望即再打造一套《证据法学文丛》系列丛书，主要出版本校师生撰写的证据法学方面的专著，从而形成"西政"品牌的论丛、译丛、文丛的系列证据法学研究成果。现暂借本课题结项、本书付梓之机，圆自己一个梦想。西南政法大学的证据法学教学科研长期以来属于"冷门学科"，力量薄弱且尚未形成合力，笔者致力于斯，确系源于实践而深感其重要性，然囿于自身能力水平有限，颇感此路不易，故只能"不忘初心、砥砺前行"，聊以自勉。

是为序。

西南政法大学证据法学研究中心主任
教授　博士生导师　潘金贵
2019年10月于重庆

目录

第一章 刑事庭审质证规则概述 ·········· 1

一、质证及质证规则的概念 ·········· 1
  （一）质证的概念解读 ·········· 1
  （二）质证规则的概念解读 ·········· 6
  （三）质证规则与相关概念辨析 ·········· 8

二、庭审质证规则的理论基础 ·········· 13
  （一）程序法定原则 ·········· 13
  （二）证据裁判原则 ·········· 16
  （三）对质权理论 ·········· 18

三、庭审质证规则的诉讼价值 ·········· 21
  （一）有利于证据审查，查明案件事实 ·········· 21
  （二）有利于保障人权，实现程序正义 ·········· 22
  （三）有利于控辩平等，维护诉讼公正 ·········· 24
  （四）有利于提高效率，保证有序质证 ·········· 26
  （五）有利于实质庭审，实现审判中心 ·········· 28

第二章 刑事庭审质证规则的比较法考察 ·········· 31

一、大陆法系国家和地区的刑事庭审质证规则 ·········· 31
  （一）法国刑事庭审质证规则考察 ·········· 32

（二）德国刑事庭审质证规则考察 …………………………… 41
　　（三）俄罗斯刑事庭审质证规则考察 ………………………… 53
　　（四）我国澳门特区刑事庭审质证规则考察 ………………… 58
　　（五）大陆法系刑事庭审质证规则小结 ……………………… 61
二、英美法系国家和地区的刑事庭审质证规则 ………………… 66
　　（一）美国刑事庭审质证规则考察 …………………………… 67
　　（二）英国刑事庭审质证规则考察 …………………………… 79
　　（三）澳大利亚刑事庭审质证规则考察 ……………………… 86
　　（四）我国香港特区刑事庭审质证规则考察 ………………… 92
　　（五）英美法系刑事庭审质证规则小结 ……………………… 95
三、混合法系国家和地区的刑事庭审质证规则 ………………… 98
　　（一）日本刑事庭审质证规则考察 …………………………… 98
　　（二）意大利刑事庭审质证规则考察 ………………………… 109
　　（三）我国台湾地区刑事庭审质证规则考察 ………………… 113
　　（四）混合法系刑事庭审质证规则小结 ……………………… 119
四、国际刑事诉讼中的庭审质证规则 …………………………… 120
　　（一）《公民权利和政治权利国际公约》中的刑事庭审质证规则 … 121
　　（二）《欧洲国际军事法庭宪章》和《远东国际军事法庭宪章》
　　　　　中的刑事庭审质证规则 ……………………………… 126
　　（三）《前南斯拉夫国际刑事法庭规约》和《卢旺达国际刑事法庭
　　　　　规约》中的刑事庭审质证规则 ……………………… 129
　　（四）《国际刑事法院罗马规约》中的刑事庭审质证规则 ……… 135
　　（五）国际刑事诉讼中的庭审质证规则小结 ………………… 136

第三章　我国刑事庭审质证规则的规范分析 …………………… 138
一、立法沿革 ……………………………………………………… 139
　　（一）1979年刑事诉讼法的相关规定 ………………………… 139
　　（二）1996年刑事诉讼法的相关规定 ………………………… 140

（三）2012年刑事诉讼法的相关规定…………………………144
　　（四）2018年刑事诉讼法的相关规定…………………………148
　　（五）现行有效的改革措施中与质证相关的规定………………149
　　（六）地方性司法文件中与质证相关的规定……………………151
二、现行有效的与质证有关的规范……………………………………153
　　（一）质证的主体…………………………………………………154
　　（二）质证的对象…………………………………………………155
　　（三）质证的方法…………………………………………………160
　　（四）具体的质证规则……………………………………………164

第四章　我国刑事庭审质证规则的实践运作……………………171

一、研究样本简介及研究方法…………………………………………171
　　（一）研究样本……………………………………………………171
　　（二）研究方法……………………………………………………173
二、我国庭审质证规则的实践运行状况………………………………175
　　（一）人证质证规则的运行状况…………………………………175
　　（二）实物证据质证规则的运行状况……………………………184
　　（三）科学证据质证规则的运行状况……………………………186
　　（四）非法证据排除规则的运行状况……………………………188
　　（五）"异议—即时裁决"规则的运行状况………………………193
　　（六）法官对质证规则的维护状况………………………………198
　　（七）认罪认罚案件中质证规则的适用情况……………………200
三、我国庭审质证规则存在的主要问题及原因………………………201
　　（一）结构因素："控辩审等腰三角结构"尚未形成……………201
　　（二）制度因素：证据出示制度尚待完善………………………203
　　（三）主体因素：控辩审三方缺乏规则运作技能………………221
　　（四）规则因素：精细化的庭审质证规则缺失…………………224

（五）理念因素：质证权保障与证据调查在法庭等理念的欠缺……228

第五章　我国刑事庭审质证规则的完善……233

一、完善我国庭审质证规则的基本思路……233
　（一）完善刑事庭审质证规则的主要目标……233
　（二）完善刑事庭审质证规则的战略性思路……235
　（三）完善刑事庭审质证规则的技术性思路……236

二、刑事庭审质证的一般规则……238
　（一）举证的一般规则……238
　（二）询问的一般规则……249
　（三）对质的一般规则……252
　（四）异议的一般规则……257

三、刑事庭审质证的特殊规则……261
　（一）脆弱证人的质证规则……261
　（二）诱导性询问规则……265
　（三）技侦材料的质证规则……268
　（四）鉴定意见的质证规则……276
　（五）物证保管人出庭询问规则……278

四、改善质证规则的运作环境……283
　（一）确立以庭审为中心的诉讼理念……283
　（二）确立直接言词原则……284
　（三）赋予被告人庭前阅卷权……285
　（四）强化控辩双方的平等对抗……287
　（五）促进刑事诉讼的繁简分流……289
　（六）提升诉讼主体技术素养……291

主要参考文献……294

第一章
刑事庭审质证规则概述

一、质证及质证规则的概念

顾名思义,质证规则是规范、约束和指引质证活动的规则。而质证规则到底如何设置,与如何理解质证的含义有密切关系。通常的认识是,法律语境下的质证是一项具体的诉讼活动(行为),是法庭审理过程中最重要的证据调查和辩论活动(行为)。规范质证活动的质证规则则是庭审制度体系的重要构成。

(一)质证的概念解读

作为法庭审理中经常出现的场景,质证对于大多亲历过庭审的人来说并不陌生,尤其对于法律职业工作者而言,质证可以说是展开法庭审理的重心所在。也正是由于质证是法庭审理的必经阶段,是大多法律职业工作者必备之技能,所以对于质证内涵的理解似乎不应该存在困难,质证的含义应当是不言自明的。尽管如此,仍有必要对这一惯常使用并基本没有遇到异议的术语进行细致的解读。另外,深入解读质证及相关术语的内涵,同时有助于揭示质证理论的多样性和丰富性,明确所讨论的质证的主旨范围。我们认为,应当从质证的字面语义和构成要素对其内涵进行解读。

1. 从字面含义的解读

依据习惯理解，"质"就是质疑的意思，"证"就是证据的意思，与举示证据和认定证据的表达方式一致，质证就是指质疑证据。根据质证的具体方式的不同，可以将质证的"质"理解为质问、质询、质对、质疑（发表具体质证意见）等诉讼行为。但也有学者认为，质证有质疑、验证和核实的意思，而非仅对证据进行质疑。因而，质证与取证、举证、示证不同，前者是并列结构，后者是动宾结构。① 这样的理解不无道理，对举示证据的质疑并非一定是基于确切依据的质疑，也可以是带有些许怀疑的质疑，这样的质疑虽然无法直言切中要害，但可以通过一步步的检验去伪存真。就疑点的展现而言，前者的目的是暴露已知疑点，即论证证据存在问题，后者的目的是发现未知疑点，即验证证据是否存在问题。然而，将"质证"一词认定为并列结构并不符合通常的理解，也没能突出证据裁判原则"以证据为根据"的核心要义，因此将"质证"认定为动宾结构更合理。即便如此，也可以将质证理解为对证据的质疑、验证和核实。有学者从汉语词源上考察，"质"的含义较多，与现代质证概念相关的解释有两种：一是问，诘问；二是对，验证。"诘问"与"验证"作为质的两种常见语义，在我国历史上由来已久。② "质"虽然带有证伪的意思，但并不代表质证后就一定能证伪。可以说，质疑和证伪本身就具有发现疑点和消除疑点的双重意义，将"质"理解为质疑和验证也没有任何问题，两者的关系还可以表述为以质疑的方式达到验证核实的效果。

2. 从构成要素的理解

由于质证的概念存在多种用法，通过组合可以生成质证规则、质证权、质证程序、质证方法等词组，所以仅通过字面理解无法了解"质证"的全貌。结合"质证"一词的实际使用情况，可以充分了解质证的构成要素，从而对质证进行全面且深入的解读。

关于质证的构成要素，已有研究成果和有关著述在对质证进行概念表述

---

① 参见张建伟：《"质证"的误解误用及其本义》，载《检察日报》2012年11月1日，第4版。
② 尚华：《论质证》，中国政法大学出版社2013年版，第3页。

时都或多或少有所涉及。《现代汉语词典》对"质证"的解释是:"诉讼中对证人证言进一步提出问题,要求证人作进一步的陈述,以解释疑义。"① 这一解释明显的不合理之处在于限定了质证的对象范围,显然,质证的对象不仅仅限于证人证言,至少包括任何在法庭上由举证方出示的证据材料,既可以是能够与质证主体相互对话的人证,也可以是已经固定基本内容的物证和其他书面材料。该解释比较详细地描述了对证人证言的质证过程,不仅包括质证主体就证人证言对证人进一步提出问题的发问行为,而且包括出庭证人对该问题的回答行为。

对质证概念最为常见的解读方式是明确质证的主体、阶段、方式和内容这四项构成要素。例如,"质证是指诉讼双方在案件庭审过程中通过采取辩论、质疑、说明、解释、咨询、辩驳等形式核实证据真实性、相关性和合法性的诉讼活动"②。"质证是在法庭审理过程中控辩或当事人双方在法官的主持下,采用询问、辨认、质疑、辩驳、核实等方式对证据的效力进行质辩的诉讼活动。"③ "质证是指控辩双方在审判过程中对对方举出的证据进行质疑和质问。"④ 这三种解释都明确指出质证的主体是诉讼双方,在民事审判中即当事人及其诉讼代理人,在刑事审判中就是控辩双方。法官不能作为质证的主体是当前较为一致的认识,虽然也有少数观点认为法官针对举示的证据和出庭人证主动发问是在行使质证权,但通常认为法官仅能引导控辩双方举证、质证,由于其不承担败诉之风险,因而不能成为证明主体。⑤ 退一步讲,即便法官确实会主动对控辩双方举示的证据提出质疑,对人证进行发问,那也是出于审查证据和查证事实的需要,而且必须限制在一定的范围内。就质证的阶段而言,一致的认识是法律程序内的质证是发生在法庭审理过程中的行为,虽然质证一词也会在平常生活中提及,但作为学术研究内容的"质证"主要限定为"法庭上的质证"。

---

① 《现代汉语词典》,商务印书馆2002年版,第1757页。
② 田国宝:《刑事质证程序研究》,载《中国刑事法杂志》2006年第6期。
③ 陈光中主编:《证据法学》(第2版),法律出版社2013年版,第292页。
④ 孙长永主编:《刑事诉讼法学》,法律出版社2016年版,第235页。
⑤ 参见卞建林、郭志媛:《刑事证明主体新论——基于证明责任的分析》,载《中国刑事法杂志》2003年第1期。

就质证的方式而言,以上两种解释将各类能够在法庭上用到的质证方式并列列举,包括询问、辨认、质疑、辩驳、解释、辩论等方式。与之有所不同的解释将各质证方式的主次进行了划分,比如,"在质证活动中,质疑和质问是相辅相成、不可偏废的。对证据的内容提出质疑是质证的根本目的,对提出证据的人(包括证人、鉴定人、勘验人、检查人等)进行质问是质证的基本形式"①。"质证是指在刑事诉讼法庭审判程序中,控辩双方以询问证人的方式质疑、削弱或者消除言词证据或实物证据的相关性、可采性、可信性的诉讼行为。"②这两种解释将对人的询问作为质证的主要方式,但这只是一种良好愿景,虽然强调相关人证出庭作证是庭审实质化改革的趋势,③但实际上大部分证据的质证只能通过质"纸证"的方式进行,效果虽差,但也是一种质证方式。毕竟目前提供证言的证人出庭还有较大困难,要求与实物证据的收集人、保管人等相关的工作人员出庭作证更是困难,所以对质证方式的解释不宜过于严格。

此外,以上解释所存在的不周全之处是没有区分针对证据的质疑、辨认、发问等方式和直接回应对方与说服法官的发表综合性质证意见的方式。进一步讲,就是区分为针对证据本身的质疑、验证活动(比如对出庭证人发问、对物证进行辨认)与以直接回应对方和说服法官为目的的就证据问题(证据能力和证明力)发表具体意见(比如在证人退庭后发表综合性的质证意见,并由此展开的质证性辩论)。④另外,除了以上并列列举的质证方式之外,还有一项重要的质证方式被忽略了,那就是通过主动举示证据对对方所举证

---

① 何家弘、刘品新主编:《证据法学》(第五版),法律出版社 2013 年版,第 233 页。
② 王颂勃:《刑事诉讼法庭质证规则研究》,中国人民公安大学出版社 2015 年版,第 9 页。
③ 庭审实质化强调辩论质证原则,辩论质证的对象,除了人证以外,还应该包括物品、工具等物证,但由于言词原则的需要,所有物品在一个规范的庭审中应该以人证和言词的方式串联起来,只有以言词方式直接表现出来才有质证和辩论的可能。参见肖波:《刑事庭审调查制度的正当性》,上海人民出版社 2015 年版,第 34 页。
④ 例如,《人民法院办理刑事案件第一审普通程序法庭调查规程(试行)》第 19 条规定:"控辩双方向证人发问完毕后,可以发表本方对证人证言的质证意见。"该规定就是对针对证据本身的质疑、验证活动(比如对出庭证人发问、对物证进行辨认)与以直接回应对方和说服法官为目的的就证据问题(证据能力和证明力)发表具体意见(比如在证人退庭后发表综合性的质证意见,并由此展开的质证性辩论)进行了区分。

进行反驳，这样的举证实际上同时也是为了质证，对方对该具有质证功能的证据发表意见和提出质疑也是一种质证行为。因而，在针对同一证据进行攻防交换的调查过程中，举证方和质证方的主要角色属性可以确定，但在进行过程中可能互相转换。

就质证内容而言，以上所有提到的解释都主要集中于证据的静态内容，大部分解释都会将证据能力、可采性、合法性与证明力、相关性、可信性同时作为质证的内容，也有部分解释仅将证据的效力作为质证的内容，比如，"质证是指在审判人员的主持下，由案件的当事人在法庭上出示的证据进行对质核实，以确认其证明力的诉讼活动"①。质证的内容是否包括证据能力，在近年来的研讨会上有所争议，有学者认为不具有证据能力的证据不应当进入法庭调查程序，自然就不能作为质证的对象。这种观点似乎得到最高人民法院 2018 年施行的《人民法院办理刑事案件第一审普通程序法庭调查规程（试行）》（以下简称《法庭调查规程》）的支持，该文件在第 45 条提到在结合控辩双方质证意见进行质证时，明确指出"从证据与待证事实的关联程度、证据之间的印证联系、证据自身的真实性程度等方面，综合判断证据能否作为定案的根据"。可见，《法庭调查规程》将质证和认证的内容限定为证明力。这就引出另一个问题：在庭前会议或法庭调查过程中，辩方可能针对证据的合法性、证据能力问题提出质疑，申请排除证据，这种针对证据合法性、证据能力的质疑是否属于质证？如果法庭审理的先行调查程序未排除非法证据或者根本就没有启动针对证据合法性异议的调查程序，那么辩方在后续程序中继续对该证据的证据能力的质疑到底属于何种行为？所以说，将证据能力、合法性排除在质证内容之外并不周延，只要是针对举证方所举示的证据提出的质疑，无论质疑的是哪个方面，都应属于质证的内容。

除了证据能力能否作为质证内容的争议外，还有一项在规范层面有所涉及且在实践中也经常出现的情况被大多数人所忽略，那就是举证的过程能否作为质证的内容。比如，就对方违反发问规则提出异议的行为是否属于质证行为。有学者指出："质证是庭审过程中，控辩双方对另一方（或法院依职

---

① 谭兵、黄胜春：《论我国民事诉讼中的质证制度》，载《法学评论》1995 年第 5 期。

权收集)证据的属性及证明过程进行质疑,从而影响事实认定者对案件事实内心确信的一种证明活动。"① 与其他解释不同的是,该定义扩大了质证的对象。质证对象以证据的属性为基本内容,具体包括证据信息的真实性和相关性,以及证据形式和证据收集的合法性。除此之外,既然质证以庭审相对方的举证为基础,除了举证方所举示的证据本身能作为当然的质证对象外,举示证据的方式和过程也可以作为相对方质疑的对象,比如质疑、抗辩该证据的举示方式和过程不符合法庭调查的程序规则或严格证明标准,以至于不足以充分完成举证责任,同时导致对证据本身的质证缺乏空间。如果将举证过程作为质证的内容,那就需要将"质证"一词中的"证"解释为证据信息(证据能力和证明力)和证明过程,这样不会影响"质证"一词的动宾结构。

(二)质证规则的概念解读

在对"质证"一词进行较为全面的解读后,对质证规则的概念就不难理解,对质证规则的内容同样也大致清楚。如前所述,从字面意思来看,质证规则是指指引和约束庭审质证的规则,其功能在于告诉庭审各方在质证过程中哪些可以做、应该怎么做和哪些不能做。以上文所分析的质证的构成要素为视角,我们可以明确质证规则的部分内容,即质证的主体范围、质证的对象范围和质证的具体方式,这些实际上都是质证规则提出的具体要求。除此之外,质证规则至少还应涉及以下重要事项:法官在质证过程中的权责;控辩双方在质证过程中的权利和义务;质证的程序;与质证相关的证据规则。

法官在质证过程中的权责分配是影响质证公平性的一个重要因素。如前所述,法官即使会主动就证据提出问题,也不能将其视作质证的主体,但作为庭审的主持者,法官在质证过程中该如何作为也是质证规则所要关注的问题。不同国家和地区的法官在质证过程中的权责分配会因为其在审判程序中的角色地位的不同而有所不同,是积极主动介入证据调查,还是消极中立听

---

① 尚华:《论质证》,中国政法大学出版社2013年版,第22页。

审，抑或适度引导，都与该国或地区的诉讼模式和证据调查的方式紧密相关。控辩双方在质证过程中的权利和义务主要体现在具体的质证程序之中，明确控辩双方的权利和义务，有利于指导质证程序的具体设置。

质证的程序是质证规则规范的重要内容，也是指引和约束控辩双方展开质证活动实际发挥作用最大的部分内容。在质证规则的所有内容中，质证的程序规则是受到整个审判模式和诉讼结构影响最大的一部分。是采取以交叉询问为主的质证模式，还是采取轮流质证模式，都直接受到审判程序和诉讼目的的影响，进而影响到质证程序的具体设置。具体而言，质证的程序规则包括质证的顺序和质证的程式。前者主要明确控辩双方对对方证据进行质疑和质问的时间顺序或先后顺序，以及什么情况下发生顺序转换；后者主要明确什么情况下应当一举一质，什么情况下可以一组一质，什么情况下需要综合质证，什么情况下需要人证之间相互对质以及对不当提问和其他不当质证方式提出反对等要求。[1]由于质证程序与举证程序紧密相连，加上举证的实际方式和效果往往是决定质证如何展开的基础，所以对质证的要求往往也包含着对举证的要求，如此一来，质证的程序规则与举证的程序规则就有交叉重叠部分。比如，确定质证的顺序必须以举证的顺序为依据，对质证的顺序要求同时也是对举证的顺序要求；对出庭人证的交替发问，质证方（反询问方）对举证方（主询问方）不当的发问方式可以直接提出质疑，实际上是对举证方举证方式的限制。

有学者将质证规则分为质证程序和证据规则两个主要部分，并认为两者有明显区别，"质证程序主要涉及交叉询问的操作流程，即发问方应当遵从怎样一个顺序或步骤展开交叉询问；证据规则主要涉及交叉询问的发问内容和问题的形式，即哪些内容或形式的问题不能问，以及问了以后该怎么处理，等等"[2]。其中提到的对发问内容和问题形式进行规范的证据规则可以称为与质证过程紧密相关的证据规则。以交叉询问规则为例，除了涉及交叉询问顺序的操作流程外，还包括证人宣誓规则、诱导性询问规则、禁止质疑己

---

[1] 参见何家弘、刘品新主编：《证据法学》（第五版），法律出版社2013年版，第239—240页；杨宇冠、刘曹祯：《以审判为中心的诉讼制度改革与质证制度之完善》，载《法律适用》2016年第1期。

[2] 刘晓兵：《交叉询问质证功能论略》，载《证据科学》2016年第4期。

方证人规则、敌意证人规则、弹劾证据规则等仅在交叉询问过程中适用的规则。除了仅适用于质证过程的证据规则，与质证相关的证据规则还包括同时适用于整个审判程序的证据规则，比如传闻证据规则、相关性规则、品格证据规则、意见证据规则等。严格地讲，除了仅适用于质证过程的规则外，其他与质证相关的证据规则不应当隶属质证规则体系，只是可以被质证规则直接援引。

（三）质证规则与相关概念辨析

作为庭审制度体系中的一项重要规则，质证规则势必会与其他侧重点不同的规则有所重合并有明显区别，对与质证规则相关的几个概念进行比较和辨析，有助于对质证规则的规范范围及其制度地位有更准确的认识。

1. 质证规则与证据规则

证据规则是研究证据问题必然涉及的一个概念，近年来伴随着防范冤假错案的力度加大和以审判为中心的诉讼制度改革的开展，证据立法方兴未艾，刑事证据规则愈发完善。就证据规则的内涵界定而言，目前尚存在不同的理解，有的观点将证据规则与惯用的证据制度这一概念相混同，认为证据规则不仅包括合法性、相关性等规范证据资格的内容，也包括举证、质证、认证等证据调查和证明程序、标准等证明的内容。[①] 如果按照这样理解，质证规则就是组成证据规则的一小部分而已。不过，主流观点还是对证据规则的指涉内容进行了限制，比如，马克思主义理论研究和建设工程重点教材《刑事诉讼法学》对证据规则的界定是：证据规则是用来规范证据资格，指导和约束证据的收集、审查判断及证明活动的基本准则。从内容上看，刑事诉讼证据规则包括限制证据能力的规则和限制证明力的规则，并以限制证据能力的规则为主，如相关性规则、非法证据排除规则、意见证据规则等；但也有限制证明力的规则，如补强证据规则。[②] 我们同意对证据规则的后一种理解，证据

[①] 参见张保生：《证据规则的价值基础和理论体系》，载《法学研究》2008年第2期；纵博：《论刑事证据规则的规范目的》，载《法学论坛》2017年第1期。

[②] 参见陈卫东主编：《刑事诉讼法》（第二版），高等教育出版社2019年版，第139—140页。

规则主要是关于证据的证据能力和证明力的规则。

从规则的具体内容来看，证据规则主要是从静态层面对证据能否成为定案根据的资格问题进行规范，而质证规则主要是从动态层面对证据能否成为定案根据的检验程序进行规范。简言之，证据规则提供的是静态的审查标准，质证规则约束的是动态的诉讼行为，证据规则规定的是证据审查的实体问题，质证规则规定的则是证据审查的程序问题。由此观之，证据规则和质证规则在证据制度体系内各有一席之地，似乎泾渭分明。但由于证据能力和证明力直接关乎证据的效力问题，是所有涉及证据运用的场合都不可忽视的重点内容，无论是取证、举证、质证还是认证，都要在既定的证据规则框架下进行。可以说，证据规则对于质证规则而言发挥着基础性的作用，证据规则实现公正、保障权利和追求效率的价值，对于质证规则的内容设置有较大的指导意义。从具体内容来看，质证规则中的质证内容这一部分基本是以证据规则为依据，证据规则的合理性直接影响到质证活动的最终效果。

2. 质证规则与法庭调查规则

我国刑事庭审包括开庭、法庭调查、法庭辩论、被告人最后陈述、评议和宣判五个阶段，其中法庭调查是承上启下的核心阶段。法庭调查阶段以证据调查为中心，举证、质证和部分认证活动都在这一阶段进行，既然质证活动在庭审中的法庭调查阶段展开，那质证也就理所当然地属于法庭调查的一个环节。所以，质证规则与法庭调查规则的基本关系就是前者是后者的组成内容，由于举证、质证和认证三项活动紧密相关，多数情况下是无缝对接的展开，故除了质证规则外，举证规则和认证规则也属于法庭调查规则的重要组成部分。《法庭调查规程》的制定目的准确地诠释了法庭调查规则的价值，即"规范法庭调查程序，提高庭审质量和效率，确保诉讼证据出示在法庭、案件事实查明在法庭、诉辩意见发表在法庭、裁判结果形成在法庭"，具体而言，对举证、质证和认证的严格规范和要求便是实现"四个在法庭"的制度基础。

就规范层面而言，我国立法和司法解释对法庭调查规则均作了明确的规定。我国《刑事诉讼法》第191—197条对我国刑事庭审的证据调查规则进行了规定，其中第191条（发问被告人）、第194条（发问证人）、第195条（对物证进行辨认、对书面笔录和实物证据发表质证意见）和第197条（有专门知识的人参与质证）组成了刑事诉讼法中的质证规则；最高人民法院《关于适用〈中华人民共和国刑事诉讼法〉的解释》（以下简称2012年《高法解释》）第196—227条对刑事法庭调查规则作了较为详细的规定，其中有10条规定与质证相关；《法庭调查规程》是一部专门的法庭调查规则，其中多达26条规定与质证相关。从中可见，质证规则在法庭调查规则中占有很重的分量，正如法庭调查在庭审中的核心地位一般，质证在法庭调查中处于承上启下的重要位置，既是对举证的回应，又是认证的基础。质证在法庭调查中的重要地位还体现在其在学术研究中的话语地位，不少研究所讨论的质证模式，实际上也指代了证据调查的模式。选择怎样的质证模式，就同时选择了怎样的证据调查模式和审判模式。从质证模式到证据调查模式，再到审判模式，三者互为局部和整体的关系，其转变都是同步的。

  规范层面的法庭调查规则还包括与举证、质证紧密相关的证人、鉴定人出庭作证规则，但通常在进行比较的时候只谈到举证规则、质证规则和认证规则。考察质证规则与法庭调查规则的关系，实际上就是明确质证规则与举证规则、认证规则的联系与区别。如前所述，由于质证与举证紧密相连，所以质证规则不可避免地与举证规则的部分内容重合，主要以保障有效质证为出发点对质证提出要求，进而对举证提出要求。同样，受到举证和质证的综合效果影响的认证，其具体规则也难免对举证、质证有所涉及。比如《法庭调查规程》指出："对于经过控辩双方质证的证据，法庭应当结合控辩双方质证意见，从证据与待证事实的关联程度、证据之间的印证联系、证据自身的真实性程度等方面，综合判断证据能否作为定案的根据。"该规定明确了认证过程中需重点分析的内容，看似只是对法官认证的要求，实际也是对发表举证（论证）意见和质证意见的内容提出了具体的要求。另外，举证、质证和认证规则约束的主要主体不同，举证规则和质证规则主要约束控辩双方的举证、质证活动，认证规则则主要约束法官认定案件证据的活动。

3.质证规则与对质规则

对质和询问是人证调查的两种基本方式,两者存在明显的区别。"对质在本质上为对质者彼此间之交互质问,对质者虽可提出质问,但对于他方之质问亦有回答之义务,此与诘问(询问)之情形,诘问者可任意诘问证人,而不必回答诘问者之问题,尚有不同。惟是,对质者不能片面向对方质问,而不回答对方之质问。"①对质具有双向性,强调了解案情的证人、被害人和被告人在法庭上就同一事实的不同陈述进行面对面的相互质问,以使法庭发现破绽、辨别真伪。实践中对人证的调查以询问居多,根据对主询问方和反询问方的区分,询问既可以承担举证之功能,也可以承担质证之功能。②而对质发生在两个了解案情的证人(被害人、被告人)之间,看似无法像询问证人那样明确区分举证方和质证方,实则不然。在控辩双方对证人的交互发问过程中,除非出现证人属性转换(比如从控方证人转为辩方证人),大多时候举证方和质证方都比较明确。而对质以陈述内容存在矛盾为前提,两种不同陈述分别代表着控辩双方各自的观点,因此这种交互对质的发问实质上就是一方证人在质疑另一方证人的陈述,在表明自己的所见所闻的同时反驳对方的陈述,控辩双方对对方证人的质证在交替进行。可以说,这种面对面相互发问和回答的对质是一种高效率的质证方式,让就同一事项作出不同陈述的双方在同一场域互为举证方和质证方,可以从反面检验陈述内容的可靠性。综上而言,对质是针对出庭人证进行质证的一项重要方式,故质证规则与对质规则就是包含与被包含的关系。

既然对质规则是质证规则的一部分,那其自然也是法庭调查规则的一部分,虽然有观点认为在侦查阶段也应当建立证人对质规则,但目前来看仍然具有较大难度。通常理解和规范层面的对质是当庭进行的对质,我国刑事诉

---

① 蔡墩铭:《刑事审判程序》,五南图书出版公司1992年版,第186页。
② 2012年《高法解释》规定由提请证人出庭的一方先对证人发问,由于我国刑事诉讼实践并没有将证人出庭作为举示人证的原则性方式,导致提请证人出庭的一方既可能是证言对其有利的一方(以达到举证目的),也可能是证言对其不利的一方(以达到质证目的),所以这样的规定无法确定以举证为主的主询问方和以质证为主的反询问方。《法庭调查规程》规定了先由举证方发问,明确了主询问方和反询问方的角色和发问顺序。

讼法未对"对质"问题进行规定，只在司法解释中提到。2012年《高法解释》第199条规定："讯问同案审理的被告人，应当分别进行。必要时，可以传唤同案被告人到庭对质。"《人民检察院刑事诉讼规则（试行）》（以下简称2012年《高检规则》）第438条第3款规定："被告人、证人对同一事实的陈述存在矛盾需要对质的，公诉人可以建议法庭传唤有关被告人、证人同时到庭对质。"《法庭调查规程》对"对质"问题进行了较为详细地规定："被告人供述之间存在实质性差异的，法庭可以传唤有关被告人到庭对质"；"根据案件审理需要，审判长可以安排被告人与证人、被害人依照前款规定的方式进行对质"；"证人证言之间存在实质性差异的，法庭可以传唤有关证人到庭对质"。从以上规定可以看出，我国目前的对质规则的核心内容包括两点：一是对质的条件，即人证内容存在实质差异且确有对质必要；二是决定开展对质的主体，就是法庭。由于司法解释对对质的条件规定得过于笼统，故而给予了法庭决定是否开展对质活动的绝对的裁量权。所以与质证规则的适用由法院主导和控辩推动相结合不同，我国目前对质规则的适用完全由法庭主导。

4. 质证规则与质证权

质证本就是诉讼当事人的一项基本权利，在刑事诉讼中主要体现为被告人及其辩护人行使辩护权的一种方式。质证权是刑事被告人辩护权的核心内容之一，是体现被告人诉讼主体地位的重要标志，要使实践重视质证权就必须明确质证是被告人的一项权利。我国刑事诉讼法及司法解释未能突出质证权的基本权利地位，只是强调其作为法庭调查的主要方式，随着以审判为中心的诉讼制度改革对保护诉权的强调，质证权也逐步得到确立。目前最能体现质证权地位的规定是《法庭调查规程》。从中可见，质证权对于法庭调查规则的设置而言具有较大的指导性作用。不强调质证权，法庭调查规则的设置主要考虑的是如何查明案件事实；强调质证权，法庭调查规则的设置会同时从被告人的角度考虑如何保证其有效质证。对司法实践而言，质证权的确立只具有宣示性的意义，除了在法律中明确将质证权作为被告人的一项基本权利外，还需在刑事诉讼法及司法解释中展现出质证权行使的外观，表现为被告人及其辩护人对质证享有主动权。但目前的实际情况是被告人及其辩护人对质证并不享有主动权,"对于哪些证据需要质证、如何质证等都没有选择的权利,质证仅仅是帮助法官查明案件事实的一种手段,是法律对证据审查的一个强制性要求,法官对于哪些证据需要质证、如何进行质证具有主导地位"①。将质证权落到实处仍是任重道远的任务。

从质证权的确立到实践中质证权的有效行使,离不开合理的质证规则作为连接"桥梁"。质证规则是质证权真正实现的基本制度保障,若没有合理的质证规则,质证权只得沦为"橡皮图章";反过来,得以确立的质证权是设置符合现代程序法治要求的质证规则的指导原则,若忽视质证权,质证规则只能是保障审判权行使的工具。总而言之,质证权与质证规则相互促成,在规范层面,前者促成后者,在实践层面,后者促成前者。两者相辅相成,缺一不可。

二、庭审质证规则的理论基础

(一)程序法定原则

庭审质证规则是调整刑事庭审质证活动的一系列法律规范的总称,包括控辩双方质证时所享有的权利和应尽的义务、法官主持质证时所遵守的规则、违反庭审质证规则时的救济规则等。根据程序法定原则,上述内容都需通过立法加以明确。

所谓程序法定原则,其基本内涵包括两个层次。首先是立法层面,为了追究犯罪和保障人权,国家应当通过立法明确规定刑事程序;②其次是司法层面,刑事诉讼活动应当依据国家法律规定的刑事程序来进行。程序法定原则是刑事诉讼的"帝王原则",已为法治国家所广泛确认。这一原则最先由法国1789年《人权宣言》第7条加以规定:"除非在法律规定的情况下,并按

---

① 王晓华:《我国刑事被告人质证权研究》,中国政法大学出版社2014年版,第66页。
② 孙长永主编:《刑事诉讼法学》(第二版),法律出版社2014年版,第76页。

照法律所规定的程序，不得控告、逮捕和拘留任何人。"随后日本①、德国②、美国③、意大利④、比利时⑤等国家对此原则都作了明确的规定。甚至可以说，程序法定原则已成为国际人权法上的一条基本准则，《公民权利和政治权利国际公约》第9条第1款规定："每个人都享有人身自由与安全的权利，任何人不得被随意逮捕或羁押，除非依据法律所规定的理由并遵守法定的程序，任何人不得被剥夺自由。"《欧洲人权公约》第5条第1款规定："人人享有自由和人身安全的权利。不得剥夺任何人的自由，除非依照法律规定在法定情况下进行。"我国宪法和刑事诉讼法对程序法定原则也有所规定。《宪法》第37条规定："中华人民共和国公民的人身自由不受侵犯。任何公民，非经人民检察院批准或者决定或者人民法院决定，并由公安机关执行，不受逮捕。"《刑事诉讼法》第3条第2款规定："人民法院、人民检察院和公安机关进行刑事诉讼，必须严格遵守本法和其他法律的有关规定。"程序法定原则作为我国刑事诉讼法的基本原则之一，一方面体现了我国刑事诉讼法治化的进步，另一方面也说明程序法定原则贯穿于刑事诉讼全过程，自然包括刑事庭审质证过程的法定化，即建立刑事庭审质证规则体系。

程序法定原则要求立法机关通过法律明确刑事庭审质证规则，也体现了法治国家的国民主权原理。所谓法治国家的国民主权原理，是指国家权力首先必须是一种法定权力，国家权力必须在作为民意代表的代议机关即立法机

---

① 《日本国宪法》第31条规定："不经法定规定的手续，不得剥夺任何人的生命或自由，或课以其他刑罚。"

② 《德国基本法》第104条规定："个人自由非根据正式法律并依其所定程序，不得限制之。"

③ 《美国宪法第十四条修正案》规定："所有在合众国出生或归化合众国受其管辖的人，都是合众国的和他们居住地的公民。任何一州，都不得制定或实施限制合众国公民的特权或豁免权的任何法律；不经正当法律程序，不得剥夺任何人的生命、自由或财产。"程序法定原则是大陆法系诉讼理论的概念，在英美法系国家，与刑事程序法定原则精神相同的是"正当程序原则"，其基本含义为："除非事先经过依据调整司法程序的既定规则进行的审判，任何人不得被剥夺生命、自由、财产或者法律赋予的其他权利。"

④ 《意大利宪法》第13条规定："人身自由不得侵犯。除非根据司法当局的说明理由的命令，并仅在法定场合和按照法定程序，不得以任何形式进行拘禁、检查和搜身，也不得对人身自由加以任何限制。"第14条规定："住宅不得侵犯。除非在法定场合按照法定程序并遵照旨在保护人身自由的各项保证，不得进行检查、搜查或查封。"

⑤ 《比利时宪法》第7条规定："非在法定场合按照法定程序，不得对任何人提起诉讼。"

关指定的法律所授权的范围内行使，法律所明确授权的范围就是国家权力行使的界限，越此界限则国家权力的行使应当归于无效。①公诉机关（代表国家行使犯罪追诉权）将侦查机关（代表国家行使犯罪侦查权）收集的证据在审判机关（代表国家行使犯罪审判权）面前出示，对被告人进行攻击。可见，刑事诉讼的过程，是实现国家刑罚权的过程，而刑罚权包含着国家以强制力剥夺公民的财产权、自由权乃至生命权等最重要的人权，面对如此强大的国家权力组合的攻击，庭审质证是被告人为自己辩护最关键的阶段之一。首先，要保证案件得以公正处理，就应该为被告人提供自我辩护的环境，而完善的庭审质证规则体系是质证环节有序进行的基础，必须要用明确的庭审质证规则将国家权力限制在法律的范围内，以保障被告人的公正受审权。其次，程序法定原则要求构建刑事庭审质证规则体系，也有利于实现刑事诉讼的公正、秩序等价值。立法机关通过法律事先对质证程序加以明确，司法机关必须依照预定的程序进行刑事诉讼，保证质证活动的有序性，当事人可以利用预定的程序使自身合法权益受到保障。构建庭审质证规则体系能使质证活动更具有确定性和可预测性，这也是刑事诉讼公正价值赖以实现的基础。当司法机关无故阻碍质证程序进行时，被告人可以援用法律规定进行救济，保障自己的质证权，为被告人提供充分的抗辩机会，可以防止无罪之人受到无故追诉，防范冤假错案的发生。另外，完善刑事庭审质证规则体系还有利于防止司法权力滥用。程序法定原则要求司法机关必须遵循法律预先规定的程序，司法权和立法权相互分离，以明确的规定来防止法官在质证程序上滥用职权，实现立法对司法的制约，从而形成"以权力制约权力"的现代法治结构。②明确规定庭审质证规则，能够使法官的自由裁量权受到程序性控制，法官不得不按照法律规定组织质证程序的进行并从中发现证据存在的疑点。庭审质证规则的内容应当包括对一方当事人或法官违反质证规则的救济条款。违反质证规则的证据可以依法认定其无证据能力或证据能力有瑕疵，对于刻意规避质证程序的法官，可以依法对其进行处罚。最后，程序法定原则要求法律对刑

---

① 谢佑平、万毅:《刑事诉讼法原则：程序正义的基石》，法律出版社2002年版，第107页。
② 宋英辉等:《刑事诉讼原理》（第三版），北京大学出版社2014年版，第45页。

事庭审质证规则加以确定，同样也保障了当事人的质证权。质证权是刑事被告人辩护权的核心内容之一，是体现被告人诉讼主体地位的重要标志。虽然我国目前尚未将质证权规定为被告人的诉讼权利，但这必然是刑事诉讼未来发展的方向。明确质证规则体系，用纸面上的程序规定为质证权的设立奠定基础，用确定的法律规范来保证质证程序的有序运行，促使司法机关和诉讼参与人对被告人质证的权利属性有更深的体会，有利于保障被告人质证权的落实，也有利于质证实质化的实现。

总体来看，目前我国质证规则分布较为零散，不成体系，操作性不强。贯彻程序法定原则要求立法机关通过法律将现行质证规则融合、完善，形成一套连续性的程序运行规范，具体主要有四个方面：(1)各质证主体的权利义务以及法官组织质证程序时享有的职权和应尽的职责都应由立法机关作出明确规定；(2)质证程序的运行规则须有明确规定；(3)在存在法律规定的前提下，司法机关可以对技术性规则进行解释；(4)法律应该明确违反质证规则的法律后果和救济机制。

(二) 证据裁判原则

从历史的角度看，大陆法系国家刑事诉讼证明模式经历了由法定证据制度向自由心证为主、证据裁判为辅的现代证据制度转变的过程。最初欧洲大陆法系国家确立了纠问式的诉讼制度，法官可以完全根据个人的知识、经验、兴趣、好恶来采信证据和认定事实，[①]实行无证据规则限制的自由心证。从16世纪开始，欧洲大陆法系国家相继确立了法定证据制度，即法律对法官评判事实规定了证据的数量与质量上的界限。由于法定证据制度剥夺了法官的自由裁量权，容易导致刑讯逼供的泛滥，18世纪随着资产阶级革命的深入，大陆法系国家逐步废除了法定证据制度，确立了自由心证的证据制度。发展至今，现代世界各国普遍采用以自由心证为主、证据裁判为辅的基本证据制度，我们把它称为现代证明模式。[②]

---

① 潘金贵主编：《证据法学》，法律出版社2013年版，第27页。
② 马贵翔等：《刑事证据规则研究》，复旦大学出版社2009年版，第4页。

自由心证的主导性来源于其在揭示案件真相方面具有的天然优势。诉讼程序的实质是双方当事人向事实裁判者提供己方的材料、见解等信息，事实裁判者根据逻辑推理、科学公理和经验规则，在内心对双方信息的采信进行选择，最终根据被采信的信息认定案件事实。为了保证法官能够获取充分的信息用于自由心证，现代刑事诉讼设定了举证程序，保证双方当事人能够无限制地提供自己的材料与见解。但由于感官认识的局限性或胜诉欲望的利益驱使，双方会有意或无意地提出错误的材料和意见以此迷惑法官，为了保证法官能够从中选择准确的信心用于自由心证，现代诉讼设定了质证程序，保证当事人能够对对方提供的信息加以反驳。如此对抗意味着双方所提的正确的材料和意见将被保留下来，而错误的材料和意见将受到对方揭露和批判而被否决，最终使案件事实及适用法律的真谛显露出来。绝对的自由心证会滋生法官恣意，科学的司法程序结构保证了法官能真正全面地听取案件正反两方面的意见，使司法程序结构系统对信息的处理更加准确，以使认定事实和适用法律做到恰如其分。程序本身的庄严氛围会增强法官的使命感和注意力，可有效避免法官疏忽大意和漫不经心可能造成的心证上的错误。因此可以说质证程序是一个去伪存真的过程，能够帮助法官运用自由心证实现对案件事实的追求，故应该尽快完善质证规则体系，使质证程序发挥实效。

证据裁判原则也是为了限制审判官恣意的自由心证。证据裁判原则是指认定案件事实应当以证据为依据，其具体内容包括三个方面：（1）认定案件事实只能以证据为根据；（2）认定案件事实只能以具备证据资格的证据为根据；（3）证据只有经过法庭调查程序，才能作为裁判的根据。[①] 我国《刑事诉讼法》第6条规定，人民法院、人民检察院和公安机关进行刑事诉讼，必须以事实为根据，以法律为准绳。《刑事诉讼法》第55条规定，对一切案件的判处都要重证据，重调查研究，不轻信口供。这些条文就较为充分地体现了证据裁判的基本精神。我国司法解释层面更是直接确立了证据裁判原则，2012年《高法解释》第61条规定，认定案件事实，必须以证据为根据。由于我国不存在庭前证据能力认定程序，证据材料的证据能力以及证明力都是通过

---

① 陈瑞华：《刑事证据法学》（第二版），北京大学出版社2014年版，第34页。

庭审质证程序进行认定的。质证过程中,双方当事人可以从客观性、关联性、合法性三个角度对对方证据的证明力和证据能力提出异议。合法性存在问题的证据,法律往往会出于其他利益的考量而认定其不具有证据能力;客观性存在问题的证据,往往会因为真实性无法得到确认而不能作为定案依据;关联性存在瑕疵的证据,会影响其证明力的大小。质证即法定的证据调查程序,经过质证的证据才可以作为定案依据,也就意味着质证过程中对方当事人不提出异议的证据往往会被法官采信。进一步说,现代刑事诉讼已摒弃法定证据制度的形式证据规则,不再对证明力判断进行硬性限制,证据规则仅规定证据的准入资格,即证据能力。证据能力的判断采用严格证明方式,证明力的判断采用自由证明方式。证据材料取得证据能力,须满足两个要件:一是未经禁止使用,称之为消极之必要条件。二是经严格证明之合法调查程序,称之为积极之必要条件。获得证据能力的证据材料之证明力,由法院本于确信自由判断,亦即自由心证原则。[①]法定证据制度失败的基本原因与其说是对证据裁判原则的误读,不如说是对证据规则本质的误读。证据裁判原则与其说是根据证据作出裁判,不如说是根据证据规则作出裁判。质证规则作为证据规则的核心组成部分,应当尽快通过立法加以明确,如此才能适应我国自由心证为主、证据裁判为辅的证明模式。

综上,在自由心证主导的证明模式下,法官能够获取充分且准确的证据材料是公正裁判的基础,质证程序作为法官直接接触案件证据材料的关键环节,对在法官内心揭示案件事实的面纱有着天然的优势,为了使庭审质证有序进行,应当尽快完善质证规则体系。证据裁判原则作为法律对法官自由心证划定的界限,要求证据材料经过法定调查程序才可定案。庭审质证由于在发现案件事实方面具有巨大的优势,故被确定为法定的证据调查程序,故应该重视质证程序的独立价值,明确相应的运行规则。

(三)对质权理论

对质权是指刑事被告人当庭对控方证据进行反驳、质疑的权利。有文献

---

① 林钰雄:《刑事诉讼法》,元照出版有限公司2013年版,第475页。

记载,早在古罗马时期就已有质证权的历史印记。2世纪上半叶,当时在位的哈德里安皇帝在审理一起案件时训示,以书面形式提出的对刑事被告人不利的证言不得采纳:"亚历山大向我指控阿佩尔构成犯罪,但是他既没有证明指控,也没有传唤证人亲自出庭作证,而仅仅使用书面证言,这种做法我持否定态度。"534年《查士丁尼法典》颁布时,要求证人在被告人在场时亲自出庭作为一项规则逐步得到确立。539年颁布的《查士丁尼新律》明确规定,在刑事诉讼中,控方证人必须亲自出庭,在事实审理者面前作证;在控方证人作证时,被告人应当有机会在场。不仅如此,该法还明确规定,除非被告人在场,否则,证人即使在司法官员面前作证,其证言也是无效的。① 随着中世纪纠问式诉讼制度的发展,被告人对质权受到严格的限制,直至英国光荣革命以后,对质权才得以全面复兴。最初英国法律并没有规定所有刑事案件都适用被告人的对质权,被告人对质权仅在叛国罪的审判中有所体现。随着殖民扩张,英国法传播到其他国家,其中美国《1766年弗吉尼亚州权利法案》规定所有判处死刑的刑事诉讼中被告人有权与控告者和证人相质,进一步扩大了对质权的适用范围。1791年《美国宪法第六修正案》规定,在一切刑事诉讼中,被告人享有同对方证人对质的权利,将对质权的适用范围推广至所有刑事案件。1965年波因特诉得克萨斯案中,联邦最高法院最终确认,质证权为公民的宪法权利,当适用于各州。② 第二次世界大战以后,许多国家甚至是国际人权组织都将对质权作为公民的一项基本权利。如《日本国宪法》第37条第2款规定,刑事被告人应充分予以对于一切证人询问之机会。《公民权利和政治权利国际公约》第14条第3款明确规定:"在判定对他提出的任何刑事指控时,人人完全平等地有资格享受以下最低限度的保证……(戊)询问或业已询问对他不利的证人……"此外,《欧洲人权公约》第6条第3款、《美洲人权公约》第8条第2款也都对被告人的对质权作出了明确规定。

关于对质权的价值理论,具有代表意义的主要是以下四种:(1)防御权理论。这一理论认为,保障被告方的对质权是对抗式诉讼制度下保护被告人

---

① 参见陈永生:《论辩护方当庭质证的权利》,载《法商研究》2005年第5期。
② See Pointer v. Texas, 380 U.S.400(1965).

防御权的需要，至于发现真实，只是质证权的附带产物，而不是宪法保护质证权的主要目的。（2）真实性理论。这一理论认为，质证权的唯一目的在于发现案件真实，在于通过对证人的质证来确保证人陈述的真实性。（3）防止政府滥用权力理论。这一理论认为，美国联邦宪法及其修正案的目的在于防止政府滥用权力，如果允许政府采取秘密的方式询问证人，将极易造成权力的滥用。（4）增进对国家权力的信任理论。这一理论认为，赋予被告方以质证权有利于增进社会公众对案件裁判、作出裁判的程序以及法律的信任。事实上，被告人的对质权并不仅仅只有单方面的诉讼价值，其具有的诉讼价值更多是一个多方面的集合体。作为大陆法系国家，案件真实诉讼价值在我国始终占据重要地位，因此初期宜采用以真实性价值理论作为基础从功利性的角度推进对质权的构建，将保障人权、监督公权、提高司法公信力作为附带产物。以真实性价值理论作为构建基础，能够得到社会的普遍认可，获得更多的支持，有利于对质权的切实适用。

美国密执安大学的彼得·韦斯顿教授认为对质权包括四项要素：（1）将证人传唤到庭；（2）要求证人宣誓；（3）采用直接言词方式引导出证人的有罪证言；（4）使证人接受交叉询问。[①]在1970年的加利福尼亚诉格林案中，美国联邦最高法院认为，对质权包括以下三项要素：（1）证人在宣誓后才能进行陈述；（2）被告人有交叉询问证人的机会；（3）陪审团能亲自观察证人的行为举止。[②]在1990年的马里兰诉克雷格案中，美国联邦最高法院作出了不同的概括，认为对质权包括以下四项要素：（1）证人必须亲自出席法庭审判；（2）证人在作证前需经宣誓；（3）被告方有权对证人进行交叉询问；（4）事实审判者有权对证人作证时的行为表现进行观察。[③]综合分析，质证权的内容包括两个方面：第一，形式上要求质证双方主体能够形成对抗；第二，实质上要求质证方能够充分理解对方提出的证据，能够充分发表意见。有学者提出，对质权包括到场规则、宣誓规则、面对面规则、交叉询问规则四项要素。进一步说，庭审质证规则体系包含且不限于上述四项规则。庭审质证规则体系作为调整庭

---

① 陈永生：《论辩护方当庭质证的权利》，载《法商研究》2005年第5期。
② California v. Green, 399 U.S.149（1970）.
③ Maryland v. Graig, 497 U.S.836（1990）.

审质证活动的规范，会充分体现并保障被告人对质权。因此，从对质权理论的分析也能够得出庭审质证规则的必要性。

三、庭审质证规则的诉讼价值

（一）有利于证据审查，查明案件事实

由于认识能力有限以及案件的不可逆转性，客观真实无法绝对还原，只能通过证据发现的法律事实能够无限接近客观真实。正如电影《罗生门》中讲的那样："真相只有一个，但为了美化自己的道德，减轻自己的罪恶，掩饰自己的过失，人人都开始叙述一个拔高自己的故事版本。电影最终也没有告诉我们真相，荒山上的惨案，成了一团拨不开看不清的迷雾，表明寻求真相的重重困难。"这里所说的"真实"是指法律事实而非客观事实，是指在运用证据发现和认定案件事实的过程中，遵循刑事实体法和程序法的规则，达到法律角度认为的真实程度，强调对审理案件应当严格遵守的规则和程序而得出的结论，并不过分注重认定事实的绝对真实。[1]

完善庭审质证规则，可以保证证据经过法定程序进行审查，检验证据的真实性和准确性。出于对胜诉的渴望，指控者会抛出一些虚假的证据来迷惑事实认定者，以期获得对自己有利的法律事实；出于痛恨和报复心理，被害人会夸大事实情节，请求法律从重处罚被告人；由于感知、记忆、表达等因素的影响，证人证言具有较强的主观性和不稳定性，证人会有意无意地提供错误的证言；为了逃避罪责，被告人会提供一些虚假的无罪、罪轻证据，企图否认罪行。根据这些虚假或不准确的证据定案，便会使法律事实与客观真实背道而驰，酿成冤错案件或是放纵犯罪。纵观历史长河，从神明审判到法定证据再到自由心证，都体现了人类期望法律事实无限接近客观真实的孜孜追求。剖析来看，怀疑和质疑在事实认定中扮演着不可或缺的角色，没有经过质疑的证据材料难以确保其客观真实性。[2]正如威格摩尔所说："交叉询问无

---

[1] 陈一天：《刑事证据程序控制论》，中国政法大学出版社2016年版，第78页。
[2] 尚华：《论质证》，中国政法大学出版社2013年版，第27页。

疑是迄今为止发现真实所发明的最伟大的法律引擎。"①鉴于此，各国都很重视质证在事实认定中的作用。英美法系非常重视对证人的交叉询问，并制定了一套有效的交叉询问规则。为了保证证人证言的可信性，对证人的弹劾和质询也是英美法系诉讼制度的重要内容。大陆法系虽然没有完全意义上的对抗式庭审，但也非常重视法官对证人的质询，通过法官主导下的质证来实现对证据的审查判断，进而发现案件事实真相。

（二）有利于保障人权，实现程序正义

完善庭审质证规则体系，有利于落实人权保障。一般说来，刑事诉讼中人权保障的具体含义包括以下几点：（1）通过对犯罪人的及时惩处，保护一般公民的人身、财产、生命等合法权利，使其不受犯罪行为的侵犯；（2）在打击犯罪的同时保障无罪的人不受刑事追究；（3）保障包括犯罪嫌疑人、被告人、被害人在内的所有诉讼参与人的诉讼权利得到充分行使；（4）保障有罪的人受到公正的惩罚，即做到程序合法、事实准确、定罪正确、量刑适当。②庭审质证规则作为刑事诉讼程序有效运行的重要组成部分，其设计也应当以尊重和保障人权为基石。进一步说，相对于刑事诉讼中的人权保障，庭审质证规则将保障更微观、更具体的人权，如被告人的质证权、被害人的知情权等。

庭审质证规则一方面能够保障被告人有效参与诉讼，保障被告人的公正受审权。即使是事实上有罪的被告人，其依然享有获得公正审判的权利。根据《公民权利和政治权利国际公约》第14条的规定，程序公正通过无罪推定、最低限度的程序保障、少年案件的特别程序、上诉制度、刑事错案赔偿制度、禁止双重受罚等得到体现；而"最低限度的保障"包括迅速获知指控、辩护权、不迟延的被审判、法律援助、询问证人、免费获得翻译、不得被迫

---

① John H. Wigmore, "Evidence in Trials at Common Law", 1 Tillers Reviews, 18 at 608, Boston,1983.

② 陈光中：《坚持惩罚犯罪和保障人权相结合、立足国情与借鉴外国相结合——参与刑事诉讼修改的几点体会》，载《政法论坛》1996年第6期。

自证其罪等7项权利。①庭审质证规则能够保证被告人有权与证人面对面对质和互动性沟通，这也是被告人获得有效辩护权利的一种体现。进一步说，庭审质证规则能够使被告人从纯粹的诉讼客体向诉讼主体转变。被告人作为审判结果的直接利害关系人，有权真正拥有独立的诉讼主体地位来影响诉讼结果。"参与程序的结果是使有利害关系或者可能因为结果而蒙受不利影响的人，都有权参加程序并得到有利于自己的主张和证据以及反驳对方提出的主张和证据的机会。这也是满足程序正义的最重要条件。"②庭审质证规则能够保证刑事被告人实质性参与诉讼，影响诉讼。被告人通过对控方证据进行质疑、攻击，对证人证言的可信性进行弹劾，才能影响法官的心证过程并影响裁判结果。

另外，庭审质证规则能够防止无罪被告人受到不合理的追诉。正如上文所说，质证是目前发现法律事实最合理的驱动力，庭审质证规则能够规范庭审质证程序。质证过程中，被告人能够对控方的证据能力和证明力提出质疑意见，控方能够对辩方的质疑作出回应和解释，法官能够在控辩双方对质过程中发现证据的矛盾和漏洞，以此避免法官偏听偏信，遏制证人作伪证的动机，从而帮助法官吸收正确的信息而排除虚假的证据，以实现发现真实的目标。③在庭审质证规则下，质证程序得以有效运行，事实无罪的被告人也能够通过此提出有力的辩解，帮助法官准确认定事实，从而避免不合理的追诉。

庭审质证规则还可以保障被害人等其他诉讼参与人的诉讼权利。现代刑事诉讼开始逐渐重视对被害人的利益保护，司法机关也开始重视对被害人意见的听取。庭审质证规则的设立必然也会考虑被告人的对质权与被害人合法权利之间的平衡。一方面，庭审质证规则能够保证被害人有机会提供对自己有利的材料和意见，使被告人尽早受到法律的制裁，被害人内心得以慰藉。另一方面，庭审质证规则能够保证被害人免受二次伤害。对于性犯罪的被害

---

① 参见熊秋红：《刑事证人作证制度之反思——以对质权为中心的分析》，载《中国政法大学学报》2009年第5期。
② [日]谷口安平：《程序的正义与诉讼》，王亚新、刘荣军译，中国政法大学出版社2002年版，第11页。
③ 王晓华：《我国刑事被告人质证权研究》，中国政法大学出版社2014年版，第53页。

人、未成年被害人等特殊被害人，庭审质证规则会为其提供特殊质证方式或是将其纳入直接言词原则的例外中，以保护比被告人质证权、案件实体真实价值位阶更高的诉讼利益。

综上，庭审质证规则能够保证被告人、被害人等诉讼参与人在裁判制作过程中始终在场，保证他们有向法庭提出有利于自己的证据、主张并对不利于自己的证据和意见进行质证和反驳的机会、能力和具体的程序保障，并且将其裁判结论直接建立在根据这些证据、主张、辩论等所作出的理性推论的基础上，从而使各方的参与产生实际的参与效果。[①] 程序的参与性也是程序正义的必要要素之一。

（三）有利于控辩平等，维护诉讼公正

从一定程度看，庭审质证规则就是为了维护控辩平等而设计的，具体包括平等地位、平等武装、平等保护三个方面。首先，庭审质证规则有利于维护国家公权力机关与个人在刑事诉讼活动中的平等地位。刑事诉讼本质上是国家行使刑罚权的过程，体现的是国家与被追诉人之间的利益冲突。国家直接追诉犯罪极其高效，便于国家管理，因此最原始的刑事诉讼模式是纠问式诉讼。随着人权思想的兴起以及现代刑事司法理念的进步，人们开始意识到程序的独立价值，司法公正概念有了新的内涵，被追诉人的主体地位以及获得公正审判的权利受到重视，传统纠问式诉讼的高效优势受到程序公正思想的冲击，无罪推定、控审分离、侦诉分离等现代刑事司法理念应运而生。尽管如此，刑事诉讼中依然存在纠问式的缩影。一方面，国家公权力机关在刑事诉讼中依然具有无可比拟的优势，国家机关是拥有强大诉讼资源的一方，被告人在人力、物力、财力、科技等方面都无法与国家拥有的强大资源相比拟。[②] 另一方面，公安司法人员内心依然存在痛恶犯罪行为、惩罚犯罪行为的原始冲动，可以说这是一种基本人性。经过特殊培训，公安司法人员具有非比常人的冷静与理性，能够抑制住内心的原始冲动，做到运用证据进行事

---

① 陈瑞华：《程序正义理论》，中国法制出版社2010年版，第99页。
② 王颂勃：《刑事诉讼法庭质证规则研究》，中国人民公安大学出版社2015年版，第34页。

实判断。可以说，现代刑事诉讼的产生就是为了缩小控辩双方这种天然的不平等和抑制司法工作人员惩罚犯罪的原始冲动。庭审质证规则能够约束控辩双方的质证行为，平衡控辩双方的力量，确保审判人员的中立性，帮助审判人员兼听则明，实现国家公权力机关与被追诉人在刑事诉讼活动中地位平等。其次，庭审质证规则有利于保证刑事诉讼活动中控辩双方的平等武装。欧洲人权委员会最早将平等武装解释为"检察官与被告人在刑事诉讼中的程序平等"。[1]庭审质证规则上，控辩双方在进行质证活动时都要共同遵循同一套质证规则，控辩双方传唤的证人会受到平等的对待，控辩双方享有相互对等的诉讼权利，控辩双方能够平等援引和使用质证规则进行攻防。从实质平等角度看，庭审质证规则的设计还应当考虑到控辩双方在诉讼力量上的巨大差异，适当地向被告人一方倾斜。最后，庭审质证规则能够实现刑事诉讼活动中控辩双方的平等保护。平等武装是实现诉讼公正的前提条件，但平等保护却是实现诉讼公正的重要保障。庭审质证能够保证法官处于中立裁判者的地位。刑事诉讼中控诉方主要负责证据的收集，如果法庭上仅仅重视控诉方的举证，就很有可能使法官偏向于控诉方的主张，法官就难以兼顾辩护方的意见。缺乏有效的法庭质证，就会使控诉方的证据大行其道地成为裁判的依据，法庭中审查判断证据日益弱化，刑事辩护流于形式。从此意义上讲，法庭质证既可以有效帮助审判人员"兼听则明"，也能够实现控辩双方的平等保护。

庭审质证规则还具有维护诉讼公正的价值。诉讼公正分为程序公正和实体公正两个方面。程序公正包括三个原则：中立原则、冲突的疏导原则、裁判原则。首先，中立原则要求任何人不能为自己案件的法官；冲突解决的结果中不应包含解决者的个人利益；冲突的解决者不应存在对于任何一方当事人的偏见。其次，冲突的疏导原则要求冲突的解决者应当平等地告知双方当事人有关程序的全部事项；冲突的解决者应当获知双方提交的证据并听取双方的辩论；冲突的解决者应当在一方在场的情况下听取另一方的意见；双方当事人应当有公平的机会回答另一方所提出的异议，并针对对方证据发表意

---

[1] 陈瑞华：《刑事审判原理论》，北京大学出版社2003年版，第230页。

见。最后，裁判原则要求解决争议应当以理性推理为依据；分析推理应当建立在当事人提出的证据和所进行的辩论之上。①庭审质证规则有助于保证程序公正。第一，刑事诉讼庭审质证规则是由一系列具体的质证规则构成的，其内容细致、操作明确、体系完备，是庭审中控辩双方进行法庭质证的依据；第二，根据质证规则的规定，证人不得因为作证而单纯地遭受侮辱和陷入窘境；第三，质证的程序透明而且公开，法庭质证是本着公开、公平、公正的原则进行的；第四，审判法官对于控辩双方中任何一方针对证据相关性、可采性而提出的异议都要依据质证规则当即作出合理而公平的裁断。刑事诉讼法视野下的实体公正标准主要包括四个方面："其一是准确地认定案件事实；其二是依法、合理地适用法律；其三是错案能够及时得到纠正和赔偿；其四是法院的生效裁判能得到公正的执行。"②庭审质证规则有助于保证刑事诉讼的实体公正。质证环节，辩护方有权针对控诉方的证据提出异议或举示其他证据加以反驳，有利于法官准确地认定案件事实，合理地适用法律。另外，公开的质证程序能够防止法官滥用职权、徇私枉法，对法官坚持内心确信认定案件事实也具有监督作用，一定程度上也保障了刑事诉讼的实体公正。

（四）有利于提高效率，保证有序质证

庭审质证规则能够保证庭审质证环节有序进行，避免质证主体恶意拖延，能够准确查清案件事实，避免诉讼程序的不必要倒流，能够预先排除某些不具有相关性的证据材料或重复性证据，避免司法资源的不合理浪费。总体而言，庭审质证规则对提高诉讼效率有重要的价值意义。

首先，庭审质证规则能够有效控制庭审节奏，保证质证有序进行。法庭审判是控辩双方之间最后一场战役，而质证环节恰是最关键的一场战斗。控辩双方都希望控制庭审节奏，控方一般希望速战速决，攻击辩方使其措手不及，辩方则希望缓慢进行，有利于发现控方证据体系的瑕疵和漏洞。客观义务下的检察官举证并不能做到完全客观。对被告人不利的证据，检察官倾向

---

① ［美］马丁·戈尔丁：《法律哲学》，齐海滨译，生活·读书·新知三联书店1987年版，第240页。

② 陈光中等：《中国司法制度的基础理论问题研究》，经济科学出版社2010年版，第377页。

于重点举证；对被告人有利的证据，控方往往模糊举证，甚至不举证。控方青睐批量举证或是综合举证的举证方式，一来能够节约工作量，二来也能掩盖己方的证据瑕疵。庭审质证规则能够有效避免控方的不完全举证，能够保证举证环节的实效性。被追诉人一方则青睐减缓庭审节奏，便于发现辩护的突破口，也有利于有充足的时间来说服审判官，获得更轻的定罪量刑。有些律师甚至将拖延诉讼程序作为己方辩护策略的一个部分。庭审质证规则能够控制庭审节奏，防止辩方恶意拖延诉讼，避免浪费庭审时间，提高诉讼效率。

其次，庭审质证规则能够有效发现争点，便于发现案件事实，防止程序倒流。如果机械地追求办案效率却忽视了办案质量，就会引发司法不公正，实体意义上会导致冤假错案，程序意义上会引起二审甚至是再审程序，导致程序倒流、资源浪费。因此司法办案机关不能简单地强调"从快"办案，违反法定程序收集证据，或者匆忙决定起诉、审判走过场，表面上"结案率"很高，实际上却必然导致错案增多，其结果可能既冤枉了无罪的人，又放纵了有罪的人，不仅效率的目标没有实现，增加了诉讼成本，而且也损害了诉讼的公正。从某种意义上来说，诉讼公正价值与效率价值是辩证统一的，诉讼公正也是诉讼效率价值的一方面要求。庭审质证规则能够保证辩方与控方证人对质公堂，有利于发现案件争点，对于无争议的案件事实可以不再进行质证，法官仅需对有争议的证据进行裁判，重点审理案件争点就能够保证诉讼公正，也能够提高诉讼效率，避免一些不必要的浪费。庭审质证规则是发现案件事实的"动力阀"，能够帮助审判官准确认定案件事实，如上文所说，准确认定案件事实在某种意义上也是庭审效率的体现，可以做到司法公正，被告人认罪服法而不再上诉，检察机关认为定罪量刑准确而不再抗诉。长远来看，庭审质证规则可以提高诉讼效率。

最后，庭审质证规则能够将某些不具有相关性的证据或重复性证据排除在外，避免资源浪费。法庭质证规则倾向于将过分浪费法庭时间的证据排除在外，如一般性地禁止律师引用外部证据证明非实质性问题。通常经验丰富的律师在庭审质证中会避免使用这类增加诉讼成本的证据。不过，在刑事诉讼庭审过程中有些律师可能会出于策略性的考虑而在质证中出示此类证据，例如：律师手中并没有比这类证据更好或者更糟糕的证据；律师希望拖延作出决定的时间；律师希望延长庭审的某一环节而将庭审时间拖到当天结束或者当周的结束；或者律师想要挤占对方的时间等。在某些案件中，如果律师成功采用这种做法，将有可能最终阻碍某一裁判结果的达成。刑事诉讼法庭质证规则在一定意义上是为了避免发生这种不公正的可能性而设计的，因而庭审质证规则包含了排除不具有相关性证据、排除过度浪费诉讼时间的重复性证据的要求，并意在以此提高刑事诉讼效率，保证诉讼的公正性。

（五）有利于实质庭审，实现审判中心

庭审质证规则的完善能够使控方举证方式更加明确，《刑事诉讼法》第195条仅规定了控方应当出示物证，对未到庭证人证言等文书证据应当当庭宣读，并没有进一步规定如何举证、如何宣读，规定不够具体，不具有操作性。2012年《高法解释》第203条规定，控辩双方出示证据应当说明证据的名称、来源和拟证明的事实，并未提及如何宣读文书。相对而言，2012年《高检规则》稍微具体一点，第445条规定公诉人在出示物证和宣读书证时，应当对该物证所要证明的内容、获取情况作概括的说明。但所有物证、书证的出示都仅需概括说明证明内容和取证情况显然不合理，应当进一步具体规定何时可以概括说明、何时应当全文宣读。《法庭调查规程》虽然对关键证据、有争议证据、无异议证据的举证方式进行了区分，但是仅规定了关键证据、有争议证据需要单独举示，却未规定具体举证方式和质证方式，依然存在不足，影响辩方质证。可见，控方举证规则需要进一步完善，针对关键证据、有异议证据、无异议证据设置不同的举证方式，这样既能够提高庭审效率，也能够让被告人对控方证据的含义有更准确和全面的理解，这也是被告人发表充分质证意见的前提。

庭审质证规则的完善能够使人证调查程序更加有序。人证调查规则主要规定于司法解释中，不成体系，不够完善。《法庭调查规程》一定程度上丰富了人证调查规则，但仍存在些许不足。2012年《高法解释》第212条规定了向证人、鉴定人发问的顺序，第213条规定了向人证发问的一般规则，第214条规定了异议规则，第216条规定了向证人、鉴定人、有专门知识的人发问的规则，等等。关于禁止诱导性询问规则，2012年《高法解释》未区分主询

问和反询问，而是笼统地规定不得以诱导方式发问，不利于查明案件事实。关于异议的处理，2012年《高法解释》未规定详细的规则，特别是没有明确规定异议的法律后果，而是赋予审判长较大的自由裁判权。《法庭调查规程》在原有司法解释的基础上，有了较大的进步：将人证调查程序和物证、书证等举证、质证程序进行区分，使庭审活动更加有序、高效；增加了"根据案件需要，也可以由申请方先发问"的发问顺序规定，使庭审人证调查更具灵活性；规定了实质性差异证言之间的证人对质程序，更利于查明案件事实；明确证人出庭的，原则上不再出示、宣读庭前证言，更符合直接言词原则等。但《法庭调查规程》仍存在部分不足：关联性规则、诱导性询问规则等发问规则仍然十分笼统，不够具体；异议规则依然采用审判长裁量决定模式，操作性不强。此外，庭审质证规则中证人出庭规则的完善能够保障证人、鉴定人、被害人、侦查人员、专家辅助人等人证的出庭，摆脱目前"案卷中心主义"的困境，尽快实现直接言词的庭审模式。

庭审质证规则的完善能够使法官组织庭审质证活动摆脱恣意，保证庭审质证的充分性和实质性。现行刑事诉讼法和司法解释并没有对法官在组织庭审质证过程中的职责进行规定，并未规定法官在何种情况下能够打断被告人及其辩护人发表意见。《法庭调查规程》也未重视限制审判长的权力，反而赋予审判长极大的自由裁量权。立法对庭审法官缺少了必要的限制，导致庭审过程中法官常常随意打断、阻止辩方发表意见，与质证实质化目标相违背。另外，缺少当庭认证，使质证的结果不够明确。由于认证证据是一项较为复杂的活动，法官需要综合各项因素考虑证据的证据能力和证明力，因此实践中，法官一般不会当庭认证，不敢对控辩双方的质证下结论，而《法庭调查规程》也继续持模棱两可的态度，①继续保留了庭后评议证据的方式。而一旦开了这个口子，当庭认证更显得不可能。事实上，只有当庭认证，当庭对质证过程中控辩双方的理由进行评判，才会使质证对裁判结果造成影响，真正做到裁判结果形成在法庭，实现质证实质化，进而实现庭审实质化。另外，

---

① 《法庭调查规程》第51条规定，对于控辩双方提出的事实证据争议，法庭应当当庭进行审查，经审查后作出处理的，应当庭说明理由，并在裁判文书中写明；需要庭后评议后作出处理的，应当在裁判文书中说明理由。

当庭认证也是庭审过程公开的应有之义，否则双方将理由阐释完毕即进行下一环节，质证在法庭也就失去了其实际意义。在完善的庭审质证规则规范下，法官应当依据规则组织双方进行质证辩论，使证据的证明能力和证明力越辩越明。

十八届四中全会提出推进以审判为中心的诉讼制度改革，"保证庭审在查明事实、认定证据、保护诉权、公正裁判中发挥决定性作用"，实现庭审的实质化。庭审质证规则的完善是实现庭审质证实质化的基础，进而推进庭审实质化改革进程，因此也就成为以审判为中心诉讼制度改革的核心环节。

第二章
刑事庭审质证规则的比较法考察

历史背景、文化观念的不同会导致诉讼模式的不同，不同模式下的诉讼程序的侧重点也有所不同，进而呈现出不同的刑事庭审样态。传统普通法系以英美为典型，奉行当事人主义，采用对抗式诉讼模式，由此衍生出来正当程序理论、平等武装原则等，故其刑事庭审质证规则主要是围绕被指控人的质证权构建的。传统大陆法系奉行职权主义，认为司法机关有义务查明案件事实真相，并据此定罪量刑，因此采用的是纠问式诉讼模式，其刑事庭审质证的主要目的在于查明案件事实真相。近半个世纪以来，两大法系出现了相互借鉴、结合和吸收的趋势，当事人主义和职权主义的差距日益缩小，逐渐出现了以日本、意大利等为代表的一系列混合法系国家和地区。大陆法系、英美法系、混合法系的刑事诉讼程序中，事实真相的发现机制不尽一致，庭审的具体构造也存在差别，自然其刑事庭审质证规则也各具特色，因此有必要对其进行比较考察。本章拟对大陆法系、英美法系、混合法系、国际刑事法庭的刑事庭审质证规则分别进行梳理、归纳、分析，并从中总结出值得借鉴的有益经验。

一、大陆法系国家和地区的刑事庭审质证规则

大陆法系最早源于罗马法。12世纪后，罗马法复兴运动兴起，经过改造

和发展的罗马法成了欧洲的普通法，具有共同的特征和法律传统，从而奠定了大陆法系的基础。法国以资产阶级革命为动力，在古典自然法学和理性主义思潮的指导下，在罗马法的直接影响下，于1808年制定的刑事诉讼法典是世界上第一部刑事诉讼法典，标志着近代意义上的大陆法系刑事诉讼法的确定。受法国刑事诉讼法典的影响，德国于1877年颁布刑事诉讼法典，是继法国之后又一部具有代表性的法典。德法两国刑事诉讼法典所确立的诉讼原则和诉讼结构模式，对其他大陆法系国家和地区的刑事诉讼制度有极重要的影响。之后，欧洲大陆多数国家都相继仿效，制定了专门的刑事诉讼法典。大陆法系刑事诉讼法所确立的诉讼结构形式，采取职权主义原则。除了德国、法国以外，属于大陆法系的还有奥地利、比利时、荷兰、瑞士、西班牙、意大利、明治维新后的日本以及亚非拉部分法语国家和地区。传统大陆法系的刑事诉讼程序奉行职权主义，法官起主导、指挥和决定作用。庭审过程中，法官有义务调查一切有助于发现案件事实真相的证据，法官需要主动讯问被告人、询问证人。下文拟挑选几个具有代表性的大陆法系国家和地区，如法国、德国、俄罗斯和我国澳门特区，对其刑事庭审质证规则予以考察。

（一）法国刑事庭审质证规则考察

法国的刑事案件可分为违警罪案件、轻罪案件、重罪案件三种。违警罪案件由违警罪法院受理初审，轻罪案件由轻罪法院受理初审，当这两类初审法院受理民事案件时，就称为小审法院和大审法院。违警罪法院和轻罪法院是常设法院，除此以外，法国还有一个非常设法院——重罪法院，也就巡回法院，负责重罪案件的审理，其判决是终审判决，不得上诉。另外，法国现行刑事诉讼法典分为卷首和六卷，其中第二卷"审判法庭"分为"重罪法庭""轻罪的审判""违警罪的审判"和"法庭传票与执达员送达"四编，可见法国对不同案件采用的刑事诉讼程序是不同的，因此考察法国刑事庭审质证规则应对重罪案件审理程序和轻罪案件审理有所区分，重点考察前一程序中的庭审质证规则。

1. 重罪案件审理程序中的质证规则

对法国刑事诉讼法典中相关规定进行梳理之后，可以发现法国重罪案件审理程序中存在以下几个方面的质证规则：

（1）"遵守良心和荣誉"原则

法国刑事诉讼法典多处明文要求"遵守良心和荣誉"，如第310条规定："审判长享有自行决定的权力，依此权力，审判长本着荣誉与良心，可以采取其认为有利于查明事实真相的一切措施。"第323条要求"辩护律师如果没有在律师公会登记，审判长告知其不得有任何违背良心或违反对法律应有之尊重的言词，并且告知其在表达意见时应当态度端正、保持克制"，第344条、第345条要求"为不懂法语或耳聋的被告人、民事当事人、证人提供的翻译人员应当进行宣誓，以其荣誉和良心为司法提供帮助"。第331条要求证人在开始作证之前应当进行宣誓："不怀仇恨、无所畏惧，说出全部真相，只说事实真相。"综上，法国刑事诉讼法典对法官、律师、翻译人员、证人都作出了明确的规定，要求上述人员在参与刑事诉讼过程中本着荣誉与良心。

（2）审判长指挥、领导、决定庭审质证程序

根据法国刑事诉讼法典的规定，可以明显看出法国刑事诉讼程序具有浓厚的职权主义色彩，审判长具有主导、指挥和决定诉讼程序的权力。《法国刑事诉讼法典》第309条明确规定："审判长有权维护庭审秩序并指挥庭审。对于任何有损于法庭审案尊严或者旨在拖延审理，使之不能得出肯定的准确结果的言行，审判长得予以驳回。"另外，涉及刑事庭审质证的诸多具体事项时，审判长仍享有巨大的自由裁量权：其一，《法国刑事诉讼法典》第325条规定，审判长享有采取一切有益措施防止证人串供的权力。其二，听取适格证人所作的解释、说明的权力。《法国刑事诉讼法典》第330条规定检察院及各方当事人可以反对听取事先没有依法提供姓名的证人的证词，对此异议由法庭作出裁决。但是，即使法庭认定此项异议理由充分，依据审判长享有的自由裁量权，作为向法庭提供情况，法庭仍可听取这些证人所作的解释、说明。第336条规定，检察院或当事人对证人宣誓提出异议的情况下，审判长依其享有的自行裁量权力，仍然可以决定听取这些人对情况所作的解释、说

明。其三，决定证人作证顺序的权力。《法国刑事诉讼法典》第331条规定："证人按照审判长确定的顺序，先后分开作证。所有的证人，按照审判长的要求，应当报明各自的姓名、年龄、职业、住所或居所，在移送裁定书中所指的犯罪事实之前是否认识被告人、是否被告人或民事当事人的亲属或姻亲、属哪一亲等。审判长还应当问明他们之间是否属于受雇服务关系。"其四，向证人发问的权力。《法国刑事诉讼法典》第332条规定："在证人每次提供证言之后，审判长均可以对其发问。"检察官和辩护人要向证人进行提问，应先经过审判长许可，只允许通过审判长对证人提出问题，是为了防止控辩双方的询问干扰职业法官为发现案件事实而采取的策略和计划，以免对非职业法官造成判断上的误导。其五，指示书记员变更笔录的权力。《法国刑事诉讼法典》第333条规定："审判长依职权，或者应检察院或各当事人的申请，指示书记员对证人的证言与该证人此前所作的声明之间可能存在的增加、更正或变化的内容作成笔录。该项笔录附于庭审笔录。"其六，指令证人、被告人退出法庭的权力。《法国刑事诉讼法典》第338条规定："审判长在任何情况下均可以命令某一证人在作证之后暂时退出审判法庭，如有必要，待其他人作证之后，再回到审判庭、接受听证，并且可以进行或者不进行对质。"第339条规定："审判长在听取某证人作证或者讯问某一被告人之前、之时或之后，得让一名或数名被告人退出法庭，对案件的某些情节分别进行讯问。"其七，追究伪证证人责任的权力。《法国刑事诉讼法典》第342条规定："如果从审理的情况判断，某一证人的证言似有虚假之辞，审判长依职权，可以特别命令该证人在庭审过程中均需到庭，直至审判结束，并且在每次庭审时均留在审判庭内，直至重罪法庭宣告判决；如果该证人违反该项命令，审判长得指令对其实行临时拘捕。在重罪法庭宣读判决以后，或者在法庭决定将案件推迟另行开庭审理的情况下，审判长得命令公共力量将该证人当即送交共和国检察官。共和国检察官得要求对该证人实行侦查程序。"除此以外，法国刑事诉讼法典还明确规定了审判长的多项庭审指挥权，由此可见，法国重罪案件审理程序中仍具有浓厚的职权主义色彩。

尽管审判长享有巨大的庭审指挥权，但其行为仍需要受到一定的规范。如《法国刑事诉讼法典》第327条规定："重罪法庭审判长简明介绍移送起诉裁定书指控被告人的各项犯罪事实。审判长出示移送起诉裁定书中按照第184条的规定列出的有关被告人有罪与无罪的证据材料，并作出说明。"由此可见，法国刑事诉讼程序中，审判长宣读移送起诉裁定书的规定与我国公诉人宣读起诉书的规定有所不同，这是因为法国刑事诉讼中移送起诉裁定书不是检察院制作的文书，而是预审法官制作并提出的文书。另外，从这条规定可以看出，法国刑事诉讼中，将审判长作为法定的举证主体，这与我国刑事诉讼法的规定也有所不同。另外，法国刑事诉讼法典还规定，审判长在进行介绍时，不得就被告人的有罪性（是否有罪）表明意见。第328条规定："审判长有职责对被告人是否有罪不发表自己的意见。"由此可见，尽管审判长享有庭审指挥权，但是他仍需秉持中立、客观、公正的立场。

（3）证人出庭接受质询的相关规则

法国刑事诉讼程序要求严格执行庭审辩论的言词原则，法国刑事诉讼法典明确规定"证人应当口头作证"。此外，为了忠实于辩论的言词原则，法国还设计了重罪法院不得将案卷带进评议室等规则。可见，法国刑事诉讼程序中，证人出庭接受质证具有重要意义。证人出庭接受质询的相关规则又可以分为两个方面进行梳理：证人出庭的相关规则和证人出庭以后接受质询的相关规则，前者包括证人适格性要求、证人名单开示、强制证人出庭等规则，后者包括证人作证、询问证人等规则。

第一，证人出庭的相关规则。

首先，证人适格性要求。《法国刑事诉讼法典》第335条规定："不得经宣誓接受下列之人的证言：（1）被告人的父亲、母亲或其他任何直系尊血亲，或者在同一庭审中出庭的被告人之一的父亲、母亲或其他任何直系尊血亲；（2）被告人的子女或其他任何直系卑血亲；（3）被告人的兄弟姐妹；（4）被告人的同一亲等的姻亲属；（5）被告人的丈夫、妻子，已离婚的夫妇，亦适用此项规定；（6）本案的民事当事人；（7）未满16岁的未成年人；（8）因本重罪法庭受理的重罪或者与此种重罪有关联的或构成不可分之整体的轻罪作为正犯或共犯受到控告或者受到有罪判决的人。"此外，《法国刑事诉讼法典》第337条规定："根据法定义务或者主动向司法部门举报受到追诉的犯罪事实的人，可以提供证词，但审判长应当将此告知重罪法庭。由于进行举报或告发犯罪，并依法得到金钱奖励的人,法庭可以听取其证词,但如果检察院或当事人之一提出异议,排除其作证。"由此可见,法国刑事诉讼程序主要排除四类证人的作证资格:第一类是被告人的近亲属,主要是考虑到近亲属包庇罪犯、作伪证的概率比较大,这与我国的规定有所区别。第二类是未满16岁的未成年人,主要是考虑到未成年人心智尚未健全,不适宜作证。第三类是与本案有关的当事人。第四类是悬赏举报人,立法原意可能是为了避免举报人为了获得金钱奖励而虚假举报或虚假作证。

其次,证人名单开示的规则。《法国刑事诉讼法典》第281条规定:"只要有可能,在法庭审理辩论开始之前至少24小时,检察院及民事当事人向被告人,被告人向检察院,以及有必要时,向民事当事人,送达他们请求按照证人身份听取证词的人的名单。在侦查过程中负责进行鉴定并提出报告的鉴定人的姓名,按相同条件送达。送达通知书应当写明这些证人或鉴定人的姓名、职业与居所。凡是依申请发出传票进行的传唤通知的,均由当事人负担费用;如果受到传唤的证人的提出请求,应当给予他们的补偿费也由申请人负担。但是,检察院应当在庭审辩论开始前至少5日,依申请传唤已经向检察院报送名单的证人。名单上所载人数不得超过5人。"需要注意的是,依申请传唤证人的费用均由申请人负担,这又体现出浓厚的当事人主义色彩,与法国刑事诉讼职权主义不相适应。

最后,强制证人出庭规则。《法国刑事诉讼法典》第326条规定:"受到传唤的证人不到庭的,法庭得依检察院的要求,或者依职权,命令由公共力量将其带至法庭,听取其陈述,或者推迟审理,另期开庭。任何情况下,证人不到庭,或拒绝宣誓,或拒绝作证的,均得依检察院的意见,对其科处3750欧元罚款。"不出庭而受到处罚的证人,有权在判决书送达5日内提出异议,重罪法庭当在本庭期或者下一庭期,对此异议作出裁判。由此可见,法国规定所有证人都具有作证的义务,不履行义务将被采取强制措施,且法律规定了数额确定的罚款。另外,法国规定记者也无法免除作证义务,但享有一定的特权:保留执行《刑法典》第226-13条与第226-14条之规定以及保留不透露消息来源的权利。

第二,证人出庭接受质询的相关规则。

首先，证人作证并接受询问的规则。开庭前，执达员先对证人进行逐一点名，接着审判长命令证人退出法庭，到专门为其准备的候传室等候，待审判长介绍指控事实并讯问被告人结束以后，再传唤证人出庭作证。开庭审理后，法国刑事诉讼程序中证人采用"轮替询问"的事实陈述型作证方式。证人需分开作证，其作证顺序由审判长确定。证人在作证前需要进行宣誓，随后，证人进行口头作证。审判长可以准许证人在作证过程中借助。证人作证时一般不得打断。证人仅就被告人受到指控的事实作证，或者就被告人的人格与精神道德提供证言。在证人每次提供证言之后，审判长均可以对其发问。检察官、被告人、民事当事人以及各当事人的律师在经过审判长同意的情况下，也可以向证人发问。当然，发问不得有损法庭审案尊严，也不得故意拖延审理，否则审判长可以制止。在案件审理过程中，只要不造成审理中断，法官与陪审员均可记录证人的证词中或者被告人的辩护中所涉及的他们认为重要的内容。

其次，伪证证人的惩戒规则。《法国刑事诉讼法典》第 342 条规定："如果从审理的情况判断，某一证人的证言似有虚假之辞，审判长依职权，或者应检察院或一当事人的申请，可以特别命令该证人在庭审过程中均需到庭，直至审判结束，并且在每次庭审时均留在审判庭内，直至重罪法庭宣告判决；如果该证人违反该项命令，审判长得指令对其实行临时拘捕。在重罪法庭宣读判决以后，或者在法庭决定将案件推迟另行开庭审理的情况下，审判长得命令公共力量将该证人当即送交共和国检察官。共和国检察官得要求对该证人实行侦查程序。"

（4）刑事庭审对质规则

法国刑事诉讼法典对对质进行了规定。具体内容包括："因受到多人指控而涉嫌犯罪的受审查人或者受援助的证人，可以与这些人中的每一个人进行分别对质。"该条设立了分开对质原则，要求预审法官在讯问受审查者或协助证人时"应当单独进行"，以避免犯罪嫌疑人或证人在"集体对质"时相互影响，降低证人证言的可信度。①

---

① 参见宋英辉等：《外国刑事诉讼法》，北京大学出版社 2011 年版，第 227 页。

法国的对质规则的特征之一在于对质主体的多元化。在法国，法官可以让证人与被告人相互对质，也可以让不同证人相互对质。首先，为了查明案件事实真相，诸证人之间可以进行对质。法国刑事诉讼法典规定，除了审判长命令证人退席的情况之外，证人作证结束后应当继续留在审判庭内，直至庭审结束。此外，审判长也可以依职权或依申请命令某一证人在作证之后暂时退出审判法庭，如有必要，待其他人作证之后，再回到审判庭、接受听证，并且可以进行或者不进行对质。其次，出于保护证人或者促成被告人之间的对质，审判长在听取某证人作证或者讯问某一被告人之前、之时或之后，也可以让一名或数名被告人退出法庭，对案件的某些情节分别进行讯问，但是，审判长应当注意只有告知每一位被告人在其退出法庭的一段时间里庭审进行的情况以及由此产生的结果之后，才能继续进行随后的审理活动。此外，法国刑事诉讼法典还规定，审判长可以在证人作证的过程中，或者在证人作证之后，指令向证人出示各项物证，并听取他们的解释，这也是一种法官审查证人证言真实性的手段方式，可将其理解成物证与人证的对质。

法国刑事诉讼中，对质由法官启动和主持，为了有利于查明事实真相，审判长可以随时责令证人在作证后立即离席，并在听取其他证人的证言后重新传唤此证人出庭作证或者对质。每当受追诉人应当进行对质时，无论是同一名或者数名证人对质，还是附带民事诉讼当事人与受追诉人的对质，其目的都是从有关的当事人那里获得具体说明等补充证据。

（5）其他证据的调查规则

首先，讯问被告人的相关规则。在重罪法院开庭后，审判长宣读被告人受到指控的事实在法律上的罪名之后，有权讯问被告人。审判长有义务告知被告人在庭审过程中有权作出声明、回答向其提出的问题或者保持沉默，然后对被告人进行讯问，并听取其所作声明。除此之外，《法国刑事诉讼法典》第339条规定在存在多名被告人的案件中，为预防串供等不良影响，"审判长得让一名或数名被告人退出法庭，对案件得某些情节分别进行讯问"，但是，"审判长应当注意只有告知每位被告人在其退出法庭的一段时间里庭审进行的情况以及由此产生的结果之后，才能继续进行随后的审理活动"。

其次，物证调查规则。审判长有权依职权，或应检察官、被告方、民事当事人的请求，向法庭出示物证，对此物证，各方当事人可以进行对席辩论。

再次，法庭可以，或者依职权，或者应检察院、民事当事人或被告人的请求，命令进行任何现场勘验，以查明事实真相。各当事人及其律师受传唤在勘验时到场。这些行动应当制作笔录。

最后，审判庭也可以听取鉴定人的说明，鉴定人也需要宣誓本着良心与荣誉为司法提供协助，否则，鉴定人的说明无效。审判长应检察官、各当事人及其律师的请求，可向鉴定人提出属于委托其完成鉴定任务范围内的问题。

（6）帮助当事人质证的有关规则

法国刑事诉讼中为不懂法语的证人、当事人聘任翻译，让其本着荣誉和良心为司法提供帮助。为耳聋且不会写字的被告人，提供一名手语翻译或者有能力掌握与聋人沟通之语言或方法的人协助被告人。受到任命的人应当进行宣誓，以其荣誉和良心为司法提供帮助。这些都是帮助当事人质证的有关规则，有助于庭审质证更好发挥查明案件事实真相的功能。为了刑事庭审质证诉讼功能的实现，法国刑事诉讼法典还对翻译人员、帮助人员作出了一些要求，如翻译人员至少应当年满21岁，陪审员、书记员、法官等不得担任翻译人员。

（7）当事人提出异议规则

从法国刑事诉公法来看，当事人可以对庭审质证的事项提出异议，异议一般由法庭裁决，当事人不得对此提出上诉。如《法国刑事诉讼法典》第330条规定："检察院及各当事人均可反对听取事先没有向他们送达姓名或者不符合规定送达姓名的证人的证词。法庭对此异议作出裁决。"另外，根据《法国刑事诉讼法典》第336条规定可知，检察院及当事人可以针对证人的作证资格提出异议，审判长依其享有的自行裁量权力，仍然可以决定听取这些证人对情况所作的解释、说明。再如，针对翻译人员，检察院、被告人及民事当事人也可以申请回避并说明申请回避的理由。法庭对提出的回避申请作出决定。不允许对此决定提出任何途径的上诉。

2. 轻罪法庭审理程序中的质证规则

法庭审理的质证规则，轻罪法庭审判与重罪案件审判区别不大，下文仅从规范对比的角度，择取部分规定进行阐述。在轻罪法庭审理程序相关的规定中，没有对证据形式作出限制，除法律另有规定外，犯罪得以任何形式认定，并且法官得依其内心确信作出判决。但是对证据的证明程序有所要求，法官只能以法庭审理过程中向其提出的并且在其当面经过对席辩论的证据作为其判决的依据。此外，法国刑事诉讼法典还规定："供述如同其他一切证据材料，由法官自由裁量"，"任何笔录或报告，仅在其形式符合规定，制作人是履行职责并且是对其管辖权内的事项表述其亲自所见、所闻或者查证的事实时，才具有证明价值。任何讯问笔录或者听证笔录，均应当包括已作出回答的所有问题"。

关于讯问被告人的规则，在轻罪法庭的审判中，如重罪法庭审判一样，审判长告知被告人在庭审过程中有作出说明、回答向其提出的问题或者保持沉默的权利。但在轻罪法庭审判中，存在多种被告人不出庭的情况。如《法国刑事诉讼法典》第410条规定，"如果经查实，尽管传票没有送达被告人本人，但其知道在第557条、第558条及第560条所指情况下符合规定送达的与其有关的传票时，同样有义务出庭。如果具备上述条件，被告人仍不出庭，也未提出不出庭的申请理由，以对席判决进行裁判，判决由执达员送达"，但在此情况下，"如果被告人律师出席庭审、为其担任辩护并提出请求，应当听取律师的陈述"。在轻罪法庭中，被告人存在不出庭的多种情况，因此法庭也丧失了对被告人讯问的机会，但是仍然应当听取律师意见。但在一种特殊情况下，虽然被告人无法出庭，但法庭可以指派法官在书记员的陪同下到被告人住所或其受羁押的看守所听取其陈述。这种情况就是第416条规定的"被告人由于健康状况不能出庭，并且存在重大理由不能推迟案件的审判，法庭以说明理由之特别决定"。

关于证人出庭接受质询的规则，包括传唤证人、证人出庭作证的顺序、证人出庭作证的规则、强制证人出庭的措施、证人的翻译人员以及辅助人员等方面，轻罪案件审理与重罪案件审理都大同小异，区别只体现在以下几点：

（1）证人不出庭受到处罚后的救济途径不一致。轻罪案件中证人不出庭受到处罚，证人得向上诉法院提出上诉；重罪案件中证人则需向重罪法庭提出异议，由重罪法庭在本庭期或下一庭期进行审理。（2）检察官及各方当事人询问证人的要求不同。重罪案件审理程序中，检察院以及各方当事人需要经过审判长同意才能询问证人；而在轻罪案件审理程序中，检察院以及各当事人的律师可以直接向被告人、民事当事人、证人以及受传唤出庭的任何人提出问题。（3）证人作证以后是否退庭不一致。轻罪案件审理过程中，证人作证以后可以退出法庭，审判长另有决定的除外；而重罪案件审理过程中，证人作证以后不退庭是原则，退庭是例外。

（二）德国刑事庭审质证规则考察

德国的法庭审理始于宣布案件。审判长（或者地方法院法官作为刑事法官）确定被告人以及某些情况下他的辩护人是否出庭，传唤的证人、鉴定人是否到场。接着，证人离开法庭。法官（审判长）对被告人的个人情况进行询问。接着检察官宣读起诉要旨。审判长向被告人指明，其有就公诉陈述或对案件保持沉默的自由。如果被告人愿意陈述，则对其就案件进行询问。需要说明的是，被指控人的沉默自由仅限于涉及案件，对于个人情况，被指控人总是要陈述的。询问被指控人之后进行证据调查，同整个审判程序一样，证据调查程序也由法院掌控。德国刑事诉公程序中，法官不是中立的仲裁法官，而需要依职权积极查明真相。被告人、辩护人、检察官等可以提出查证申请，影响证据调查。基于证据预断禁止原则，法庭不能因为对相反的情况已经有的确信而拒绝查证申请，法庭只能在严格条件下拒绝查证申请。证据调查之后，是检察官、被告人和辩护人的终结陈述，在任何情况下被告人都作最后陈述。之后法庭评议后，进行宣判。①

1. 讯问被告人的相关规则

在询问被告人身份之后，审判长应当告知被告人，有权自行决定对起诉

---

① 参见［德］科寺斯·缇德曼：《德国刑事诉讼法导论》，宗玉琨译，知识产权出版社2013年版，第26—28页。

作陈述或就案件保持沉默。在被告人表示愿意陈述后,法庭则根据《德国刑事诉讼法典》第136条第2款的规定就案件对其予以讯问。当被告人就案情作出系统陈述后,审判长应就不明确的问题向被告人进行提问。如果被告人开始时表示愿意陈述,随后又对具体问题保持沉默或拒绝回答时,法庭可能就此形成对被告人不利的信念。审判长询问结束后,其他法官和检察官、辩护人都可以向被告人提出问题,被告人也可以拒绝回答。[①]

根据《德国刑事诉讼法典》第136a条的规定,讯问被指控人禁止采用以下方法:(1)不得用虐待、疲劳战术、伤害身体、施用药物、折磨、欺诈或催眠等方法损害被指控人的意思决定和意思活动之自由。强制只能在刑事诉讼法允许的范围内使用。禁止以刑事诉讼法不准许的措施相威胁,禁止许诺法律未规定的利益。(2)禁止使用损害被指控人记忆力或理解力的措施。(3)不论被指控人同意与否,第1项和第2项的禁止规定一律适用。违反这些禁止获得的陈述,即使被指控人同意,亦不得使用。需要说明的是,立法者在本条规定中并未罗列所有禁止方法,还存在其他一些尚未罗列的损害被告人决定和确定自己意思的自由的方法,这些也是应该被禁止的。德国刑事诉讼法学界对上述几种方法有进一步的讨论:所谓"虐待",是指严重的身体侵害和健康侵害,例如伤害、脚踢、殴打、讯问时刺眼的照明、制造噪音、持续干扰睡眠、饥饿和寒冷。禁止采用"疲劳战术"讯问被指控人是为了禁止利用讯问损害被指控人意思活动自由,直至耗尽意志力或者利用这种精疲力尽的状态进行讯问。德国学界一般采用的标准是持续讯问或者连续讯问30个小时而不让被指控人睡觉。德国司法界并不禁止因案情需要在夜间讯问的情况。所谓"伤害身体",指对身体直接作用的措施,并有疼痛感、伤害后果上的要求。大多数的"伤害身体"的情形是作为虐待、施用药物或折磨等前述所列的方法而被禁止的。也就是说,这一禁止方法会与其他禁止方法结合。"施用药物"是指以针剂、片剂、饭食等形式将固体、液体或者气体的物质导入体内,特别是酒精和麻醉剂。如果被指控人自己服用,也不得准许(不过对此司法判例意见并不统一)。但如果是为增强或清醒意识,如咖啡、茶和烟,这

---

① 卞建林、刘玫主编:《外国刑事诉讼法》,中国政法大学出版社2008年版,第216页。

些是基本准许的。"折磨"是指长时间或反复地施加身体或者精神上的疼痛与痛苦，例如，实施侮辱行为、将被指控人投入暗房、令其恐惧或绝望。所谓"欺诈"，德国联邦最高法院对此作出严格解释，与侦查谋略有所区别。禁止的是故意以虚伪的事实欺诈。依照司法判例和主流观点，没有欺诈故意不构成欺诈。德国刑事诉讼程序绝对禁止利用"催眠"讯问被指控人。所谓"催眠"，是指被催眠者在有意识下的意思被阻截，按照实施催眠者所希望的方向对其意思加以引导。"禁止许诺法律未规定的利益"不准许的是许诺法律未规定的利益，来作为一定陈述或一定陈述内容的对价。如果许诺对被讯问者而言有拘束力，也就是他因此相信该许诺，这样才能构成本条意义上的许诺。此外，许诺的利益还应足以影响被讯问人的陈述。如果是许诺给予普通意义上的嗜好品，如香烟和咖啡，这是准许的。刑事诉讼中的协商不能通过违反《德国刑事诉讼法典》第136a条的禁止方法达成，特别是不能通过许诺法律未规定的利益，或者欺诈手段获取供认。如果法院有意地对供认许诺出不正确的有关犯罪行为的法律评断，这也是法律未规定的许诺。①

同时，根据《德国刑事诉讼法典》第244条第1款的规定和判例以及理论界的通说，讯问被告人必须在调查其他证据之前进行，如果法院违反法定程序，"在其对被告人就事实为讯问之前，却先为证人之讯问时，则因为被告人被剥夺了先向法官陈述其所见闻经历的事件经过，而此项程序的违反可能会对判决有所影响"，因而构成上诉于第三审法院的理由。可见，不遵守讯问被告人前置的原则在满足影响判决的基础上会带来一定的程序后果。②

2. 证据调查的启动

（1）证据调查的范围

《德国刑事诉讼法典》第244条规定，讯问被告人之后，法庭进行证据调查。为了调查事实真相，法院应当依职权将证据调查延伸到所有的对裁判具有意义的事实、证据上。第245条规定："证据调查应当延伸至所有的由法

---

① 参见［德］科劳斯·缇德曼：《德国刑事诉讼法导论》，宗玉琨译，知识产权出版社2013年版，第125—127页。

② 参见［德］罗科信：《德国刑事诉讼法》，吴丽琪译，三民书局1998年版，第448页。

院传唤并且到庭的证人、鉴定人，以及法院、检察院调取的证据，不准许收集证据的除外。检察院、辩护人和被告人对此同意的，可以免予收集个别证据。仅当提出了查证申请，法院才负有义务将证据调查延伸至由被告人、检察院传唤并且到庭的证人、鉴定人以及调取的其他证据。不准许证据收集的，对申请应当拒绝。除此之外，只有在应当证明的事实已经证明或者十分明显，或者事实与要判决的事项之间没有关联，或者证据毫不适当或者提出申请是为了拖延诉讼时，才允许拒绝申请。"

  这两条规定了法官的查明义务和证据调查的范围，体现出极强的职权主义以及实质真实主义。该查明义务是诉讼参与人提取证据请求权的基础。只要措施不是根本无望的，法院就有义务采取措施，尽可能地获取可靠的证据基础。依照该款，法院有义务获得尽可能好的证据，对于间接证据也不得禁止提取。此外，还要求法官应促使诉讼参与人提出有利于查明案件的申请，并对这些人在提出查证申请时给予支持。因此，在查证申请人因不通晓程序或者疏忽了某些问题，而提出不完全的、不准确的申请时，法院有义务就此进行询问。法官的查明义务也对检方适用，即如果检方提出的事实或证据材料有疏漏，法院也可促使其提出查证申请并予以询问。对于法官的职权查明义务的范围，德国联邦最高法院的一贯判例认为，是一种全面的案情查明，这种查明应当涵盖法院获知的或应当获知的、须运用一定证据加以证明的情况。即便法院认为基于迄今为止的证据已经对案情获得确信，即便现有证据收集形成的案情被改变的可能性非常小，法院也不能对可以运用的其他证据不加以运用。①

（2）查证申请的准许与拒绝

  德国法官具有查明案件事实的职责义务，因此法官只有在严格条件下才可以拒绝查证申请，即使法庭对相反的情况已经获得确信也不能拒绝查证申请，又称"证据预断禁止"。例如，被告人提出查证申请，主张不是他，而是他的孪生兄弟在肇事时驾驶轿车，为证明这一事实应当询问他的孪生兄弟

---

① 参见［德］科劳斯·缇德曼：《德国刑事诉讼法导论》，宗玉琨译，知识产权出版社2013年版，第194页。

（或者一个证明其不在场的证人），即使法庭对被告人的犯罪人身份已经有确信，法庭也不能拒绝此查证申请。

《德国刑事诉讼法典》第244条第3款规定："如果证据的收集不被准许，应当拒绝查证申请。除此之外，仅当众所周知无收集证据必要；或待证事实对裁判无意义或已证明；或该证据材料毫不合适或无法取得；或为诉讼拖延而提出申请时；或有利于被告人的应当加以证明的重大主张，仅当主张的事实可以作为真实事实处理时，才能拒绝查证申请。"由此可见，法官拒绝查证申请有以下几个方面的理由：其一，"不准许"。"不准许"是证据调查的强制拒绝理由，是指对刑事诉讼法里没有规定的证据材料或者与刑事诉讼规定不符合的待证事项，例如被告人的宣誓、其他法院的量刑实践等，不准许进行证据调查。其二，"众所周知"，包括一般知识经验和法院知识经验。前者指由明智且有经验的人通常情况下应当知悉的事实和具有的经验，或者他们较容易地从可公共获取的、可靠的来源那里得到的事实和经验。后者指法官在与其职务相关活动中获得的、切实的事实与经验。其三，"无意义"，是指事实与要裁判的犯罪行为没有关联，或者即使有关联，待证事实也不能对裁判产生作用。这可以出于法律原因，如程序上的障碍、阻却刑罚事由和非除刑罚事由，而不可能作出有罪判决；这也可以出于事实原因，即如果间接事实与犯罪行为指控无关联，或者即使有关联，证明这些间接事实也不能对裁判产生影响，因为这些事实只能推导出可能的、并非强有力的结论。例如，查证申请要求证明，被告人在血液酒精含量达1.5%的情况下仍旧可以在道路上安全驾驶汽车，那就可以拒绝该申请；这个要求证明的事实对于危害道路交通安全罪的犯罪构成而言"无意义"，因为德国联邦最高法院的刑事判例一贯认可此证据规则，即血液酒精含量达到1.1%以上，任何汽车司机都完全不能驾驶了。其四，"已证明"。如果法院在迄今为止的证据调查结果基础上，对待证事实的正确性非常确信，而无须其他的证据就可作出裁判，即为"已证明"。但是法院不得以"与查证申请相反的结果已被证明"这样的理由，拒绝查证申请。其五，"证据材料毫不合适"。如果不考虑迄今为止得到的证明结果，而通过自由证明就可以确定，根据该证据材料，依照日常生活经验不能推出查证申请提出的证明结果，即为"毫不合适"。例如，为证明火车事故不是因被告人的误报而是因命运而申请传唤可预知事故的慧眼人，对此应当拒绝。其六，"证据材料无法取得"，即法院做了所有可能的努力而无法取得证据材料，或在可预见的时间内无法取得证据材料。在作判断时，案件的重大程度和证据材料对程序的意义，要与快速无碍地进行程序之间作利益权衡。其七，"拖延诉讼"，主要是指虚假查证申请，以及申请人滥用其申请权以使证人出庭出丑、制造宣传的申请或提出法官为证人而要求法官回避的申请等情况。如果法官事先就可以判断并确信，这种查证申请对申请人无利，而且申请人自己对此也知道，但仍旧完全为了拖延诉讼提出申请，那法官可以拒绝此查证申请。其八，"真实事实处理"。如果这种有利的证据上的重大主张既不能被证明，也不可能通过收集其他证据予以反驳，那么该重大主张即可作"真实事实处理"。这样的处理只能在法院完成了其查明义务的前提下采取，而且仅能针对对被告人有利的证据上的重大主张。对于不利于被告人的证据上的主张是不可以适用该规定的。对于直接事实和间接事实均可以依此处理。法院对此有自由的评断空间。①除对拒绝查证申请的实质性理由进行限定以外，德国刑事诉讼法还作了程序性的限制。《德国刑事诉讼法典》第224条第6款规定："拒绝查证申请的，需有法庭裁定。"

另外，查证申请逾期并不会直接导致申请被拒绝的后果，但是，如果申请人对方当事人很晚才被告知要听证的证人、鉴定人姓名的，或者很晚才提出应当证明的事实，使对方当事人对此缺少必要的了解时间的，对方当事人可以在证据调查结束前申请中止法庭审理，以便进行了解。依审判长或者法庭命令所传唤的证人、鉴定人，检察院、被告人拥有同样的上述权利。

当然，受职权主义的影响，在严格限定法官拒绝查证申请的同时，德国刑事诉讼法还是为法官保留了较大的自由裁量权。《德国刑事诉讼法典》第224条第4款规定："除另有规定外，如果法院本身具备必要的专门知识，可以拒绝询问鉴定人的查证申请。如果经先前的鉴定已经表明所主张的事实实际上是完全相反的，也可以拒绝请求对其他鉴定人听证的查证申请；但是，

---

① 参见［德］科劳斯·缇德曼：《德国刑事诉讼法导论》，宗玉琨译，知识产权出版社2013年版，第194—196页。

如果对先前鉴定人的专门知识值得怀疑，或者其鉴定是从不正确的事实前提条件出发，或者鉴定结论含有矛盾，或者新的鉴定人拥有比先前鉴定人更先进的鉴定方法的，不适用此规定。"第5款规定："法院根据义务而进行的裁量，认为勘验对于查明事实真相并非必要的，可以拒绝要求勘验的查证申请。在同样的前提条件下，也可以拒绝请求询问要在国外传唤的证人的查证申请。"除此以外，对于逾期提出的查证申请，法官也有自由裁量权。

3. 示证规则

（1）文书的宣读

《德国刑事诉讼法典》第249条规定："证书及其他作为证据的文书应当在法庭审理中宣读。此规定特别是对先前的刑事判决、犯罪记录、教会档案和个人情况登记档案摘要适用，以及对法官勘验笔录适用。"除了通过宣读笔录帮助回忆以及在供认出现矛盾时的宣读以外，如果法官、陪审员已经了解证书、文书的文本内容，并且对其余的参加人员提供了了解的机会的，可以免予宣读。

（2）笔录的宣读

根据《德国刑事诉讼法典》第250条的规定，德国刑事诉讼程序与直接询问原则，要求法庭在法庭审理中直接言词询问作为人证的证人和鉴定人，并且只要有可能，要先于书证进行，这样既使法庭对感知案件的人有些个人印象，同时法庭也行使了提问权，并保证了被告人的法定听审权。本条并不是说除了在法律明确准许的情况外，对人证的询问是不可以通过宣读笔录或书面陈述来代替的。当涉及证明由人感知的先前发生的情况时，可以宣读笔录或书面陈述。当涉及纯粹由个人感知的情况时，也就是说，只能由某个通过五官来感受已发生事实的人合乎真实地直述感知时，才可拒绝通过宣读笔录或书面陈述来代替。所以对于电话录音得到的录音带，可以通过播放或宣读记有录音带内容的书面记录，或者通过询问曾获知录音带内容的证人来代替。询问间接证人也不违反直接询问原则。除了宣读笔录之外，德国刑事庭审还可以播放询问证人音像记录，两种方式的适用规则类似。

《德国刑事诉讼法典》第251条对宣读笔录代替询问的情形进行了列举。

第一，有下述情形的，允许以宣读法官讯（询）问笔录或者含有其书面陈述的证书代替讯（询）问证人鉴定人或者共同犯罪嫌疑人：①被告人有辩护人，且检察官、辩护人和被告人对此同意；②证人、鉴定人或者共同犯罪嫌疑人已经死亡或者其他原因导致在可预见的期间内不能进行讯（询）问；③此笔录或者文书涉及财产损害的状态或者额度。第二，有下列情形的，也允许以宣读之前的法官讯（询）问笔录代替讯（询）问证人、鉴定人或者共同犯罪嫌疑人：①证人、鉴定人或者共同犯罪嫌疑人鉴于长期的或者不可确定期限的疾病、虚弱或者其他不能排除的障碍而不能出席法庭审理的；②证人、鉴定人到庭路途遥远，考虑到证人、鉴定人在法庭上发言的重要程度，不能期待其到庭的；③检察官、辩护人和被告人同意宣读的。第三，以直接作判决以外的目的，特别是为了对是否传唤、询问某人的裁决作准备的，也允许宣读讯（询）问笔录、证书及其他作为证据的文书。此外，在前两种情况下，由法庭裁定是否命令宣读，对宣读理由应当予以宣布。宣读法官讯（询）问笔录的，应当确定是否曾要求被讯（询）问人宣誓。法庭认为有宣誓必要，并可以实施的，可以补行宣誓。

需要注意的是，证人在法庭审理前接受过询问，在法庭审理中才行使拒绝作证权的，其证言不允许宣读。

除了宣读笔录代替询问以外，还可以宣读笔录帮助回忆。证人、鉴定人表示对某事实不再记得的，可以宣读过去其询问笔录中与此有关的部分，帮助其回忆。这一规定同样适用于询问中出现与过去陈述相矛盾的证言，不能以其他不中断法庭审理的方式予以确定、澄清的情况。另外，当被告人庭上供认和先前笔录存在矛盾时，为了查证供认，也可以宣读笔录，这一规定同样适用于讯问中出现与过去陈述相矛盾的陈述，不能以其他不中断法庭审理的方式予以确定、澄清的情况。在上述两种情形下，依检察院或者被告人申请，在笔录中应当注明宣读及其理由。

（3）宣读机关和医师的陈述

根据《德国刑事诉讼法典》第256条的规定，下列陈述可以进行宣读：第一，公共机构、就所涉及种类的鉴定作了总括宣誓的鉴定人、从事法医事务的医生（品行鉴定除外）出具的包含证言或者鉴定意见的陈述；第二，医生出具的、不含重伤的身体伤害证明；第三，医生出具的验血报告；第四，行驶记录仪的分析鉴定、血型或者血液酒精含量及其追测鉴定；第五，笔录以及在证书中所含的追诉机关就侦查行为所作的陈述，以其内容不为询问为限。另外，委派专业机构作出鉴定的，法院可以请求该机构委派其一名成员在法庭审理中作鉴定代表，并向法院说明鉴定意见。

（4）人证的出庭

检察院和被告人可以提请法院传唤证人、鉴定人。为了保护证人，德国刑事诉讼法规定了被告人离庭和法庭外询问证人两种措施。讯（询）问共同被告人或者证人时，如果因为被告人在场而有不会据实陈述之虞的，法院可以命令被告人在讯（询）问期间退庭。此规定同样适用于询问未满18岁的证人时，因为被告人在场对证人的身心有严重不利影响之虞，或者询问其他证人时因为被告人在场对证人的健康存在严重不利的急迫危险的情况。介绍被告人的状况及治疗前景时，如果对他的健康有产生十分不利的影响之虞的，也可以命令被告人在介绍期间退庭。被告人一旦重新出庭，审判长应当告知被告人在其退庭期间所作的陈述和其他审理情况的主要内容。如果证人在庭审中接受询问，将对证人的健康产生严重不利的急迫危险，则法院可以命令证人在接受询问时处于其他地点；如为查清真相所必要，也可以作出此命令。就该裁决不可提起异议。就证人的陈述应当同步向法庭传送音像。如果证人在后续的法庭审理中有不能接受询问之虞且对此进行录音录像为查清真相所必要的，可以进行录音录像记录。法院可以命令以此方式询问鉴定人，即鉴定人处于不同于法院之地，询问同时以音像传递到鉴定人所在地和法庭。对此裁决不得提起异议。

4. 询问规则

德国刑事诉讼中既有与英美法系大致相同的交叉询问规则，也有大陆法系代表性的轮替询问规则。《德国刑事诉讼法典》第239条规定了交叉询问规则，"1. 依检察院、辩护人的一致申请，审判长应当让检察院、辩护人询问由他们提名的证人、鉴定人。对由检察院提名的证人、鉴定人，检察院有权首先询问，对由被告人提名的证人、鉴定人，辩护人有权首先询问。2. 在此交叉询问之后，审判长也可以对证人、鉴定人提出其认为就进一步查明事实必要提出的问题"。一般情况下，交叉询问只进行一轮，如果有问题需要向证人进一步询问时，法官可以依职权自行或者同意申请人直接向证人提问。如《德国刑事诉讼法典》第241a条规定："第240条第1款、第2款第一句所称的人员（陪席法官、检察院、被告人、辩护人），可以要求审判长对证人提出进一步的问题。审判长依义务裁量，认为不存在使证人身心不利之虞的，审判长可以许可这些人员直接向证人发问。"法官对于是否对证人进一步询问有绝对的权力。德国审判实践中最常见的做法还是轮替询问。所谓"轮替询问"，是指各方诉讼参与者在审判长的统一指挥下直接对所有在场证人或者被告人进行轮流发问。交叉询问与轮替询问大致有三个方面的区别：（1）询问主体不一致。交叉询问的主体仅限于检察官和辩护人，不包括被告人等其他当事人和诉讼参与人。其他参与人如果有疑问，只能通过轮替询问的方式进行。（2）询问对象不一致。交叉询问的对象只限于"由检察院、被告人提名的证人与鉴定人"，而不包括被告人，也不包括法院依职权传唤的证人和鉴定人，对此类证人和鉴定人也只有通过轮替询问进行质问。（3）被告人获得辩护律师帮助的要求不同。交叉询问以平等武装原则为基础，因此若被告人没有辩护律师，是无法进行交叉询问的。

德国审判实践运用轮替询问比交叉询问更多，除立法方面的原因（德国法中的交叉质问适用范围较窄，立法规定较为粗略）之外，更重要的原因是德国的法律传统和诉讼机制[①]。从德国刑事诉讼的自身特质而言，轮替询问较交叉询问肯定具有更大的本土适应性。根据德国法的相关规定，轮替询问至少具有三个较明显的特质，并且这些特质与大陆法系长期以来的传统一脉相承。（1）法官的角色较为积极。《德国刑事诉讼法典》第238条规定："审判长负责指挥审判、讯问被告人和调查证据。参加审理的一位人员认为审判长的实体指挥命令是不准许而提出异议的时候，由法庭裁定。"该条对审判长的诉讼指挥权作出了原则性的规定。《德国刑事诉讼法典》第240条规定："依要求，审判长应当许可陪审法官向被告人、证人和鉴定人发问。同样的，审判

[①] 参见尚华：《论质证》，中国政法大学出版社2011年版，第176页。

长应当许可检察院、被告人、辩护人以及陪审员发问。不准许共同被告人直接向被告人提问。"该条规定了审判长的发问权,是引导庭审程序运行的重要权力之一。《德国刑事诉讼法典》第241条规定:"对在第239条第1款情况中滥用询问权的人员,审判长可以对他剥夺询问权。在第239条第1款、第240条第2款情形中,审判长可以制止不适当的或者与案件无关的问题。"这条规定的是审判长的提问制止权,能够有权维持法庭审判秩序,体现法官强大的指挥权。(2)法庭询问程序较为灵活,并不严格按照控辩两大阵营攻防组合来设计。以询问顺序为例,审判长依据诉讼指挥权确定询问顺序,其考虑的主要因素并非如何追求控辩双方平等对抗,而是如何有效发现案件事实真相,兼顾人权保障。审判长必须注意的事项包括疑问有无被提出之可能,疑点是否已经被澄清,被告人有无答辩的机会。这些才是关键。至于包括询问顺序在内的形式问题,并非轮替询问模式关心的重点,也不构成违背法令之事由,但对审判长之诉讼指挥权不服时,亦有救济途径。例如,设若审判长请辩护人先行询问证人,检察官后行询问,检察官询问之后,辩护人始发现之前漏掉一个重要问题,亦可以请求再行询问。法官追求的是发现案件事实真相,可以灵活指挥询问程序的推进及其顺序,其他诉讼主体的发问也都是为了帮助法官形成准确的内心确信。(3)询问过程体现了多方诉讼主体的参与,询问的攻防对抗性并不明显。各个诉讼主体共同探究、协力追求案件事实真相,体现在以下几个方面:首先,证人陈述方式是连续陈述而非一问一答式。德国刑事诉讼法规定,对证人,应当让他连续陈述他对所被询问事项所知道的情况。在询问之前要对他言明所要调查的事项和在有被指控人的情况下言明被指控人。连续陈述与一问一答式相比,降低了控辩双方询问的对抗性。其次,参与询问的主体较多,并不局限于控辩双方。林钰雄教授指出,"几乎所有的诉讼参与人皆得直接发问。具体而言,发问权人包括:陪审法官、参审员、检察官、被告、辩护人、备位法官及备位参审员、自诉人、从诉人及其委任律师或代理人、被告之辅助人、少年事件之监护人及法定代理人"。[①] 这种多主体的参与发问显然不同于控辩对抗的交叉询问,它是由法官主持下

---

① 林钰雄:《严格证明与刑事证据》,法律出版社2008年版,第232页。

的多方参与的共同对话与协力查明案件事实。最后,当事人询问证人的权利具有很重大的实际意义,审判长不能控制提问的内容,只有当与审理的事项不相关或"不适当"时才可能制止提出某一问题。联邦上诉法院对这一例外作了狭义解释,只有当提问会引出不可采的证据,或者提问是不必要的重复或者带有暗示性,或者过分侵犯了证人的隐私权时,才被认为是"不适当"的。①

轮替询问的方式符合大陆法系长期以来的传统,具有很强的本土适应性。同时,也有观点认为,"在德国,交叉询问几乎从未使用过。这可能与传统的审判中角色的分配有关:审判长可能将当事人询问视为对其地位的篡夺,并且是对其主持询问能力不信任的信号。正是由于裁判权的强大,对抗性的质证不可能在现有条件下实现,这种质证活动还是停留在裁判者的单方调查,质证活动难以实质化"。②以上种种造就了其在德国审判实践中的"独树一帜",相对于交叉询问,轮替询问具有压倒性的优势。德国立法引入交叉询问方式可以看作两大法系互相交融、借鉴的结果。引入的主要原因还是在于针对实践中过于职权化的特质,期望通过引入交叉询问进一步发挥控辩双方的积极作用,实现多种发现案件事实真相的模式共存。对于此种尝试应当予以肯定。同时,德国理论界也逐渐认识到了交叉询问规则引入的意义,并且开始积极探索如何实现两种询问模式共存。如有学者提出,"德国学界未来修法时,最好采用'混合式'的诉讼程序……此就德国诉讼法之发展背景而言,意味着,一方面,法官要知悉卷宗内容,并负有澄清案件事实之义务,检察机关要保持绝对客观立场,此必须保留,但另一方面,首先就有关案件事实所为之询问及审判程序中的证据调查必需交由检察机关及辩护人之间的交叉询问来负责;而法官只是提出额外的问题,在必要时并做补充性的询问"。③这种相互吸收和融合的观点已经逐步成为共识。

证人、鉴定人在接受询问后,只有经审判长同意或者根据他的指示才允

---

① BGHSt13, 252(1959);21,334at360(1968).
② Jenny Mcewan, Evidence and the Adversarial Process, Black well Publishers(1992),p.6.
③ 参见[德]克劳思·罗科信:《刑事诉讼法》(第24版),吴丽琪译,法律出版社2003年版,第411页。

许离开法院所在地。此前,应当听取检察院、被告人的意见。

5. 对质规则

《德国刑事诉讼法典》第58条对对质进行了规定,具体内容包括:"(一)讯问证人应当个别地和在以后才予以询问的证人不在场的情形下进行。(二)认为互相对质对于以后的程序是适当的时候,在侦查程序中准许与其他证人、被指控人相互对质。"① 对质程序的启动和推进由司法机关控制,并且对质的主体包括了证人和其他证人、证人与被指控人。《德国民事诉讼法典》第394条也对民事程序中的对质进行了规定,具体内容为:"1. 对各证人应个别询问,询问时不能使以后要询问的证人在场;2. 证言相互矛盾的几个证人,可以使之相互对质。"② 这一规定也并没有将对质限于证人与证人之间,还包括证人与被告人之间以及被告人与被告人之间的对质。

6. 异议规则

德国刑事诉讼法并没有系统地规定异议规则,仅规定:第一,审判长命令宣读文书时,如果检察官、被告人或者辩护人毫不迟延地提出异议,该异议由法院裁决。审判长的命令,已经了解和给予了了解机会的认定,以及提起的异议,都应当记入笔录。第二,对发问准许性可以提出异议,在任何情况下都由法院进行裁决。第三,对审判长决定被告人离庭以及庭外询问证人的命令不允许提出异议。

(三)俄罗斯刑事庭审质证规则考察

1. 举证规则

根据俄罗斯刑事诉讼法典的规定,俄罗斯刑事庭审审查证据的先后顺序由向法庭提交证据的一方确定。首先应当由控诉方提交证据。在对控诉方的证据进行审查之后,再对辩护方提交的证据进行审查。对被告人进行讯问,经审判长许可,被告人有权在法庭调查的任何阶段进行供述。如果刑事案件

---

① 参见《德国刑事诉讼法典》,李昌珂译,中国政法大学出版社1995年版,第17页。
② 参见何家弘、张卫平:《外国证据法选择》(上卷),人民法院出版社2000年版,第479页。

中有数名被告人的，则同案被告人提交证据的先后顺序由法庭参考控辩双方的意见确定。

俄罗斯刑事诉讼法要求法庭审理遵守直接性和言词性原则，即法庭审理阶段，刑事案件的所有证据，原则上均应直接审查。在此阶段，法庭应当听取被告人、被害人、证人的供述，听取鉴定意见，检验物证，宣读笔录与其他文件，实施其他有关证据的审查行为。法院的刑事判决，只能以经过法庭调查过的相应证据为根据作出。只有在法定的特殊情况下，才可以宣读在预先审查阶段取得的供述。

第一，在下述情况下，根据控辩双方的请求，可以宣读刑事被告人在预先审查阶段或者此前在法庭上作出的供述，以及展示随附于询问笔录中记录其供述的照片、录音与（或者）录像、录影等资料：（1）刑事被告人在预先审查阶段与法庭审理阶段作出的供述具有重大矛盾，法律另有规定的除外；（2）在刑事被告人缺席的情况下进行刑事案件审理的；（3）刑事被告人拒绝供述的。如果不事先宣读相关的讯问笔录或者审判庭笔录中的供述，则不得展示讯问阶段制作的照相底片、照片、幻灯片，也不允许播放讯问录音与（或者）录像以及录影资料。

第二，经控辩双方许可，可以在刑事被害人或者证人不出庭时宣读上述人员在预先审查以及法庭审理阶段作出的陈述，展示询问阶段制作的照相底片与照片、幻灯片，播放询问录音与（或者）录像、录影资料，法律另有规定的除外。如果刑事被害人或者证人因下述情况不出席审判庭的，法庭有权根据控辩双方申请或者主动下达判决，宣读此前上述人员所作陈述以及展示其参与实施相关侦查行为时制作的录像或者录影资料：（1）刑事被害人或者证人死亡的；（2）刑事被害人或者证人罹患严重疾病阻碍其出庭的；（3）刑事被害人或者证人是外籍公民，并且拒绝接受传唤出庭的；（4）自然灾害或者其他特殊情况导致刑事被害人或者证人无法出庭的。如果上述人员此前作出的陈述与在法庭上作的存在重大矛盾的，根据控辩双方的申请，法庭有权下达判决宣读刑事被害人或者证人此前在预先侦查或者法庭审理阶段作出的陈述。刑事被害人或者证人在法庭上拒绝陈述时，不妨碍对其在预先审查阶段作出的陈述进行宣读。如果未对相关笔录或者审判庭笔录中的陈述进行预先宣读的，不得展示询问阶段制作的照相底片、照片与幻灯片，也不允许播放询问录音与（或者）录象、录影资料。有关对未成年刑事被害人或者证人此前在预先审查阶段或者法庭审理阶段作出的陈述进行宣读，或者展示询问阶段制作的照相底片、照片与幻灯片，播放询问录音与（或者）录像、录影资料的事宜，可以在未成年刑事被害人或者证人缺席的情况下进行，不必进行询问。根据控辩双方申请或者主动作出决定，法庭下达有关必须对未成年刑事被害人或者证人再次进行询问的判决，并应当说明理由。

庭审中对于司法鉴定、物证勘验、侦查行为笔录、审前调查中提出的鉴定意见及归入刑事案卷或审判庭上提交的其他文件、场所与房舍勘验、侦查实验记录等材料进行审查的问题可以根据控辩双方申请或由法庭自行决定。在处理相关申请并完成因此而进行的必要审查之后，审判长宣布法庭调查结束。

2. 讯问被告人规则

俄罗斯刑事诉讼法典的规定较为特殊。首先其延续了大陆法系讯问被告人前置的传统，也就是"在法庭调查的开始阶段，审判长应询问被告人是否明白对他的指控，他是否承认自己有罪，他或他的辩护人是否希望表示自己对所提出指控的态度"。① 但是一旦被告人同意进行陈述后，询问的秩序却与大陆法系国家一般传统有所区别，也即"首先对他进行询问的是辩护人和辩方的法庭审理参加人，然后是国家公诉人和控方的刑事诉讼参与人"。并且，在控辩双方进行讯问时如果涉及"诱导型问题以及与刑事案件无关的问题，审判长应予制止"。② 先辩方后控方的讯问顺序应当是对交叉询问规则的借鉴，在被告人出庭接受讯问时，基于其身份以及与辩护律师的依存关系，应当由辩方先行讯问打开话题并展示辩护意见。但这种顺序并非绝对，"如果有数名刑事受审人参与刑事案件的，法庭有权根据控辩双方的请求变更该刑事受审人讯问顺序"。③ 根据这一表述，要改变先辩方后控方的讯问顺序至少需要三

---

① 参见《俄罗斯联邦刑事诉讼法典》，黄道秀译，中国政法大学出版社2002年版，第197页。
② 参见《俄罗斯联邦刑事诉讼法典》，黄道秀译，中国政法大学出版社2002年版，第197页。
③ 参见《俄罗斯联邦刑事诉讼法典》，黄道秀译，中国政法大学出版社2002年版，第197页。

个条件：其一，数名刑事受审人参与刑事案件；其二，控辩双方提出变更讯问顺序的请求；其三，虽未明文规定，但是应有之义，也即请求应当得到法庭的批准。并且，在数名刑事受审人参与刑事案件时，法庭可以根据控辩双方的申请或主动决定在其他受审人缺席的情况下讯问刑事受审人，同时应当下达裁定或者判决。最后，在控辩双方讯问完刑事受审人之后，再由法庭向受审人提问。

讯问被告人程序的前置不仅为立法所确定，同时也为司法实务所认同，违反该程序将可能导致程序违法，从而成为上诉审理的理由。不难发现，讯问被告人程序的前置在大陆法系庭审程序中有着重要的作用，但其中也包含着两个方面的问题：一是讯问被告人前置是否与"不被强迫自证其罪特权"冲突；二是为何要前置讯问被告人程序。对于第一个问题，虽然上述三个大陆法系国家都已经作出了回答，即被告人可以自行决定对公诉作出答辩或对案情不予陈述。也即被告人可以选择保持沉默，由自己的辩护律师代替其参与法庭调查程序，也可以选择积极的防御，与辩护律师一起参与庭审程序。不过与英美法系中是否作证的选择权不同的是，即使选择对案情不予陈述，由于被告人是不同于证人的独立诉讼参与人，其拥有的仅仅是"拒绝回答的权利"，而不包括"不受讯问的权利"。因此，即使被告人决定对案情不予陈述，审判长仍然可以就指控事实审问被告人。[①] 可以看出，在大陆法系国家"禁止强迫自证其罪特权"并没有英美法系国家那样的宽泛，并且，被告人在庭审伊始就承担着证明自己无罪的压力，即使选择沉默也会担心法官会作出不利于自己的推断。对于第二个问题，从表面上来看，庭审证据调查之前首先讯问被告人似乎是为了给予被告人就指控事实予以答辩的机会，听取被告人的总体意见，而并非把讯问被告人当作证据的来源使用。而实质上根据德国法学理论界的通说，讯问被告人的程序前置具有"双重功能"，既是为了使被告人受到合法的审判，也是为了调查事实的真相。[②] 具备调查事实真相功能的根本原因在于"案卷移送主义"的起诉方式和法官庭前阅卷制度，讯

---

① 孙长永：《探索正当程序——比较刑事诉讼法专论》，中国法制出版社2005年版，第446页。
② 参见[德]罗科信：《德国刑事诉讼法》，吴丽琪译，三民书局1998年版，第448页。

问被告人程序前置能够让法官对先前阅卷产生的"心证"进行重新考量,同时,也有助于法官发现庭审中可能存在争议的问题,以便在后面的庭审调查阶段重点调查。

3. 刑事庭审询问规则

俄罗斯也属于传统大陆法系国家,但其庭审质证程序也部分地吸收了英美法系对抗制的精神。从询问证人的规则来看,根据《俄罗斯刑事诉讼法典》第278条的规定,首先,"在询问前,审判长应确认证人的身份,查明他与受审人和被害人的利害关系,向他说明法典第56条所规定的权利、义务和责任,对此证人应具结保证,其保证书应归入审判庭笔录"。这与大陆法系国家的长期传统一致,询问证人之前应当首先确认证人的身份,并确定是否与其他诉讼参与人有利害关系。其次,从具体询问方式来看:第一,询问主体的顺序与传统大陆法系国家传统有明显区别。根据《俄罗斯刑事诉讼法典》第278条的规定,"证人根据哪一方的请求被传唤出庭,哪一方首先向证人提问。法官在控辩双方询问证人以后向证人提问",[①] 可见在具体询问方式上俄罗斯刑事诉讼法对英美法中的交叉询问有一定的借鉴,也就是先由提出证人的一方进行主询问,再由另一方进行交叉询问。法官对证人的询问不是居于询问秩序的首位,而是在控辩双方询问证人之后再向证人提问。第二,询问证人应当单独逐个地进行,并且在未被询问的证人不在场的情况下询问。在一种情况下,询问证人可以在刑事被告人缺席的情况下进行,也即"在控辩双方申请或法庭自主决定的情况下,对不满18岁的刑事被害人与证人进行询问时"。[②]

对鉴定人的询问与询问证人较为类似,询问的时间一般在宣读鉴定意见后,首先由要求实施司法鉴定的一方询问,之后再由另一方询问,法庭询问的秩序在控辩双方之后。

[①] 参见《俄罗斯联邦刑事诉讼法典》,黄道秀译,中国政法大学出版社2002年版,第199页。
[②] 参见《俄罗斯联邦刑事诉讼法典》,黄道秀译,中国政法大学出版社2002年版,第199页。

4. 刑事庭审对质规则

俄罗斯就对质的规定较少，在侦查程序中明确了详细的对质程序，因此，此处以侦查阶段的对质为例。根据《俄罗斯刑事诉讼法典》第192条，对质的原因是"被讯问人员此前供述中存在重大矛盾"，对质的方式包括"被讯问人依次就对质应查明的情况进行供述。供述后，侦查官可以向每名被讯问人提问。参与对质的人员可以在侦查官准予的情况下互相提问"，"侦查官有权出示物证与文件"。[①] 从该条的规定可以推断，对质的启动与推进主要由司法行政机关进行，虽然此处仅包括被讯问人之间的对质，但考虑到庭审阶段与侦查阶段的参与主体的不同，因此庭审阶段对质参与主体同样多元，包括了当事人与证人。

（四）我国澳门特区刑事庭审质证规则考察

我国澳门特区刑事诉讼法的前身是葡萄牙1929年颁布并于1931年1月24日通过法令而延伸到澳门的刑事诉讼法典。1996年澳门修订后的新刑事诉讼法典，于1997年4月1日生效，2013年澳门特区对刑事诉讼法在确保诉讼参与人的权利、革新特别诉讼程序、简化审判制度、完善上诉制度等四个方面作出了修改。澳门特区刑事诉讼法也采大陆法系的职权主义，法庭调查由法官依职权进行。凡法官认为于发现事实真相和正确裁判属必须审查的证据，均可命令调查。法官对于控诉书、起诉书或答状中列出的证据，可予调查；对其未列出的证据，也可调查，但应尽早预先告知各诉讼主体，以便准备。双方当事人等，也可申请法官调查证据，但证据不合法的、不必要的、不可能获得的或申请调查证据的目的仅是为了拖延诉讼时间的，法官应驳回申请，不予调查。

1. 刑事庭审举证规则

根据澳门刑事诉讼法典的规定，调查证据应遵循以下顺序：（1）嫌犯声明；（2）提出由检察院、辅助人和受害人指定的证据；（3）提出由被告人及应负民事责任之人指定的证据。

---

① 参见《俄罗斯联邦刑事诉讼法典》，黄道秀译，中国政法大学出版社2002年版，第197页。

此外，澳门特区刑事庭审也要求遵循直接言词原则，一般反对宣读先前笔录，但2014年澳门修改刑事诉讼法典时对此有所调整。1996年澳门刑事诉讼法典规定，符合下列要件时，可在听证时宣读辅助人、民事当事人、证人及嫌犯的声明：（1）该等声明曾向法官或检察院作出；（2）上述人士在听证中所作出的声明，与彼等向法官或检察院作出的声明明显有矛盾或分歧；（3）除宣读向法官或检察院作出的声明之外，不能够用其他方法澄清矛盾或分歧。为了使法官能查清案件事实真相，作出公平的裁决，2014年澳门刑事诉讼法典将此修改为，只要发现辅助人、民事当事人、证人或嫌犯在作证时所作的声明，与彼等之前向法官或检察院作出的声明有明显矛盾或分歧，就可以在庭上宣读之前向法官或检察院作出的声明，以供法官自由心证，而不需要求在声明之间存有明显且不能用其他方法澄清的矛盾或分歧。由此可见，对于宣读先前笔录，澳门的刑事诉讼法对条件有所放宽。

2. 刑事庭审讯问规则

澳门刑事诉讼典规定，讯问被告人之前，法官需告知其针对案件享有沉默权，但不能拒绝回答个人身份情况及前科等问题。在法庭调查证据的过程中，法官首先就身份识别问题询问被告人的个人身份情况及前科等，并须告知不回答此类问题的法律责任。如果被告人拒绝回答或作虚假回答，则有可能按违令罪或虚假声明罪处罚。法官在讯问被告人有关被控犯罪事实之前应告知其有沉默权，即其可以对讯问不作回答，且不会因沉默而受不利的后果。澳门刑事诉讼法典规定：如果嫌犯愿意作出供述，每一法官均可向其发问，并要求其对供述作出解释。检察官、辅助人律师及辩护人也可要求主持审判的法官向嫌犯发问。在法庭讯问过程中，如果被告人作出自认，即被告人基于自由意思及在不受任何胁迫下自愿供述有罪，且这种自认是完全的而不是部分的，是毫无保留的而不是有所保留的，并且法官确信该自认是真实的，则案件事实就被视为已获证实，法庭不必再进行证据调查。但如有下列情况，则还得继续进行调查：（1）在共犯案件中，有部分被告人未作出完全、毫无保留的自认或各被告人的供述互相矛盾；（2）法官对被告人的自认有怀疑；（3）该犯罪的法定最高刑超过3年徒刑。

3. 刑事庭审询问规则

从询问规则上来看，澳门也在一定程度上确立了交叉询问规则，但也没有完全抛弃大陆法系的一些传统。具体而言，主持审判的法官须先询问证人的身体情况、证人与各诉讼参与人的关系及其在本案中的利害关系。此点与法国刑事诉讼法的相关规定较为类似，因为存在亲属拒证权，所以在询问之前应当将是否具有亲属及其他利害关系了解清楚，从而避免权利被侵犯的情况出现。在完成该项内容的询问之后，继而，在法官主持下，由诉讼双方对证人进行交叉询问，即先由提供证人的一方向证人询问，其后由另一方提出反询问。如果在反询问时提出了新问题，则提供证人的一方可就该项新问题再询问证人，另一方也可再作反询问。由此可见，澳门刑事诉讼法中上述询问证人的规定已经具备了交叉询问规则的实质。但与此同时，澳门刑事诉讼法也保留了"法官认为有必要时，有权随时向证人发问"这一植根于大陆法系传统的规定。

不仅如此，在澳门刑事诉讼法其他方面也充斥着大陆法传统的影子。如其规定：对未满16岁的证人进行询问仅由主持审判的法官为之，完成询问后，其余法官、检察院、辩护人、辅助人律师及民事当事人律师得请求主持审判的法官向该证人提出附加问题。①

此外，法庭调查中，除讯问被告人外，根据检察官、辩护人、民事当事人律师或辅助人律师的请求，法官可以对辅助人、民事当事人发问。辅助人及民事当事人均有据实陈述的义务，否则也要负相应的刑事责任。但辅助人及民事当事人在作出陈述前无须宣誓。

4. 刑事庭审对质规则

澳门刑事诉讼法同样规定了对质的情况，在讯问过程中，当有必要让被告人辨认或解释时，可以向被告人展示与证明事项有关的人证、物证、书证及案卷笔录。澳门刑事诉讼法典规定，必要时，也可向辅助人、民事当事人展示与证事项有关的人证、物证、书证及案卷笔录。

---

① 上述规定参见《澳门刑事诉讼法典》第327条至第331条。

（五）大陆法系刑事庭审质证规则小结

大陆法系奉行"实质真实"的诉讼价值观，因此采用的是职权主义刑事诉讼模式，强调公权力的干预和司法机关的主导地位，注意发挥司法机关的职能作用，特别是法官行使职权的主动性。总体来看，职权主义刑事诉讼模式下的大陆法系刑事庭审质证规则主要有以下几点核心特征：

1. 审判长具有较强的庭审指挥权

大陆法系的刑事诉讼法普遍明文规定审判长对庭审具有指挥权，许多程序性事项都由审判长自由裁量决定。在法庭调查过程中，大陆法系法官不仅是主持者，更是审问者。法官依其职权审讯被告人、传唤或者询问证人以及核查各类证据。在法庭上，调查核实证据、讯（询）问被告人和证人是法官的职责，不是检察官和辩护人的职责。检察官和辩护人对被告人、证人发问，有时需要审判长的同意。可以说，职权主义模式下的大陆法系刑事诉讼程序，审判长需要全程主导、指挥和决定：证据举示方面，审判长需要审查控辩双方的证据调查申请，决定证据调查范围，典型体现在决定证人是否出庭的事项上，法庭传唤出庭的证人若不出庭，审判长有权对其采取强制性措施。另外，询问证据方面，审判长还有权决定证人出庭作证的顺序，并在证人发表证言之后对其发问。控辩双方对证人发问需要经过审判长许可。审判长认为有必要的，还可以指令证人、被告人暂时退出法庭。可以说，审判法官具有强大的庭审指挥权是大陆法系刑事诉讼程序区别于英美法系刑事诉讼程序最为典型的特征之一。

以"实质真实"理念为指导的"职权探知主义"强调了法院的主导作用，导致当事人包括被告人在法庭调查过程中的辅助地位。这样一来，仅从程序角度来看，当事人对法庭调查缺乏积极性和主动性，有违程序主动原则，也影响到诉讼的法律效果。因为一个人在对自己利益有影响的判决作出之前，如果不能向法庭提出自己的主张和证据，不能与其他各方及法官展开有意义的辩论、证明和说服等，就会产生强烈的不公正感。

2. 刑事庭审质证坚持询问本人原则

询问本人原则，又称口头规则，与古代纠问式程序"不是书面的就是不存在的"格言相反，要求庭审证人证言以及其他文件型证据都应当通过言词的方式作出。《德国刑事诉讼法典》第250条规定："对事实的证明如果是建立在个人的认识上的，在法庭审理中应当对其询问。询问不允许以宣读以前的询问笔录或者书面证言而代替。"①德国刑事诉讼法强调判决只能建立在审判中经过口头辩论的事项的基础之上，即使是文件，在审判中也必须被宣读。如《德国刑事诉讼法典》第249条第1款规定："证书及其他作为证据的文书应当在法庭审理中宣读。此规定特别是对先前的刑事判决、犯罪记录、教会档案和个人情况登记档案摘要适用，以及对法官的勘验笔录适用。"②还有属于"常识性"的事项，只有在审判中经过辩论才能在判决引用。③法国也有关于口头原则的一般规定，如"证人证言必须是口头言词的，证人应当口头说明其姓名、年龄、职业、住所或居住地，并说明其是否与被告人及民事当事人有亲属关系"。④

正如拉德布鲁赫曾指出的，"卷宗主义的致命缺陷在于文字记录根本无法反映言词陈述的整体和全部。被控告一方不正常的举止，紧张和愤怒的表情，证言陈述中不情愿的停顿，提前背熟的流畅和急速表达，所有这些细微区别和难以描述的状况，在单调呆板的官方记录中消失的无影无踪"。⑤口头原则可以视为直接言词原则的直接体现，具体受到以下几个理由的支持：第一，口头原则使法庭（特别是其非职业成员）对相关事实形成生动印象，较之书面表述更能发挥被告人的积极作用，同时也允许公众的参与。第二，口头信息很容易被遗漏或者忘记，而且只能是有选择地被接受。如果缺少完整的审判记录，则法庭的证据来源将没有书面审理程序可靠。⑥需要注意的是，口头

---

① 参见《世界各国刑事诉讼法·欧洲卷》，中国检察出版社2016年版，第296页。
② 参见《世界各国刑事诉讼法·欧洲卷》，中国检察出版社2016年版，第296页。
③ BGHSt6,292,295–296（1954）；BGHStV1994,527.
④ 《法国刑事诉讼法典》第331条第2款、第445条、第536条。
⑤ [德]拉德布鲁赫：《法学导论》，米健、朱林译，中国大百科全书出版社1997年版，第125页。
⑥ [德]托马斯·魏特根：《德国刑事诉讼程序》，岳礼玲译，中国政法大学出版社2000年版。

原则在德、法两国现代刑事审判中也面临着挑战,因为审判的标的事项往往完全用书面记载,这就使对相关事实进行口头的再陈述显得麻烦和累赘。面临挑战的同时,德国法律作出了原则加例外的抉择。原则上仍然严格坚持遵守口头原则,当涉及纯粹由个人感知的情况时,也就是说,只能某个通过五官来感受已发生事实的人合乎真实地重复感知时,才可拒绝通过宣读笔录或书面陈述来代替。①所以对于电话录音得到的录音带,可以通过播放或宣读记有录影带内容的书面记录,②或者通过询问曾获知录音带内容的证人来代替③。法国则采取了"立法原则加判例例外的模式",即立法原则上也禁止证人提供书面证言,但是司法判例却允许如此。④这一点在轻罪法院的审判中表现得尤为明显。如法国最高法院在1884年的一个判决中明确,"轻罪法院的庭审具有言词性,但并非仅具有此一特征……因为宣读通常与证人陈述相关的笔录优先于听取证人证言……没有法律条款禁止在证人未到场的情况下宣读书面证言"。⑤

口头规则的实现也会带来一定的直接后果,这就是审判开始之后法庭组成不得改变。如果其中一个法官不能参加,则审判必须重新开始,因为替代的法官无法获知审判早期阶段介绍的口头信息。

3. 庭审询问以"轮替询问"的方式为主,辅以交叉询问

轮替询问是指法官、当事人及其他参与人轮流质问证人,就其所陈述的内容及其可信性进行质疑⑥。大陆法系的刑事庭审质证询问以"轮替询问"为主,"交叉询问"为辅的原因主要有以下几点:首先,大陆法系职权主义不同于英美法系当事人主义,大陆法系的诉讼理念在于在法官的带领下,多方诉讼主体共同参与诉讼过程,以求探明事实真相,因此缺乏交叉询问的环境基础。其次,大陆法系的被告人并非都能获得辩护人的帮助,若无辩护人帮

---

① BGHSt27,137.
② BGHSt27,135ff.
③ BGH,NStZ2002,493.
④ Crim,22janv1841,B,19.
⑤ No.242,Crim.404,405(1884).
⑥ 参见尚华:《论质证》,中国政法大学出版社2013年版,第131页。

助时,就无法由检察官与辩护人进行交叉询问。在程序正当理念之下,英美法系奉行平等武装原则,因此尤其重视对被告人获得有效法律帮助权利的保障,辩护律师也成了交叉询问的必须主体。不同的是,由于大陆法系的检察官负有客观义务、法官具有查明案件事实的职责,如果被告人没有辩护人,法官有义务向被告人"倾斜",因此辩护律师并非大陆法系庭审询问的必须主体,可见交叉询问在大陆法系缺少运行动力。最后,大陆法系交叉询问的对象仅限于由检察院、被告人提名的证人、鉴定人,而不包括被告人,也不包括法院依职权传唤的证人和鉴定人,对于此类证人和鉴定人也只有通过轮替询问进行质问。综上,大陆法系的庭审质证主要采用"轮替询问"的方式。

4. 讯问被告人前置主义

在法庭审理过程中,审判长在调查其他证据之前,首先对被告人就指控的事实进行讯问,听取被告人的供述和辩解,合议庭的其他法官或陪审员、公诉人、被告人的辩护人在审判长讯问被告人之后,也可以向被告人提问。审判长在调查其他证据之前首先讯问被告人,是职权主义刑事法庭调查的通例[①]。如《德国刑事诉讼法典》第243条规定,审判长在检察官宣读起诉书后,应当告知被告人有权决定对公诉作出答辩或对案情不予陈述,被告人表示愿意答辩时,审判长应当"对他就案情予以讯问"。根据该法第244条第1款的规定和判例及理论界的通说,审问被告人必须在调查其他证据之前进行,如果法院违反法定程序,"在其对被告人就事实为讯问之前,却先为证人之讯问时,则因为被告人被剥夺了先向法官陈述其所见闻经历的事件经过,而此项程序之违反可能对判决有影响",因而构成上诉至第三审法院的理由。[②] 总的来说,讯问被告人前置主义不利于保障被告人的诉讼权利。虽然大陆法系的刑事诉讼程序中,被告人也享有"沉默权",但实践中被告人行使沉默权的情况十分罕见,大陆法系的被告人"不被强迫自证其罪的特权"在内涵上与英美法系存在不同,除了指不被"强迫"陈述以外,主要是指"拒绝回答的权

---

① 参见郭天武、何邦武:《香港刑事诉讼法专论》,北京大学出版社2009年版,第179页。
② 参见[德]罗科信:《德国刑事诉讼法》,吴丽琪译,三民书局1998年版,第448页。

利",而不包括"不受讯问的权利"。其结果,虽然在职权主义诉讼的立法意图看来,首先讯问被告人是为了给予被告人就指控事实答辩的机会,但是实践中,由于审判长以侦查卷宗为基础讯问被告人,常常因为不可避免的庭前"预断"而导致庭审时以公诉人的眼光来讯问被告人,造成审判长与被告人之间的直接对立。这样的庭审过程似乎不是针对公诉人的指控是否成立进行调查,而是想尽一切办法来证实被告人实施了指控的犯罪,并且迫使被告人当庭承认。从程序公正的角度看,这种将讯问被告人作为法庭调查的前置程序是将被告人作为刑事诉讼的客体的纠问制诉讼的一种残余,有违刑事被告人的主体理论。①

5. 对质作为查明案件事实的方法

对质规则虽然产生于英美法系,但由于法系之间的交融,特别是国际刑事诉讼相关规则对大陆法系的侵染,对质规则在各大大陆法系也开始有所规定。大陆法系一般将对质作为一种查明案件事实的方法,是法官依职权进行的诉讼活动,而英美法系将对质权看作对被告人基本权利的保障。②所谓大陆法系中的"对质"是特定主体之间对于有争议的事实面对面地以言语的形式进行争论,从而使法官形成倾向于某一方的心证。对质程序适用的主体非常宽泛,根据主体的不同可以分为"被告人与被告人的对质""被告人与证人的对质"与"证人与证人的对质",但在实践中运用得较多的还是"被告人与被告人的对质",特别是同案犯作为证人作证的情况。大陆法系各主要国家和地区都对对质规则作了规定。

大陆法系的对质主要有以下几方面的特点:第一,程序的启动和进行主要由司法机关控制。第二,对质的参与主体较为宽泛和灵活。对质作为排除矛盾陈述的重要方法,主体限制并不严格。包括被告人和证人(包括刑事被害人)之间的对质、被告人与被告人之间的对质、证人与证人之间的对质。可以说,上述主体之间只要产生了矛盾陈述,都可以成为对质程序的主体。第三,对质的目的在于分辨矛盾陈述,进而查明案件事实,并且这一目的贯

---

① 参见郭天武、何邦武:《香港刑事诉讼法专论》,北京大学出版社2009年版,第180页。
② 龙宗智:《论刑事对质制度及其改革完善》,载《法学》2008年第5期。

穿于对质程序的适用过程。首先，对质的适用条件是先前不同陈述存有矛盾，这一点体现在《意大利刑事诉讼法典》第211条、《俄罗斯刑事诉讼法典》第192条、《奥地利民事诉讼法》第333条等规定中。其次，对质的适用程序也力求辩明矛盾陈述，《意大利刑事诉讼法典》第212条规定："法官先向参加对质的主体列举他们以前的陈述，然后询问他们是确认还是更改这些陈述，在必要的时候可以要求他们相互辩驳。在笔录中记入法官提出的问题、参加对质的人所作的陈述以及其他在对质过程中发生的情况。"最后，大陆法系的对质不仅体现在审判阶段，在侦查阶段也可以适用，因为在侦查阶段也可能出现不同陈述之间的矛盾内容。

总的来说，职权主义刑事诉讼模式注重实体真实的追求，国家司法机关之间相互分工配合，因而在惩治犯罪和保护社会整体利益方面具有较高的效率。其不足在于这种刑事诉讼模式有轻视法律程序的可能性，在司法机关相互制约及公民个人权利保护方面缺乏强有力的措施。[①]

二、英美法系国家和地区的刑事庭审质证规则

刑事诉讼中的质证是指法律允许的诉讼主体在开庭审理案件的过程中，采用交叉询问、质疑、辨认、对质、展示、说明、辩论等形式对证据的真实性、合法性与相关性进行审查，从而争取法官确认或排除诉讼证据的资格，旨在动摇对方立场，推翻对方观念，进而影响法官最终判决的诉讼活动。刑事诉讼中的质证规则，是指在刑事诉讼法庭审理过程中，控辩双方行使质证权，进行质证时所应当遵循的一系列刑事诉讼规则。[②]其特点在于效力发生于庭审阶段，约束主体包括所有的诉讼参与人（控辩审以及证人等），约束对象包括不利于本方的言词证据和实物证据，行为表现为口头询问的方式。[③]其形

[①] 参见宋世杰等：《外国刑事诉讼法比较研究》，中国法制出版社2006年版，第74页。
[②] 参见王颂勃：《刑事诉讼法庭质证规则研究》，中国人民公安大学出版社2015年版，第9页。
[③] 参见王颂勃：《刑事诉讼法庭质证规则研究》，中国人民公安大学出版社2015年版，第10页。

式主要有交叉询问和轮替询问两种,就英美法系国家和地区而言,则多采用交叉询问的方式,但对交叉询问的规定并不尽相同。

(一)美国刑事庭审质证规则考察

美国的刑事庭审质证主要发生在陪审团审判的案件中。在详细了解美国刑事庭审质证规则之前,有必要对其审判程序有概括性的了解。陪审团挑选完毕并宣誓以后,法庭审判程序正式开始。第一个环节是开庭陈述。首先由控方进行开庭陈述,检察官的开庭陈述会使陪审团熟悉针对被告人的指控的性质,并描述将要出示的支持指控的证据。意见、论断、提及被告人的性格特点、争论性陈述,以及提示没有证据出示的事实等都是不合适的,同时辩护人可以就此提出反对。接着由辩方进行开庭陈述。第二个环节则是举证与质证。首先由控方进行举证,出示证据包括传唤证人作证和介绍事实裁判者审查的物证或书面证据。通常情形下,证人应当出席法庭接受质证,接受交叉询问。接着由辩方举示证据,同样出庭的辩方证人也需要接受交叉询问。在控辩双方都提交过主要证据之后,各方都有机会提供反驳证据。这意味着公诉人可以提供证据以破坏被告人所依赖的证人或其他任何证据的可信性,反之亦然。① 交叉询问是为了破坏目击证人的可信性,但直接相反的证据通常更加有效。当被告人有不在犯罪现场的证明时,尤其如此。待举证、质证完之后,第三个环节是控辩双方依次发表结案陈词。第四个环节是法官对陪审团的指示。最后是陪审团评议和裁决。具体而言,美国刑事庭审质证规则可以从以下几个方面加以讨论:

1. 人证的出庭

《美国宪法第六修正案》规定:"在所有的刑事诉讼中,被告人应当享有与不利于他的证人对质……的权利。"由于通过《美国宪法第十四修正案》正当程序条款对它的合并,这一基础性的程序保障适用于联邦和所有的州。除此以外,美国联邦证据规则中规定有传闻的例外。对质条款和传闻例外规则

---

① 参见[美]罗纳尔多·V. 戴尔卡门:《美国刑事诉讼法——法律和实践》,张鸿巍等译,武汉大学出版社2006年版,第56页。

均要求证人出庭作证，由此衍生出四项具体的内容：(1) 可以接受交叉询问；(2) 在伪证罪威胁下提供；(3) 提供的方式使陪审团能够观察证人的神态举止；(4) 证人与被告人"面对面地"提供。最高法院之前一直都"倾向于把对质条款和传闻排除规则相等同"，但自克劳弗诉华盛顿案之后，最高法院把对质条款调查的重点，从所提供的庭外证言是否可靠的问题（传闻规则的重点）转向了它是不是"证言性陈述"上来，对质条款与传闻规则出现不同之处，此处不再赘述。对质条款要求当庭作证，不允许单方面的书面证言，主要有三个方面的价值：(1) 通过交叉询问留出空间，对质权有助于保障对抗式刑事诉讼。(2) 通过确保证人宣誓、在公开的法庭上、在被告人面前提供证言并接受交叉询问，对质权提高了证人的可靠性。(3) 当庭的检验，相对于单方面的书面证言，使陪审团得以观察证人的神态举止，因此有助于陪审团评价证人的可信性。[1] 因此在美国，在面临刑事指控时，所有被告人都有权与不利于己的证人进行对质。联邦最高法院于 1895 年 Mattox v. United States 一案中指出，在任何情况下，都不应剥夺刑事被告人对控方证人进行交叉询问的权利。[2] 在 Pointer v. Texas 一案中则指出被告人交叉询问的权利包含在与不利于己的证人进行对质的权利之中。[3] 而在 Davis v. Alaska 一案中，最高法院表示这一权利仅能用来弹劾控方证人的可信性。[4] 同样，刑事诉讼中的其他当事人同样有对对方所传唤的证人进行交叉询问的基本权利，其中，在被告人放弃"不得自证其罪的特权"之后，控方有权对包括被告人在内的辩方证人进行交叉询问。[5] 与此同时，"如果为被采纳的陈述所反对的当事人传唤陈述人作为证人，则该当事人可以像交叉询问那样就该陈述对陈述人加以询问"。[6]

当然，人证出庭也存在例外。最高法院很早就提出，"对质条款对当庭证

---

[1] 参见［美］约书亚·德雷斯勒、艾伦·C. 迈克尔斯：《美国刑事诉讼法精解》，魏晓娜译，北京大学出版社 2009 年版，第 222—223 页。

[2] 156 U.S. 237, 244 (1895).

[3] 380 U.S. 400, 404 (1965).

[4] 415 U.S. 308 (1974).

[5] State v. Lea, 934 P.2d 640 (Ct. App. Or. 1997).

[6] Fed. R. Evid. 806.

言的偏爱有时候必须让位于公共政策和案件的必要性"。①在俄亥俄州诉罗伯茨案中,最高法院提出如果具有"牢固的基础"或者其他"特定化的可信性保障"时,没有经过交叉询问的庭外陈述也具有可采性。随后,在克劳弗诉华盛顿案中,最高法院否决了罗伯茨案,提出"如果一项庭外陈述是证言性陈述,对质条款禁止采纳该陈述,除非作出陈述的人曾经(或者现在,在法庭上)接受过交叉询问。无论是否有其他的根据认为该陈述是可信的,都适用这一禁令。"克劳弗案确定的标准有两种例外:一种是如果证人不能到庭,而且该言词陈述已经在作出的当时接受过交叉询问,则不适用克劳弗案中确立的对质条款的禁令。另一种则是吉尔斯诉加利福尼亚案中确定的"过错失权"规则,即如果控方打算出示的庭外证词的提供者不能出庭是因为被告人"用意在于阻止该证人出庭作证"的行为的结果,那么宪法第六修正案不阻止采纳该证言性传闻。

2.交叉询问规则

(1)交叉询问的范围

询问证人被视为陪审团审案中最基础的一部分,相较于开庭陈述的灵活性而言,询问证人则更为死板、乏味,却更为准确。其中,直接询问的目的在于通过证人证言告知陪审团和法官案件事实,②即将目光更多地集中于证人,并从其证言中获得相应的信息。然而不同于此的是,交叉询问并不要求证人改变证言或通过揭露其矛盾来摧毁证人,而是在评估直接询问所带来的伤害之后,③通过交叉询问使证人不得不同意己方所说的是真的。④相较于直接询问,交叉询问的范围要更有限一些,如《联邦证据规则》第611条(b)款规定交叉询问的范围不应超越直接询问中的主要问题以及影响证人可信性之事项。⑤其内容可以是直接询问中所涵盖的任何话题,重申对己方有利的事实或提出

---

① Mattox v. United States,156 U.S. 237,243(1895).

② Walter W. Bates; R. Todd Huntley; William S. Jr.Starnes, Ten Tips for Direct Examination and Cross-Examination, 39 Am. J. Trial Advoc. 339(2015).

③ Louis M. Jr. Natali, Cross-Examination, 7 Am. J. Trial Advoc. 19(1983).

④ Jim McElhaney, It's a Gift: Evasive Witnesses Are Doing You a Favor if You Know to Take Advantage, A.B.A. J. (Aug. 1,2011, 7:00 AM), http://www.abajournal.com/magazine/article/.

⑤ Fed. R. Evid,611(b).

与之有关的新信息，也可以是检验证人的知觉、记忆或可信性。

然而针对该条规定，不同的法院作出了不同的解释，主要有以下四种观点：第一，在 Philadelphia & T.R. Co. v. Stimpson 一案中，法庭指出交叉询问证人的范围应当仅限于直接询问中所涉及的事实或情况以及证人的可信性问题。如果希望对其他相关问题进行调查，则需在己方直接询问过程中传唤该证人。① 这与当前《联邦证据规则》第611条（b）款中赋予法官就交叉询问中的新问题是否如直接询问一样展开的自由裁量权是相似的，但其前提是在传唤该证人时，不会使其处于几天的长期等候中。第二，是所谓的"密歇根规则"，即在交叉询问中所允许的调查内容除直接询问所提出的问题外，还包括能够修正、解释或反驳直接询问的内容或其引申内容。② 基于该规则，决定交叉询问范围的则是直接询问的趋势，而非证人所证实的特定事实或情况。第三，《联邦法规》中规定交叉询问的范围应当限于直接询问的范围以及在听证中存在争议的问题。第四，少数州允许交叉询问就任何相关问题展开，法官可以根据其自由裁量权对此进行一定的限制。③ 如得克萨斯州证据法就规定交叉询问可以围绕包括证人可信性在内的任何相关问题展开。④

由上可以看出，虽然同为联邦层面的法规，但是《联邦证据规则》和《联邦法规》为交叉询问划定了不同的范围，各州之间对此也作出了不同的解释，这四种解释的范围呈现出逐渐扩大的趋势。其相同之处则在于都将证人的可信性及其证言的证明力纳入其中，同时就此存在以下八种为所有法庭所认可的弹劾方式：①对其所证实的事实缺乏认知的机会或能力；②记忆力存在问题；③因缺乏必要的沟通技巧而导致对事实的扭曲；④存在偏见、利害关系等可能导致其作出不实证言的情绪特征；⑤先前的刑事定罪；⑥先前对其准确性存在影响的不当行为或不诚实的行为；⑦先前不一致的陈述；⑧社区中其诚实与否的声望较低。

需要注意的是，在接受第一种观点的情况下，当被告人出庭作证时，相

---

① 39 U.S. (14 Pet.) 448（1840）.
② Campau v. Dewey, 9 Mich. 381（1861）.
③ Zoerner v. State, 725 So. 2d 811 (Miss. 1998).
④ Texas Rules of Evidence, 611.

较于其他证人,尽管上诉法院表示针对被告人展开的交叉询问的范围应当相同,①但司法实践中大多数法官往往会允许就更广泛的问题对被告人展开交叉询问。②而就针对不同种类的证据展开的交叉询问而言,《联邦证据规则》分别就其范围作出了更为细致的规定。例如,第 104 条规定在刑事案件中,就先决问题作证的被告人,不能针对案件中的其他问题对其进行交叉询问。③ 第 405 条规定,对品格证人进行交叉询问时,法庭允许就某人特定的相关事例进行交叉询问。④ 第 608 条规定,在交叉询问过程中,如果行为具体实例对于下列人员诚实与否的品性具有证明作用,法院可以允许对其进行调查:①证人;②正在接受交叉询问的证人曾就其品性作证的另一证人。当就其他事项作证时,如果证言仅与证人诚实性品性有关,证人并没有放弃反对自我归罪的特免权。⑤ 此外,在更抽象的层面上,交叉询问的范围还需受到《联邦证据规则》第 403 条和第 611 条 (a) 款的约束。⑥

(2) 交叉询问的形式

交叉询问作为检验证言真实性、证人可信性及作证能力的方法,受到极大重视,其通过揭露直接询问中未被发现的事实来揭示案件的真相,因此被誉为"为发现真实而发明的最伟大的法律装置"⑦,同时也被视作交叉询问方的一项基本权利。与直接询问相同,交叉询问一般采用一问一答的形式进行,即在一方当事人提出了适当的问题之后,接受交叉询问的证人对此予以回应。但根据《联邦证据规则》第 611 条 (a) 款的规定,法官可以对提问的方式和顺序予以合理的控制。其中,虽然法官可以行使其自由裁量权禁止提出具

---

① Portuando v. Agard, 529 U.S. 61, 69 (2000).
② United States v Raper, 676 F.2d 841 (D.C. Cir. 1982).
③ Fed. R. Evid. 104.
④ Fed. R. Evid. 405(a).
⑤ Fed. R. Evid. 608.
⑥ 《联邦证据规则》第 403 条规定,如果相关证据的证明价值以下一个或多个危险所严重超过,则法院可以排除该证据:不公平损害、混淆争点或者误导陪审团、不当拖延、浪费时间或者不必要地出示重复证据。第 611 条 (a) 款规定,法庭应当合理控制询问证人的方式和循序,其目的在于:第一,保证认定事实的程序有效;第二,避免浪费时间;第三,保护证人免受骚扰或陷入窘境。
⑦ See California v Green,399 U.S.149,158 (1970) [quoting 5 John H.Wigmore, A Treatise on the Anglo-American System of Evidence in Trials at the Common Law,29(3d ed.1940)].

有误导性的问题,但一般交叉询问以诱导性问题引导进行。

《联邦证据规则》第 611 条(c)款规定:"在直接询问中不应当使用诱导性问题,除非为展开证言所必需。在下列情况下,法院通常应当允许提出诱导性问题:(1)交叉询问时;(2)一方传唤敌意证人、对方当事人或者与对方当事人认同之证人时。"在各州,如《加利福尼亚州证据法》第 767 条(a)款规定:"除司法利益另有要求之情况外:(1)于主询问中或再主询问中不应提出诱导性问题;(2)于反询问或再反询问中可以提出诱导性问题。"①《马萨诸塞州证据规则指引》第 611 条(c)款同样规定:"诱导性询问在直接询问证人时不能使用,除了必要的时候需要促使证人作证。通常,诱导性询问在交叉询问中是允许的。"②综上,我们可以把美国庭审中关于诱导性询问的基本规则归纳为:在直接询问中一般禁止诱导性询问,在交叉询问中一般允许诱导性询问。

而在使用诱导性问题进行提问时存在一项基本规则,即这些问题必须是清楚且连贯的,且不会使证人或陪审团感到困惑。否则,对方则可就此向法官提出反对,法官可以命令交叉询问方改述更为清楚的问题。例如在 State v. Lindsey 一案中,"在谋杀发生的那晚,购物中心里还有其他年轻的黑人吗?"这一问题就遭到了反对,其原因在于其中时间过于模糊,可能引起歧义。③与此同时,曲解证人证言或假设性的问题同样会引起对方的反对,例如"你有没有停止服用毒品?"就因内在地假设证人服用毒品这一事实而遭到反对。

尽管证人宣誓其所讲皆为事实,但并不意味着在受到误导的情况下仍需作答。当诱导性问题简单、清楚且不具有误导性时,则提问方有权要求证人作出直接的正面回答。而当问题具有潜在的误导性,证人无法用"是或否"来准确回应,则允许其就相关问题作出解释。

(3)诱导性询问

诱导性询问虽然在英美法系的庭审实务和学术研究上经常被使用或提

---

① 参见[美]艾伦·辛德、大卫·索纳辛:《加州证据法与异议实务》,蔡秋明译,商周出版社 2005 年版,第 141 页。
② 参见[美]《马萨诸塞州证据规则指南》,廖永安等译,湘潭大学出版社 2012 年版,第 113 页。
③ State v. Lindsey, 543 So. 2d 886, 900 (La. 1989).

及，但是在立法层面，对于什么是诱导性询问还没有统一的界定。《联邦证据规则》只规定了允许和禁止诱导性询问的情形，没有对诱导性询问进行定义。《得克萨斯州证据法》中同样未就此作出明确的界定，但其最高法院曾于判例中对诱导性询问作了如下定义：诱导性问题是只容许肯定或否定的回答，或者包含了争议性的有实质影响的事实，进而暗示了期望的答案的问题。① 典型的诱导性询问是问题中包含了一系列或一组事实，且只能作出肯定或否定回答的询问。② 如果一个提问使证人附和询问者的问话，并且询问者可以通过这种方式引导一个诚实的证人作出虚假甚至严重扭曲事实的证言，那么这样的提问就是诱导性询问。③ 而《加利福尼亚州证据法》第764条则指出"本法所讲诱导性问题，指在询问中暗示着询问者希望得到的回答的问题"。④ 可以看出，诱导性询问主要被界定为两种形式，即"询问者为了获得某一回答而在所提问题中添加有暗示被询问者如何回答的内容，或者将需要被询问人作证的有争议的事实假定为业已存在的事实加以提问"。⑤ 如前所述，在直接询问中一般禁止诱导性询问，但在以下三种情形中允许使用诱导性询问：

第一，在调查一些基础性事实、准备性事项和无争议的事项，如证人的姓名、住址、近况时，以及非实体性争议的事实或庭审各方都认可的事实时，诱导性问题可被用于暗示某一对象或某一主题。此时采取诱导性的询问方式不涉及案件的主要事实，不会对裁判者认定案件事实造成偏误，反而有利于将证人的思维尽快引导到核心问题的陈述上来。即使在一些涉及案件主要事实的直接询问中，尽管存在向证人暗示询问者想要得到的答案之风险，但为了从证人口中引出更多的案件信息，诱导性询问是被允许的。

第二，直接询问中会根据证人的个人情况和作证效果适当允许提出诱导性问题。当证人困惑或烦躁、焦虑不安、理解迟钝、胆怯，因疾病或年纪而不稳定或记忆不清，导致其无法准确完整地陈述所见所闻时，或无法明白律

---

① Ca.V. Hammon,50 S.W.123,124,92 Tex.509（1899）.
② Lott v. King,79 Tex.292,15 S.W.231（1891）.
③ Lott v. King,79 Tex.292,15 S.W.231（1891）.
④ 参见艾伦·辛德、大卫·索纳辛：《加州证据法与异议实务》，蔡秋明译，商周出版社2005年版，第140页。
⑤ 吴铁刚：《简析美国的诱导性询问》，载《前沿》2007年第7期。

师意图的时候，法官一般都允许主询问方使用诱导性问题。但也有人持反对意见，认为上述这些证人更容易受暗示性问题的影响。但赞成者认为，"与其毫无证词，不如得到一些证词，再评估其证明力，且裁判者得分别判断是否为真实陈述或仅是应付询问者"。① 应该承认，在这些情况下，的确存在错误暗示的危险，但是，不能因为这种危险而彻底放弃从证人那里获得有用信息的努力。类似的，当用诱导性问题已经把证人引导到询问的主题上，可是证人却没有说出律师认为他应当得到的全部信息，此时证人的记忆已经"枯竭"，在这种情况下，法官会允许询问者根据证人的特殊情况，有针对地询问以唤醒证人的记忆。② 其中，儿童是比较典型的符合上述特征的一类人群。在 United Stated v. Nabors 案中，一个 12 岁的孩子在为一个银行抢劫案出庭作证的时候，一直犹豫不决地重复一些无关紧要的话语，仅仅很隐晦地对被告人进行了指证。在这种情况下，法庭对检控官不断进行的诱导性发问予以准许。针对被告方的异议和上诉，第八巡回法庭维持了地方法院的裁决，认为"法庭对于儿童证人的情感状态以及他的犹豫对于作证的影响拥有最好的评估条件，当儿童的情绪处于不稳定状态致使其作证犹豫不决时，对其进行诱导性发问是值得和得到认可的"。③ 这一点同样得到《加利福尼亚州证据法》的明文支持："基于司法利益，在刑法第 273 条（a）款、第 273 条（d）款、第 288 条所规定的犯罪案件中，允许对未满 10 岁之儿童提出诱导性问题。"④ 不过实践中对于允许提出诱导性问题的对象的年龄放得更宽。另外，在专家证人出庭作证时，很多法官允许在对专家证人的直接询问中使用具体的、诱导性的问题，理由在于如果让专家证人完全自由地陈述，可能会让本身比较高深、专业的问题变得更加复杂、晦涩难懂，以致裁判者难以理解。

第三，也是比较常见的情况，当直接询问方传唤不利证人、对方当事人，

---

① 参见王兆鹏:《刑事诉讼讲义》，元照出版有限公司 2006 年版，第 660 页。
② 参见[美]麦考密克:《麦考密克论证据》，汤维建等译，中国政法大学出版社 2003 年版，第 16 页。
③ United Stated v. Nabors,762 F.2d 642,651(8th Cir.1985).
④ 参见[美]艾伦·辛德、大卫·索纳辛:《加州证据法与异议实务》，蔡秋明译，商周出版社 2005 年版，第 141 页。

或本方证人、中立证人转变为敌意证人^①时，直接询问方可以对其进行诱导性询问。敌意证人主要表现为对于传唤方所提问题的对抗性或不合作态度，并不必然站在对方当事人的立场。所以，法庭和传唤方不能因为证人提供了有利于对方当事人的证言而将其视作敌意证人。之所以允许直接询问中对敌意证人、对方当事人和与对方当事人认同之证人进行诱导性询问，主要是考虑到询问方对他们的有效控制。比如，对方当事人一般会通过回避问题或用倾向性的回答来提供对自己有利的证言。[2]这时可以利用诱导性问题来消除不当偏见，尽可能引导他们客观陈述。[3]再者，对于从友好或中立立场转变至敌对态度的证人而言，其已经表现出对直接询问方的敌意和不愿意作证或采取不合作的态度，这时进行诱导性询问的危险就会消失，法官会允许诱导性问题的使用。

此外，尽管诱导性询问对于实现交叉询问的目标至关重要，但这项权利在交叉询问中并不是绝对的。《联邦证据规则》第611条（c）款采用了"通常允许"（Ordinarily...should allow...）的表述方式来表明立法对于交叉询问中采取诱导性询问的态度，也就是说，诱导性询问在交叉询问中不是一概允许的。这意味着法庭有权拒绝或否定一方使用诱导性问题。虽然《联邦证据规则》没有明确交叉询问中不允许采取诱导性询问的具体情形，但是已有不少判例表明，当证人对交叉询问方表示出友好的态度时，法庭会支持直接询问方反对对方诱导性询问的异议[4]，其道理与直接询问中禁止诱导性询问如出一辙。

（4）诱导性询问的异议规则

虽然《联邦证据规则》和相关判例确立了可以和不应当进行诱导性询问

---

① 所谓敌意证人，即在被传唤来到证人席的时候被假定为是友好的或者中立的证人（例如，非对方当事人），但在接受质询的过程中，该证人表现出一种对询问者完全怀有敌意的态度，导致对询问者的委托人不利的推论，或者与对方当事人产生了认同。在这种情况下，进行询问的律师就要请求法院宣告该证人"怀有敌意"（hostile）。如果法院同意这样做，询问者可以进行诱导性提问，而且还应该运用其他交叉询问技术。参见《美国〈联邦证据规则〉（2011年重塑版）条解》，王进喜译，中国法制出版社2011年版，第188页。

② Rodriguez v. Banco Cent.Corp.,990 F.2d 7 13(1st Cir.1993).

③ Jas Brar, "Friend or Foe: Responsible Third Parties and Leading Questions", Baylor L.Rev.261(2008).

④ Oberlin v. Marlin Am. Corp.,596 F.2d 1322, 1328(7th Cir.1979); Shultz v. Rice,809 F.2d 643,654(10th Cir.1986);Ardoin v. J. Ray McDermott & Co.,684 F.2d 335,336(5th Cir.1982).

的各类情形，但是并不是所有不当诱导性询问的出现都会遭到法官的制止。根据美国证据法中的交叉询问异议规则，当检察官、被告人及辩护人认为对方对证人进行诱导性询问且应当被禁止时，应该对对方违反法律或者不当的诱导性询问当庭以言词方式提出反对意见，要求法官加以制止。这种对不当询问表示反对的诉讼行为也被称为"声明异议"，也就是控辩双方为维护各自利益而对另一方的询问行为加以弹劾的诉讼行为。对于控辩双方就对方询问方式提出的异议，将由审判法官裁定其是否成立。

对诱导性询问的异议是美国庭审中针对交叉询问行为异议情形中的一种。至今，美国刑事证据法已建立了比较完善的异议制度，主要体现在审前动议和庭审交叉询问阶段。就"异议"（objection）一词本身的含义而言，《布莱克法律词典》将其解释为"对于法庭之上已经发生或即将发生的正式陈述表示反对，以获得法官对其反对要点的裁判。提出异议的一方当事人通常必须陈述其异议的理由并享有对其不利裁判进行上诉获得救济的权利"。①虽然异议最常用于针对证人、被告人、鉴定人的提问方式，但它也可以用于任何类型的证据，包括实物证据、示意证据或证言。异议具有双重目的：其一，如果异议得到法官的支持，就可以把有害的证据从事实裁判者的审议事项中排除出去，从而增加异议方赢得诉讼的机会；其二，如果异议被驳回，依据《联邦证据规则》第103条（a）款（1）项，可以为上诉而保全己方提出的关于该证据应该被排除的论点。②可见，异议作为当事方借以打断审判而反对证据的提出所采取的方法，已成为当事双方不可或缺的一项重要权利。而保障当事双方有效行使异议权的前提就是完善的异议制度，其包括对异议的提出、异议的裁决和异议的救济等相关问题的法律规制。在美国刑事庭审中，可能引起异议的违法或不当交叉询问的情形较多，③但限于此处讨论的主题，下文

---

① Bryan A.Garnerm, Black's Law Dictionary (8th Ed),West Group 2007,p.102.

② 参见［美］罗纳德·J.艾伦、理查德·B.库恩斯、埃莉诺·斯威夫特：《证据法：文本、问题和案例》（第三版），张保生、王进喜、赵滢译，高等教育出版社2006年版，第124页。

③ 主要包括：问题晦涩，模棱两可；重复性问题；问题本身存在争议；问题属于欠缺证据支持的假设性事实；干扰证人；复合式问题；诱导性问题；享有拒绝证言权的问题；无关联或不重要的问题；证人不适合回答的问题；传闻。参见刘国庆：《论美国刑事证据法中的异议制度及启示》，载《中国刑事法杂志》2013年第1期。

仅就诱导性问题的异议进行介绍。

诱导性问题并非一概被允许或禁止，所以，如果要保证反对得到法官的支持，异议方需要对询问方的提问有两点认识：首先，对方所提出的问题为诱导性问题；其次，此时提出诱导性问题是不被允许的。当然，为了异议的及时性，异议方也可以在没有明确把握的情况下对询问方的提问形式提出异议，毕竟法官驳回异议方的请求不会对其带来什么负面影响。相反，如果检察官或辩护人没有在可以提出异议的诱导性问题后马上提出异议，而是等证人就该问题作出回答或者更靠后的阶段就其提出异议，法官常常会允许答辩有效并驳回异议，或者仅仅说"证人已经作了回答"或"答辩有效"。所以，"针对具有争议的问题及时提出异议是非常重要的，否则将可能导致异议的双重目的的全部丧失"。①

在对询问方的诱导性询问提出异议的同时，需要明确、简短的陈述异议事由，通常情况下，异议方只需表明异议针对的不当询问类型即可。比如"反对，那是诱导性的"。除非法官认为异议方有必要就该问题为何构成诱导性问题或此时为何不允许提出诱导性问题作出说明时，异议方才可以进一步详细陈述理由。在法官就诱导性询问的异议进行裁决之前，证人应停止陈述静待法官的决定。如果一方已经提出异议之后或法官作出裁决之前，证人就引起异议的诱导性问题作出了回答，法官会根据裁决结果指示从审判记录中删掉该答辩，并告诫证人不要在提出异议或作出裁决的过程中回答问题。② 同样，针对诱导性询问的异议，法官也会及时作出裁决。如果异议成立，法庭将指示证人对该提问不予回答或者排除由该提问得到的陈述；如果异议不成立，证人的陈述将作为证据被法庭采纳。当然，法庭的裁定不一定是正确的。如果控辩双方不服法庭的裁定，可以请求当庭复议，复议的提出不影响庭审继续进行。如果复议认为之前的裁定属于重大违法，已经影响到案件事实的认定，应该重新进行审判；如果复议维持之前的裁定，可以上诉到上诉法庭

---

① 参见［美］罗纳德·J.艾伦、理查德·B.库恩斯、埃莉诺·斯威夫特：《证据法：文本、问题和案例》（第三版），张保生、王进喜、赵滢译，高等教育出版社2006年版，第127页。

② 参见张建伟：《司法竞技主义——英美诉讼传统与中国庭审方式》，北京大学出版社2005年版，第242页。

要求改正一审法庭的裁定。上诉法庭审议此类证据性判决错误的前提是控辩双方依法表示了反对、动议排除证据等。

此外,《联邦法规》第15.119条要求针对证据所提的异议应当及时、简要地说明理由。法官对此的裁决应当被记录在案,但其作出该裁决的论证则不会被记录下来。而就此裁决,第15.123条则规定,为了防止有损公共利益的异常拖延或侵害,除非得到法官记录或书面授权,否则在全盘考虑整个案件之前,不得对法官的裁决进行上诉。

3. 强制回答规则

交叉询问的主要目的在于"瓦解或者削弱由主证证人所提供的证言的效果;并且从该证人处得出对交叉询问方有利的信息"。[①]因为传唤证人的一方必然不愿引导本方证人讲出对自己不利的事实,而且出庭的证人也往往倾向于或支持传唤他的那方当事人,缺乏揭露对其不利事实的动机,所以从某种意义上说,反对方的交叉询问就成为使证人充分陈述所见案情的最主要途径。但是,相比直接询问中询问方比较容易达到询问目的而言,交叉询问则困难得多。由于证人与交叉询问方的关系是"不友好的",甚至是"敌对的",虽然为增强其对自身职责的认识,《联邦证据规则》第603条要求证人在作证时宣誓会就自己所知的案件情况如实作证,[②]但证人并不愿意提供有利于交叉询问者的信息。

就交叉询问这一权利而言,在向证人提问的同时,也可以引出新的证言。在美国的刑事庭审中,法官不仅有权询问证人,[③]而且有权就特定证人所提供证据的可采性进行裁决。这也就意味着一方当事人不同意另一方的交叉询问,或证人未就询问作出回应时,对方的律师可以就此提出异议。此时,法庭应就该异议作出支持或驳回的裁决。若法庭并未支持该项异议,则证人可以且应当就询问作出明确的回应。

在法官的命令下,如果一直拒绝回答问题,证人则会因藐视法庭而受到

---

① 参见[英]理查德·梅:《刑事证据》,王丽、李贵方等译,法律出版社2007年版,第645页。
② Fed. R. Evid. 603.
③ Fed. R. Evid. 614.

处罚，将其关押直至同意作出回应。在极端案件中，如果交叉询问的问题一直被拒绝回答，则法庭可以删去直接询问的所有内容①或者宣称审判无效。但直接询问是否会受到交叉询问的影响，在很大程度上取决于审判法官的自由裁量，其主要考量的内容并非证人是否有理由拒绝回答问题，而是允许直接询问的内容不接受挑战是否公正。②而在以下五种情况下，证人可以拒绝回答：第一，其证言中会包含自证其罪的证据，证人可以在任何时间通过主张宪法第五修正案赋予自己的权利而拒绝回答相关的问题。第二，证人是刑事案件的被告人，根据宪法第五修正案，不得强迫刑事案件的被告人在法庭上作证。第三，证人与刑事案件中的某人是配偶关系，在大多数案件中，证人可以拒绝提供不利于其配偶的证言。第四，证人是一方当事人的律师、精神治疗师或牧师，由于这些职业使当事人不用担心后果地告知其一切，因此在大多数案件中，法庭出于对这种特殊关系的保护允许证人拒绝提供证言。第五，证人没有作证能力，即证人因年龄或疾病影响了其回忆事件或作出陈述的能力。

（二）英国刑事庭审质证规则考察

1. 人证出庭规则：交叉询问的申请及禁令的作出

（1）交叉询问的申请

在英国的刑事审判中，若被告人希望对证人进行交叉询问，则根据《2015年刑事诉讼规则》的规定，应当在检察官披露证据之后28日以内向法庭提交书面申请，由法庭依职权决定是否对此举行听证并作出裁决。③就申请的内容而言，如果被告人想要就控告方先前的性行为进行举证或交叉询问，首先向法庭官员提出申请，并向每一方当事人提供副本；其次，该申请应当在其意识到这样做的可行性之后立即提出，并且在任何情况下都不应晚于检察官披露其所依据的材料之后的14日。④在申请中，被告人应当就以下

---

① Lawson v. Murray, 837 F.2d 653 (4thCir. 1988).
② Crump v. Commonwealth, 460 S.E.2d 238 (Ct. App. Va. 1995).
③ The Criminal Procedure Rules, 2015, 22.2.
④ Criminal Procedure (Amendment) Rules 2018, 22.4（1）.

事项进行说明：第一，被告人所提控告方先前的性行为具有相关性；第二，详述被告人想要引用的所有证据以及想问的所有问题；第三，确认被告人不存在《1999年少年司法与刑事证据法》第41条所规定的例外情形；第四，列明能够就控告方先前的性行为作证的证人之姓名及出生日期。① 如果当事人希望能够针对传闻证据对证人进行交叉询问，则应在该证据开示之日起7日内向法庭提交书面申请并说明理由，并向该证据的开示方和被开示方提供副本。就此申请，法庭可以经听证或径直作出裁决，但在听证中，禁止在申请人没有机会发表意见的情况下驳回申请，只有在每一个收到申请的当事人至少有7天时间准备听证的情况下，才能批准该申请。② 而就证人证言的记录者以及其他传闻证据的提供者而言，当事人如果希望对其进行交叉询问，则应向法庭提交书面申请并说明理由，并向其准备交叉询问的一方提供副本。其中，申请人是被告人的，应于证据被开示之日起7日内递交申请，否则应于该证据被开示之日起3日内递交申请。法庭对是否就该申请举行听证拥有自由裁量权，但在听证中，不得在申请方没有机会发表意见的情况下就驳回申请。③

基于《1999年少年司法与刑事证据法》第36条的要求，法庭可以在听证中公开或不公开地或不经听证就是否进行交叉询问作出裁决。若一方当事人提交了禁止或免除申请，或是在至少14日内作出过申诉，则法庭可以在其缺席的情况下作出裁决。④ 案件当事人如果希望法庭免除一项针对交叉询问的禁止，必须向法庭提出书面意见，并向其他各方当事人提供副本。申请人必须对禁令实施条件已经发生实质性的改变作出说明，同时如果需要可以就此申请听证，需要说明理由。⑤ 根据《2002年刑事法庭规则》，在检察官向法庭递交交叉询问禁止的申请之后，若刑事案件的其他当事人于开庭前14日收到了该申请，则应在收到申请之后的14日内向刑事法庭适格的法官提交书面

---

① Criminal Procedure (Amendment) Rules 2018, 22.4（2）.
② Civil Evidence Act 1995, S 3; The Criminal Procedure Rules, 2015, 31.7.
③ Civil Evidence Act 1995 (c), S 3; The Criminal Procedure Rules, 2015, 48.14.
④ The Criminal Procedure Rules, 2015, 23.3（1）.
⑤ The Criminal Procedure Rules, 2015, 23.5.

意见，并送达本案的其他当事人。若反对该申请，应说明理由：若收到申请之日距开庭之日多于14日，则应在14日内说明理由；若庭审已经开始，则应遵照法官的指令说明理由；其他情况下则应在开庭前说明理由。其中，适格的法官指的是：其一，若庭审尚未开始，则应向指定审理本案的法官提出申请；若尚未指定法官，则应向可能主持对该申请进行的听证的法官；其二，若庭审已经开始，则应向主审法官提出申请。①

（2）交叉询问禁令的作出

在作出禁止被告人对证人进行交叉询问的决定时，法庭应当考虑以下六点：其一，证人的意愿；其二，在交叉询问中可能会问到的问题的性质；其三，在刑事案件的任何阶段，被告人对证人的行为；其四，证人与被告人之间的关系；其五，除被告人外，其他任何人是否被指控《1999年少年司法与刑事证据法》第34、35条中所规定的犯罪；其六，法庭就证人已作出或打算作出的指令。其中，证人并不包括在案件中受到指控的其他人。②法庭针对某证人的禁令，自作出时起直至被免除才会失去约束力。法庭在以下三种情况下会免除一项禁令：第一，基于司法正义的需要；第二，在有关时间内情况发生了实质性的改变，基于一方当事人的申请；第三，基于法庭自己的动议。法庭在作出禁令时，必须在公开法庭中说明其接受或拒绝某项禁止令申请以及免除某项禁令的理由，如果案件由地方法院审理，则应对此登记。《2002年刑事法庭规则》针对交叉询问的进行就以下事项作出了规定：其一，法庭可以不举行听证直接或无异议的申请作出裁决；其二，除情况有实质性的变化外，对再次提出未接受的禁令申请的预防；其三，与申请或免除一项禁令有关的专家证据；其四，一项申请中机密信息的处理方式，特别是对本案中一方当事人的披露或隐瞒。③

《2002年刑事法庭规则》规定，检察官如果向法庭申请禁止对任何特定的证人进行交叉询问，则应在向刑事法庭适格的法官提交申请时，将申请副

---

① The Crown Court (Special Measures Directions and Directions Prohibiting Cross-examination) Rules, 2002.

② Youth Justice and Criminal Evidence Act, 1999, section 36.

③ Youth Justice and Criminal Evidence Act, 1999, section 37.

本同时提供给本案的其他当事人。在申请中，检察官应当说明其申请的理由，理由可以是以下三种：第一，被告人对证人进行交叉询问可能会削弱证人提供的证据；第二，不由被告人进行交叉询问会使已有证据更为完善；第三，禁止被告人进行交叉询问不会有悖司法利益。而《2015年刑事诉讼规则》第23.2条则规定，检察官在意识到申请的必要性时，应当立即向法庭提交书面申请。申请书中应当说明证人是否具有亲自对证人交叉询问的意愿。同时应当确定以下事项：其一，交叉询问中可能问到的问题的性质；其二，被告人在诉讼的任何阶段涉及证人的相关行为；其三，被告人和证人之间的关系及性质；其四，本案中受该禁令约束的其他被告人；其五，针对该证人已经下达的指令或其他已经作出的申请。同时就以下事项说明理由：第一，对该证人进行交叉询问可能削弱证据；第二，实施禁令将使其他证据更为完善；第三，实施禁令不会违背司法利益。①

与此同时，除非法庭有其他禁令，应当向本案所有被告人提供书面申请的副本。法庭在收到申请之后，若其他当事人没有提出反对意见，则无须举行听证，可以直接作出裁决。若其他当事人提出了反对意见，法庭则应当就此申请举行听证。如果需要举行听证，刑事法庭适格的法官应当通知所有当事人听证举行的时间和地点，并且尽快作出裁决并给出理由。当庭审已经开始时，该申请应当以口头的形式提出，法官应当作出其认为合适的裁定。如果提出口头申请的，应当说明未在开庭前提出申请的理由，同时提供申请所需的材料。而《2015年刑事诉讼规则》第3.11条（d）款规定，为规范庭审或上诉，法庭可以就针对证人展开的询问、交叉询问以及再询问加以限制。②第23.2条则规定法官在作出禁止被告人个人对证人进行交叉询问时，应当对以下事项作出说明："a.禁止令及其效力；b.被告人有权安排在法庭上有发言权的律师替他完成交叉询问；c.被告人应当在不晚于法庭规定的时间，告知法庭官员该律师的身份及其详细的联系方式；d.如果被告人无法作出这样的安排或是未及时告知法庭，则法庭应当决定是否有必要基于司法利益为其指定律

---

① The Criminal Procedure Rules, 2015, 23.4（3）.
② The Criminal Procedure Rules, 2015, 3.11(d).

师，如果有必要，那么法庭会从其选出的律师中指定一位。"①

在法庭作出裁决之后，在证人作证之前，在公开听证中，法庭必须就其实施、免除一项禁令或驳回禁令申请说明理由。②如果被告人被禁止对证人进行交叉询问，那么法官必须警告陪审团不得因被告人没有亲自对证人进行交叉询问，或由指定的法定代理人而非被告人自己安排的法定代理人来完成交叉询问而对被告人有任何偏见。③

2. 询问规则：交叉询问的权利及范围

（1）交叉询问的权利

在英国，对证人进行交叉询问主要有三个目的，即引出证据来支持己方的主张，引起对证人证言的怀疑，破坏其可信性并借此削弱对立方的主张，以及质疑存在争议的证据。当证人或被告人被传唤出庭作证时，一般在两种情况下他方当事人有权对其进行交叉询问：第一，主询问已经完成；第二，证人被传唤的目的就是进行交叉询问。其中，后者指的是传唤证人一方无意对证人进行询问，而是希望证人这时候由对方进行交叉询问。这里所谓的"他方当事人"包括证人传唤一方的对立方以及案件中的其他当事人。一般而言，当事人不可以对己方证人进行交叉询问，除非该证人被法官宣布为敌意证人。交叉询问可以由律师进行，在没有代理律师的情况下也可以由当事人自己进行。

但根据《1999年少年司法与刑事证据法》第34条和第35条的规定，出于对证人的保护，在以下五种情况下可以禁止刑事案件中的被告人对证人进行交叉询问：第一，禁止性犯罪的控告方自己对证人进行交叉询问；④第二，《1956年性犯罪法》《1960年猥亵儿童法》《1967年性犯罪法》《1977年刑法》第54条以及《1978年儿童保护法》规定的犯罪；第三，《1984年儿童绑架法》规定的绑架、非法监禁以及该法第1条或第2条规定的其他犯罪；第四，《1933年儿童和少年法》第1条规定的犯罪；第五，除前三项规定外，还包括

---

① The Criminal Procedure Rules, 2015, 23.2（3）.
② The Criminal Procedure Rules, 2015, 23.3（2）.
③ Youth Justice and Criminal Evidence Act, 1999, section 39.
④ Youth Justice and Criminal Evidence Act, 1999, section 34.

对任何人实施的袭击、伤害或威胁等犯罪。其中，儿童指的是前述第一项犯罪发生时未满17周岁的个人或前述第二、三、四项犯罪发生时未满14周岁的个人。这里所说的证人包括在案件中受到指控的人。① 除此之外，该法第36条规定在以下两种情况下，被告人不得对证人进行交叉询问：其一，由被告人对证人进行交叉询问有可能会削弱证据的；其二，不由被告人对证人进行交叉询问会使已有证据更为完善。②

（2）交叉询问的范围

对证人进行交叉询问的目的之一便是引起对证人证言的怀疑来破坏其可信性，证人的可信性取决于五点，即对其所证事实的知识，客观公正与否，正直与否，诚实与否，以及基于宣誓陈述事实的义务。对证人进行的交叉询问主要就围绕上述五点内容进行，就其询问范围而言，起初并未作出具体规定，仅在1898年《刑事证据法修正案》第1（e）条中指出任何受到指控或依据该法担任证人的人，在对其进行交叉询问时，尽管可能导致其自证其罪，但仍然可以就任何问题向其提问。③ 而随后，在不同法典中，对交叉询问的范围作出了更为具体规定，例如，与前述对被告人进行交叉询问的禁止相对应，《1999年少年司法与刑事证据法》第41条规定禁止就性犯罪原告之性行为提交证据或进行交叉询问。④ 1979年《刑事证据法修正案》第1（1）条就品格证据指出，被告人若就相同犯罪提供不利于他人的证词，将就其先前定罪以及不良品格接受交叉询问。这里的"相同犯罪"指的是"同一案件"。⑤

就接受交叉询问的证人范围而言，还存在三类证人无须对其进行交叉询问：第一，经由证人传唤，仅为制作一份文件出庭的证人；第二，在开始作证前，被发现是被错误传唤或宣誓的证人；第三，法官传唤的证人。此外，若证人在交叉询问开始之前或进行过程中出现身体不适或太过于紧张，法庭可以根据其已作出的证言继续进行审理，但应指示陪审团在作出裁决时将这

---

① Youth Justice and Criminal Evidence Act, 1999, section 35.
② Youth Justice and Criminal Evidence Act, 1999, section 36.
③ Criminal Evidence Act, 1898. 1(e).
④ Youth Justice and Criminal Evidence Act, 1999, section 41.
⑤ Criminal Evidence Act, 1979. 1（1）.

一情况纳入考量范围。而证人在交叉询问开始之前去世的,则其在主询问中所作出的证言虽然证明力有限但仍然具有可采性。不过,这两种情况完全依赖于法官的自由裁量权,法官可以因证人无法履行其作证义务可能导致对被告人的不公而解散陪审团。

3. 异议规则:交叉询问的救济

被告人没有因本案而委托律师的,则在被禁止对证人进行交叉询问时,有权出于自身利益的考量而安排一位适格的律师进行交叉询问。此时,法庭应当公开或不公开地说明裁决理由并征求被告人的意见。若在听证之外,则应向被告人下达书面通知。① 根据《2015 年刑事诉讼规则》第 23.2 条(3)款的规定,法庭就禁止被告人进行交叉询问的裁决作出解释之后,应当询问被告人是否安排律师代替其完成交叉询问。被告人应当在不晚于法庭规定的时间,告知法庭该律师的身份及其详细的联系方式。如果存在特殊情况,法庭则可以根据被告人的申请或依职权延长被告人告知法庭律师相关信息的时间。②

如果被告人告知法庭没有法定代理人可以替他完成交叉询问,或法庭没有接到其告知且庭审过程中没有法定代理人来完成这项工作,那么法庭就必须基于司法正义以及被告人的利益,决定是否有必要为其指定法定代理人代替其对证人进行交叉询问。如果法庭认为有必要,则应为被告人从其选出的律师中指定一位作为其法定代理人③,并同时向相关律师下达任命④。在法庭向相关律师下达任命时,应当向其提供相关材料,任命中应当明确由谁何时向其提供,同时需明确该任命在交叉询问结束时失效。⑤ 起初,法庭指定的法定代理人应当对被告人负责,但在 2018 年修正刑事诉讼规则时,对此作出了相反的规定,即法庭为被告人指定的法定代理人无须对被告人负责。法庭规则规定除应在法定时间按照法定方式指定法定代理人外,还应为其提供证据及

---

① The Criminal Procedure Rules, 2015, 23.2(5).
② The Criminal Procedure Rules, 2015, 23.2(6).
③ See Courts and Legal Services Act, 1990, c. 41.
④ The Criminal Procedure Rules, 2015, 23.2(2).
⑤ The Criminal Procedure Rules, 2015, 23.2(4).

案件的其他材料。① 这些材料,② 首先,是对方当事人提供的所有材料,其中包括:其一,检察官最初掌握的所有材料;其二,控方移送法院的所有材料;其三,证人的书面陈述;其四,专家证据;其五,传闻证据;其六,不良品德的证据;其七,被害人先前性行为的证据。其次,是律师被指定前后所有被开示、提供的证据,其中包括:其一,控方向被告方开示的材料;其二,被告人的答辩陈述;其三,被告方提供的本方证人的声明;其四,被告人提出的申请。此外,还需要提供任何为本案审判或上诉所准备的个案管理的调查表、任何法庭为本案审判或上诉所下达的指令等证据。

需要注意的是,只有当被告人已经作出辩护性答辩③,并就其是否需要传唤证人作出声明时,④指定律师在有合理的理由认为检察官应当但没有向被告人开示与证人有关的重要证据时,才可以向法庭申请命令检察官开示证据。⑤在收到证据之前,若刑事法庭尚无陪审团时,法庭必须在当事人和律师的积极帮助下,建立交叉询问中律师的问题清单,并决定是否允许提出这些问题。⑥此外,指定律师的任命仅在交叉询问期间有效,一旦交叉询问结束,则其任命也就随之自动失效,⑦与此同时,在交叉询问结束时,被告人应当明确告知法庭该法定代理人是否实现了交叉询问的目的。

(三)澳大利亚刑事庭审质证规则考察

1. 交叉询问规则

(1)交叉询问的权利

在澳大利亚,最高法院曾指出交叉询问对普通法的对抗式审判体系来说

---

① Youth Justice and Criminal Evidence Act, 1999, section 38.
② Criminal Procedure (Amendment) Rules 2018, 23.2(7).
③ 根据《1996年刑事诉讼与调查法》的规定,若案件在刑事法院审理,则被告人必须就原告的主张作出辩护性答辩,而案件若在治安法院审理,则并不要求被告人一定作出此项答辩。
④ 若被告人需要传唤证人,则应当提供能够识别证人的相关信息。
⑤ Criminal Procedure (Amendment) Rules 2018, 23.2(8).
⑥ Criminal Procedure (Amendment) Rules 2018, 23.2(9).
⑦ Criminal Procedure (Amendment) Rules 2018, 23.2(10).

有重要意义，^①同时也被视为公正审判的应有之义^②。也有学者指出交叉询问是对抗式诉讼的特征之一，其目的主要有两个：其一，获取有利于己方当事人的证据；其二，获得不利于对方当事人的证据。^③针对证人进行交叉询问的权利是对抗式审判程序的中心所在，^④《2011 年联邦法院规则》第 29.09 条^⑤、第 29.16 条（3）款、（4）款^⑥以及第 42.15 条（1）款（b）项^⑦都规定一方当事人可以经申请按照法庭程序对宣誓证人进行交叉询问。一般而言，申请证人出庭的一方当事人有义务将证人及案件的相关情况告知他方当事人，^⑧任何非申请出庭方都可以对出庭作证的证人进行交叉询问。^⑨除法庭另有指示外，^⑩交叉询问应当在对证人进行的主询问及再询问之间进行^⑪。但以下五种情形下该项权利受到限制：第一，对传闻规则例外的规定；^⑫第二，对儿童证人等脆弱证人的保护；^⑬第三，对

---

① Lee v. The Queen（1998）195 CLR 594.

② R v. Hughes（1986）2 NZLR 129, 149 (Richard J).

③ Ian Barker QC, The Dangerous Art of Cross-Examination,14 Bar News, 2013, 28.z.

④ Attorney General's Department, Submission to The Family Law Amendment (Family Violence and Cross-examination of Parties) Bill 2017—Public Consultation on Cross-examination Amendment, 2018-07-25. https://www.ag.gov.au/Consultations/Documents/ExposureDraftFamilyLawAmendment/Law-Council-of-Australia-Submission.pdf.

⑤ See Federal Court Rules 2011, 29.09.

⑥ 《2011 年联邦法院规则》第 29.16 条（3）款、（4）款规定可以按照法庭程序对接受过询问的人进行交叉询问。

⑦ 《2011 年联邦法院规则》第 42.15 条（1）款（b）项规定被告人可以向法庭申请对不利于己的宣誓证人进行交叉询问。

⑧ MWJ v. The Queen（2005）80 ALJR 329.

⑨ Stephen Owen-Conway QC, How to Cross-Examination a Witness in an Australian Court, 2016-06-14, https://svensonbarristers.com.au/wp-content/uploads/2017/07/how_to_crossexamine_a_witness_in_an_australian_court__sample.pdf.

⑩ 例如，《2011 年联邦法院规则》第 23.02 条规定一方当事人可以向法庭申请在庭前对法庭专家证人进行交叉询问。

⑪ Federal Court Rules 2011, 28.

⑫ Paul Roberts, Jill Hunter, Criminal Evidence and Human Rights: Reimagining Common Law Procedural Traditions, Bloomsbury Publishing, 2012, 347.

⑬ Phoebe Bowden, Terese Henning, David Plater, Balancing Fairness to Victims, Society and Defendants in The Cross-Examination of Vulnerable Witness: An Impossible Triangulation? 37 Melbourne University Law Review, 2014, 539.

信息特权的保护;① 第四，允许用证据证书证明的事项;② 第五，出于保护国家安全目的，允许使用编辑过的证据的③。

（2）交叉询问的范围

在澳大利亚，除错误传唤的证人或未就案件相关问题作证的证人外，都需接受他方当事人的交叉询问。④一般而言，交叉询问的范围仅限于与证人证言相关的问题（但不得是毫无根据的问题），但并没有作出严格的限制，⑤亦即允许超过主询问的范围对证人进行交叉询问。但多数情况下是围绕先前不一致的陈述展开，先前不一致的陈述越多，交叉询问的范围就越大。⑥就证人先前不一致的陈述而言，无论是否已向证人提供先前陈述的全部细节或包含先前陈述的文件记录，都可以对此进行交叉询问。若证人否认其所作的先前不一致的陈述，则在已告知证人该陈述作出时的情况及其不一致之处时，可以提出该证人之外其他证人的证言辅助进行交叉询问。此时，可以暂停对证人的交叉询问，先对新证人进行主询问。⑦当交叉询问涉及其他人的先前陈述时，除该陈述已被采纳或法庭认为该陈述将会被采纳的之外，一般不得就此对证人进行交叉询问。⑧此类陈述包含于文件中且尚未被采纳的，如果需要就其对证人进行交叉询问，则应当在对其进行标记的同时满足以下四个条件：第一，该文件必须向证人提供；第二，该文件是录音或其他需要通过声音再现的，则必须以耳机等其他人无法获知的方式向证人提供其内容；第三，必须询问

---

① Jill B Hunter, Camille Cameron, Terese Henning, Evidence and Criminal Process. Butterworths, 2005, 276.

② Attorney General's Department, A Guide to Framing Commonwealth Offences, Infringement Notices and Enforcement Powers`, 2018-07-10, https://www.ag.gov.au/Publications/Documents/GuidetoFramingCommonwealthOffencesInfringementNoticesandEnforcementPowers/A%20Guide%20to%20Framing%20Cth%20Offences.pdf.

③ National Security Information (Criminal and Civil Proceedings) Act 2004, 31（2）.

④ Evidence Act 1995. 40.

⑤ John Sackar, Cross-Examination: Its Preparation and Execution, 2018-02-15, http://www.supremecourt.justice.nsw.gov.au/Documents/Publications/Speeches/2016%20Speeches/Sackar_20160119.pdf.

⑥ John Stratton SC, Cross-Examination, 2007-08-01, https://www.publicdefenders.nsw.gov.au/Pages/public_defenders_research/Papers%20by%20Public%20Defenders/public_defenders_crossexamination_stratton.aspx.

⑦ Evidence Act 1995. 43.

⑧ Evidence Act 1995. 44（1）（2）.

证人在获知此类证据的内容之后，是否仍坚持其所作的证言；第四，交叉询问者和证人都不得辨认或披露此文件的任何内容。①需要注意的是，证人和他人的先前陈述是以录音的形式保存的，法庭有要求或他方当事人提出要求时，则应向其提供录音原件或其他固定该录音内容的证据。收到此类证据之后，法庭可以经审查直接采纳或对此类证据的适用作出指示，但法庭是否采纳此类证据受《1995年证据法》对证据可采性之规定的约束。②

（3）交叉询问中的提问

交叉询问旨在通过询问来检视被告人所述之事、证人诚实与否以及证人证言的完整性。在这一过程中，交叉询问者力图削弱证人在主询问中提供的不利于己方的证言，因此一般不会再次提出不利于己方的问题。③就交叉询问者的提问而言，《1995年证据法》从正反两面对此作出了规定。一方面，经法庭同意可以就以下三个事项展开提问：第一，证人所作不利于己方的证言；第二，对某些事项证人应当具有合理的认知，但法庭认为其在主询问中并未作证或试图作证的；第三，任何时候证人是否作出过不一致的陈述。④另一方面，法庭可以禁止就以下四种问题对证人进行交叉询问或可以指示证人无须作答：第一，误导性问题或模糊不清的问题；第二，不当地激怒、骚扰、威胁、攻击、压制或羞辱证人的问题，以及重复性问题；第三，以轻视、侮辱或其他不当方式向证人提问的；第四，除常规问题（证人的性别、种族、文化以及身心障碍等）外毫无根据的问题。⑤法庭就这些问题作出指示时，（至少）需要综合考量以下三个事项：第一，证人的年龄、教育背景、种族、文化背景、性别、语言背景与能力、心智成熟水平以及品格等；第二，法庭查明证人心智或身体存在任何障碍的；第三，提问的背景（包括案件的性质、刑事案件中犯罪的性质、证人与他方当事人之间的关系）。⑥

此外，交叉询问中的问题不会仅仅因其涉及证人诚实与否、证人证言的

---

① Evidence Act 1995. 44（3）（4）.
② Evidence Act 1995. 45.
③ Ian Barker QC, The Dangerous Art of Cross-Examination, 14 Bar News, 2013, 28.
④ Evidence Act 1995. 44（1）.
⑤ Evidence Act 1995. 41（1）.
⑥ Evidence Act 1995. 41（2）.

一致性及准确性或令人不快和隐私问题而被禁止。① 同时，在澳大利亚，与主询问原则上禁止使用诱导性询问不同，② 在交叉询问中原则上若非法庭禁止就可以使用诱导性询问。法庭禁止使用诱导性询问的情况主要有两种。其一，不使用诱导性询问可以更好地查明争议事实的。其二，在（至少）综合考量以下四个事项之后认为应当禁止的：第一，证人在主询问中所作证言不利于证人传唤方的；第二，证人与交叉询问具有相同利益的；第三，证人在整体上或部分事项上对交叉询问方的当事人表示同情的；第四，证人的年龄、身心或智力障碍有可能影响证人作答的。③

2. 异议规则

针对证人进行的交叉询问，一般应当围绕争议事项、证人的可信性以及证言的可信性进行。④ 在此过程中，对方律师可以就以下几种情况向法庭提出异议：第一，证人所提交之证据不具有可采性的；第二，促使证人进行推测的；第三，使证人陷入争论的；第四，交叉询问人所提问题超出证人知识范围的；第五，交叉询问人所提问题是法律问题的；第六，交叉询问人所提问题将法律和事实相混的；⑤ 第七，交叉询问人所提问题为相关法律所禁止的；⑥ 第八，禁止使用诱导性询问的；第九，模糊不清的问题；⑦ 第十，与争议事项无关的问题。当异议被提出时，交叉询问（的计时）应当暂时停止，并由对方律师就其异议作出说明，其中应当包括所反对的问题以及理由。随后，应

---

① Evidence Act 1995. 41（3）.
② 主询问中可以使用诱导性询问的情况主要有以下五种：第一，法庭同意的；第二，提问与介绍证人证言有关的；第三，各方当事人均由澳大利亚法律职业者、法律顾问或检察官作为代表且并未就此提出异议的；第四，对提问所涉及的事实不存在争议的；第五，证人为专家证人且提问旨在就假设性事实或已提交/将要提交的证据所包含的假设性事实获得其意见的情况。
③ Evidence Act 1995. 42.
④ 影响证人及其证言可信性的因素一般有三个：其一，证人是否具有资格；第二，证人是否具备准确回忆相关事项的能力；第三，证人是否存在偏见或缺乏公正。
⑤ Stephen Owen-Conway QC, How to Cross-Examination a Witness in an Australian Court, 2016-06-14, https://svensonbarristers.com.au/wp-content/uploads/2017/07/how_to_crossexamine_a_witness_in_an_australian_court__sample.pdf.
⑥ Evidence Act 1995. 40（4）.
⑦ 模糊不清的问题系指那些存在歧义的问题或将两个问题糅合成一个问题的情况。

当由交叉询问者就对方律师所提异议发表意见,但不得就其异议的有效性作出决定。①最终由法庭综合双方的意见对异议的有效性作出裁定,但需注意以下两种特殊情况:其一,若涉及证据可采性的,则法庭应当先就证据的可采性作出裁定;其二,若证人在异议提出时对交叉询问者的问题已然作了回答,则应将之记录在证人证词当中。在法庭就异议的有效性作出裁定的同时,可以裁定由哪方承担因异议的提出而产生的费用。

3. 强制回答规则

除证人理解和回答问题的能力②外,证人需经宣誓或声明才能够出庭作证。③若证人拒绝进行宣誓或声明的,法庭可以命令其作出声明并出庭作证,④但在以下两种情况不得强迫其出庭就特定事项作证:其一,为确保其具有理解问题或作答能力会花费大量金钱或造成长时间延误的;其二,就相关事项已获得有效的证据或能够从其他来源获得证据的。⑤若无证据表明证人已丧失作证能力,则其一旦经由宣誓或声明出庭作证,就具有就相关事项提供证据的义务。⑥在交叉询问中,若证人拒绝就某一合法问题作出回答或提交某项证据,则交叉询问方可以向法庭申请要求该人回答问题或提交某项证据,且可以裁定让其在收到账单后的14日内支付由此产生的相关费用。法庭下令要求证人作出回答或提交证据的,应在指令的背书中说明若证人仍拒绝履行其作证义务,则会因藐视法庭而被隔离收监或处罚,⑦并就该项指令的性质作出说明⑧。当证人拒绝在指定时间遵守该项指令时,若其是自然人的,则法庭可以将其收监或扣押其财产;若其是公司、社团或组织的,则法庭可以将其官

---

① Australia Law Students Association, Witness Examination Competition Rules, 2017-04-04, https://static1.squarespace.com/static/55861728e4b0403b40cdba08/t/5932611520099e03f473a195/1496473884708/Witness+Examination+Rules.pdf.

② See Evidence Act 1995. 13(1).

③ Federal Court Rules 2011, 29.01.

④ Evidence Act 1995. 23(3).

⑤ Evidence Act 1995. 14.

⑥ Evidence Act 1995. 12(2).

⑦ Federal Court Rules 2011, 41.06.

⑧ Federal Court Rules 2011, 41.08(4).

员收押或扣押财产。即使法庭下令由他人代替该证人作证，也不影响执行法庭对该证人所作处罚。① 该项处罚可以授权郡治安官执行，若需在多个州或领地执行的，则仅需遵从处罚作出州或领地最高法院的法定程序或形式。②

（四）我国香港特区刑事庭审质证规则考察

在我国香港特区，根据公诉书进行的审判由高等法院审理。高等法院审判一般由一位法官会同陪审团进行，在律政司司长的提议下，审判可以由两位法官会同陪审团进行。在听证与辩论之前，必须进行提讯及答辩程序。如果被告人作出认罪答辩，且经法庭审查后确定认罪答辩系被告人真实、自愿作出的，那么就可以不再召集陪审团听证，法庭可以在听取辩护律师求情和被告人最后陈述后依法作出判决。如果被告人作出不认罪答辩，那么法庭就应立即召集陪审团，举行听证和辩论。如果被告人出于恶意而保持缄默，或不直接回答公诉书的指控，而法庭又认为其有行为能力进行答辩者，可视为已作出不认罪的答辩。根据香港《刑事诉讼程序条例》第9条第（3）款的规定③，在香港法律没有规定的情况下，可以采用英国法。因此，香港刑事庭审质证规则同英国的有些类似。高等法院审判的听证与辩论程序，大致可以分为控方陈述、确定案件是否需要答辩、辩方陈述、法庭传唤证人几个部分。

1. 控方陈述及举证

在陪审团召集完毕后，控方律师有权向陪审团作开审陈词。在控方开审陈词过程中，控方应当概述在审判中将传唤的证据，解释证据与案件的关系。需要说明的是，香港特区的判例法指出，控方并非一方当事人的角色，控方应当帮助法官担当起促进审判的职责。控方大律师代表国家，任务是公正、无偏见地向陪审团展示案件的事实。④ 控方证人被传唤出庭后，被告人对控方

---

① Federal Court Rules 2011, 41.09.
② Federal Court Rules 2011, 41.10.
③ 香港《刑事诉讼程序条例》第9条第（3）款规定："在符合本条例的条文以及适用于所有刑事讼案及事宜（包括叛逆罪或隐匿叛逆罪的审讯）的常规与程序的规则、命令及任何其他成文法则（包括任何关于陪审团的成文法则）的规定下，该等常规与程序须尽量与不时及当其时在英格兰施行于类似案件者相同。"
④ 赵秉志主编：《香港刑事诉讼程序法》，北京大学出版社1996年版，第213页。

证人享有盘问的权利。同英美一样，询问采用交叉询问的方式进行。

2. 确定案件是否需要答辩

在控方陈述结束后，法官必须确定是否需要答辩，即确定陪审团是否接受了适当的指导后，可以对被告人定罪的问题。确定是否需要答辩，应该考虑两个因素：第一，从总体上来看是否有任何证据；第二，证据是否充分。关于犯罪的构成要素只有一些薄弱的证据证明时，如果法官认为，即使在对陪审团进行适当的指导后，根据这些证据也不可能对被告人作出有罪裁定，则应当中止案件。当控方陈述的证明力的强弱全都依赖于对某一特定证人的看法时，法官应当让案件的审判进行下去，由陪审团作出裁定。如果证据本来就不可信，一个有理性的人都不可能相信它是真的，法官则可以中止案件的审理。对于作出的需要答辩的决定，法官没有责任提供决定的理由。如果法官确定案件无须答辩，则应指导陪审团宣告被告人无罪。

3. 辩方陈述

辩方律师可以在开场陈述时作辩护发言。如果被告人是唯一的辩方证人，那么被告人就应该在紧接控方提供证据完毕后被传召为证人。辩护律师不只限于概括所传唤的证人证言，还可以指责控方的陈述。并不强制要求被告人作为第一位辩方证人进行作证，即使被告人不是在辩方证人中第一个作证的，其证据仍然可以采纳。审判所根据的公诉书上的被告人不止一名时，他们作证的顺序和他们在公诉书上出现的顺序相同。当对被告人或辩方证人进行盘问时，被告人接受盘问的顺序也与他们在公诉书上出现的顺序相同，并且在控方讯问之前进行。

4. 法官传唤证人

作为当事人传唤证人的补充，法官依审判公正的需要也可以自行传唤证人。未经法官允许，任何一方当事人都无权诘问或盘问法官传唤的证人。不过，也有观点认为，律师对法官传唤的证人盘问，可以不经过法官的许可。[①]

---

① 赵秉志主编：《香港刑事诉讼程序法》，北京大学出版社1996年版，第216页。

5. 交叉询问

无论是控方证人还是辩方证人，都需要经过双方当事人的诘问或者盘问，具体规则与英国类似，在此简要介绍。

由于交叉询问是一种专业性很强的法庭技术，所以一般对证人交叉询问由双方律师进行。首先是由申请提出该证人（也称"己方证人"）的当事人的律师对该证人进行的"主询问"，然后由对方当事人的律师对该证人进行"反询问"。最初询问证人的当事人或律师还可以对证人进行再询问，称为"再主询问"。再主询问之后，也允许实施反对询问的当事人或律师实施"再反询问"。

主询问的目的主要是证明本方的诉讼主张，如控方主询问的目的是为了证明被告人有罪和罪重，辩方主询问的目的是为了证明被告人无罪或罪轻。通过对证人的询问使该证人将有利于己方的有关案件事实反映出来，作出支持自己主张的证言，以取得事实审理者——陪审团或法官的理解。主询问应当遵循以下规则：（1）只能是与案件有关的事实。（2）一般情况下不得进行诱导性询问。（3）主询问不得以导致答复的问题为依据等。

反询问的目的主要有两个：一是通过反询问发现证人证词的破绽，以达到使证言无效或使陪审团或法官对该证言持有怀疑的目的，或通过询问以否定证人的作证资格；二是从反对询问中发现或找出有利于自己的事实。虽然对方提供的证人一般总是支持对方主张的，但由于如实作证的证人毕竟是案件事实的见证人（包括直接和间接），因此，有可能从中发现或找到有利于己方的证言事实。与主询问不同，反询问可以更多地提出诱导性询问。因为反询问具有更强的证伪性，诱导性询问就具有证伪的作用。

再主询问的目的，一是对相对方当事人在反询问过程中查究出的新的不利于本方的事实进行质疑，以攻击对方的诉讼主张，论证本方的诉讼主张。二是对有利于本方的证言在反询问过程中受到的攻击及暴露出的矛盾和不实之处进行进一步论证，以恢复在反询问中被对方削弱了的本方证言的证明力。

再主询问之后，对方可对证人在再主询问时陈述的事项进行再反询问，而且对于其他事项，经法庭裁决许可后，也可以进行询问。

（五）英美法系刑事庭审质证规则小结

英美法系强调程序的价值和意义，采用当事人主义诉讼模式，又可称为对抗式诉讼模式或辩论式诉讼模式。当事人主义诉讼模式的显著特点是强调控辩双方平等武装，注重发挥双方当事人的积极作用。总体来看，当事人主义诉讼模式下英美法系的刑事庭审质证规则主要有以下几点核心特征：

1. 庭审质证是刑事诉讼程序的核心

不同于大陆法系的"案卷移送主义"，英美法系普遍采用"起诉书一本主义"，即在起诉阶段，检察官向法院起诉时，只需要提交一份起诉书和证据清单，案卷材料、证据并不随案移送，以防止法官作出先入为主的预断。因此，为了查明案情、作出裁判，则必然要求在法庭审查过程中由控诉方出示犯罪事实的证据，再由辩方出示证据。双方提供证人、进行交叉询问、反驳、辩论。这也就决定了庭审是刑事诉讼程序的中心，侦查、起诉只不过是审判的前奏和预备，而庭审质证又是庭审程序的核心，控辩双方的目标就是攻击对方的证据体系。

2. 当事人主导庭审质证，法官中立消极组织

英美法系国家和地区采用的是对抗式诉讼模式，在这种诉讼程序中，强调双方当事人的对抗性，当事人有很大的主动权，而且基本不受阻碍，通过双方当事人及其律师询问和交叉询问证人、相互争辩来推进诉讼进程，揭示案件真相。法官作为中立的裁判者，听取双方的陈述和辩论，而不是积极介入[①]。由此可见，英美法系的庭审质证程序由当事人主导，这也对相应的举证规则、质证规则和认证规则产生了一定影响，如当事人双方各自传唤对自己有利的证人，当一方对自己的证人询问完毕后，由对方对证人进行诘问，试图削弱证人证言的可信性。审判法官原则上不得传唤证人，不得对证人进行直接询问。

---

① 薛波主编：《元照英美法系词典》，法律出版社2003年版，第42页。

以"正当程序"理念为指导的"当事人推进主义"强调当事人的主导作用,审判者仅处于消极地位,这样虽可以充分肯定当事人的主体地位,但在实现实体正义时会受制于很多因素,如实体正义易受"辩护技巧"的影响,有钱的被告人能够请得起水平高的辩护律师,通过辩护技巧能让被告人获得更轻的量刑,而没有钱的被告人则更容易获得较重的量刑,不利于法律的整体公正。又如,"当事人推进主义"诉讼模式的基础之一是平等武装,英美法系是采取"形式的平等武装"还是"实质的平等武装"、如何实现控辩平等是一个有难度的课题。

此外,当事人主义诉讼模式采取不告不理原则,法官只就控方所指控的事实及证据作出裁判而不能超越控方的起诉。收集证据、询问、调查证人等活动都被看作当事人的事情,由控辩双方的积极活动而推进诉讼的运行。法官所处地位是被动的、消极的,他不能主动进行调查,甚至不参加提问,其主要精力在于认真了解双方当事人的证据,通过控辩双方对证人的交叉询问、质证所反映的事实和双方的主张作出裁判。法官在法庭上表现为消极的裁判者。

3. 采用交叉询问的方式推进庭审

交叉询问是指"在审判或听证中由与传唤证人出庭作证的一方相对立的一方对该证人进行的讯问",《布莱克法律词典》如是解释。交叉询问有广义和狭义之分,广义的交叉询问与轮替询问相对,就整个庭审询问模式而言,交叉询问特指攻防转换的询问模式,而轮替询问则是指各方按顺序依次询问。狭义的交叉询问与直接询问而言,由传唤证人一方先行询问证人被称为直接询问,由传唤证人的对方后续询问的过程则被称为交叉询问。英美法系之所以采用交叉询问的庭审询问模式有以下几点:首先,当事人主义诉讼模式下控辩双方阵营明显,诉讼的对抗性较强,运用交叉询问能够对对方证人陈述的内容及其可信性提出质疑,最终实现诉讼主张。其次,辩护制度较为发达,为交叉询问提供了生长土壤。英美法系的法官处于中立、消极地位,不负有发现事实真相的职责,仅具有裁决纠纷的任务。为了实现平等武装原则,立法就必须重视辩护制度,尽可能为被告人提供有效的法律帮助,这也就成为交叉询问机制的重要基础。最后,交叉询问被誉为发现真相的最佳机制。① 向对方证人实施证人交叉询问之目的在于:证人证言是一种很重要的证据,尽管人们设计了各式各样的方法让证人讲出真相,例如宣誓以及对伪证者加以处罚等,然而,法庭上的虚假证言仍然层出不穷。究其原因,故意作伪证占一定比例,不过,也有不少证言失实是源于时间推移等原因所造成的证人记忆错误。无论怎样的原因,总需要通过法庭辩论和质证去伪存真,查明真相。通过交叉询问能够有效发现证人证言中存在的破绽,让证人之前的证言可信度降低。

4. 被告人往往被视为辩方证人而接受质证

职权主义将讯问被告人置于所有证据调查之前,对被告人的内在强制实际上导致其处于诉讼客体的地位。② 与职权主义不同的是,当事人主义特别注重被告人的主体地位,在当事人主义的法庭调查中,被告人的诉讼地位超然而独立,他不得作为控方的证人,但可以作为辩方的证人,即所谓"有作证资格,但不得被强迫作证",控方在举证阶段,只能使用自己以"独立劳动"获得的合法证据,不得强迫被告人为控方提供证据。因此,他不是审判中第一个被讯问的对象,而常常最后一个被讯问,如果他选择为自己辩护或陈述意见。英美法系中的被告人只能被作为辩方证人出庭作证,但是具体作证顺序,英国和美国有所区别:英国要求被告人在辩方举证阶段只能以第一顺序证人的身份进行作证。英国1984年《警察与刑事证据法》中规定:"在刑事审判中,如果辩方打算传唤两个或两个以上的证人作证,其中包括被告人的,除非法院有其他指示,被告人应当在其他证人之前作证。"美国则在1972年布鲁克斯诉田纳西州一案中推翻了这一规定,不再强迫被告人作证必须作为

---

① 许身健:《交叉询问:发现真相的最佳机制》,载《检察日报》2013年10月30日,第7版。
② 参见郭天武、何邦武:《香港刑事诉讼法专论》,北京大学出版社2009年版,第183页。

辩方举证的第一证人，裁决被告人可在辩方举证的任何一个时段进行作证。①

总的来说，当事人主义刑事诉讼模式重视法律程序的遵守和对犯罪嫌疑人以及被告人权利的保护，其诉讼有显示民主、平等、公平的一面。但是，这种形事诉讼模式忽视了对实体真实的追求，加大了指控难度，降低了诉讼效率，增加了诉讼成本，因而影响了刑事诉讼惩治犯罪、维护社会整体利益功能的有效发挥。②

三、混合法系国家和地区的刑事庭审质证规则

第二次世界大战结束后，由于国际政治经济形势的变化，科学技术发展、对外交往频繁，对于法律方面产生了较大影响。世界各国和地区对各自刑事诉讼制度和立法进行了程度不同的改革。在这种背景下，两大刑事诉讼模式呈现出相互借鉴、相互移植、相互渗透的发展趋势，逐步形成一种新的刑事诉讼模式，即混合式诉讼模式。在混合式诉讼模式下，又可分为两种形式：一是以当事人主义为主、职权主义为辅，代表国家有日本、意大利；另一种是以职权主义为主、当事人主义为辅，典型的有我国台湾地区。因此，对于混合法系的庭审质证规则的考察也主要以最具代表性的日本、意大利、我国台湾地区关于质证规则的规范、判例与学理为中心展开。

（一）日本刑事庭审质证规则考察

日本刑事诉讼质证规则随着诉讼法本身的变迁经历了三个时期。明治维新前，以唐律为师，刑事诉讼质证规则包含于其中。明治维新至"二战"结

---

① 美国取消被告人作为第一辩方证人作证顺序的限制，理由有两点：第一，美国联邦最高法院认为要求被告人必须以辩方第一顺序证人作证的规定侵犯了被告人"不得强迫自证己罪"的权利。在辩方举证环节，要求被告人必须在其他证人之前作证，否则就丧失作证权，这实际上是对被告人的强迫。第二，侵犯了宪法赋予被告人的律师帮助权。美国联邦最高法院认为，其他证人还未出庭作证，要求被告人作为第一顺序出庭作证，律师往往还无法对案件证据有一个全面的评估和预测，若此时要求被告人和辩护律师对是否作证作出抉择，会使被告人不能真正得到律师的帮助。

② 宋世杰等：《外国刑事诉讼法比较研究》，中国法制出版社2006年版，第72页。

束以前,效仿德国、法国刑事诉讼的规定。"二战"之后,在美国监督下制定刑事诉讼法,在职权主义刑事诉讼模式的基础上渗入了更多的当事人主义因素,成为混合法系的典型。① 据此,日本刑事庭审质证规则兼具职权主义与当事人主义的特点。

日本刑事庭审质证规则由《日本刑事诉讼法》和《日本刑事诉讼规则》等加以规定。《日本刑事诉讼法》由国会负责制定,而《日本刑事诉讼规则》则由最高法院依1946年《日本国宪法》第77条规定的规则制定权制定。前者概括性强于后者,后者可操作性强,但当二者发生冲突时,前者效力高于后者。日本无专门、统一的证据法典,关于质证规则的规范散见于各规范性文件,例如:《日本刑事诉讼法典》总则编第六章规定了文书及送达,第九章规定了扣押及搜查,第十章规定了勘验,第十一章规定了询问证人,第十二章规定了鉴定,第十三章规定了口译及笔迹,第十四章规定了保全证据;第二编第一审第三章公审规定了公审准备及公审程序。② 《日本刑事诉讼规则》第一编总则第六章规定了文书及送达,第九至十一章分别规定搜查、扣押、勘验与询问证人,第十二章规定了鉴定,第十三章规定了口译及笔译,第十四章规定了保全证据,第三章公审规定了公审准备及公审程序。

1. 证据调查的启动

（1）证据调查的启动方式

一种是依申请启动,类似于英美法系国家,检察官、被告人或者辩护人,可以请求调查证据;另一种是依职权启动,类似于大陆法系国家,法院认为有必要时,可以依职权调查证据。日本现行刑事诉讼法采取的是当事人主义的诉讼结构。原则上,作为刑事诉讼两造的检察官、被告人以及辩护人主导证据调查,但也存在当事人参与不充分,需要法官依职权介入的情形。③ 法官的依职权调查证据的情况分为两种。第一,当被告人以及辩护人申请调查证据不充分时,基于平衡当事人主义与职权主义的张力的需要,法官可以依职

---

① 参见《日本刑事诉讼法》,宋英辉译,中国政法大学出版社2000年版,第1页。
② 参见《日本刑事诉讼法》,宋英辉译,中国政法大学出版社2000年版,第62页。
③ 参见《日本刑事诉讼法》,宋英辉译,中国政法大学出版社2000年版,第68页。

权调查证据；第二，当检察官提出证据的行为具有明显的漏洞时，法官也有必要监督检察官。另外，对于证人在检察官面前所作供述的书面材料，检察官必须请求调查。①根据检察官客观义务理论，对于可以作为证据的文书，检察官应当请求调查。依法可以作为证据的文书是所查记录的一部分时，检察官应当尽可能将其与其他部分分离而仅请求调查该有关部分。此外，在公审准备中对证人或其他人的询问、勘验、扣押及搜查结果的书面记录以及扣押的物品，法院在公审期日应当作为证据文书或者物证展开调查。

（2）法院对证据调查申请的裁定

法院决定调查证据或者驳回调查证据的请求，均应当以裁定的形式作出。可以对法院作出的否定证据调查的裁定提起抗告。②当法院作出证据决定时，必须听取被告人或辩护人的意见。③同时，在当事人依申请调查证据的情况下，申请一方负有开示证据的义务；在法院依职权调查证据时，当事人双方享有意见陈述权。正如《日本刑事诉讼法》第 299 条规定："检察官、被告人或者辩护人请求询问证人、鉴定人、口译人或者笔译人时，应当预先向对方提供知悉以上的人的姓名及住居的机会。在请求调查证据文书或者证物时，应当预先向对方提供阅览的机会。但对方没有异议时，不在此限。法院在作出依职权调查证据的裁定时，应当听取检察官和被告人或者辩护人的意见。"事实上，日本学理上的意见为，"根据当事人主义，当事人请求调查证据时，原则上应当决定采用并调取证据"。④

（3）调查证据的顺序

根据《日本刑事诉讼规则》第 193 条的规定，检察官有权优先申请法院调查一切对审判案件有必要的证据。在检察官调查证据之后，被告人、辩护人可以请求调查对审判案件有必要的证据。在收到检察官或者被告人和辩护人调查证据的申请或者依职权作出证据调查的决定之后，法院可以在听取检

---

① 参见《日本刑事诉讼法》，宋英辉译，中国政法大学出版社 2000 年版，第 69 页。
② 参见《日本刑事诉讼法》，宋英辉译，中国政法大学出版社 2000 年版，第 92 页。
③ 参见［日］田口守一：《刑事诉讼法》（第五版），张凌、于秀峰译，中国政法大学出版社 2010 年版，第 228 页。
④ 参见［日］田口守一：《刑事诉讼法》（第五版），张凌、于秀峰译，中国政法大学出版社 2010 年版，第 228 页。

察官、被告人和辩护人的意见之后,决定调查证据的范围、顺序和方法,[①]也可以让合议庭的组成人员进行。法院认为适当时,可以随时听取检察官和被告人或者辩护人的意见,变更依法确定的调查证据的范围、顺序和方法。值得注意的是,日本刑事诉讼法规定,依法可以作为证据的被告人供述是自白时,需要在有关犯罪事实的其他证据经过调查之后,才得以请求调查。

2. 证据的举示规则

(1)人证的举示

检察官、被告人或者辩护人请求询问证人、鉴定人、口译人或者笔译人时,应当预先向对方提供知悉上述人的姓名及住居的机会。在请求调查证据文书或者证物时,应当预先向对方提供阅览的机会。但对方没有异议时,不在此限。法院在作出依职权调查证据的裁定时,应当听取检察官和被告人或者辩护人的意见。

被害人在一定情况下也可以发表意见。法院在被害人等或者该被害人的法定代理人申请陈述被害心情及其他有关被告案件的意见时,应当于公审期日让其陈述。被害人陈述意见,应当预先向检察官提出申请,检察官应当附加意见后,将该申请通知法院。审判长或者陪席法官,在被害人等或者该被害人的法定代理人陈述意见后,为明确其旨趣,可以质问陈述意见的人。诉讼关系人,经告知审判长,也可以质问陈述意见的人。在被害人等或者该被害人的法定代理人陈述的意见,或者诉讼关系人对被害人等或者该被害人的法定代理人的质问,与已经作出的陈述或质问重复,或者系属与案件无关或其他不适当的事项时,审判长可以限制陈述或者质问。法院考虑审理状况及其他情况,认为陈述意见不适当时,可以让被害人等提出书面记载意见代替陈述意见,或者不让其陈述意见。被害人书面意见的,审判长可以决定在庭审中朗读该意见,或者告知其要旨。需要注意的是,日本刑事诉讼法规定,上述陈述或书面意见不得作为认定犯罪事实的证据。

在传唤证人过程中需要注意对证人的保护。检察官或者辩护人,在依照规定向对方提供知悉证人、鉴定人、口译人或笔译人的姓名及住居的机会的

---

① 参见《日本刑事诉讼法》,宋英辉译,中国政法大学出版社2000年版,第67页。

场合，或者在提供阅览证据文书或证物的机会的场合，认为有可能发生加害证人、鉴定人、口译人、笔译人或证据文书或证物记载其姓名的人及上述人的亲属的身体或财产的行为时，或者有可能发生使上述人感到恐惧或难以应付的行为时，除对证明犯罪或侦查犯罪有必要或者对被告人的防御有必要的以外，可以告知对方该项意旨，并要求对方注意不得让关系人（包括被告人）知悉特定上述人的住居、工作场所及其他通常所在场所的事项，以及不得使上述人的安全受到威胁。此外，还需要注意对被害人的保护。检察官在提供知悉证人姓名及住居的机会的场合，或提供阅览证据文书或者证物的机会的场合，认为表明被害人特定事项，有可能给被害人等的名誉或社会生活稳定性造成显著损害时，或者有可能发生加害被害人或者其亲属的人身或财产的行为，或者使上述人感到恐惧或难以应付的行为时，可以告知辩护人该项意旨，并要求辩护人除对被告人的防御有必要的以外，不得让被告人或其他人知悉被害人特定事项。

（2）书证、物证的举示

书证是指以其内容来证明待证事实有关情况的文字材料。凡是以文字来记载人的思想和行为以及采用各种符号、图像来表达人的思想，其内容对待证事实具有证明作用的物品都是书证。书证从形式上来讲取决于它所采用的书面形式，从内容上而言，取决于它所记载或表达的思想内涵与案情具有关联性，因此能够作为认定案件事实的根据。通常，诉讼文书禁止公开。对于证据文书原则上不得在公审开庭前公开。只有在公益上有必要或有其他理由而认为适当时方可公开。[①] 在对证据文书的调查上，依据检察官、被告人或者辩护人的请求调查证据文书时，审判长应当让请求调查的人朗读该项文书。但审判长可以自行朗读该项文书，或者让陪审法官或法院书记官朗读。法院依职权调查证据文书时，审判长应当自行朗读该项文书，或者让陪席法官或法院书记官朗读。[②] 此外，为提高证据调查的效率，对于没有争议的书证，可

[①] 参见《日本刑事诉讼法》，宋英辉译，中国政法大学出版社2000年版，第47条。
[②] 参见《日本刑事诉讼法》，宋英辉译，中国政法大学出版社2000年版，第305条。

以通过提示书证要点的方式代替朗读证据，但此举有增加庭审虚化的风险。①

物证的调查方式为出示物证，调查的类型分为依申请的调查物证和依职权的调查物证。对于第一种依申请的调查物证，《日本刑事诉讼法》规定，"依据检察官、被告人或者辩护人的请求而调查证据文书时，审判长应当使提出请求的人出示该证物。但审判长可以自行出示，或者使陪席法官或法院书记官出示"。②对于第二种依职权的调查物证，《日本刑事诉讼法》规定，'法院依职权调查证物时，审判长应当自行向诉讼关系人出示该证物，或者使陪席法官或法院书记官出示"。③

3. 质问被告人

对被告人的质问主要围绕被告人的沉默权、供述的自愿性以及讯问的正当性等问题展开。首先，犯罪嫌疑人、被告人的沉默权问题。《日本国宪法》第 38 条第 1 款以及《日本刑事诉讼法》第 198 条均规定"保障犯罪嫌疑人的沉默权"。《日本刑事诉讼法》第 311 条规定：被告人可以始终沉默，或者对各项质问拒绝供述。在被告人自愿作出共述的场合，审判长可以随时就必要的事项要求被告人陈述。陪席法官、检察官、辩护人、共同被告人或者其辩护人，可以在告知审判长后，要求前述的供述。其次，对于自白任意性问题。《日本国宪法》第 38 条第 2 款规定："强制、威胁获得的证据不能作为证据。"第 319 条也规定："出于强制、拷问或者胁迫的自白，在经过不适当的长期扣押或者拘禁后的自白，以及其他可以怀疑为并非出于自由意志的自白，都不得作为证据。"最后，讯问的正当性方面。第一，犯罪嫌疑人的供述应当计入在笔录中。根据《日本刑事诉讼法》第 198 条的规定，检察官、检察事务官或者司法警察职员，为实施犯罪侦查而有必要时，可以要求被疑人除被逮捕或者羁押的场合外，可以拒绝到场，或者到场后随时退出。在进行前述的调查时候，应当预先告知被疑人。第二，讯问过程需要接受自白法则的检验等。

---

① 参见［日］田口守一：《刑事诉讼法》（第五版），张凌、于秀峰译，中国政法大学出版社 2010 年版，第 286 页。
② 参见《日本刑事诉讼法》，宋英辉译，中国政法大学出版社 2000 年版，第 306 条第 1 款。
③ 参见《日本刑事诉讼法》，宋英辉译，中国政法大学出版社 2000 年版，第 306 条第 2 款。

被害人也可以申请质问被告人。被害人参加人或者受理其委托的律师申请对被告人发出质问时，法院听取被告人或者辩护人的意见，认为有必要让被害人参加人或者受理其委托的律师依照法律规定陈述意见的场合，考虑审理的状况、申请质问事项的内容、提出申请的人数及其他情况，认为适当时可以允许。上述申请应当预先明确质问事项并向检察官提出。在此场合，检察官除自行获取供述的之外，应当附加意见后，将该申请通知法院。

4. 询问规则

（1）询问禁止规则

日本属于混合法系国家，审判长具有较大的诉讼指挥权，其中之一就是审判长有权限制重复性陈述或无关发问，如审判长在诉讼关系人进行的询问或者陈述与已经进行的询问或陈述重复时，或者涉及与案件无关的事项或有其他不适当的情形时，以不损害诉讼关系人的实质性权利为限，可以进行限制。关于诉讼关系人要求被告人供述的行为，亦同。审判长在询问证人、鉴定人、口译人或者笔译人的场合，认为有可能发生加害证人、鉴定人、口译人、笔译人及上述人员的亲属的身体或财产的行为时，或者有可能发生使上述人员感到恐惧或难以应付的行为时，以及如果公开足以识别以上人员的住居、工作场所及其他通常所在场所的事项会使证人、鉴定人、口译人或者笔译人不能充分陈述时，可以限制询问该事项。但限制检察官的询问对于证明犯罪有重大妨碍之虞时，或者限制被告人或辩护人的询问有可能对被告人的防御产生实质性不利时，不在此限。诉讼关系人进行的询问或者陈述涉及被害人特定事项时，除进行限制可能给犯罪的证明造成重大障碍，或者对被告人的防御产生实质性的不利以外，审判长可以对该询问或者陈述进行限制。关于诉讼关系人要求被告人供述的行为，亦同。法院在依照前述规定接受命令的检察官或者律师辩护人不服从命令的场合，对于检察官，可以通知有权指挥、监督该检察官的人并请求采取适当处置；对于担任辩护人的律师，应当通知该律师所属的律师协会或日本律师联合会并请求采取适当处置，后者应当将处置结果通知法院。

《日本刑事诉讼规则》规定，诉讼关系人在询问证人时，应当尽量个别、具体、简洁地进行，且不得存在以下四种询问方式：其一，威吓性的或者侮辱性的询问；其二，与已经进行的询问重复的询问；其三，征求意见或者带有议论的询问；其四，对证人未曾直接经历的事实进行的询问。其中，第一种是绝对禁止的，后三种询问方式，在有正当理由的情况下，可以使用。

（2）询问证人的规则

证人证言是指证人根据的经历、感知而向法庭作的陈述。根据《日本刑事诉讼法》，"法院，除本法有特别规定的以外，可以将任何人作为证人进行询问"。①因此，需要厘清证人的资格问题。首先，基于保护国家利益不得作为证人的人。对公务员或者曾任公务员的人得知的事实，本人或者该管公务机关声明是有关职务秘密的事项时，非经该管监督官厅的承诺，不得作为证人进行询问。但该管监督官厅，除有妨害国家重大利益的情形以外，不得拒绝承诺。同样，该法第145条也对众议院或参议院议员以及内阁成员的作证资格作了类似的规定。②由此可知，出于保护国家重大利益的目的，公务员或者曾任公务员的人可以拒绝作证。其次，根据《日本刑事诉讼法》第20条第4项的规定，法官如系执行职务，可以拒绝成为证人。最后，关于特殊的证人。特殊的证人即被告人。在英美法系中，被告人可以作为证人出庭作证。在大陆法系，证人作为第三人，因此否定被告人的证人资格。③具体到日本，判例和通说认为被告人作为证人可能侵害被告人的沉默权，因此，不得作为证人加以询问。

此外，基于保护家庭伦理以及业务信任关系，证人也可以拒绝提供证言。《日本刑事诉讼法》规定了拒绝证言权："任何人，都可以拒绝提供有可能使自己受到刑事追诉或者受到有罪判决的证言。"④这也是《日本国宪法》不得自证己罪权利的具体化。⑤同时，基于维护家庭稳定的考虑，任何人都可以拒绝提供有可能使以下人员受到刑事追诉或者受到有罪判决的证言：①自己的配

---

① 参见《日本刑事诉讼法》，宋英辉译，中国政法大学出版社2000年版，第143条。
② 参见《日本刑事诉讼法》，宋英辉译，中国政法大学出版社2000年版，第144—145条。
③ 参见［日］田口守一《刑事诉讼法》（第五版），张凌、于秀峰译，中国政法大学出版社2010年版，第278页。
④ 参见《日本刑事诉讼法》，宋英辉译，中国政法大学出版社2000年版，第146条。
⑤ 《日本国宪法》第38条第1款规定，"对任何人都不得强迫不利于本人的陈述"。

偶、三代以内的血亲或二代以内的姻亲，或者曾与自己有此等亲属关系的人；②自己的监护人、监护监督人或者保佐人；③由自己作为监护人、监护监督人或者保佐人的人。① 此外，"医师、牙科医师、助产士、护士、律师（包括外国律师法事务律师）、代办人、公证人、宗教职业者或者曾经担任以上职务的人，对由于受业务上的委托而得知的有关他人秘密的事实，可以拒绝提供证言。但本人已经承诺或者拒绝证言是为被告人利益而滥用权利（被告人为本人时除外）时，以及具有法院规则规定的其他事由时，不在此限"。② 因此，对于上述无证人资格的证人证言以及违背证言自愿性的证言，被告人和辩护人可以此为基点展开质疑。

关于询问证人的方法，《日本刑事诉讼规则》有较为详细、具体的规定。

第一，询问证人的顺序是"由请求询问证人的人进行询问（主询问）—由相对方进行询问（反询问）—由请求询问证人的人再次进行询问（再次主询问）"，诉讼关系人经审判长许可，可以再次询问证人（主询问）。

第二，主询问和反询问应该遵循一定规则。主询问，应当针对要证明的事项及相关的事项进行，也可以询问为争辩证人陈述的证明力有必要的事项。主询问不得进行诱导性询问。但在下列场合，可以进行诱导性询问：其一，证人的身份、经历、交友关系等，在进入实质性询问以前作为必要的准备性事项；其二，诉讼关系人没有争议的已经明确的事项；其三，证人记忆不清楚的事项，为唤起其记忆而有必要的；其四，证人对主询问人怀有敌意或者反感的；其五，证人意图回避提供证言的事项；其六，证人作出与以前陈述相反的陈述或者有实质性差异的陈述的，涉及该陈述的事项；其七，其他有必要进行诱导性询问的特别情形。在进行诱导性询问时，应当注意避免使用朗读书面资料或其他对证人的陈述可能带来不当影响的方法。审判长认为诱导性询问不适当时，可以限制。反询问应当针对主询问中涉及的事项和与此相关的事项以及为争辩证人陈述的证明力有必要的事项进行。只要没有特殊情况，反询问在主询问结束之后马上进行。对于反询问，在必要时可以进行

---

① 参见《日本刑事诉讼法》，宋英辉译，中国政法大学出版社2000年版，第147条。
② 参见《日本刑事诉讼法》，宋英辉译，中国政法大学出版社2000年版，第149条。

诱导性询问。审判长认为诱导性询问不适当的，可以限制。请求询问证人的人的相对方，经审判长许可，也可以利用反询问的机会，对支持自己主张的新的事项进行询问。该询问视为对此事项进行的主询问。除此以外，还有再次主询问和补充询问。再次主询问，应当针对反询问中涉及的事项以及与此关联的事项进行。再次主询问，适用主询问的规定。审判长或者陪席法官首先询问证人，然后对诉讼关系人进行询问。法院依职权调查证人时，在审判长或者陪席法官询问以后，诉讼关系人进行询问的，适用反询问的规定。

第三，《日本刑事诉讼规则》还规定了对为争辩供述的证明力有必要的事项进行询问，应当针对证人的观察、记忆或者表达的正确性等有关的证言可信性的事项，以及与证人的利害关系、偏见、预断等有关证人可信性的事项进行。但是，不得擅自涉及有损证人名誉的事项。

第四，在询问证人的过程中，还可以出示文书或者物品。诉讼关系人就文书或者物品的形成、同一性或其他类似事项询问证人时，在必要时，可以出示该文书或者物品。前述文书或者物品没有经过证据调查的，应当事先为对方提供阅览的机会。但是，对方没有异议的，不在此限。为唤起证人记忆，也可以出示文书。诉讼关系人对于证人记忆不清楚的事项，为唤起其记忆，在必要时，经审判长许可，可以出示文书（记录陈述的文书除外）或者物品后进行询问，应当注意文书的内容不能对证人的陈述产生不当的影响。另外，诉讼关系人为了确认证人的陈述，在必要时，经审判长许可，可以利用画图、照片、模型、装置等进行询问，画图、照片、模型、装置等没有经过证据调查时，应当事先为对方提供阅览的机会。但是，对方没有异议的，不在此限。

第五，诉讼关系人对要证明的事项、与主询问或反询问中出现的有关事项进行询问时，或者对证人的观察、记忆、表现的正确性等其他与证言的可信性有关的事项，或者对与证人的利害关系、偏见、预断等其他与证人的可信性有关的事项进行询问时，应使用明确其关联性的询问等方法，并向法院阐明该关联性。

第六，审判长、陪审法官和诉讼关系人的询问。陪席法官询问证人、鉴定人、口译人或者笔译人，应当事先将该情况告知审判长。审判长认为必要时，可以随时中止诉讼关系人对证人、鉴定人、口译人或者笔译人的询问，由自己对该事项进行询问。审判长在询向证人、鉴定人、口译人或者笔译人时，应当向诉讼关系人提供询问以上人员的机会。被害人依法也可以申请询问证人。在被害人参加人或者受理其委托的律师，在询问证人的场合申请询问证人时，法院听取被告人或者辩护人的意见，考虑审理的状况、申请询问事项的内容、提出申请的人数及其他情况，认为适当时，对于为争辩证人就关于犯罪情节的事项（关于犯罪事实的事项除外）所作出的供述的证明力的必要事项，可以允许提出申请的人询问该证人。上述申请，应当在检察官询问终结后（检察官没有询问时，为被告人或者护人询问终结后），明确询问事项并向检察官提出。在此场合，检察官除自行询问该事项的之外，应当附加意见后，将该申请通知法院。

第七，对鉴定人与口译人的询问。鉴定人以口头形式报告鉴定结果的，作为专家证人，询问他时适用询问证人的规定。同时，在质证内容上，《日本刑事诉讼法》第321条规定，"关于鉴定人所书写的记载鉴定的过程及结果的书面材料，亦与前款同"。而"前款"主要是说在公审询问时的证人证言与前述书面材料若相互印证，则书面材料可作为证据。① 因此，检察官、被告人或者辩护人对鉴定意见进行质证的目的在于确证该意见的真实性。此外，对存在语言问题的诉讼关系人，在不通晓日语的人进行陈述时，应当由口译人翻译；在聋哑人进行陈述时，可以让口译人翻译；非日语的文字或者符号，可以让笔译人将其翻译成日语。在询问方法上，不论是对鉴定意见的调查还是对口译人、笔译人的调查，与证人证言的调查一致，均属于人证的调查方式，需遵循交叉询问规则。②

5. 书证、物证的质证

依检察官、被告人或者辩护人的请求而调查证据文书时，审判长应当让请求调查的人朗读该项文书。但审判长可以自行朗读该项文书，或者让陪席法官或法院书记官朗读。法院依职权调查证据文书时，审判长应当自行朗读该项文书，或者让陪席法官或法院书记官朗读。若需要对被害人予以保护时，

---

① 参见《日本刑事诉讼法》，宋英辉译，中国政法大学出版社2000年版，第321条第3—4款。
② 参见《日本刑事诉讼法》，宋英辉译，中国政法大学出版社2000年版，第304条第1款。

朗读证据文书需要以不表明被害人特定事项的方式进行。调查将记录媒体作为一部分的笔录书证时，应当播放该记录媒体，代替朗读。但审判长听取检察官及被告人或者辩护人的意见，认为适当时，可以让请求调查该笔录的人、陪席法官或法院书记官告知该笔录记录的供述内容，或者由审判长亲自告知，以代替播放该记录媒体。

依据检察官、被告人或者辩护人的请求调查物证时，审判长应当让提出请求的人出示该物证。但审判长也可以自行出示，或者让陪席法官或法院书记官出示。法院依职权调查物证时，审判长应当自行向诉讼关系人出示该物证，或者让陪席法官或法院书记官出示。

6. 异议规则

根据所调查的证据种类的不同，日本的证据调查可分为询问证人、询问鉴定人等、调查书证、调查物证以及询问被告人。对于证据的调查，涵盖了证据资格与证明力问题。根据日本当事人主义的诉讼构造，检察官和被告人均有争辩证明力的权利。根据《日本刑事诉讼法》第308条的规定，"法院，应当向检察官和被告人或者辩护人，提供争辩证据的证明力所需要的适当机会"。该法还规定："检察官、被告人或者辩护人，可以对证据的调查声明异议。检察官、被告人或者辩护人，除前款规定的声明异议以外，还可以对审判长作出的处分声明异议。"①但依《日本刑事诉讼规则》，异议声明须附适当理由，且需立即作出，若声明的事项极其重要，即使因异议声明延误了时机，法院仍须受理。②

（二）意大利刑事庭审质证规则考察

意大利与日本在刑事诉讼的发展上都经历了从第二次世界大战之后自发到外源的模式。现阶段意大利刑事证据质证规则建立在1988年修订、1989年生效的《意大利刑事诉讼法典》之上。在该法典中，意大利充分吸收了英美法系对抗制的特点，突破性地规定了被告方在证据调查和质证上的相关权利。

---

① 参见《日本刑事诉讼法》，宋英辉译，中国政法大学出版社2000年版，第71页。
② 《日本刑事诉讼规则》，第205条至第205条之三。

法典规定，调查取证、请求法官采证都是双方当事人的程序性权利，但调查取证、采证质证都必须纳入法官的监控之下。根据"平等武装"的原则，法官对双方当事人所提请采纳的证据应当按照相同的标准予以采纳、认定，禁止出现差异化。"证明权利规则"是这一原则的直接体现，即所有当事人均具有调查取证、请求采证及参与质证过程和认证过程的权利。针对被告人的证明权利问题，2000年1月7日的《宪法》第111条第3款规定了被追诉人申请证人出庭作证的权利和质询权：被告人有在法官面前向控方实施询问及被询问的自由选择权，有在同等条件下获得有利于己方的证人召集权和询问权及获得任何一种有利于己方证据之权利。[①] 意大利的法庭调查分为几个部分：第一，公诉人、民事当事人的辩护人、民事负责人的辩护人、对财产刑承担民事责任的人的辩护人和被告人的辩护人依次进行开头陈述，分别介绍各自准备在庭审过程中证明的事实，并列举请求调查的证据；第二，法官告知被告人有自愿陈述权，被告人对案件陈述意见；第三，法官就控辩双方的证据调查请求以及有关证据可采性的争议作出裁定；第四，按照开头陈述的顺序依次调查各方当事人的证据，接受其他当事人的质证和法官的审查；第五，辩护人、公诉人和法官依次询问民事当事人、民事负责人、对财产刑承担民事责任的人和被告人；第六，对当事人请求的证据调查结束之后，如果确有必要，法官可以依职权调查证据，包括决定依法宣读有关书面证据、调取新的证据，或者决定进行鉴定等；第七，当事人发表总结辩论意见。

1. 言词证据的质证规则

（1）一般证人证言的质证规则

一般证人证言的质证分为预备行为、对证人的直接询问和反询问、询问过程中的反驳、对质、询问专家证人、异议处理和宣读其他笔录证据及被告人审前供述七个部分。

第一，询问前的准备活动。在正式对证人进行询问之前，法庭庭长应当首先了解证人的基本情况，而后告知证人负有如实作证的义务和不如实作证

---

① 孙维萍、露卡·露巴利亚：《意大利刑事诉讼法的主要特色及最新修订》，载《政治与法律》2003年第5期。

将承担伪证罪的法律后果。在需要司法警察、安全机构情报人员匿名作证时，告知其负有与一般证人同样的义务。

第二，对证人的直接询问和反询问。这一部分是整个证人证言质证的核心部分。首先，公诉人或者提出询问证人请求的辩护人可以直接向证人提出问题。当证人是未成年人时，应当由庭长进行询问，且可以要求心理学专家提供帮助以保证未成年证人的情绪稳定，庭长可以依职权或者由当事人申请，在法庭以外的场所对未成年证人进行询问，询问过程应当进行同步录音录像。其次，在特定犯罪中（如性犯罪或涉及国家安全犯罪、恐怖主义、毒品犯罪时），依当事人或者辩护人申请，可以使用装有单面玻璃的传音设备对未成年被害人或者患有精神病的成年人进行反询问。需要注意的是，在性犯罪案件中，被害人是成年人时，法官也可以依职权采取上述保护措施，其目的在于保护被害人的脆弱性。

第三，询问、反驳规则。其一，关于询问规则。在进行询问时，庭长应尽力保证问题的关联性、回答的真实性、询问的公平性。这要求询问证人应当指向具体的事实。对于和当事人有利害关系的证人，询问人禁止提出具有倾向性和提示性的问题。在询问的过程中，庭长负有对证人人格尊严的保护义务。其二，关于反驳规则。证人此前所作陈述可以成为质疑证人可靠性的证据使用，对于证明证人因公诉人员的威胁、刑讯、引诱而作伪证或不作证时，庭前陈述可以被调取到法庭。

第四，对质规则。参与对质的主体是此前被询问和被讯问过的人员，引发对质的前提条件是被询问或被讯问的人对于所问的重要事实和情节产生了较为明显的差异，也即当两个或者多个被询问人或被讯问人在对某一重要案件情节的陈述出现不合理的较大偏差时，会出现法庭要求双方对质的情形。在对质中，法官或向参加对质的主体列举之前的陈述，并询问他们是否需要更改，在必要情况下庭长可以要求他们相互辩论。

第五，询问专家证人。意大利刑事诉讼中，专家证人包括两个类型的主体：鉴定人和技术顾问。在法庭调查的过程中，鉴定人和技术顾问在出现不可抗力时可以在住所或其他特定地点作证，被告人和其他当事人由辩护人代表，所适用的询问规则与证人一样，但鉴定人和技术顾问在任何情况下有权查阅法官获取的文件、书面说明和出版物。

第六，异议处理规则。询问证人时产生的异议属于典型的程序性事项，为了保证案件的集中审理，庭长有权立即对异议作出裁定而不用履行其他手续。

第七，其他笔录类证据和被告人提前供述的宣读。一般情况下，法庭不得宣读被告人和证人在初期侦查或初步庭审期间向司法警察、公诉人或法官所作陈述的笔录。但当出现不可预见的事实或情形而不可能重复有关证明行为时，在询问过陈述人、鉴定人的情况下，法官可以依职权或依当事人的申请对法庭审理准备的卷宗中的文书进行宣读，这一类文书具体包括陈述人的陈述笔录、鉴定报告、公诉人或法官在初步庭审过程中取得的文书、被告人缺席判决或拒绝接受询问时所作的庭前供述。

（2）对被告人、民事当事人和对财产刑承担民事责任的人作为证人时的询问规则

首先，询问对象。在法庭审理中若被告人、不应作为证人接受询问的民事当事人和对财产刑承担民事责任的人提出请求或者同意有关请求，可以对其进行询问。被告人和附带民事诉讼的当事人在意大利刑事诉讼中本身是不具备证人资格且不能被询问的，一旦选择出庭作证即负有如实作证的义务。从被告人的角度来看，不具备证人资格是不被自证其罪的必然要求；而从民事诉讼当事人和对财产刑承担民事责任的人的角度来看，除自愿出庭作证的情况，他们有权不被强迫作出不利于自己的证言。

其次，询问规则。对于询问当事人，与询问证人有着不同的规则，而在当事人这一大类的主体中，询问被告人和询问其他当事人又有不同的规则。询问当事人（包括被告人）时，当事人不得就被告人的道德状况作证，除非涉及足以对与犯罪和社会危险性有关的人格作出评价的特定事实，即涉及当事人的品格证据一般情况下不允许用来评判当事人的行为。询问被告人以外的当事人时，除应当遵守上述规则以外，还应当遵守传闻证据规则，即证人对案件事实的认知是来源于其他人时，信息来源人是否出庭由法官自行决定，但在信息来源人没有出庭的情况下，这一部分证明信息不可作为证据使用。

最后，对共同犯罪被告人的询问。第一，对共犯被告人的询问可以依据

当事人的申请或者依职权进行询问；第二，在对共犯被告人进行询问时，若被告人没有辩护人，应当予以指派；第三，询问规则适用对一般当事人和被告人的询问规则；第四，共犯被告人享有沉默权。

2. 其他证据质证规则

除言词证据之外，物证和声音证据、鉴定报告、书证的质证也至关重要，但相对于言词证据而言，其他证据的质证规则并没有那么复杂和系统。

（1）对物证、书证以及声音证据的初步质证

对于物证、书证和声音证据的质证，展示和辨认时前置条件，在大多数案件中，物证、书证所携带的证明信息需要进一步的鉴定方能显现，辨认作为初步的质证活动仅能够确定系此物而非彼物。对物的辨认要求应当在法庭上进行展示，由被告人对其进行辨认。对于物证和声音或者其他可感受的东西进行辨认时，法官应当要求辨认者描述相关辨认对象的情况并由书记员记入笔录，应当至少安排两件与需加以辨认的对象相似的物，法官会询问辨认人是否认识这些物品，在得到肯定回答的情况下会要求其辨认指出他认识哪件并加以确定。

（2）对鉴定报告的质证

当需要借助专门的技术、科学或技艺能力进行调查或者获取材料或评论时，根据当事人的申请或者法官的自由裁量可以进行鉴定。法庭调查过程中鉴定报告的举示由鉴定人完成，当鉴定人由于不可抗力无法出庭时，法官可以在庭外对鉴定人进行询问，被告人的询问由辩护律师进行代理，询问过程应当进行同步录音录像。

（三）我国台湾地区刑事庭审质证规则考察

我国台湾地区也属于混合式诉讼模式，但采用的是以职权主义为主、当事人主义为辅的形式。在考察其刑事庭审质证规则之前，有必要先对其整体庭审程序有所了解。审判准备程序中，主要进行补正起诉程序、指定宣判期日、传唤并通知诉讼参与者、齐集证据方法以及例外提前进行调查证据程序。审判期日，以朗读案由为始，由谁朗读，无明确规定，实践中多由书记官或推事朗读。接着，审判长确认检察官、被告人与辩护人及其他诉讼参与人（尤其是受传唤的证人、鉴定人）是否已经到场。确认到场后，审判长对被告

人进行人别讯问,问明其姓名、年龄、籍贯、职业、住所或居所等,以核对身份。然后,检察官陈述起诉之要旨。接着,审判长告知被告人享有的诉讼权利,之后再进行法定的调查证据程序,包括证人与鉴定人之询问、证物之勘验以及文书之朗读。随后,就案件事实讯问被告人。此后,进行法庭辩论和宣告判决程序。① 具体而言,对我国台湾地区的刑事庭审质证规则可以从以下几个方面进行考察:

1. 示证规则

(1) 审判准备程序

由于审判准备程序的部分目的就在于传唤并通知诉讼参与者、齐集证据方法以及例外提前进行调查证据程序,因此审判准备程序与庭审举证密切有关,有必要在此作出介绍。

首先,审判准备程序需要传唤并通知诉讼参与者,尤其是被告人及其辩护人、证人、鉴定人,有以下几点规则:第一,传唤被告人应用传票,并应特别载明"无正当理由不到场者,得命拘提"。我国台湾地区将出庭受审视为被告人的权利和义务:一方面,出庭受审是被告人的权利,任何人皆不得在未经听审之前受有罪判决(听审原则);另一方面,到庭、出庭也是被告人的义务,无正当理由不出庭、到庭者,可以对其采取强制措施,非经审判长许可,不得退庭。第二,依法指定或选任之辩护人,法院也应当于期日前通知其出庭,由于辩护人同样应有充分时间准备辩护,因此,此项通知准用就审期间②的规定。第三,传唤证人、鉴定人于审判期日出庭。第四,传唤被害人出庭。审判期日,应传唤被害人或其家属并予陈述意见的机会。但经合法传唤无正当理由不到场,或陈明不愿到场,或法院认为不必要或不适宜者,不在此限。虽将被害人或其家属列为应受传唤之人,但应注意,被害人若就本案之待证事实陈述者,地位即为证人,需适用证人之证据方法的规定。

其次,齐集证据方法、整理争点。为使审判期日能够贯彻集中审理之要求,法院必须于准备阶段事先确定,到底审判期日应调查哪些证据。为促进

---

① 参见林钰雄:《刑事诉讼法(下册 各论编)》,中国人民大学出版社2005年版,第160—162页。
② 所谓"就审期间",是指传票送达于审判指定期日之间的期间。

集中审理,我国台湾地区明确规定准备程序处理以下事项:第一,起诉效力所及之范围与有无应变更检察官所引应适用法条之情形;第二,讯问被告人、代理人及辩护人对检察官起诉事实是否为认罪之答辩,及决定可否适用简式审判程序或简易程序;第三,案件及证据之重要争点;第四,有关证据能力之意见;第五,晓谕为证据调查之声请;第六,证据调查之范围、次序及方法;第七,命提出证物或可为证据之文书;第八,其他与审判有关之事项。

最后,在庭审准备程序中进行证据调查。庭审准备程序,原则上只能收集、齐聚人与物之证据方法而已,除了法律规定的例外情形之外,调查证据只能在审判程序中进行。庭审准备程序调查证据被视为直接审理原则的例外。我国台湾地区规定,法院可以在审判期日之前,预先勘验。另外,法院预料证人不能于审判期日到场者,得于审判期日前讯问之。当然,准备阶段进行证据调查程序需要进行严格限定,否则容易造成庭审虚化。

(2)证人出庭

证人、鉴定人经传唤需按时到庭,审判长确认证人在场之后,应请证人离庭在外等候点呼。证人有数人者,应分别询问;未经询问者,不得在场。分别询问的立法理由主要有两点:第一,立法者认为同时询问多数证人,证人与被告人可能会以目授意,导致供述有不实、不备之虞,所以原则上应该个别询问;第二,为了发现真实,避免证人证词受到有意无意的不当影响,至于不当影响的来源,可能是其他证人的证词,也可能是鉴定人的意见,更有可能是被告人的陈述。

2. 讯问规则

我国台湾地区讯问被告人的规则类似于德国,讯问被告人分为人别讯问和事物讯问两种。人别讯问之目的仅仅在于确认身份而已,避免发生被告人同一性上的错误。并且被告人主张沉默的权利适用于事物讯问,不适用于人别讯问。另外,被告人的前科,通常是量刑的酌定情节,不能在人别讯问阶段确认。事实讯问指的是就指控事实讯问被告人。原先我国台湾地区采用的是讯问被告人前置主义,同大陆法系的规定一致,后在2003年将讯问被告人调整到调查证据之后。

3. 诘问规则

我国台湾地区根据发问的主体不同，将庭审发问分为讯问、询问、诘问三种，概念不尽一致。讯问常用以指称"程序主导者（侦查程序之检察官、审判程序之审判长）之直接发问"；询问与诘问常用以指称"程序参与者（当事人、辩护人）之直接发问"，前者如诉讼参与人对被告人的"询问"，后者如诉讼参与者对证人、鉴定人的"诘问"。我国台湾地区司法学界普遍认为，台湾地区的诉讼构造与英美法系有别，因此不但理论上无法直接套用所谓的交叉询问规则，且实际操作中也不是交叉询问。但是，2003年还是急切地制定了交叉询问规则，对此，林钰雄教授如是评价："条次看起来洋洋大观，但大多为技术性的规定，就算非定不可，其实只要制定在刑事诉讼规则或细则即可。新法交叉询问规则的主要问题还是在于实务的可行性过低。"① 具体来看，对我国台湾地区刑事庭审询问规则可以从以下几个方面进行考察：

（1）诘问的主体

我国台湾地区明确规定下列人员享有诘问的权利：当事人（包括检察官、被告人、自诉人）、代理人、辩护人及辅佐人等诉讼参与者。被告人如无辩护人，而不欲行诘问时，审判长仍应予询问证人、鉴定人之适当机会。再者，若同一被告人、自诉人有两个以上代理人、辩护人时，应推由其中一人作为代表进行诘问，但经审判长许可的除外。

检察院、被告人及其辩护人依申请传唤的证人、鉴定人，经诘问权人诘问完毕后，审判长再进行讯问；而依职权传唤之证人、鉴定人，由审判长先行讯问，经诘问权人诘问后，审判长可以继续讯问。此外，合议审判的陪席法官，得于告知审判长后，准用上述审判长讯问证人、鉴定人的规定。最后，法院或受命法官在审判期日前行准备程序者，也适用诘问等相关规定。

（2）诘问的顺序

首先，数名证人接受诘问的顺序由审判长决定。审判长享有诉讼指挥权，除了法律明确规定的顺序以外，一般都由审判长调节和安排。

其次，关于诘问的顺序，主要有两个原则：一是"传者先问"，即申请传

---

① 参见林钰雄：《刑事诉讼法（下册各论编）》，中国人民大学出版社2005年版，第165页。

唤者先行直接发问，此即主诘问；二是次第进行顺序为"主诘问—反诘问—复主诘问—复反诘问"。

关于"传者先问"，例如检察官声请传唤之目击证人丙，即由检察官先行主诘问。如果控辩双方同时申请传唤证人时，主诘问的顺序首先由双方合意决定，不能决定的，由审判长决定。依职权传唤的证人或鉴定人，经审判长讯问后，当事人、代理人或辩护人有权对其进行诘问，诘问顺序由审判长决定。

关于"次第进行顺序"，针对因声请而传唤的证人、鉴定人，审判长应先行人别讯问，再依下列顺序进行诘问：

先由声请传唤的当事人、代理人或辩护人为主诘问。主诘问应针对待证事项及其相关事项进行，包括为辩明证人、鉴定人陈述的证明力的必要事项在内。主诘问一般不得进行诱导诘问，存在以下几点例外：其一，未为实体事项之诘问前，有关证人、鉴定人之身份、学历、与其交游所关之必要准备事项；其二，当事人显无争执之事项；其三，关于证人、鉴定人记忆不清之事项，为唤起其记忆所必要者；其四，证人、鉴定人对诘问者显示敌意或反感者；其五，证人、鉴定人故为规避之事项；其六，证人、鉴定人为与先前不符之陈述时，其先前之陈述；其七，其他认为有诱导诘问必要之特别情事者。

再由对方当事人、代理人或辩护人为反诘问。反诘问应就主诘问所显现的事项及其相关事项或为辩明证人、鉴定人的陈述证明力所必要之事项行之。反诘问中有必要时，可以进行诱导诘问。此外，反诘问时，就支持自己主张的新事项，经审判长许可，可以进行诘问，但这种诘问被称为新事项的主诘问，适用上述主诘问的规则。

再由声请传唤的当事人、代理人或辩护人为复主诘问。复主诘问应就反诘问所显现之事项及其相关事项行之。复主诘问适用主诘问的规则。此外，复主诘问时，就支持自己主张的新事项，经过审判长许可，可以进行诘问，被视为新事项的主诘问。

再次由对方当事人、代理人或辩护人为复反诘问。复反诘问，应就辩明复主诘问所显现证据证明力必要之事项行之，复反诘问依照反诘问的规则进行。

上述诘问完毕后，当事人、代理人或辩护人，经审判长许可，可以重新进行诘问。审判长可以在诘问完毕后进行讯问。依职权传唤的证人、鉴定人，审判长也可以在诘问完毕后续行讯问。

（3）违法或不当的诘问

我国台湾地区对诘问的方式作出了具体规定，明确规定不得采用以下几种方式：第一，与本案及因诘问所显现的事项无关者；第二，以恫吓、侮辱、利诱、诈欺或其他不正当的方法者；第三，抽象不明确的诘问；第四，不合法的诱导者；第五，对假设性事项或无证据支持的事实为之者；第六，重复性诘问；第七，要求证人陈述个人意见或推测、评论的；第八，恐证言于证人或对证人名誉、信用或财产有重大损害的；第九，对证人未亲身经历事项或鉴定人未行鉴定事项为之者；第十，其他法律禁止的情形[①]。其中第六至八项的情形，在有正当理由的情况下，可以进行。

据此，损害证人尊严或涉及其私生活、前科的问题，原则上不得提出。证人虽然有作证的义务，但也有请求适当对待和保护其名誉的权利。当然，基于澄清事实的目的，法庭上无法完全避免令证人不悦或尴尬的问题，但相对的，证人也可以请求尽量使用较为无损的处遇方式。据此，可能损害证人或其特定亲属的尊严或者涉及他们私生活的问题，只有在不可避免的情况下，才可以提出。至于涉及证人前科的问题，也只能在例外情况下才可以提出。其中"损害尊严或涉及私生活"，包括证人的癖好（如同性恋倾向）、疾病（如遗传性缺陷）、隐私（如婚外情）等。这项诘问禁止规则，尤其体现在保护性侵害案件的被告人的性生活无端曝光之上。我国台湾地区"性侵害犯罪防治法"特别规定："性侵害犯罪中的被告人或其辩护人不得诘问或提出有关被害人与被告人以外的人的性经验证据，法官或检察官认为有必要的除外。""损害尊严或者涉及私生活的问题"，只有在不可避免的情况下，才可以提出。所谓"不可避免"，是指不提出就无法澄清案件事实的情况。例如，眼科疾病虽然属于涉及私人健康状态的问题，但如果这关系到目击证人能否确实指认被告人的关键，则不提出此问题不能澄清案件事实，因此就应该准许就目击

---

① 参见林钰雄：《刑事诉讼法（下册各论编）》，元照出版有限公司2013年版，第217页。

证人的视力疾病进行诘问。同理，诘问原则上也不得影射证人曾因犯罪而有前科的问题，但证人有伪证罪的前科，因为直接涉及证人可信度的判断，因此就应该例外地允许诘问。

4. 异议规则

（1）异议的提出

当事人、代理人、辩护人或辅佐人对于审判长的诉讼指挥不服的，可以向法院提出异议，法院就此项异议作出裁定。

我国台湾地区规定，当事人、代理人或辩护人认为证人、鉴定人的诘问或者回答，违反了法律规定或不恰当，可以向审判长提出异议。据此，异议权人是当事人、代理人或辩护人；异议的对象是对方对证人、鉴定人的发问或者证人、鉴定人的回答；异议事由是问答违背法令或不当。

提出异议的方式，应就各个行为，立即用简要理由提出。在当事人、代理人或辩护人提出异议之后，审判长作出裁决之前，证人、鉴定人应当停止陈述。

（2）异议的裁决

审判长应立马就是否批准异议或是驳回异议作出决定，且在作出决定前，给予对方当事人针对异议陈述意见的机会。根据不同情形，异议的裁决分为三类：第一，异议不合法。异议有迟误时机、意图拖延诉讼或其他不合法的目的，审判长应裁定驳回，如果迟误时机所提出的异议事项和案情有重要关系的情况除外。第二，异议无理由。审判长应裁定驳回。第三，异议有理由。审判长视情况而定，立即分为作出中止、撤回、撤销、变更或其他必要的处分。上述裁决不得提出上诉。

（四）混合法系刑事庭审质证规则小结

英美法系对抗式审判与大陆法系纠问式审判各有优劣，无论从程序的内在价值标准还是从外在价值标准来看，这两种模式都不是最完美的，都有需要改革的地方。① 日本、意大利、我国台湾地区对这两种审判模式的一些要

---

① 陈瑞华：《比较刑事诉讼法》，中国人民大学出版社2010年版，第368页。

素进行了综合，以期避免它们的一些缺陷，实现优势互补。

混合法系对刑事庭审质证模式的改变源于对法官、控辩双方当事人诉讼地位的融合。英美法系对抗式审判中，控辩双方主导和控制证据提出和事实调查过程，可以充分参与到诉讼程序中来，可以最大限度地影响裁判的结果，法官始终保持消极、客观、中立，当事人具有绝对的主体地位，但对抗式审判严重依赖辩护律师的参与，实体公正会受制于辩护律师的出庭经验、抗辩技巧等不可控因素，因此对抗式审判下由当事人主导庭审、法官保持消极的设定有利有弊。同理，大陆法系纠问式审判完全由法官主导进行庭审调查会限制控辩双方的参与机会与参与效果，既是调查者又是裁判者的双重角色会导致法官无法保持中立地位，会受不利于被告人的有罪预断影响，导致程序不公正。因此，日本、意大利对此进行了综合，在庭审调查过程中，控辩双方居于主导地位，他们能够较为充分地参与到诉讼过程中来，对法庭裁判实施积极的影响；法官也不是居于消极仲裁者的地位，而是拥有一些调查证据方面的主动性，他可以对控辩双方的交叉询问实施干预，及时就一些当事人所忽略或故意避开的事项询问证人，要求就有关专门问题重新实施鉴定，甚至依职权主动将某一证据纳入证据调查的范围。这样既可以确保当事人（尤其被告人）受到公正的对待、法官保持客观中立的地位，又可以发挥法官和当事人在调查证据、发现真实方面的积极性和主动性。

四、国际刑事诉讼中的庭审质证规则

在我国当前构建审判为中心诉讼模式的大背景下，构建庭审为中心是应有之义也是重点之一。质证应当是庭审最为核心的环节之一，确立公正、合理的庭审质证规则对刑事诉讼效率的提高、诉讼进程的推进、诉讼目的的实现具有十分重要的意义。[①] 从各国和地区刑事立法的趋势来看，庭审质证规则的构建以及完善是大势所趋，甚至在各项国际公约以及国际刑事审判中都产生了一部分取得共识的庭审质证规则。

---

① 参见王颂勃：《刑事诉讼法庭质证规则研究》，中国人民公安大学出版社2015年版，第19页。

(一)《公民权利和政治权利国际公约》中的刑事庭审质证规则

在全球经济一体化的大背景下,刑事犯罪也摆脱了地域化、区域化的特征。各国加强了刑事司法领域的国际合作,并就一些基本问题达成了共识并形成了公约或者决议,这些共识构成了刑事司法最基本的标准。①《公民权利和政治权利国际公约》(以下简称《公约》)是联合国在《世界人权宣言》的基础上通过的一项公约,宣示着对人类共同家庭所有成员的人格权利进行保护。虽然《公约》并没有细致地规定刑事诉讼庭审质证规则,但作为全世界人民权利保障的宣言书,其中某些条款当然地与庭审质证规则构建的成因以及方向息息相关。

1. 庭审质证规则研究的理论基础

《公约》第14条第3款(戊)项"讯问或者业已讯问对他不利的证人,并使对他有利的证人在与对他不利的证人相同的条件下出庭和受讯问"被视为关于保障对质权的规定。根据联合国人权事务委员会的解释,本项规定是"为了保证受到刑事追诉的被告人在强制证人出庭和询问任何证人时获得与起诉方同样的法律权利"。②对于受到刑事指控的被告人来说,对质权是其接受刑事审判应当拥有的最基本权利之一,也是促进刑事审判结果公正的有效法宝。根据《公约》之规定,受到刑事指控的被告人享有对质权是应有之义,无须通过条文将其明确化。但对质权的有效行使必须有赖证人出庭作证,并且在证人出庭的前提下,无论是针对控方证人抑或是辩方证人,被告人享有与控方一致的对质权。赋予被告人对质权的原因主要有三:其一,被告人享有对质权。对质权被《公约》视为被告人最基本的权利之一。如果控辩双方只有其中一方对于证据的证据能力以及证明力具有话语权,那么另一方会当然地失去审判的主体地位,这显然与刑事庭审的三方格局构造不符。其二,由于刑事审判中的证据大部分由控诉方所收集,但刑事审判的结果却与被告

---

① 参见刘根菊等:《刑事诉讼程序改革之多维视角》,中国人民公安大学出版社2006年版,第44页。

② 参见杨宇冠:《人权法——〈公民权利和政治权利国际公约〉研究》,中国人民公安大学出版社2003年版,第276页。

人的利益有着最大关联，如果在涉及自身利益的审判中面对自己的指控不能享有提出异议的权利，这显然与基本的正义观不符。其三，刑事审判发现真相的基本途径是通过控辩双方对案件事实的充分争论，而达到使裁判者相信其中一方用证据构建的案件事实，并且推定这样的案件事实就是真相。被告人一方如果没有对质权就难以对案件事实进行证伪或者证成，这种只听取一方之言的案件事实难以谓之为真相，与刑事审判发现案件事实真相的基本途径不符。可见，《公约》赋予被告人对质权可视为刑事庭审质证构建的源头，也是质证规则比较研究的基础。

2. 人证出庭规则

对质权行使以证人出庭为前提，因此证人出庭是《公约》语境下刑事庭审质证的前提。证人出庭对于被告人质权实质化以及刑事诉讼目的的实现有重要的意义。首先，证人出庭有利于实现刑事诉讼程序正义。程序正义讲求程序公正、公开以及诉讼双方的程序参与，证人出庭能够保障辩护方充分地在庭审质证规则下参与质证程序，而不是仅仅对控诉方单方面出示的证人证言提出意见。其次，证人出庭有利于实现实体正义。一方面，裁判者作出正确判罚的前提之一就是充分地接收到有关案件事实的各种信息，并且这种接收应当具有亲历性，也就是裁判者应当在法庭中直接面对控辩双方和证人，通过言词的方式了解到关于案件事实的所有信息，这也是刑事诉讼中直接言词原则的本质要求。证人出庭作证可以让裁判者有与证人面对面的机会，而并非单纯地面对控诉方提出的一纸文书，会有利于裁判者作出正确的裁判。另一方面，在庭审庄重、严肃的环境之下，证人出庭作证在一定程度上能够使其更加了解自身作证的义务以及违反该义务应当承担的责任，在负责任的态度下接受控辩双方以及裁判者的询问，全面、准确地描述出自己了解到的案件事实。最后，证人出庭作证有利于实现刑事诉讼定分止争的功能。[1]证人出庭使参与诉讼的双方特别是辩护一方有机会当面向证人提出质询，充分行使自己的质权。有研究表明，在充分行使质权后被告人会大幅度减少对司法的不信任，从而更加容易服从裁判者作出的判罚。

---

[1] 参见王颂勃：《刑事诉讼法庭质证规则研究》，中国人民公安大学出版社2015年版，第20页。

需要说明的是，《公约》规定无论是有利或者不利的证人，辩护方都享有同等的对质权，因此无论是控方证人还是辩方证人都需要出庭作证。第一，不利于被告人的证人出庭作证能够保障辩护方的辩护权以及对质权，辩护方可以通过对证人的质询让裁判者发现证言中存在的矛盾或者证人本身存在的不诚信等问题，让裁判者对证言产生合理怀疑。而有利于被告人的证人出庭接受控辩双方的质询能够使裁判者通过证人作出的证言发现有利于被告人的事实，从而获得诉讼上的优势。第二，无论是有利于被告人或是不利于被告人的证人都应当接受辩护方充分、同等的质询，裁判方或者控诉方不得以任何方式妨碍被告人对证人特别是不利于被告人的证人行使质权。

3. 讯问规则：以不得强迫自证其罪为原则

《公约》语境下讯问被告人的主要规则就是"不得强迫自证其罪"原则。刑事被追诉人在被法院判决有罪前被推定为无罪是刑事诉讼最基本的准则之一，有深远的意义，影响刑事诉讼活动的各个方面。在人权保障方面，刑事被追诉人在被判决前推定为无罪意味着其应当享有作为一个推定无罪人的待遇，即使基于其他诉讼利益的追求要限制其一部分权利，也要经过法定的程序由中立的机关作出裁定，非经法定的程序不得随意侵害其应当享有的权利。在侦查模式方面，区别于有罪推定的侦查模式，刑事被追诉人首先应当是一个"清白"的人，只有通过侦查机关不断收集犯罪证据，才能实现刑事被追诉人从"清白人"到"嫌疑人"最后到"犯罪人"的转换。侦查机关基于无罪推定的诉讼原则，不得以确定刑事被追诉人构成犯罪为基础收集证据。

《公约》第14条第3款（庚）项规定："不被强迫作不利于他自己的证言或者强迫承认犯罪。"从另一方面来说，该条的规定也就意味着在刑事庭审程序中，除非被告人明示自愿放弃沉默权而站上证人席，其不得被强迫接受询问。"为保护受到刑事诉讼追诉的被告人的合法权益，联合国人权事务委员会将不得强迫自证其罪原则的适用扩大到了刑事法庭审判程序之外的侦查阶段，要求当局不得为获得被告人有罪的供述而对其施以不当影响。"[①] 不仅如此，为

---

① 杨宇冠：《国际人权法对我国刑事司法改革的影响》，中国法制出版社2008年版，第246页。

了消除证人出庭作证给自己带来的危险,不得强迫自证其罪的原则同样也适用于出庭作证的证人。

质证规则适用的主体包括了控、辩、审、证人四方。其中,辩护方作为质证程序的主体之一,首先,其在未明确放弃沉默权的前提下不得受强迫作为证明自己有罪的证人出现,否则将失去主体地位,沦为质证程序的客体存在;其次,即使被告人明示放弃沉默权,其也不得作为控方证人,但可以充当辩方证人。这就是英美证据法理论所津津乐道的被告人"有作证资格但其不得被强迫作证"。[①] 如此规定的原因在于对抗式诉讼下,控诉方要证明被告人有罪必须运用自己收集到的证据,而不能将对抗的另一方作为证明有罪的手段。

不得强迫自证其罪作为庭审质证规则确立的保障要件主要有两方面意思:其一,被告人是作为质证程序的主体之一,而并非质证客体或者对象之存在。被告人可以运用手中的质证权对控方证据的真实性、客观性、关联性进行质疑,控诉方不得运用强势权力逼迫被告人作为证据或者发现证据的方式。其二,被告人有选择是否作为证人出庭的权利。当然,此处的证人仅指作为己方的证人。根据被告人及其辩护律师所作的庭审策略,被告人有是否以及什么时机出庭作证的选择权,这也是保障被告人作为质证程序主体以及质证规则构建的核心保障之一。

4. 询问规则:以获得律师有效帮助为重点

刑事庭审质证活动是辩护活动的核心部分,对此,《公约》强调被告人有权获得律师的帮助,以切实保障其对质权和辩护权。刑事庭审质证规则是指在庭审质证程序中规范控辩双方质证以及裁判者针对双方质证如何裁断的所有规则,其行使的重要前提之一就是被告人切实地享有对质权,并且这种对质权应该与控诉方力量相当。刑事追诉行为是一项国家行为,是国家运用强制力量对违反国家秩序的个人进行追诉。这种先天条件下的不平等性,再加上被告人对于法律知识以及庭审规则认识的缺乏,很可能导致被告人即使享有对质权也难以将权利运用到实处,这就是律师介入刑事追诉程序

---

① 孙长永:《探索正当程序——比较刑事诉讼法专论》,中国法制出版社 2005 年版,第 436 页。

的原因所在。《公约》第 14 条第 3 款（乙）项规定，"被告人应当有相当时间和便利准备他的辩护并与自己选择的律师联络"；（丁）项规定，"被告人出席受审并亲自替自己辩护或经由他自己所选择的法律援助进行辩护；如果他没有法律援助，要通知他享有这种权利；在司法利益有此需要的案件中，为他指定法律援助。而在他没有足够能力尝付法律援助的案件中，不要他自己付费"。

质证程序一方面主要表现为控辩双方以询问证人的方式质疑、削弱或者消除言词证据或实物证据的相关性、可采性、可信性。以英美法中的交叉询问为例，在庭审过程中首先由提出证据的一方对证人进行"主询问"，目的在于支持自己的观点与待证事实。然后由对方针对主询问中证人陈述的纰漏或者弱点对该证人进行"交叉询问"，目的在于攻击对方的主张、削弱对方证据的证明力以及降低对方证人的可信度。完成一轮交叉询问后，针对对方"交叉询问"中的问题，举证方还可以"再主询问"，对方当然也享有"再交叉询问"的权利。① 如果没有专业律师介入，被告方很难在庭审的有限时空下及时发现对方证人陈述中存在的问题，进而说服裁判者信服自己的观点。同时，在"交叉询问"这种发现案件事实真相的庭审方式下，被告方难以行使自己对证人的"询问"权利将导致双方针锋相对地在争论中发现事实真相变为一方讲自己认为的事实真相，显然对发现案件的实体真相是不利的。

获得律师帮助权在《公约》中的明确规定意味着无论身处何种法系、何种庭审程序之下，被告人应当获得律师帮助是被公认的准则之一。但不同的诉讼模式以及庭审程序之下，律师帮助权的行使有明显的不同。英美法系与大陆法系由于历史、地理、文化等诸多环境差异，导致了在质证程序中律师帮助权起作用的方式也是有区分的。以律师如何获得控诉方关于案件事实证据信息为例，英美法系普遍确定了证据开示规则，也就是在庭审开始前控诉方有向辩护方揭示本方证据的义务。如《美国联邦刑事诉讼规则》第 16 条规定了开示的证据范围，包括被告人陈述、被告人先前犯罪记录、文件和有形

---

① 程味秋：《外国刑事诉讼法概论》，中国政法大学出版社 1994 年版，第 73 页。

物品以及检查实验报告等。① 如果在审判前或者审判期间，一方当事人发现新的涉及先前请求或命令的证据，而这些证据属于按照规定应当予以开示的范围，则该当事人应将该证据及时通知对方当事人、当事人的律师和法庭。美国的辩护制度较为强大，被告人获得律师帮助权被视为一项宪法权利而为宪法修正案所纳入。辩护方虽然在一定程度上也承担了部分的证据开示义务，但律师帮助权的作用更大程度上是了解并分析控诉方所开示的证据，制作庭审质证策略。而大陆法系国家大多都没有规定类似英美法系证据开示的制度，辩护方要了解案件指控以及证据方面的信息一般通过查阅控方的案卷材料进行。如《德国刑事诉讼法典》第 147 条规定："辩护人有权查阅移送法院的，或者在提起公诉情况中应当移送法院的案卷，有权查看官方保管的证据。"② 这种查阅控方案卷的工作一般都由律师进行，也只有专业的律师才能够熟悉地查阅控方案卷，及时地发现控方收集的证据存在的问题。虽然在不同诉讼模式、庭审方式下的质证程序中被告人获得的律师帮助不尽相同，但毫无疑问的是如果没有律师帮助权的行使也就没有被告人对质权的实质化。律师帮助权作为被告人对质权行使的最重要的手段，其代表着被告人质证方式的专业化与法律化。质证程序的推进不是一家之言，双方具有同等的话语权会更加有助于构建公平、合理的质证规则。

（二）《欧洲国际军事法庭宪章》和《远东国际军事法庭宪章》中的刑事庭审质证规则

国际刑事法院的庭审质证规则代表着大多数国家的共性，很有研究的价值。《欧洲国际军事法庭宪章》（以下简称《纽伦堡宪章》）是英、美、法、苏四个国家为了审判德国战犯而创设的国际刑事诉讼审判规则，其审判组织由上述四个国家分别派一名法官和一名预备法官组成，审判对象是无法确定犯罪地的德国战犯。《远东国际军事法庭宪章》是由中、苏、美、加、英、法、荷、澳、印、菲、新西兰等 11 个国家为审判"二战"中的日本战犯而

---

① 参见《美国联邦刑事诉讼规则和证据规则》，中国政法大学出版社 1996 年版，第 8 页。
② 参见《德国刑事诉讼法典》，李昌珂译，中国政法大学出版社 1995 年版，第 147 页。

设立的国际刑事审判规则。这两个宪章开启了以国际刑事法庭审判的先河,同时也是国际刑事审判规则正式确立的标志。由于建立时参与的国家数量有限,并且由于诉讼文化差异过大导致取得的共识较少,两个宪章对于质证规则的规定并不细致,主要有以下几个方面:

1. 人证出庭规则

《纽伦堡宪章》第17条规定:"法庭有权为正式审判传唤证人,要求证人出庭并作证,向证人提出问题,法庭有权要求证人宣誓。"《远东国际军事法庭宪章》第11条规定:"法庭有权传唤证人出庭作证,并对其加以讯问。有权命令每一名证人进行宣誓、保证或作出依其本国习惯证人应作之声明,并执行宣誓。"由此,从国际刑事审判规则来看,刑事庭审质证需贯彻直接、言词原则,证人需要出庭作证且要经过宣誓。

2. 询问规则

根据《远东国际军事法庭宪章》第7条的授权,远东法庭制定了《远东军事法庭程序规则》以及《远东军事法庭程序规则的修正和补充》,明确了刑事审判程序中控、辩双方询问证人的具体方法、具体方式,主要包括以下几项:

第一,对被告人一方传唤的证人进行主询问和交叉询问。根据《远东军事法庭程序规则的修正和补充》第5项(甲)之规定,"除非本法庭特别许可,对被告人所提出出庭作证的每一证人,被告人全体只能推选一名辩护律师向他作主询问。此外,任何个别被告人的辩护律师也可请求对证人作补充的主询问,但其询问范围只限于与该被告人个人特别有关之事项或问题为主的,且直接询问未涉及的内容。在作此种询问之前,辩护律师必须首先向法庭申明他将对证人作主询问"。第5项(乙)进一步规定:"在对每一证人的所有主询问完成之后,如果任何被告人认为在答复主询问的证言中有对他个人不利之处,则他的辩护律师可以请求对该证人作交叉询问,在证人答复这种交叉询问时,如果任何其他被告人发现有对他不利的证言,则该被告人的辩护律师也可请求对该证人作交叉询问。在作出交叉询问之前,辩护律师必须首先向法庭声明他对该证人将作交叉询问。"

第二，控诉方作交叉询问。根据《远东军事法庭程序规则的修正和补充》第5项（丙）的规定，"在所有辩护律师对该被告方传唤的证人的主询问和交叉询问完全终结后，起诉方应立即开始对该证人作全面的交叉询问。此询问一般仅仅由一名检察官作出，但经法庭特别允许的不在此限"。

第三，再主询问和交叉询问。根据《远东军事法庭程序规则的修正和补充》第5项（戊）的规定，"在控、辩双方对某一证人的主询问和交叉询问全部完毕之后，被告人如认为有必要可向证人进行再主询问。再主询问，非经法庭特别许可，只能由一名辩护律师为之。但任何被告人的辩护律师如果认为再主询问存在应当涉及而未涉及或未澄清的问题，也可请求法庭允许其对证人再作个别的、有限的再主询问"。第5项（丁）规定："在公诉方对证人的交叉询问完毕之后，如果任何被告人发现在证人答复此项询问中包含新的对他不利的证言，则该被告人的辩护律师可以请求对该证人再进行一次或者多次交叉询问。"

起诉方和辩护方都有权对证人和被告人发问。《纽伦堡宪章》第16条规定："被告人有权在审理过程中对向他提出的任何控告发表与之相关的申述；有权亲自准备或者通过其辩护律师准备为其本人辩护的证明材料，并在盘问中听取起诉当局所传唤的任何证人的证词。"第24条规定："控方证人应首先接受质证，然后是辩方证人。控方证人先由控方进行主询问，再由辩方进行交叉询问。控辩双方都有权对对方提出的证人进行交叉询问，特别是被告人有权自己或通过辩护人对控方证人进行交叉询问。控辩双方还可以针对庭审时出现的新问题，在对方出示完证据后，再次宣召一些可能被法庭认为可采的反驳证据。"《远东国际军事法庭宪章》第9条（丁）项规定："被告人有权由其本人或者辩护人（但不得同时由二者）进行辩护，有权诘问任何证人，但应受法庭的合理限制。"根据《纽伦堡宪章》第24条（四）项规定："法庭询问起诉当局和辩护方是否希望向法庭提供证据和提供何种证据，并裁定任何证据的可接受性。"《远东国际军事法庭宪章》第15条（丁）项规定："起诉当局和被告人双方均可各自提出证据，但证据的可采性由法庭决定。"可知，证据的可采信由法庭裁定。

(三)《前南斯拉夫国际刑事法庭规约》和《卢旺达国际刑事法庭规约》中的刑事庭审质证规则

1993 年联合国安理会审议并通过了 808 号决议《前南斯拉夫国际刑事法庭规约》,并在海牙成立了前南斯拉夫国际刑事法庭。该法庭审理的对象为 1991 年以来在前南联盟境内实施了违反国际人道主义罪行的罪犯。1994 年联合国安理会通过了第 995 号决议,决定在坦桑尼亚的阿鲁沙设立卢旺达国际刑事法庭,审理的对象为 1994 年 1 月 1 日至 12 月 31 日在卢旺达境内犯下种族灭绝罪和其他严重违反国际人道主义罪行的罪犯。1994 年 3 月 14 日,根据《前南斯拉夫国际刑事法庭规约》第 15 条的授权,通过了关于诉讼预审阶段、审判和上诉的进行、证据的采用、受害人和证人的保护和其他相关事项的《程序和证据规则》。《前南斯拉夫国际刑事法庭规约》和《卢旺达国际刑事法庭规约》是对《纽伦堡宪章》和《远东国际军事法庭宪章》的发展,在两个宪章的基础上形成了较为系统的庭审质证规则。

1. 证据出示规则

证据披露是公正审判权的核心内容之一。根据披露主体的不同,证据披露可以分为控方披露和辩方披露。而根据披露时间的前后不同,证据披露又可分为初次披露和继续披露。根据《前南斯拉夫国际刑事法庭规约》第 66 条(A)款规定:"在被告人第一次出庭后 30 日内,按实际可能尽快使被告方得到起诉书被请求确认时附于起诉书的证明材料副本和检察官从被告人处获得的先前陈述。"同时,《卢旺达国际刑事法庭规约》第 66 条(A)款也有相同的规定。也就是控方的初次披露时间应当在被告人初次出庭后的 30 日内,披露的证据范围包括了两部分证据:其一,确认起诉时附于起诉书的证明材料的副本;其二,控方从被告人处所获得的所有先前陈述。控方继初次披露后的继续披露规定在了《前南斯拉夫国际刑事法庭规约》第 66 条(A)款(ii)项:"在审判分庭或按照规则第 65 条指定的预审法官规定的时限内,检察官欲在审判时传唤的所有证人的陈述副本按照规则 92 条之二和之四制作的所有笔录或书面陈述的副本;当决定传唤后加的证人时,应当使辩方得到检察官的这些证人的陈述副本。"《卢旺国际刑事法庭规约》第 66 条(A)款也有类似规定，但有两点不同：一是时间规定更明确；二是没有提到要求披露不出庭证人的书面笔录。可以看出，继续披露的主要范围是准备传唤证人的陈述副本，目的是让辩护方对控方申请出庭证人的陈述于庭前有所了解，并有针对性地申请己方证人或者制作庭审策略。除此之外，控方还有一项特别的披露责任——应辩护方的要求披露其他证据。根据两个规约的规定，在辩护方的要求下，控方必须允许辩护方查阅检察官保管或者控制下的，对辩护至关重要的，或者检察官准备在审判中使用的，或者从被告人处获取或属于被告人的任何书籍、文件、照片和有形物品。后两类较为容易确定，主要是便于辩护方查找控方未提交的有利于辩护方的证据。但关于"对辩护至关重要"难以有效确定。

国际刑事裁判在相当程度上吸收了对抗式审判模式的做法，在控方承担证据披露的责任后，基于平等对抗的诉讼原理，辩护方也承担着一定的披露责任。不过由于控辩双方先天的不平衡，这种披露责任的范围较小。《前南斯拉夫国际刑事法庭规约》第67条（B）款规定："在审判分庭或按照《规则》第65条之三指定的预审法官规定的时限内：（i）辩方应通知检察官其试图提出：（a）不在现场辩护。这种情况下，通知中应具体说明被告人宣称其案发时所在地点，以及证人的姓名和地址，以及被告人意在据以确立不在现场辩护的其他证据。（b）任何特别的辩护，包括减弱或者缺乏精神上承担责任的能力的辩护。这种情况下，通知中应详细说明证人的姓名和地址，以及被告人意在据以确立特别辩护的其他证据。"

此外，与此相关的还有口头证据的问题。在国际刑事审判中，"口头证据"与我国"言词证据"的意思表达并不相同，大概只相当于我国出庭证人的口头证言。从之前的介绍中可以发现，在国际刑事审判中证人是最重要的证据来源之一，关于证人的质证规则，两个规约大致有以下几个方面的变化：首先，口头证据的衰落。最初两个规约都明确规定了口头证据的优先地位："证人原则上应由审判庭直接听取证言"。但在确定口头证言优先原则的同时也规定了例外情况，也即允许作证书的方式作证和通过电视会议作证。随着对诉讼效率的追求，这种例外情况逐渐产生了扩大化的趋势。"证人原则上应由审判庭直接听取证言"的规定被删除，同时进一步规定，审判庭可以接受

证人的口头证言，或在司法利益允许时接受书面证言。基于"司法利益"的选择接受书面证言在相当程度上扩大了书面证言的适用范围，因为之前规定的两种"例外情况"是必须通过证据证明的。其次，证人保护性措施的确立以及多样性。由于国际刑事法庭审理的案件涉及的罪行较为严重，并且其中牵涉各种族以及政治背景，因此，对于证人的保护相对于国内刑事审判更加重要。在证人作证的保护问题上，两个规约一是确定了专门的保护机关——证人股，其负责在诉讼中和诉讼后对证人提供心理、健康等各方面的支持，包括在必要的情况下对作证后的证人进行重新安置等；二是确立了各种形式的"保护性措施"。如《前南斯拉夫国际刑事法庭规约》规定："法官或者审判分庭可以自行或应任何一方或有关的被告人、证人或被害人和证人的请求，命令在证人作证时采取第 75/79 条规定的措施，以保护被害人和证人的隐私和安全。"这些措施主要包括：第一，不向公众或媒体披露被害人或证人或与被害人和证人有关的人的身份或下落；第二，采用不公开审理的方式；第三，对于脆弱的被害人和证人可以采用其他适当的措施作证；第四，必要时审判庭应控制询问的方式避免任何的骚扰和恐吓。①最后，确立了法庭的责令作证权，对于有作证义务而拒不作证的证人，特设法庭具有责令作证权一般视为来自《前南斯拉夫国际刑事法庭规约》第 19 条第 2 款规定的延伸，该款规定："法庭可以发出任何进行审判所需的命令。"《卢旺达国际刑事法庭规约》第 18 条第 2 款也有类似的规定。责令证人作证一般通过签发传唤令或传票的方式进行，传唤令或传票一般直接发给证人，并且应当明确出庭时间、地点以及不配合的惩罚措施。

另外，还有文件证据的举示问题。在国际刑事审判中的文件证据与我国的实物证据相当。根据相关学者的研究发现，虽然证人证言的重要性不言而喻，但文件证据在国际刑事审判中的适用率更高、数量更多。如纽伦堡审判中控方只有 33 名证人，辩方有 61 名证人和 19 名被告证人，但是控辩双方却提出了成千上万的文件证据。②根据内容以及取得方式的不同，文件证据

---

① 《前南斯拉夫国际刑事法庭规约》第 75 条。
② 参见肖铃：《国际刑事诉讼证据规则研究》，人民出版社 2010 年版，第 143 页。

大致可以分为两类：一是"替代口头证据的证人陈述"；二是除第一类之外其他以记录信息作为证明手段的物品，可以称为"文件性证物"。"替代口头证据的证人陈述"的采纳规则在两个规约中经历了一个漫长的变迁过程，最终于2006年9月通过规则的再修改而确定化。根据该规则的规定，对于"替代口头证据的证人陈述"采纳的条件是：其一，内容是证明除被告人的行为和行动之外的事实；其二，如果是书面陈述，还需要有陈述人的声明和见证人的书面证明，如果是笔录则没有此要求（书面陈述和笔录都是"替代口头证据的证人陈述"的一部分）。"文件性证物"的采纳规则与其他所有证据的一般采纳规则相同，也就是审判庭可以采纳任何具有相关性和证明价值的证据。

2. 被告人作为证人的讯问规则

在国际刑事审判中，被告人也可以作为证据的来源之一。但由于两个规约都明确规定了被告人具有沉默权，因此其是否参与作证以及作证方式都与普通证人不尽相同。由于被告人享有"禁止自证其罪"的特权，因此审查被告人作为证人作证的自愿性就成为重点。《前南斯拉夫国际刑事法庭规约》第92条规定："在检察官讯问过程中被告人所作的自白如果是严格地遵守本规则第63条（辩护人在场、讯问前告知沉默权或将录音、录像）要求的，应当推定为自由和自愿的，除非有相反的证明。"被告人明示放弃沉默权后，就应当经宣誓后作证，成为被告方的证人，并接受控辩双方的主询问和交叉询问。关于被告人应当在何时作证的问题，根据特设法庭相关案例可以发现基于有利于辩护方原则，法庭一般允许被告人自行决定何时开始作证。

3. 询问规则

针对交叉询问，《前南斯拉夫国际刑事法庭规约》在《纽伦堡宪章》的基础上，规定了严格的质证顺序，除非基于司法利益的目的，原则上一般不得违反。① 其第85条规定："（A）各方有权传唤证人和提出证据，除非审判分庭为司法利益作出另外指示，审判时证据应当按照以下顺序提出：1.控方证据；

---

① 参见肖铃：《国际刑事诉讼证据规则研究》，人民出版社2010年版，第260页。

2.辩方证据;3.控方的反驳证据;4.辩方的再反驳证据;5.审判分庭依本《规约》第98条所命令采取的证据;6.如果被告人被认定对起诉书中之一项或者数项罪状有罪,可帮助审判分庭决定适当刑罚的任何有关信息。(B)各案都应许可主讯、反诘和再主讯。传唤证人的一方应当对证人进行主询问,但法官可以在任何阶段向证人提问。(C)被告人如愿意,可作为为自己辩护的证人出庭。"而交叉询问规则的例外一般在个案中得到体现,如在Kvocka等案中,审判法庭许可两名被告人在控方开始陈述后立即作证,尽管对他们的交叉询问延迟到辩方举证后进行。①

此外,并非绝对限制主询问中的诱导性询问。普通法系对主询问仅有一个主要限制,即不能提"诱导性问题",原因在于诱导性问题中涉及的封闭性答案会导致获得的证据证明价值降低。在纽伦堡审判中,很多来自大陆法系的律师不熟悉主询问的技巧和程序,因此控辩双方都经常提出诱导性问题,"问题经常有一页纸这么长,包括律师关于文件、证人活动、精神状态的证据,要求的仅仅是一个简单的同意"。但是法庭反复强调证人对诱导性问题的回答没有很大的证明力,证明价值很小。②而根据《前南斯拉夫国际刑事法庭规约》和《卢旺达国际刑事法庭规约》的相关规定,其并非如《纽伦堡宪章》一般严格禁止诱导性询问,而是规定,对于相关的背景性的事项以及控辩双方都没有争议的事项允许在主询问中以诱导性询问的方式进行,以便加快诉讼进程、节约司法成本。

最后,对交叉询问的范围采取了原则加例外的方式。英美法系中交叉询问的范围根据是否要求在主询问的范围内可以划分为"开放式"和"闭合式"。"开放式"如英国,只要提出的问题和审判有关都属于交叉询问的范围。"闭合式"如美国,交叉询问的范围必须限制在主询问所涉及的事项范围内。《前南斯拉夫国际刑事法庭规约》和《卢旺达国际刑事法庭规约》原则上沿袭了东京审判中的"闭合式"做法。如《前南斯拉夫国际刑事法庭规约》第90条(H)款规定:"(1)交叉询问应限于主询问的问题以及影响证人可靠性的

---

① Kvoka et al, Judgment, Nov.2, 2001 at para.779.
② 肖铃:《国际刑事诉讼中的证据出示和质证规则》,载《国家检察官学院学报》2010年第4期。

问题,如证人能提供和交叉询问方的案件有关的证据,还限于该案件的问题;(2)对能提供和交叉询问方的案件有关的证据的证人进行交叉询问时,询问人应告知证人和证人的证据矛盾的本方案件的性质;(3)审判庭可行使自由裁量权允许询问另外的问题。"可见,在《前南斯拉夫国际刑事法庭规约》中,交叉询问的范围主要包括了三个方面:主询问涉及的事项、可信度事项以及与交叉询问方的案件有关的事项范围。前述规定第一项是"闭合式"的体现,也即原则上只包括了主询问涉及的事项。但根据后两项的规定,"闭合式"的做法并非绝对,也有着原则之外的例外情况。除了可信度事项以及与交叉询问方的案件有关的事项范围两项例外之外,审判庭还可以行使自由裁量权确定是否扩宽交叉询问的范围。

4. 其他一些特殊规则

首先,特殊证据的排除规则问题。《前南斯拉夫国际刑事法庭规约》中有两个条文提到了证据的排除,一是第89条(D)款:"审判庭可排除某证据,如果确保公正有序的审判的需要大大超过了其证明价值。"二是第95条:"如果一证据的获取方法显示该证据的可靠性极为可疑,或如果准许予以采纳该证据将违反和严重损害程序的完整性,该证据不应采纳。"同时,《程序和证据规则》第72条规定:"对取得证据方式的可靠性具有实质性怀疑的证据和对与刑事诉讼程序的公正性具有对立性并严重违背程序的证据不能作为证据使用。"①不难看出,《前南斯拉夫国际刑事法庭规约》中采取的并非强制性或者绝对性的排除规则,而是一种裁量型的排除规则。其一,在是否排除上确定了利益考量原则,即考虑是否排除该证据首先应当对其证据价值以及程序价值进行综合考量,如果证明价值大于程序价值则不排除,反之则排除。其二,证据的可靠性以及是否会违背程序(并且这种违背应当达到严重的程度)是排除证据的两大主要理由,基于其他理由排除证据在该规约中没有看到。

其次,法庭宣召证据的问题。在对抗制的诉讼模式之下,法官是中立的裁判者,收集证据是控辩双方的责任。因此,法庭宣召证据的做法一般对来

---

① 肖玲:《国际刑事诉讼中的证据出示和质证规则》,载《国家检察官学院学报》2010年第4期。

自大陆法系的法官较为熟悉。按照《前南斯拉夫国际刑事法庭规约》第85条的规定，审判庭宣召的证人通常在审判的最后，也即控辩双方都已经结束举证后才作证。这意味着法庭具有宣召证据的权力，并且，根据相关案例证明，这种权力的行使较为频繁。如在 Blaskic 案中，大约8名证人被审判分庭宣召作证；在 Krstic 案中，审判分庭驳回了辩护方要求法庭宣召其他证人的申请，裁定说应当由法庭自己决定宣召谁为证人。①

（四）《国际刑事法院罗马规约》中的刑事庭审质证规则

《国际刑事法院罗马规约》于1998年在联合国外交大会上通过，由于其第126条规定该规约将在60个国家批准后生效，因此直到2002年该规约才开始产生效力。《国际刑事法院罗马规约》是在先前两个宪章以及两个规约的基础上，通过总结国际刑事审判规则和实践形成的，可以视为国家刑事审判规则的集大成者。其中，《国际刑事法院罗马规约》吸收了前述两个宪章以及两个规约中的合理性因素，如要求证人附誓作证、控辩双方以询问的方式进行质证、赋予被告人以证人同样的作证机会、令被告方有权询问对其不利的证人、非法证据排除规则、特权规则等。同时，根据国际刑事审判的实践并结合各法治国家的先进做法，还规定了保护证人作证以及关于证据可采性的价值衡量等先进性规则。由于前文中提到的特设法庭质证规则在《国际刑事法院罗马规约》中都有所体现，并且差别不大，因此此处就不再详细介绍，只对国际刑事审判模式影响较大的"庭长的诉讼指挥权"的确立作简要介绍和分析。

纽伦堡审判、东京审判和特设法庭一直延续使用对抗式审判模式下的证据出示和质证规则，这也引起了大陆法系国家的激烈争论。最终，在《国际刑事法院罗马规约》中这一点得到了一定程度的改变，较为明显的是确定了"庭长的诉讼指挥权"。《国际刑事法院罗马规约》第64条（八）款规定："审判时，庭长可以就诉讼的进行作出指示，包括为了确保以公正和公平的方式进行诉讼而作出指示。在不违反庭长的任何指示的情况下，当事各方可以依

---

① Krstic, Judgment, Aug.2,2001,para.24.

照本规约的规定提出证据。"

在本条规定出台前后,该条相关规定引起了两大法系国家不同程度的异议。英美法系国家认为此种违背传统的做法将导致庭审程序的混乱,同时也会导致个案中庭审程序差异性过大,有违国际刑事庭审中的公正原则。大陆法系虽然在很大程度上对此次变革持肯定态度,但也提出了诸如"庭长的诉讼指挥权"是"可以"还是"应当"行使以及如何行使等实体和程序问题。在此种背景下,《国际刑事法院罗马规约》第 140 条最后的文本对询问证人的框架性要求进行了规定:"(a)依照第 69 条第 3 款通过证人提出证据的当事人有权向该证人提问;(b)控辩双方都有权就关于该证人及证言的可靠性的相关事项、证人的可信性和其他相关事项向该证人提问;(c)审判分庭有权在分则 2(a)或(b)所提的参与人向证人提问之前或后询问该证人;(d)辩护方有权为最后询问证人的一方。"

不难看出,该规定的出台代表了国际刑事诉讼审判的几点发展趋势:首先,具有某一诉讼模式倾向性的法律词汇不再使用,如主询问、交叉询问等。其次,过于"次序性"的询问方式也不再被接受。该项规定没有延续对抗制诉讼模式下主询问—交叉询问—再主询问—再交叉询问的询问次序,只规定了辩护方有权成为最后询问的一方,对于其他询问顺序没有严格的规定。最后,审判分庭对于询问证人的顺序以及其他诉讼问题都有绝对的决定权,其作出的具体指示应当受到控辩双方的遵从。

(五)国际刑事诉讼中的庭审质证规则小结

由于国际刑事诉讼需要兼顾各缔约国的法制情况,因此多为原则性、概括性的规定。同理,国际刑事诉讼中的庭审质证规则也是以最低限度地保障人权为目标进行构建的。如国际刑事诉讼并不强制要求所有证人均出庭接受质询,而是通过被告人对质权理论将"庭外已接受交叉询问的证人"解释为出庭作证的例外。另外,国际刑事诉讼中的庭审质证规则还体现出混合性的特点。如在询问规则方面,国际刑事诉讼普遍采用英美法系的交叉询问模式,同时也保留了大陆法系下法官的自由询问权,如此设计能使证据能力、证明力的审查更加灵活,有利于查明案件事实真相。又如在讯问规则方面,国际刑事诉讼采用大陆法系不得强迫自证其罪原则进行调整，而在示证规则方面，却采用英美法系的证据开示制度。正因为国际刑事诉讼中的庭审质证规则具有最低限度、混合性等特点，因此更值得我们借鉴。如庭审质证必须保证被告人的主体地位，保障其知情权、异议权等；又如，庭审质证过程中需要强调被告人获得辩护律师的有效帮助，保障律师的会见权、证据查阅权等，以落实律师帮助权。

第三章
我国刑事庭审质证规则的规范分析

在我国，1979年刑事诉讼法和1982年民事诉讼法都没有明确使用"质证"的概念。当时在职权主义诉讼模式的影响下，法律的着眼点是司法人员对证据的审查评断。1991年民事诉讼法首次在法律上明确了当事人的质证权，规定证据应当在法庭上出示，并由当事人互相质证。不过，直到20世纪90年代中期随着审判方式的改革，学界才开始对质证问题进行比较深入的研究和讨论，质证一词也越来越频繁地出现在司法实务和学术著作之中。[①] 本章主要从质证主体、质证对象、质证方法和质证规则等方面对相关规定予以分析。刑事诉讼中的质证主体为控辩双方。质证的对象是控辩双方举示的证据，既可以是言词类证据，也可以是实物类证据。质证的方法则应当根据质证对象的不同来确定。例如，对于言词证据原则上应当由控辩双方对言词证据提供者进行询问；对于实物证据应当由实物证据的举示方对于证据的内容或者特征作出说明，由对方提出质疑，或者由对方对发现、收集、提取、保管、提交该证据的人进行询问。此外，为规范质证主体的质证行为，还应有相应的规则来指引、规范质证行为。

---

① 参见何家弘、刘品新：《证据法学》，法律出版社2013年版，第232页。有学者有不同意见，参见尚华：《论质证》，中国政法大学出版社2013年版，第13—15页。

一、立法沿革

（一）1979年刑事诉讼法的相关规定

根据1979年《刑事诉讼法》第36条的规定，证人证言必须在法庭上经过公诉人、被害人和被告人、辩护人双方讯问、质证，听取各方证人的证言并经过查实以后，才能作为定案的根据。根据第114条的规定，公诉人在审判庭上宣读起诉书后，审判人员开始审问被告人；公诉人经审判长许可，可以讯问被告人；被害人、附带民事诉讼的原告人和辩护人，在审判人员审问被告人后，经审判长许可，可以向被告人发问。根据第115条的规定，当事人和辩护人可以申请审判长对证人、鉴定人发问，或者请求审判长许可直接发问。根据第116条的规定，对于物证，审判人员应当向被告人出示，并让其辨认；对于未到庭的证人的证言笔录、鉴定人的鉴定结论、勘验笔录和其他作为证据的文书，应当当庭宣读，并且听取当事人和辩护人的意见。

根据上述规定，1979年刑事诉讼法有关质证的规定有两大特征：第一，在刑事诉讼法庭调查阶段，审判人员在法庭调查中处于主导地位，负责调查核实证据，主动讯问被告人，询问证人、鉴定人，出示物证，控辩双方仅起辅助作用。具体来说，审判人员主导举证和质证程序，审判人员在庭审中负责讯问被告人，经申请审判长可以对证人、鉴定人发问，物证也是由审判人员向被告人出示后让其辨认。因此，法庭调查是法官查明案件事实真相的过程，在这一查明真相的过程中，法官占据主导地位，控辩双方的法庭对抗并未真正形成，因而法庭中并不存在现代意义上的质证和质证规则。① 或者说，"基于职权主义和客观真实的要求，一般对司法人员调查证据的权力和范围又不予太多的限制。因此，关于证据的可采性，关于证据的证明能力与证明力，关于证据的出示、质证、认证，均缺乏明确的证据规则指南"。② 因此，根据1979年刑事诉讼法的规定，有法庭调查而无质证和质证规则；法庭调查的主

---

① 参见王颂勃：《刑事诉讼法庭质证规则研究》，中国人民公安大学出版社2015年版，第153页。

② 卞建林、姚莉：《关于建立和完善我国证据规则的思考》，载《法商研究》1999年第5期。

体是审判人员，①辅之以控辩双方；法庭调查的对象既包括被告人，也包括证人、鉴定人，还包括物证；法庭调查的方法是对人证进行发问，对物证进行辨认。第二，对于证人证言的质证，一方面强调要"在法庭上经过公诉人、被害人和被告人、辩护人双方讯问、质证"，另一方面又强调对于"未到庭的证人的证言笔录、鉴定人的鉴定结论、勘验笔录和其他作为证据的文书"，通过当庭宣读的方式听取当事人和辩护人的意见。

与上述立法规定相适应，1994年发布的最高人民法院《关于审理刑事案件程序的具体规定》进一步明确规定，审判人员首先审问被告人，向被害人、证人、鉴定人等发问，在此之后，经审判长许可，公诉人可以向上述人员发问，当事人、辩护人可以申请审判长对证人等发问，或者经审判长许可后直接对证人等发问。对于物证、书证以及各种类型的笔录类证据，审判人员应当全面出示，并听取公诉人、当事人和辩护人的意见。

（二）1996年刑事诉讼法的相关规定

1996年刑事诉讼法对于庭审方式进行了重大的改革，借鉴对抗式诉讼模式，实行所谓的"抗辩式"或者"控辩式"庭审方式。②这一修改主要体现在以下几个条文中：根据1996年《刑事诉讼法》第155条的规定，对于被告人的讯问或者询问，由控辩双方主导（即公诉人可以讯问被告人，被害人、附带民事诉讼的原告人和辩护人、诉讼代理人，经审判长许可，可以

---

① 有学者认为，在这一阶段中，质证由审判人员主导和控制，仍然体现出职权主义的色彩，质证主要是作为裁判者审查判断证据的途径。参见尚华：《论质证》，中国政法大学出版社2013年版，第55页。我们认为，有"审查判断证据"并非一定有"质证"，现代意义上的质证是有特定内涵的。

② 参见陈瑞华：《刑事诉讼的前沿问题（下）》，中国人民大学出版社2016年版，第917页。

向被告人发问），但审判人员也可以讯问被告人。① 根据第156条的规定，公诉人、当事人和辩护人、诉讼代理人经审判长许可，可以对证人、鉴定人发问，审判人员也可以询问证人、鉴定人。② 根据第157条的规定，物证应当由公诉人、辩护人向法庭出示，让当事人辨认。③ 对于证人证言，1996年《刑事诉讼法》第47条延续了1979年《刑事诉讼法》第36条的规定，强调"证人证言必须在法庭上经过公诉人、被害人和被告人、辩护人双方讯问、质证，听取各方证人的证言并且经过查实以后，才能作为定案的根据"。与此同时，根据第157条的规定，对于未到庭的证人的证言笔录、鉴定人的鉴定结论、勘验笔录和其他作为证据的文书，应当当庭宣读，审判人员应当听取控辩双方的意见。

根据上述规定，1996年刑事诉讼法关于法庭调查部分的规定，一个突出的特点是顺应庭审方式改革的要求，增强了控辩双方在庭审中的作用，控辩

---

① 根据参与立法人员的解释，之所以进行如此修改，主要是因为1979年《刑事诉讼法》第114条的规定存在两大问题：第一，审判人员审问被告人作为开庭后的重要程序，不利于审判人员居中听取双方意见，从而造成代替公诉人揭露、证实犯罪的职责，存在对案件包揽过多的问题；第二，不能充分发挥控、辩双方的作用。庭审方式改革后，审判人员出于主持庭审的地位，主要是公诉人、辩护人双方讯问、发问，在必要时，审判人员也可以讯问，这样既发挥了控、辩双方的作用，也使控、辩、审三方的职责更明确，有利于查明案情，得出正确结论。参见全国人大常委会法制工作委员会刑法室编：《中华人民共和国刑事诉讼法——条文说明、立法理由及相关规定》，北京大学出版社2008年版，第375—376页。

② 该条是对1979年《刑事诉讼法》第115条的修改，根据参与立法人员的解释，对该条进行如此修改是因为原条文存在两个问题：第一，法庭在审判中主要由审判人员询问证人、鉴定人，审判人员往往根据在查阅案件材料中已经掌握的案件情况进行发问，容易出现主观性、片面性，不利于全面、客观地查清案件事实真相；审判人员在庭审中包揽过多，也不利于充分发挥公诉人和辩护人的作用。第二，原条文没有规定诉讼代理人对证人、鉴定人进行询问。参见全国人大常委会法制工作委员会刑法室编：《中华人民共和国刑事诉讼法——条文说明、立法理由及相关规定》，北京大学出版社2008年版，第379—380页。

③ 第157条的主要修改之处是举证主体的转变，根据参与立法人员的解释，对该条进行如此修改是因为原条文存在两个问题：第一，原有的规定意味着审判人员包揽、代理了公诉人的举证责任。公诉人对被告人提起公诉，要求法院追究其刑事责任，应当向法庭举出证实犯罪事实的充分证据，而不应当由法庭向被告人出示证据。第二，原有的规定容易导致审判人员先入为主，导致出示的证据不客观、不全面，使庭审流于形式。要保证证据的客观性、准确性、全面性，必须加强庭审的作用，充分调动公诉人、辩护人在庭审中的积极性，让他们从不同角度提出证据，使审判人员站在比较客观的角度，这样才有利于案件的公正审理。参见全国人大常委会法制工作委员会刑法室编：《中华人民共和国刑事诉讼法——条文说明、立法理由及相关规定》，北京大学出版社2008年版，第384页。

双方向法庭举证并对对方举示的证据发表意见,审判人员处于主持庭审的地位,[①]与此同时,也保留了审判人员的能动作用,即审判人员既可以讯问或者询问相关人证,也享有庭外调查核实证据的权力。[②]此外,第155条初步规定了交叉询问的基本顺序。[③]具体来说,在法庭调查过程中,质证的主体是控辩双方,但审判人员有补充发问以及庭外调查核实证据的权力,质证的对象是控辩双方举示的证据,质证的方法既可以是对相关人证直接发问,也可以是直接出示并让当事人辨认,还可以是宣读相关书面材料并听取控辩双方的意见。

此外,1998年发布的最高人民法院《关于执行〈中华人民共和国刑事诉讼法〉若干问题的解释》(以下简称1998年《高法解释》)对于质证问题予以细化与补充,具体包括以下几个方面:第一,明确强调了质证在事实认定中的地位和作用。根据1998年《高法解释》第58条的规定,证据必须经过当庭出示、辨认、质证等法庭调查程序查证属实,否则不能作为定案的根据。最高人民法院的法官认为,"这一规定体现了刑事诉讼中的公开审判原则和直接原则。公开审判原则的重要内容之一就是对当事人公开。要求法庭调查、核实证据应于当事人在场时进行。如果没有当事人在场,法官不得私自将某一证据作为定案的根据。直接原则是现代刑事诉讼中的一项重要的证据原则。它要求,负责审理案件的法官必须在法庭上公开、亲自检验、审查物证、书证、鉴定结论,听取证人证言、被害人和其他诉讼参与人的陈述,控辩双方

[①] 参见胡康生、李福成主编:《中华人民共和国刑事诉讼法释义》,法律出版社1996年版,第178页。有学者则认为,1996年所确立的"具有中国特色的审判方式",赋予法官主导审判、指挥和控制庭审全过程的特别权力,有利于法官依职权查明事实真相,因此,"法官主动行使职权与辩论式审判方法相结合,这就是具有中国特色的审判方式"。参见张军:《关于刑事案件审判方式的若干问题》,载《中国法学》1996年第3期。

[②] 第158条第1款规定,开庭审理过程中,合议庭对证据有疑问的,可以宣布休庭,对证据进行调查核实。对1996年刑事诉讼法对法院职权调查相关内容的修改及理由的研究,参见林铁军:《刑事诉讼中法院职权调查问题研究》,法律出版社2016年版,第41—48页。

[③] 对该条规定从这一方面进行的解读,参见尚华:《论质证》,中国政法大学出版社2013年版,第55页。

的辩论等。法官以公开、直接的方式审查认定的证据才能作为判决的依据"。①第二,具体规范了交叉询问的顺序。根据1998年《高法解释》第143条和第145条的规定,向证人、鉴定人发问,应当先由提请传唤的一方进行;发问完毕后,对方经审判长准许,也可以发问。第149条规定了证人、鉴定人作证的相关事项。②第三,明确规定了询问证人应当遵循的基本规则。③1996年刑事诉讼法没有涉及庭审质证规则的规定,1998年《高法解释》初步确立了一些质证规则,主要是列举了一些禁止性的询问内容和方式。第四,规范了实物证据的质证规则。根据1998年《高法解释》第150条的规定,当庭出示的物证、书证、视听资料等证据,应当先由出示证据的一方就所出示的证据的来源、特征等作必要的说明,然后由另一方进行辨认并发表意见,控辩双方可以互相质问、辩论。最高人民法院的法官认为,"这一规定体现了一证、一质、一辩的特点。这里的一证可以是一个单独的证据,也可以是证明一个情节的一组证据,具体情况由审判人员根据案件的情况掌握。一质就是控辩一方对彼方出示的证据提出质疑。一辩就是控辩双方对这一个或者一组证据的有不同看法时进行辩论。可见,质证就是小的辩论,而且针对性很强"。④第五,保留了法官在质证中的指挥和发问的权力,并对法官职能予以进一步明确。根据1996年《刑事诉讼法》第155条、第156条的规定,审判人员可以讯问被告人,可以询问证人、鉴定人。如何理解"可以"讯问(询问)?

---

① 熊选国主编:《刑事诉讼法司法解释释疑》,中国法制出版社2002年版,第47页。最高人民法院的法官进一步解释,所谓当庭出示,就是控辩双方应当把所有自认为可能成为定案根据的证据材料都在法庭上出示,如果私下向法官出示,则不能作为定案的根据,即使是法官调查、收集的证据也是如此。否则就违反了公开审判原则。当庭辨认,是指控辩双方、被害人、被告人等对当庭出示的证据辨别真伪,以确定其真实性。当庭质证,是指控辩双方出示证据之后,在法官的主持下,对证据进行对质核实。即一方对他方的证据材料提出质疑后,经法官允许,双方都有权对被害人、被告人、鉴定人和证据提出问题,经过辨认和解答,确认证据材料是否具有真实性、合法性和关联性。法官收集的证据也应当质证。参见熊选国主编:《刑事诉讼法司法解释释疑》,中国法制出版社2002年版,第47—48页。

② 第149条规定:"向证人和鉴定人发问应当分别进行。证人、鉴定人经控辩双方发问或者审判人员询问后,审判长应当告其退庭。证人、鉴定人不得旁听对本案的审理。"

③ 第146条规定:"询问证人应当遵循以下规则:(一)发问的内容应当与案件的事实相关;(二)不得以诱导方式提问;(三)不得威胁证人;(四)不得损害证人的人格尊严。前款规定也适用于对被告人、被害人、附带民事诉讼原告人和被告人、鉴定人的讯问、发问或者询问。"

④ 熊选国主编:《刑事诉讼法司法解释释疑》,中国法制出版社2002年版,第128页。

全国人大相关工作人员认为,"庭审方式改革后,审判人员处于主持庭审的地位,主要是公诉人、辩护人双方讯问,在必要时,审判人员也可以讯问"。① 对此,1998年《高法解释》第137条、第148条均有规定,即审判人员认为有必要时,可以向被告人、被害人、证人、鉴定人等发问。何谓"必要的时候"?最高人民法院法官认为,"这是对法官讯问和发问的合乎法律精神的限制性规定,它要求法官能不问就不问,虽然他享有讯问和发问的主动权。首先由控辩双方及其他诉讼参与人讯问、发问,他们问完之后,法官认为还有不清楚的地方才可以讯问和发问,如果没有不清楚的地方,法官可以一句也不问,以严守中立。就是说,法官由'审问者'变成了'听审者'"。② 第六,增加了"对质"这一新的质证方法,即根据1998年《高法解释》第134条的规定,对于共同犯罪案件中的被告人,应当分别进行讯问;合议庭认为必要时,可以传唤共同被告人同时到庭对质。

1998年最高人民检察院《人民检察院刑事诉讼规则》(以下简称1998年《高检规则》)对举证、质证问题也作出了规定,其中,与质证有关的特别之处在于:第一,根据1998年《高检规则》第335条第3款的规定,被告人、证人对同一事实的陈述存在矛盾需要对质的,公诉人可以建议法庭传唤有关被告人、证人同时到庭对质;第二,根据1998年《高检规则》第338条第4款的规定,发问应当采取一问一答形式,提问应当简洁、清楚。

(三) 2012年刑事诉讼法的相关规定

2012年刑事诉讼法进一步增强了法庭审判的言词性和对抗性,为确保质证的顺利进行,保障被告人对质权的有效实现,强调证人、鉴定人出庭作证。此外,为确保庭审质证的针对性,增设庭前会议制度。具体如下:

第一,2012年《刑事诉讼法》第193条对法庭质证的对象和方法作了规定。根据该条第1款的规定,法庭审理过程中,对与定罪、量刑有关的事实、

---

① 胡康生、李福成主编:《中华人民共和国刑事诉讼法释义》,法律出版社1996年版,第178页。
② 熊选国主编:《刑事诉讼法司法解释释疑》,中国法制出版社2002年版,第126—127页。

证据都应当进行调查、辩论。据此,定罪与量刑证据均是质证的对象。① 根据该条第2款的规定,经审判长许可,公诉人、当事人和辩护人、诉讼代理人可以对证据和案件情况发表意见并且可以互相辩论。"发表意见并且可以互相辩论"是一种重要的质证方式。

第二,延续了1996年刑事诉讼法有关质证方式的规定。首先,关于质问的规定。其中,对于被告人,根据2012年《刑事诉讼法》第186条的规定,公诉人和审判人员可以讯问,被害人、附带民事诉讼的原告人和辩护人、诉讼代理人,经审判长许可,可以发问。对于证人、鉴定人,根据2012年《刑事诉讼法》第189条的规定,公诉人、当事人和辩护人、诉讼代理人经审判长许可,可以发问,审判人员可以询问。其次,针对物证、未到庭的证人的证言笔录、鉴定人的鉴定意见、勘验笔录和其他作为证据的文书,通过"发表意见和听取意见"的方式质证。根据2012年《刑事诉讼法》第190条的规定,公诉人、辩护人分别向法庭举示证据,对于物证,由当事人辨认,对于证言笔录、鉴定意见等书面材料,审判人员应当听取公诉人、当事人和辩护人、诉讼代理人的意见。

第三,确保证人、鉴定人出庭作证,保障法庭质证的有效运行。首先,明确了证人、鉴定人出庭作证的条件。根据2012年《刑事诉讼法》第187条第1款的规定,证人出庭作证的条件有三个,② 根据该条第3款的规定,鉴

---

① 这是2012年修改刑事诉讼法时新增的条文,是为了落实司法任务、根据司法实践的实际情况增加的规定。参见全国人大常委会法制工作委员会刑法室编:《关于修改中华人民共和国刑事诉讼法的决定——条文说明、立法理由及相关规定》,北京大学出版社2012年版,第232页。

② 即公诉人、当事人或者辩护人、诉讼代理人对证人证言有异议,且该证人证言对案件定罪量刑有重大影响,人民法院认为证人有必要出庭作证的。参见全国人大常委会法制工作委员会刑法室编:《关于修改中华人民共和国刑事诉讼法的决定——条文说明、立法理由及相关规定》,北京大学出版社2012年版,第222页。这是2012年刑事诉讼法新增的规定,2010年最高人民法院、最高人民检察院、公安部、国家安全部、司法部联合发布的《关于办理死刑案件审查判断证据若干问题的规定》(以下简称《死刑案件证据规定》)第15条第1款规定的证人出庭作证的条件有两个:(1)人民检察院、被告人及其辩护人对证人证言有异议,该证人证言对定罪量刑有重大影响的;(2)人民法院认为其他应当出庭作证的。有学者认为,2012年刑事诉讼法的规定,与其说是规范证人出庭,还不如说是不鼓励证人出庭。参见龙宗智等:《司法改革与中国刑事证据制度的完善》,中国民主法制出版社2016年版,第130页。

定人出庭作证的条件有两个。①其次,明确了证人、鉴定人不出庭作证的后果。根据2012年《刑事诉讼法》第188条的规定,证人没有正当理由拒绝出庭或者出庭后拒绝作证的,可以对证人予以训诫或者处以10日以下的拘留。根据2012年《刑事诉讼法》第187条第3款的规定,经人民法院通知,鉴定人拒不出庭作证的,鉴定意见不得作为定案的根据。最后,增加了证人出庭作证的保障措施。其一,确立了强制证人出庭作证制度。根据2012年《刑事诉讼法》第188条的规定,证人经通知无正当理由不出庭的,人民法院可以强制其到庭。其二,延续1996年刑事诉讼法的相关规定,保障证人及其近亲属的安全,增加对特定案件的证人、鉴定人、被害人采取特别保护措施的规定。②其三,增加对证人的补助和证人所在单位不得克扣其福利待遇的规定。③

第四,确立非法证据排除规则,证据合法性成为法庭质证的对象。2010年最高人民法院、最高人民检察院、公安部、国家安全部、司法部联合发布的《关于办理刑事案件排除非法证据若干问题的规定》首次以司法解释性文件的方式确立了完整意义上的非法证据排除规则,④2012年刑事诉讼法首次以立法的形式确立了非法证据排除规则及其实施程序。此外,非法证据排除问题成为法庭质证的对象。根据立法规定,侦查人员是否非法取证、非法取证是否达到应当排除的条件等将会成为法庭质证的焦点。

第五,建立专家辅助人制度,推定科学证据质证的实质化。根据2012年《刑事诉讼法》第192条第2款的规定,我国刑事诉讼中确立了专家辅助人制

---

① 即公诉人、当事人或者辩护人、诉讼代理人对鉴定意见有异议,人民法院认为鉴定人有必要出庭的。
② 见2012年《刑事诉讼法》第62条的规定。
③ 见2012年《刑事诉讼法》第63条。
④ 完整意义上的非法证据排除规则包括实体性规则和程序性规则。其中,实体性规则包括非法证和排除规则两个部分的内容;程序性规则包括程序发生的时间、启动方式以及救济机制等方面的内容,参见高咏:《非法证据排除程序研究》,中国法制出版社2014年版,第2—3页。

度。①一般认为，专家辅助人出庭的主要任务应是对鉴定人的鉴定意见进行质证，质证的方式应是对鉴定人进行发问，由鉴定人进行回答。②据此，专家辅助人在一定程度上也成为法庭质证的主体。

第六，建立庭前会议制度，确保庭审质证有针对性。2012年《刑事诉讼法》第182条第2款确立了庭前会议制度，根据立法规定，这一制度的目的是审判人员就回避、出庭证人名单、非法证据排除等问题"了解情况，听取意见"。参与立法的人员认为，这一程序设计允许法官于开庭前，在控辩双方同时参与下，对案件的程序性争议问题集中听取意见。这样规定有利于确定庭审重点，便于法官确定庭审的主要争议点，妥善安排庭审过程。③由于庭前会议可以确定庭审焦点，有利于法庭质证的针对性。

第七，有关技侦证据材料的质证问题。2010年《死刑案件证据规定》第35条第1款规定，侦查机关依照有关规定采用特殊侦查措施所收集的物证、书证及其他证据材料，经法庭查证属实，可以作为定案的根据。然而，技侦证据材料的使用存在以下问题：一方面，公开技侦措施可能不利于将来的侦查破案；另一方面，公开技侦措施还可以对相关人员的人身安全产生危险。对此，2012年《刑事诉讼法》第152条规定，如果使用该证据可能危及有关人员的人身安全，或者可能产生其他严重后果的，应当采取不暴露有关人员

---

① 有专门知识的人出庭就鉴定意见提出意见是2012年刑事诉讼法新增的内容，根据参与立法人员的解释，之所以新增这一制度，主要是出于以下考虑：鉴定意见是对诉讼活动中涉及的专门性问题进行鉴别和判断形成的意见，对于案件的定性具有直接影响。但由于鉴定工作的专业性较强，仅凭其他诉讼参与人自身的知识也难以发现鉴定中存在的问题，很难对鉴定意见进行质证，当事人对鉴定意见有异议的往往只能通过重复鉴定来解决；同时，由于鉴定意见中所涉及问题专业性较强，仅听一面之词，法官往往难以作出正确判断，法院的判决如果总是被鉴定意见左右最终也会损害司法的权威。参见全国人大常委会法制工作委员会刑法室编：《关于修改中华人民共和国刑事诉讼法的决定——条文说明、立法理由及相关规定》，北京大学出版社2012年版，第229页。

② 参见汤涛：《刑事诉讼中专家辅助人出庭制度的实践与完善——以"念斌案"和"复旦投毒案"为样本的分析》，载《法律适用》2015年第10期。

③ 参见全国人大常委会法制工作委员会刑法室编：《关于修改中华人民共和国刑事诉讼法的决定——条文说明、立法理由及相关规定》，北京大学出版社2012年版，第215—216页。有学者认为，从庭审实质化的角度来看，立法确立的庭前会议程序存在立法目的单一、实施效果有限等问题。参见左卫民：《未完成的变革——刑事庭前会议实证研究》，载《中外法学》2015年第3期。此外，由于立法对庭前会议的效力没有明确，导致实践中做法不一，主要有合意模式和决定模式两种。参见莫湘益：《庭前会议：从法理到实证的考察》，载《法学研究》2014年第3期。

身份、技术方法等保护措施，必要的时候，①可以由审判人员在庭外对证据进行核实。据此，对于技侦证据材料可以使用特殊的质证方法。

此外，2012年《高法解释》对与质证相关的问题予以细化或者补充。第一，2012年《高法解释》第63条在对庭审质证原则进行规定的同时，作出了"法律和本解释另有规定的除外"的但书规定，确保通过技术侦查措施获取的证据材料的特殊质证方式与法有据。第二，2012年《高法解释》进一步明确可以召开庭前会议的情形，以及庭前会议可以对哪些问题"了解情况，听取意见"。第三，对证人出庭相关问题予以细化，明确规定了证人无法出庭作证的情形，强制证人出庭以及对证人保护的具体程序。第四，对有专门知识的人出庭质证问题进行了细化。第五，对证人、鉴定人等发问的顺序、发问应当遵守的规则予以细化。第六，对之前的规定进行适当的修改，例如，2012年《高法解释》第199条规定，同案被告人等之间可以当庭对质。②

2012年《高检规则》除对上述问题予以规定外，还对与证据合法性有关的问题的举证、质证作出了规定。

（四）2018年刑事诉讼法的相关规定

为贯彻落实党中央深化国家监察体制改革、反腐败追逃追赃、深化司法体制改革等方面的重大决策部署，③2018年10月26日，第十三届全国人大常

---

① 根据参与立法人员的解释，这里规定的"必要的时候"，主要指两种情况：一种是采取不暴露有关人员身份、技术方法不足以使法官确信这些证据材料的真实性、可靠性，无法作出判决。另一种是采取不暴露有关人员身份、技术方法等保护措施还是无法防止严重后果的发生。在这两种情况下，可以由审判人员在庭外，对侦查的方法、过程等进行核实，向侦查人员了解有关情况，查看相关的物证、书证及其他证据材料，包括观看相关的录音录像等。参见全国人大常委会法制工作委员会刑法室编：《关于修改中华人民共和国刑事诉讼法的决定——条文说明、立法理由及相关规定》，北京大学出版社2012年版，第190页。

② 1998年《高法解释》规定的是"共同被告人之间可以当庭对质"，2012年《高法解释》考虑到被告人是非共同犯罪中的同案犯，在同一庭审中对质有利于查明真相，故将"共同被告人"修改为"同案被告人等"。参见江必新主编：《〈最高人民法院关于适用〈中华人民共和国刑事诉讼法〉的解释〉理解与适用》，中国法制出版社2013年版，第196页。

③ 参见王爱立主编：《中华人民共和国刑事诉讼法修改与适用》，中国民主法制出版社2019年版，第3页。

委会第六次会议通过了《关于修改〈中华人民共和国刑事诉讼法〉的决定》，这是全国人大及其常委会对我国刑事诉讼法第三次作出修改。与之前的修改不同，这次是由全国人大常委会进行的，是一次基于试点基础上的应急性修改，修改的规模介于以往的全面修改与单项修改模式之间，属于局部性修改。① 本次修改的主要内容涉及三个方面，即监察法与刑事诉讼法的衔接，构建缺席审判制度，完善认罪认罚从宽制度和增加刑事速裁程序。② 上述修改没有直接涉及质证问题，但会对质证问题产生间接影响。例如，监察机关收集的证据材料在法庭上如何举证、质证，对监察证据进行质证时应该依据监察法还是刑事诉讼法的相关规定？又如，缺席审判的案件如何举证、质证？认罪认罚案件和速裁程序案件是否还需要质证？对此，可以从法教义学的角度予以解释。但最终解决上述问题，只能通过新的解释明确。

（五）现行有效的改革措施中与质证相关的规定

2014年，党的十八届四中全会发布的《中共中央关于全面推进依法治国若干重大问题的决定》提出"推进以审判为中心的诉讼制度改革"，启动了新一轮司法改革。2016年7月，最高人民法院、最高人民检察院、公安部、国家安全部、司法部联合发布《关于推进以审判为中心的刑事诉讼制度改革的意见》。2017年2月，最高人民法院颁布《关于全面推进以审判为中心的刑事诉讼制度改革的实施意见》，对贯彻"推进以审判为中心的诉讼制度改革"提出了具体要求和措施。2017年6月，为进一步深化庭审实质化改革，最高人民法院下发通知，在全国17个中级法院辖区开展《人民法院办理刑事案件庭前会议规程（试行）》《人民法院办理刑事案件排除非法证据规程（试行）》和《人民法院办理刑事案件第一审普通程序法庭调查规程（试行）》（以下统称"三项规程"）的试点工作。2017年6月27日，最高人民法院、最高人民检察院、公安部、国家安全部、司法部联合发布《关于办理刑事案件严格排除非法证据若干问题的规定》（以下简称《严格排除非法证据规定》），对非法证据

---

① 参见王敏远：《刑事诉讼法重点问题探讨》，载《法治研究》2019年第2期。
② 参见卞建林：《刑事诉讼法再修改面面观》，载《法治研究》2019年第1期。

排除规则进一步予以完善，不仅扩大了非法证据的实体范围，还完善了排除非法证据的程序，确立了诸多新的规定。例如，将威胁、非法限制人身自由纳入非法证据排除的对象，初步确立重复性供述排除规则，完善侦查阶段非法证据排除的程序，确立检察机关证据失权制度，等等。①2017年11月27日，最高人民法院向各高级人民法院、中级人民法院发布新的"三项规程"，自2018年1月1日起在全国范围内试行。

上述改革主要涉及以审判为中心的诉讼制度改革、庭前会议、非法证据排除规则以及刑事案件第一审普通程序法庭调查规则等。其中，《人民法院办理刑事案件庭前会议规程（试行）》（以下简称《庭前会议规程》）共27条，规定了庭前会议的功能、适用范围、基本规程、主要内容、效力以及与庭审的衔接方式等。②《人民法院办理刑事案件排除非法证据规程（试行）》（以下简称《非法证据排除规程》）共36条，重申中央改革文件对非法证据范围的规定，重点针对非法证据排除程序适用中存在的启动难、证明难、认定难、排除难等问题，进一步明确人民法院审查和排除非法证据的具体规则和流程。③与法庭质证最具有相关性的是《法庭调查规程》。最高人民法院的法官认为，《法庭调查规程》是推进庭审实质化改革的关键举措。④《法庭调查规程》主要包括以下内容：对被告人的讯问程序、被害人参与诉讼的方式及对被害人的发问程序、出庭作证程序（出庭作证的人员范围、出庭作证的程序机制和保障措施、出庭作证的具体流程⑤）、举证和质证程序（举证和质证的一般规则、各类证据的举证方式、证据疑问和异议的处理程序、量刑事实的法庭

---

① 参见戴长林主编：《非法证据排除规定和规程理解与适用》，法律出版社2019年版，第172—201页。对该司法解释性文件的分析，参见王彪：《中国非法证据排除规则的最新发展》，载《兰州大学学报（社会科学版）》2018年第2期。
② 参见戴长林、鹿素勋：《〈人民法院办理刑事案件庭前会议规程（试行）〉的理解与适用》，载《人民法院报》2018年1月31日，第6版。
③ 参见戴长林、朱晶晶：《〈人民法院办理刑事案件排除非法证据规程（试行）〉的理解与适用》，载《刑事审判参考》（总第113集），法律出版社2019年版，第137页。
④ 参见戴长林、刘静坤：《人民法院办理刑事案件第一审普通程序法庭调查规程（试行）理解与适用》，载《人民法院报》2018年1月17日，第6版。
⑤ 具体包括七个方面，即到庭核实程序、发问程序、发问原则、发问方式、对质程序、庭前证言的出示和有专门知识的人出庭。

调查)、认证规则等。

《法庭调查规程》细化、扩充了与质证有关的规定,对于法庭调查的顺利进行具有重要的作用。第一,对讯问被告人的时间作了灵活性的规定,即为防止庭审过分迟延,就证据问题向被告人的讯问可在举证、质证环节进行。第二,对于被害人人数众多的案件,被害人可以推选若干代表人参加或者旁听庭审,人民法院也可以指定若干代表人。①第三,对证人、被害人出庭作证的条件予以修改,将立法的三个条件减为两个,即控辩双方对证人证言、被害人陈述有异议,人民法院经审查认为证人证言、被害人陈述对案件定罪量刑有重大影响。第四,对申请侦查人员或者有关人员出庭的问题作出规定。第五,对证人发问的顺序予以修改,即证人出庭后,先由举证方发问。根据案件审理需要,也可以先由申请方发问。第六,在向证人发问应当遵循的规则方面,增加"不得泄露证人个人隐私"的规定。第七,对庭前书面证言的限制使用,即除例外情况下,证人出庭作证的,其庭前证言一般不再出示、宣读。

(六)地方性司法文件中与质证相关的规定

由于种种原因,直到 2010 年最高人民法院、最高人民检察院、公安部、国家安全部和司法部联合发布《关于办理死刑案件审查判断证据若干问题的规定》《关于办理刑事案件排除非法证据若干问题的规定》,我国才有较为系统的刑事证据规则。在此之前,各地公安司法机关或者单独或者联合制定了大量的地方性刑事证据规则。②2013 年以来,随着新一轮司法改革的启动,庭审中心主义改革、以审判为中心的诉讼制度改革陆续在全国各地进行试点探索。在此过程中,各地公安司法机关制定了若干与质证有关的地方性刑事证据规定。例如,成都市中级人民法院为探索开展以审判为中心的刑事庭审实

---

① 最高人民法院的法官将此称为"被害人代表人参与诉讼制度",参见戴长林、刘静坤:《人民法院办理刑事案件第一审普通程序法庭调查规程(试行)理解与适用》,载《人民法院报》2018 年 1 月 17 日,第 6 版。

② 参见孙长永等:《中国地方性刑事司法规则研究》,法律出版社 2016 年版,第 155—190 页。

质化改革试点工作，①制定了《四川省成都市中级人民法院刑事诉讼人证出庭作证操作规范（试行）》，共57条，其中，专章规定了"人证出庭作证调查程序"，部分内容具有创新性，如明确列举可不严格限制诱导性发问的情形。与此同时，成都市人民检察院制定了《关于证人、鉴定人出庭作证工作的指导意见》，包括总则、庭前沟通、庭上询问、保障措施和附则五个部分，共22条。成都市公安局制定了《民警出庭作证工作规范（试行）》，共28条。②又如，温州市中级人民法院就专家证人参与刑事诉讼活动有关问题组织了专题研讨，形成了《关于刑事案件专家证人出庭若干问题的纪要》。③2017年2月，广州市中级人民法院印发《广州市中级人民法院关于推进以审判为中心的刑事诉讼制度改革的工作方案》及五个配套实施规程，这五个配套规程分别为《关于进一步推进刑事案件繁简分流优化司法资源配置的操作规程》《关于进一步推进刑事案件速裁程序试点工作的操作规程》《关于开展认罪认罚从宽制度试点工作的操作规程》《关于推进刑事案件庭审实质化的操作规程》和《关于进一步落实证据裁判规则的操作规程》，其中，最后两个操作规程与质证的关系较为密切。2018年2月，安徽省高级人民法院、安徽省人民检察院、安徽省公安厅、安徽省司法厅印发《关于刑事案件证人、鉴定人、侦查人员出庭相关问题的指导意见》，共21条。2017年，浙江省高级人民法院、浙江省人民检察院、浙江省公安厅、浙江省司法厅、浙江省财政厅印发《关于刑事案件证人、鉴定人及有专门知识的人出庭规定（试行）》，共35条。2018年7月31日，浙江省高级人民法院又单独印发《刑事庭审证人询问规则（试行）》，以"两高三部"《关于推进以审判为中心的刑事诉讼制度改革的意见》和《法庭调查规程》为基础，共12条，对刑事庭审中如何询问证人问题进行

---

① 四川省成都市中级人民法院课题组：《成都法院刑事庭审实质化改革试点工作调研报告》，载《刑事审判参考》（总第103集），法律出版社2016年版，第196页。

② 成都市公安司法机关为推进庭审实质化改革，或者联合或者单独出台了近20个地方性司法文件。参见郭彦主编：《理性 实践 规则——刑事庭审实质化改革的成都样本》，人民法院出版社2016年版，第445—524页。

③ 此外，温州还有《关于刑事案件证人、鉴定人出庭作证若干问题的会议纪要》和《关于人民警察出庭作证若干问题的会议纪要》。参见徐建新、任国权、吴程远：《温州法院推进庭审实质化改革试点工作调研报告》，载《刑事审判参考》（总第103集），法律出版社2016年版，第217页。

了详细的规定。

2012年刑事诉讼法实施之后出台的与质证有关的地方性规定，大致可以以《法庭调查规程》的出台为界限分为两个阶段，前期主要是为了试点庭审实质化改革而制定的，后期则主要是在《法庭调查规程》的基础上修改而成。从内容上来看，除个别试点地区的规定有所突破外，大部分与质证有关的地方性规定主要是对现行有效的立法、司法解释以及改革文件中有关质证的内容进行总结归纳。从制定主体来看，既有公安司法机关联合制定的，也有个别机关单独制定的，既有省一级的公安司法机关制定的，也有市一级的公安司法机关制定的。从效力上来看，这些文件大多没有法律效力，①至多属于指导性文件。

二、现行有效的与质证有关的规范

上文对我国法庭质证规则的立法沿革进行了简单的梳理，对2012年刑事诉讼法和相关司法解释或者改革文件中有关质证的规定进行了分析。下文将从质证主体、质证对象、质证方法和质证规则等方面对相关规定予以分析。②此外，需要注意的是，我国法庭质证过程中，审判职能具有主导作用，法庭认定案件事实并非简单地依赖于控辩双方的举证、质证，司法解释中仅有一些未成体系的有关法庭质证的基本规则，且由于种种原因，这些规则在实践中往往难以落实。因此，本部分不仅分析具体规则，还要简略分析具体规则的得与失以及在司法实践中的运行情况。

---

① 对类似问题的分析，参见孙长永等:《中国地方性刑事司法规则研究》，法律出版社2016年版，第151—214页；亦可参见房保国:《刑事证据规则实证研究》，中国人民大学出版社2010年版，第28—46页。

② 质证规则，顾名思义，是指与质证有关的规则，一般认为，包括三个部分的内容，即言词证据的质证规则、展示物的质证规则和专家证人的质证规则。参见王颂勃:《刑事诉讼法庭质证规则研究》，中国人民公安大学出版社2015年版，第43—135页。与质证有关的内容很多，例如，包括质证的结构和运行环境、质证的规程、质证的内容以及质证方法等，参见尚华:《论质证》，中国政法大学出版社2013年版，第74—250页。我们仅研究质证主体、质证对象、质证方法和质证规则等与质证密切相关的问题。

（一）质证的主体

根据现行《刑事诉讼法》第 191 条第 1—2 款的规定，公诉人可以讯问被告人，当事人及其辩护人、诉讼代理人经审判长许可可以向被告人发问。根据第 194 条第 1 款的规定，控辩双方经审判长许可，可以对证人、鉴定人发问。根据第 195 条的规定，公诉人、辩护人应当向法庭出示物证，让当事人辨认，对于相关书面证据材料进行宣读并由审判人员听取控辩双方的意见。由此可见，控辩双方是质证主体。另外，根据第 191 条第 3 款、第 194 条第 2 款的规定，审判人员可以讯问被告人，也可以询问证人、鉴定人。根据第 196 条的规定，审判人员有庭外调查核实证据的权力。

那么，是否上述人员均为质证主体呢？我们认为，所谓质证，是对对方提出的证据进行质问和质疑。因此，公诉人、当事人及其辩护人和诉讼代理人属于质证主体。审判人员可以讯问被告人，询问证人、鉴定人，也有庭外调查核实证据的权力，是否属于质证主体呢？对此，学界有两种不同的观点：一种观点认为法官是质证的主体。[①] 这种观点认为法官在庭审过程中并非纯粹的消极中立，法官积极审查判断证据的活动也可以视为质证。另一种观点认为，法官不能成为质证的主体。这种观点主要认为法官审查判断证据的活动不同于质证行为，因而法官不属于质证主体。[②] 我们认为，审判人员的职责是认证，即在控辩双方举证、质证后，决定是否采纳某一证据材料。此外，质证与举证密切相关，而举证的目的是提出证据支撑自己的诉讼主张。而众所周知，审判人员在刑事诉讼中处于客观中立的角色，并没有自己的诉讼主张，当然也谈不上举证、质证。所以，审判人员并非质证主体。立法之所以规定审判人员可以讯问或询问相关人员，且有庭外调查核实证据的权力，主要是考虑到刑事诉讼查明真相的任务，希望做到不枉不纵。[③] 这与我国对法官的定

[①] 参见郑未媚：《庭审中心与质证规则构建》，载《证据科学》2016 年第 3 期。
[②] 参见尚华：《论质证》，中国政法大学出版社 2013 年版，第 78 页。
[③] 参与立法人员认为，考虑到我国的实际情况，主要是惩罚犯罪的实际需要，我国的庭审方式也不应当完全照搬照抄外国的审判式审判。参见全国人大常委会法制工作委员会刑法室编：《中华人民共和国刑事诉讼法——条文说明、立法理由及相关规定》，北京大学出版社 2008 年版，第 387 页。

位有关，即法官不应是消极的事实裁判者，而应当积极地发现案件事实真相。

此外，2012年刑事诉讼法新增了专家辅助人制度。根据立法规定，专家辅助人（有专门知识的人）出庭的目的是就鉴定人作出的鉴定意见提出意见。根据2012年《高法解释》第215条、第216条、第217条的规定，专家辅助人出庭陈述意见的方式是接受有关人员（控辩双方和审判人员）的询问。然而，由于立法规定的模糊，专家辅助人的身份在鉴定人、证人、辩护人、其他诉讼参与人之间徘徊。①我们认为，从庭审实质化的角度来看，专家辅助人的主要任务应当是参与法庭质证，而不仅仅是陈述意见，专家辅助人参与法庭质证有助于体现控辩平衡，有助于对于科学问题的慎重审理。从立法参与人员对专家辅助人的论述来看，"由于鉴定工作的专业性较强，仅凭其他诉讼参与人自身的知识也难以发现鉴定中存在的问题，很难对鉴定意见进行质证"，"提出意见本身不是重新鉴定，只是具有专门知识的人从专业角度对鉴定意见提出质疑意见"，"具有专门知识的人提出的意见如被采纳，则可能带来相关的鉴定意见不能采信的后果"，"有专门知识的人，不需要鉴定人资格"，质证与提出质疑意见表明，专家辅助人应该是质证主体。因此，无论是从理论分析的角度，还是从专家辅助人制度设立的目的的角度，抑或是从专家辅助人所起的实际作用的角度，专家辅助人也是质证主体，至少是事实上的质证主体。

（二）质证的对象

根据刑事诉讼法的相关规定，质证的对象是控辩双方提供的证据材料，既包括言词类证据，也包括实物类证据。根据2012年《高法解释》第220条的规定，对于法庭庭外调查核实取得的证据，应当经过当庭质证才能作为定案的根据，但是，经庭外征求意见，控辩双方没有异议的除外。问题是，在控辩双方没有异议的情况下，相关证据是否还属于法庭质证的对象呢？对此，

---

① 参见胡铭：《鉴定人出庭与专家辅助人角色定位之实证研究》，载《法学研究》2014年第4期。

最高人民法院法官认为：① 所有证据都必须经控辩双方质证、发表意见后才能作为定案的根据，而绝不允许将上述证据材料直接作为定案的根据。从司法实践来看，很多情况下控辩双方开庭后又陆续收集了一些证据，这些证据控辩双方实际上并无异议，如果仍要通过开庭程序予以调查属实，则会导致司法资源浪费，诉讼也可能会无限拖延。而且，这些材料大多系自首、坦白、立功等对被告人有利的证据材料或者不独立存在但能增强法官内心确信的补强性证据材料。因此，第220条第2款规定，对于上述证据材料，经庭外征求意见，控辩双方没有异议的，不再当庭质证。

有学者持类似看法。该学者认为，法院直接调查核实的证据也应当成为质证的客体。质证权是当事人一项重要的证明权，必须得到有效保障，当事人可以选择行使或者放弃行使质证权，但法律不应事前排除和限制质证权。② 据此，法庭庭外调查核实取得的证据，也成为法庭调查阶段的质证对象。

对于上述证据材料，可以从以下三个方面进行分析。首先，由谁来举证的问题。自1996年刑事诉讼法确立所谓的"抗辩式"审判方式以来，控辩双方对于自己一方拟在法庭上举示的证据材料自行举证，并由对方对相关证据予以质证。理论和实践中存在较大争议的问题是，对于法院庭外调查核实取得的证据，由谁来举证呢？据最高人民法院法官的调研，实践中举证方式五花八门，有法庭出示证据，控辩双方质证的，也有控辩双方一方出示，另一方质证的。最高人民法院的法官认为，通常可以采取如下方式：对于人民法院依照上述规定调取的证据，不应当移送控辩一方，但应当及时通知检察人员、辩护人、自诉人及其法定代理人查阅、摘抄、复制。而且，对于人民法院依据上述规定调取的证据，开庭审理时，出庭的检察人员和辩护人认为需要出示的，可以向法庭提出申请。③ 我们认为，从我国法官并非完全消极的裁判主体来看，这一看法是正确的。

---

① 参见江必新主编：《〈最高人民法院关于适用《中华人民共和国刑事诉讼法》的解释〉理解与适用》，中国法制出版社2013年版，第220—221页。

② 参见尚华：《论质证》，中国政法大学出版社2013年版，第83—84页。

③ 参见江必新主编：《〈最高人民法院关于适用《中华人民共和国刑事诉讼法》的解释〉理解与适用》，中国法制出版社2013年版，第221页。

其次，可以向法庭举示的证据材料的范围。证据法里有个专门的术语可以用来判断哪些证据材料可以向法庭举示，即相关性。"相关性是裁判者对证据进行审查判断的第一条标准，也是决定证据能否被采用的最基本的要求。"①证据的相关性，一般指的是证据与案件事实之间的关系。案件事实的范围不同，具有相关性的证据材料的范围亦不同。由于受各种因素的影响，一般认为，案件事实指的是定罪事实。因此，与定罪事实有关的证据材料可以向法庭举示。《刑事诉讼法》规定，法庭庭审过程中，对与定罪、量刑有关的事实、证据都应当进行调查、辩论。全国人大参与立法的人士认为，本款规定的意图是要表达，在法庭审理中，不仅要对定罪相关的事实、证据进行调查、辩论，对与量刑有关的事实、证据也要调查、辩论，旨在为量刑规范化提高了法律依据。②对于这一问题，2012年《高法解释》第225条作出了细化，该条第2款明确规定，人民法院除应当审查被告人是否具有法定量刑情节外，还应当根据案件情况审查数种影响量刑的其他情节。据此，与量刑事实有关的证据材料也可以向法庭举示。目前，对与定罪量刑有关的证据材料可以向法庭举证的问题基本上已经没有争议。

对于程序法事实是否属于案件事实，最高人民法院的法官认为，目前对程序法事实存在争议时的处理模式带有较强的行政色彩，尚未纳入诉讼化的轨道，因不涉及法院对程序性争议的裁判，也就谈不上相应的证明问题。③没有证明，当然谈不上举证、质证。我们认为，证据合法性事实也属于程序法事实，由于立法规定了较为完善的非法证据排除程序，证据合法性事实属于案件事实。在2010年最高人民法院、最高人民检察院、公安部、司法部、国家安全部联合制定的《关于办理刑事案件排除非法证据若干问题的规定》（以下简称《非法证据排除规定》）出台之前，司法实践中，遇到辩方以刑讯逼供

---

① 俞亮：《证据相关性研究》，北京大学出版社2008年版，第187页。
② 参见全国人大常委会法制工作委员会刑法室编：《关于修改中华人民共和国刑事诉讼法的决定——条文说明、立法理由及相关规定》，北京大学出版社2012年版，第231页。
③ 最高人民法院法官将程序法事实与证据法事实区分开来，所谓程序法事实是指刑事诉讼过程中与重大程序性事项有关的事实。参见沈德咏主编：《严格司法与诉讼制度改革——推进以审判为中心的刑事诉讼制度改革策论》，法律出版社2017年版，第61—73页。

为由翻供时，法庭往往立即加以制止，或者要求被告人庭后再说。①在《非法证据排除规定》出台后，取证的合法性问题进入法庭调查的视野，法庭经审查对证据收集的合法性存在合理怀疑的，应当启动证据收集合法性调查程序，并由控方证明证据收集的合法性，且需要证明至排除合理怀疑的程度。因此，当法庭对证据收集合法性存在合理怀疑的，证据收集合法性事实成为案件事实，与此相关的证据材料也可以向法庭举示。事实上，《严格排除非法证据规定》第22条的规定直接扩展了与"本案"具有相关性的证据材料的范围。最高人民法院的法官认为，此处的关联性要求是指申请调取的证据材料必须与证明证据收集的合法性具有联系，也即调取证据材料的目的是证明在案证据的合法性。②综上，与证据合法性事实相关的证据材料也可以向法庭举示。

最后，有没有未向法庭举示但最终对法官心证产生影响的证据材料？根据刑事诉讼法的相关规定，证据材料必须经过法庭举证、质证后才能作为定案的根据。问题是，司法实践中有没有证据材料没有经过举证、质证但却对法官的心证产生影响的情况呢？根据我们的研究，实践中确实存在这种情况，具体可以分为三种情形：

第一种情形是被排除的非法证据。我们曾经对非法证据排除问题进行过实证研究，调研发现，一些非法证据虽然表面上被排除了，但对法官的心证产生了影响。③根据《严格排除非法证据规定》第17条第3款的规定，被排除的非法证据应当随案移送，并写明为依法排除的非法证据。类似规定最早见于2012年《高检规则》第71条第2款，即"被排除的非法证据应当随案移送"。最高人民法院法官认为到这样规定可能会对法官心证产生一定影响，但为了给法官提供一个审查判断证据的全面的背景，仍规定将已经排除的证

---

① 参见张军、姜伟、田文昌：《刑事诉讼：控·辩·审三人谈》，法律出版社2001年版，第171页。在著名的杜培武冤案中，也存在这种情况，即杜培武提出刑讯逼供并当庭拿出带血的衣服时，法官说"好，把衣服放下就行了"，"不要再纠缠这个问题了"。参见王达人、曾粤兴：《正义的诉求——美国辛普森案与中国杜培武案的比较》，北京大学出版社2012年版，第230页。
② 参见戴长林主编：《非法证据排除规定和规程理解与适用》，法律出版社2019年版，第98页。
③ 参见孙长永、王彪：《审判阶段非法证据排除问题实证考察》，载《现代法学》2014年第1期。

据移送法院，为适当消减被排除的非法证据对人民法院的不当影响，对审前排除非法证据的情形，人民检察院应当制作书面说明，写明非法证据的类型以及排除理由等情况。人民法院通过查阅人民检察院的书面说明，可以了解审前排除非法证据的基本情况，又可免受非法证据内容的不当影响。① 我们认为，在一元法庭（当然，目前的人民陪审员制度改革则意味着一元法庭的制度基础开始松动）的制度背景下，法官既负责事实认定问题，又负责法律适用问题，非法证据对法官心证影响的消除问题确实值得关注，对此，我们认为可以通过加强判决书说理的方式尽可能消除其影响。此外，在人民陪审员参与审判的情况下，为防止被排除的非法证据对人民陪审员的影响，应当严格限制被排除的非法证据出现在法庭上，并禁止人民陪审员接触与此有关的卷宗材料。

第二种情形是通过技术侦查所获取的证据材料。对于技侦证据材料，立法和司法解释规定了特殊的质证方式，甚至规定可以由审判人员在庭外进行核实。司法实践中，技侦证据材料一般都不作为证据使用，但检察机关移送起诉时，往往会将技侦证据转化为书面材料放在内卷中供法官"参考"，部分案件法官也会自行去公安机关了解技侦证据，以"增强"内心确信。当法官了解技侦证据后，在定罪量刑活动中，法官会自觉不自觉地受到技侦证据的影响，特别是在全案证据较为薄弱的情况下，技侦证据有助于法官"下决心"。② 有检察官认为，技术侦查材料的调取、转化和运用面临司法困境。对通过技术侦查所取得的通话录音，审判机关坚持要求必须依法调取并进行声纹鉴定，这原系正当要求，法律对此已有明确规定。而在司法实践中，技术侦查部门往往不向司法机关提供，导致相关证据的调取难，相关工作的协调难。③ 因此，技侦证据材料的质证问题亟待关注。

第三种情形是案卷中存在的其他没有在法庭举证的证据材料。有学者调

---

① 参见戴长林主编：《非法证据排除规定和规程理解与适用》，法律出版社2019年版，第88页。
② 参见王彪：《非法证据对法官心证的影响与消除》，载《证据科学》2015年第4期。
③ 参见杨红梅：《转化运用技术侦查材料抗诉零口供无罪判决案件——被告人张某等人贩卖毒品案评析》，载《刑事司法指南》（总第65集），法律出版社2016年版，第151—152页。

研发现,控方举证基本上是"概括、宣读"各类证据记载的内容或承载的信息,这种方式不仅经常适用于各种笔录类的言词证据,即便是物证、书证、电子数据、视听资料等也倾向于以此方式进行举示。[①]实务界认为,这种举证方式导致举证方式形式化。[②]在我们看来,这种形式化的举证方式还带来另外一个问题,即在控方匆忙举证、法庭书记员潦草记录的情况下,法官如何对待那些控方没有通过宣读方式进行举示的证据材料?事实上,由于长期以来法官习惯了这种形式化的举证方式,一般在庭后认真阅卷,并以案卷材料作为定案的根据。这种做法必然导致大量的没有在法庭上举证的证据材料事实上成为法官裁判的基础。对此问题,需要从加强法官裁判文书说理、法庭记录的同步完整化等方面努力。

(三)质证的方法

当前世界各国常用的两种质证的方法是交叉询问和对质。此外,德国法中有两种询问方式,一是交叉询问,二是轮替询问。实践中大多实行轮替询问。[③]所谓轮替询问,是由审判长先行讯问,再由其他诉讼参与人轮替或补充发问。[④]根据我国2018年修改后刑事诉讼法的相关规定,对于人证,控辩双方可以讯问或者发问,对于物证,应当由控辩双方当庭出示并让当事人辨认。对于相关书面材料,应当由控辩双方当庭宣读,然后由审判人员听取控辩双方的意见。据此,我国立法规定的质证方法有三种,即讯问(发问)、辨认和发表意见。此外,立法对涉密证据的质证方法进行了特殊的规定。所谓涉密证据,是指在刑事诉讼中,一些特殊证据信息的泄露可能会给诉讼参与人或国家安全带来非常大的威胁,需要特别保密。对于涉密证据的质证问题,根据立法和司法实践情况,有四种质证方法,即以不公开审理实现对社会公众的保密需求、以"转化的方式"避免需要保密的证据信息在法庭出现、隐匿

---

① 参见韩旭、王剑波:《刑事庭审质证运行状况实证研究——以100个庭审案例为样本》,载《法治研究》2016年第6期。
② 参见杨子良:《关于刑事诉讼庭审质证实质化的建议》,载《人民法院报》2017年1月15日,第8版。
③ 参见尚华:《论质证》,中国政法大学出版社2013年版,第3页、第132页。
④ 参见林钰雄:《严格证明与刑事证据》,法律出版社2008年版,第210页。

真实身份信息作证以及由法官庭外查证实现保密需要。①涉密的质证问题，存在秘密的范围界定不清、质证具体方式的随意性较大等问题，但由于这类证据在实践中数量较少，且往往针对特定类型的案件，故虽然存在问题，但未引起特别的关注。

目前，理论与实务界最为关注的是普通质证方法，即讯问（发问）和发表意见。如果所有的人证都出庭作证，所谓发表意见这种质证方法应该仅在少数案件中适用。"司法实践中，举证流于形式已成常态，笔录取代人证、图片取代实物、说明取代证据，案卷笔录在法庭上大行其道，真正的证据却被取而代之，被告方难以有效质证，法庭也难以发现和解决证据问题。"②换句话说，由于相关人证在大部分情况下并不出庭，对人证的发问变成了对书面材料的宣读与听取意见，由于物证往往没有直接在法庭上出示，对物证的辨认和质疑也变成了出示相关图片与听取意见。

就言词证据而言，根据立法和司法解释的规定，可以通过询问（讯问）方式予以质证。然而，由于言词证据的提供者，主要是证人和被害人，普遍不出庭，对人证的发问变成对书面证言（被害人陈述）发表意见。在我国，证人不出庭是一个长期以来就存在的问题。有学者选取的100个样本案例中，仅有3个案件有证人、鉴定人出庭。③当然，证人不出庭的原因是多样的。

首先，从立法上看，2012年刑事诉讼法和2012年《高法解释》从正反两个方面对证人应当出庭的范围作了规定。根据2012年《刑事诉讼法》第187条第1款的规定，满足控辩双方对证言有异议、证言对案件定罪量刑有重大影响以及法院认为证人有必要出庭作证三个条件的，证人应当出庭作证。根据2012年《高法解释》第206条的规定，证人因患病、行动不便、居所偏远、身处国外等原因无法出庭作证，法院可以准许其不出庭。根据上

---

① 参见谢小剑：《刑诉法修改后涉密证据的质证》，载《法学论坛》2013年第5期。
② 参见沈德咏主编：《严格司法与诉讼制度改革——推进以审判为中心的刑事诉讼制度改革策论》，法律出版社2017年版，第287页。
③ 参见韩旭、王剑波：《刑事庭审质证运行状况实证研究——以100个庭审案例为样本》，载《法治研究》2016年第6期。

述规定，一方面，法院有权认定证人是否有必要出庭作证，但立法和司法解释又没有明确何谓"必要"；另一方面，"其他客观原因"作为兜底性规定，意味着证人不出庭的范围在理论上可以无限扩大。上述两个方面相结合，意味着法院拥有证人是否出庭的决定权。《法庭调查规程》第13条第1款将证人出庭的三个条件变成两个，即控辩双方对言词证据有异议、人民法院认为言词证据对案件定罪量刑有重大影响。这一规定与之前的规定相比要更加清晰、明确，但也存在问题，人民法院对"重大"影响的判断仍存在模糊的空间。

其次，根据2012年《刑事诉讼法》第188条第1款的规定，经人民法院通知，证人没有正当理由不出庭作证的，人民法院可以强制其到庭，但是被告人的配偶、父母、子女除外。立法如此规定，"主要是考虑到强制配偶、父母、子女在法庭上对被告人进行指证，不利于家庭关系的维系和社会和谐的构建。需要特别指出的是，这里规定的是免予强制出庭，不是拒证权"。[①] 由此可见，根据这一规定，亲属应当作证，但免予强制出庭。这一规定导致在特定案件中，被告人无法对近亲属进行当面质问，只能对书面证言发表意见。

最后，司法实践中，由于担心证人出庭后翻证，从而导致庭审情况难以控制，或者担心证人出庭会拉长诉讼周期、影响庭审效率，公诉人和法官往往都不愿意证人出庭作证。[②] 证人出庭作证条件的模糊性，法官中立性的缺乏，以及各种现实因素的影响，最终导致司法实践中证人普遍不出庭作证，即证人向警察作证，但不向法庭作证，这就造成对证人证言等言词证据的质证往往也只能是针对书面证言发表意见。

此外，还可以通过对质方式进行质证。根据2012年《高法解释》第199条的规定，讯问同案审理的被告人，应当分别进行；必要时，可以传唤同案被告人等到庭对质。根据2012年《高检规则》）第438条第4款的规定，被告人、证人对同一事实的陈述存在矛盾需要对质的，公诉人可以建议法庭传

---

① 参见全国人大常委会法制工作委员会刑法室编：《关于修改中华人民共和国刑事诉讼法的决定——条文说明、立法理由及相关规定》，北京大学出版社2012年版，第226页。
② 参见左卫民等：《中国刑事诉讼运行机制实证研究》，法律出版社2007年版，第301—327页。

唤有关被告人、证人同时到庭对质。上述规定存在以下问题：一是两处规定不一致。其中，2012年《高法解释》仅规定同案审理的被告人可以对质。二是即使根据2012年《高检规则》的规定，被害人也不在对质主体之列。①《法庭调查规程》第8条第2款规定了什么情况下法庭可以传唤有关被告人到庭对质，即被告人供述之间存在实质性差异的。第8条第3款则规定，根据案件审理需要，审判长可以安排被告人与证人、被害人依照前款规定的方式进行对质。根据《法庭调查规程》第24条第1款的规定，法庭可以传唤有关证人到庭对质。上述人证之间如何对质呢？《法庭调查规程》第8条第2款规定了三种发问方式：审判长可以分别讯问被告人，就供述的实质性差异进行调查核实；经审判长准许，控辩双方可以向被告人讯问、发问；审判长认为有必要的，可以准许被告人之间相互发问。《法庭调查规程》第24条第2款有类似规定。上述三种方式哪一种或哪几种是对质方式并不清楚。对质也是一种质证方法，将来需要进一步明确对质的主体和方法。

就实物证据而言，从有效质证的角度来看，原本应当由实物证据的提取者当庭说明实物证据的来源、与本案的关联性等问题，然后由对方对实物证据的来源可靠性等问题予以质疑。②在我国，对实物证据的举示包括举示原物、复制件或者举示照片等，且由公诉人进行举示。实物证据的提取者往往并不出庭，而是通过制作勘验、检查笔录和扣押物品清单等材料的方式来证明实物证据的来源和保管链条。2012年《高法解释》针对实物证据确立了大量的证据规则，如瑕疵证据补救规则、来源不清的排除规则等。③因此，在针对实物证据质证时，可以从实物证据的来源是否清晰、保管链条是否完整、复制件是否能够反映原物等方面进行。另外，关于对实物证据的辨认问题，往往只能对有明显特征的"特定物"进行辨认，实际上也需要对来源和保管链条等予以质疑。

---

① 事实上，上述问题在2012年刑事诉讼法修改之前就已经存在，参见龙宗智：《证据法的理念、制度与方法》，法律出版社2008年版，第174页。

② 有学者将实物证据称为展示性证据，对展示性证据的质证方法是对物证、书证和视听资料来源可靠性的质疑。参见尚华：《论质证》，中国政法大学出版社2013年版，第205—214页。

③ 相关解读，参见张军主编：《刑事证据规则理解与适用》，法律出版社2010年版，第33—289页；对2012年《高法解释》相关规定的解读，参见江必新主编：《最高人民法院关于适用〈中华人民共和国刑事诉讼法〉的解释〉理解与适用》，中国法制出版社2013年版，第53—96页。

此外，西方各国对于科学证据的质证方法往往与前两类证据的不同，包括对专家资格的质疑、检材客观性的质疑、科学原理的质疑、分析验证过程的质疑、专家客观公正性的质疑。[①] 在一些国家，如美国，还允许专家之间互相发问、质疑。对此，2012年刑事诉讼法和2012年《高法解释》也有相关规定，例如，根据2012年《刑事诉讼法》第187条第3款的规定，控辩双方对鉴定意见有异议，人民法院认为鉴定人应当出庭的，鉴定人应当出庭。该条还规定了相应的后果，即经人民法院通知，鉴定人拒不出庭作证的，鉴定意见不得作为定案的根据。[②] 又如，立法增加了专家辅助人制度，可以由专家辅助人出庭对鉴定意见发表意见。此外，司法解释还确立了大量的排除鉴定意见的规则。目前，对于专家辅助人出庭对鉴定意见发表意见的具体方式缺乏具体规定，实践中亦有不同做法。

（四）具体的质证规则

与1996年刑事诉讼法一样，2012年、2018年修改后的刑事诉讼法均没有涉及庭审质证规则，立法规定的是向相关人证发问，对物证进行辨认，宣读书面材料后听取意见，且立法仍然规定审判人员有向人证发问以及进行庭外调查核实证据的权力。目前有效的法庭质证规则都是由司法解释予以规定的。

从比较法的角度来看，刑事诉讼法庭质证规则往往根据证据种类的不同而不同，具体可以分为三类：第一类是证人证言（英美法意义上的证人）的质证规则，包括弹劾证人本身的规则、相关性规则、传闻证据规则、特权排除规则、诱导性询问规则和其他规则；第二类是展示物的规则，包括没能为展示物奠定适当的基础、奠定展示物基础的程序不适当、违反最佳证据

---

① 参见尚华：《论质证》，中国政法大学出版社2013年版，第215—222页。
② 参与立法人士认为，这里未列明"对案件定罪量刑有重大影响"，主要是因为鉴定意见通常都对案件的定罪量刑有重大影响。同时，鉴定意见具有专门性、科学性的特征，往往在证明力上会优于其他证据。另外，由于鉴定意见不具有唯一性，鉴定人不出庭的，可以另外进行鉴定。因此，本条规定鉴定人不出庭的鉴定意见不得作为定案的根据。参见全国人大常委会法制工作委员会刑法室编：《关于修改中华人民共和国刑事诉讼法的决定——条文说明、立法理由及相关规定》，北京大学出版社2012年版，第223页。

规则或者原始证据规则和展示物未成为证据却被宣读或者展示;第三类是专家证人的质证规则,包括专家证人资格、专家证言的基础、关于最终争点的意见和交叉询问专家证人的特殊方式。[①] 据此,法庭质证规则包含的种类繁多。我国刑事诉讼法确立了非法证据排除规则[②]和有限的传闻证据(鉴定意见)排除规则[③]。除此之外,2012年《高法解释》确立了大量的证据规则,例如,第81条确立了缺乏真实性保障的讯问笔录排除规则,第82条确立了瑕疵讯问笔录的补救规则,第75条第1款确立了不适格证人证言的排除规则,第75条第2款确立了意见证言的排除规则,第77条确立了瑕疵证言的补救规则,第76条确立了缺乏真实性保障的证人证言的排除规则,第70—71条确立了物证、书证复制品、复制件的排除规则,第73条第1款确立了物证、书证来源不明的排除规则,第73条第2—3款确立了瑕疵物证、书证的补救规则,第85条确立了违法或者不适格鉴定意见的排除规则,第89条确立了瑕疵勘验、检查笔录的补救规则,第90条第2款确立了缺乏真实性保障的辨认笔录的排除规则,第91条第2款确立了缺乏科学性保障的侦查实验笔录的排除规则,第94条确立了缺乏真实性保障的视听资料、电子数据排除规则和瑕疵视听资料、电子数据的补救规则。此外,《严格排除非法证据规定》细化、扩充了非法证据排除的实体范围,将部分通过威胁方法、非法限制人身自由方法获取的供述纳入应当排除的非法证据的范围,初步确立了重复性供述的排除规则。2012年《高法解释》第212—216条还确立了人证交叉询问规则。

上述所谓的法庭质证规则,有很大一部分是刑事证据规则。与国外的刑事诉讼法庭质证规则相比,我国的刑事诉讼法庭质证规则存在以下不足:第一,刑事证据规则不完善,如没有确立传闻证据排除规则和特权排除规则,非法证据排除的范围较小,等等;第二,人证交叉询问规则存在诸多问题,如关于发问的顺序、发问的规则的规定存在不足。

---

① 参见王颂勃:《刑事诉讼法庭质证规则研究》,中国人民公安大学出版社2015年版,第43—135页。
② 见《刑事诉讼法》第56条第1款。
③ 见《刑事诉讼法》第192条第3款。

我们认为，刑事证据规则虽然直接影响到法庭质证，但刑事证据规则与法庭质证规则又存在诸多不同之处：二者属于不同的规则，且刑事证据规则的确立与完善存在自身的特点和规律。控辩一方可以利用刑事证据规则对另一方举示的证据材料进行质证，而法庭质证规则主要是指引、规范具体的质证行为的规则。在法庭质证规则中，最为重要的是人证交叉询问规则，人证交叉询问规则与法庭质证规则的关系也最为紧密。从我国的具体情况来看，当前最为紧迫的任务是完善人证交叉询问规则，即指引、规范对人证的质证方面的规则。因此，下文着重研究人证交叉询问规则。

关于人证交叉询问规则，2012年《高法解释》第212条规定了向证人、鉴定人发问的顺序，第213条规定了向人证发问的一般规则，第214条规定了异议规则，第216条规定了向证人、鉴定人、有专门知识的人发问的规则，等等。然而，上述内容均存在一定的问题。

首先，关于向证人、鉴定人发问的顺序问题。根据2012年《高法解释》第212条的规定，向证人、鉴定人发问，应当先由提请通知的一方进行；发问完毕后，经审判长准许，对方也可以发问。我们认为，要区分控方人证和辩方人证。如果人证属于控方人证，虽然由辩方申请出庭，仍应由控方首先发问，然后由辩方进行交叉询问。对于这个问题，2017年6月发布的《法庭调查规程》第19条第1款的规定较为科学：证人出庭后，先由对本诉讼主张有利的控辩一方发问；发问完毕后，经审判长准许，对方也可以发问。2018年1月1日起实施的新的《法庭调查规程》第19条第1款又对此作了修改，即证人出庭后，先向法庭陈述证言，然后先由举证方发问，发问完毕后，对方也可以反问；根据案件审理需要，也可以先由申请方发问。最高人民法院的法官认为，"这种以举证方先发问为原则、申请方先发问为补充的发问模式，既能与庭审司法证明的过程契合，也有助于确保证人全面客观地陈述案件事实"。① 我们认为，新的《法庭调查规程》避免使用"本诉讼主张有力的控辩一方"等表述，"举证方先发问为原则、申请方先发问为补充"的规定考

---

① 戴长林、刘静坤：《〈人民法院办理刑事案件第一审普通程序法庭调查规程（试行）〉的理解与适用》，载《刑事审判参考》（总第113集），法律出版社2019年版，第148页。

虑到了中国刑事诉讼法庭发问的特殊性。但关于"证人出庭后,先向法庭陈述证言"的规定存在问题,证人如何"先向法庭陈述证言"存在模糊之处。是证人直接陈述,还是审判人员直接向证人发问?

其次,关于禁止诱导性询问规则。根据最高人民法院法官的解释,在制定司法解释的过程中,有意见认为,应当区分己方证人和他方证人,对于己方证人不得以诱导方式发问,但对于他方证人可以以诱导方式发问,以便适应辩护盘问规则的要求。但最终最高人民法院在制定司法解释时未采纳这一建议。主要考虑如下:其一,目前,我国刑事案件中证人出庭率极低,司法实践中对当庭询问证人的经验积累尚不充分。其二,司法实践中,诱导发问方式是一个较为主观的判断,而主询问与反询问、己方证人与他方证人都是相对的概念,实践中不便于把握。其三,当前公诉、辩护的对抗尚未真正形成,有待于进一步积累经验,进一步提升公诉和辩护水平,以更好地积累控辩双方询问证人的经验。[①]根据上述解释,最高人民法院之所以笼统规定不得以诱导方式发问,是因为缺乏经验不知如何进行规范。我们认为,2012年《高法解释》禁止诱导性询问,由于实践中的大多数出庭人证都是控方人证,这一规定有可能在事实上导致被告方无法有效地对人证进行质证。因此,是否允许诱导性讯问应当区分控方人证与辩方人证、主询问和反询问,对己方人证询问原则上禁止诱导性询问、向对方人证询问则可以适度进行诱导性询问,主询问禁止诱导性询问而反询问则不禁止。[②]需要注意的是,区分控方人证与辩方人证、主询问和反询问,不能以哪一方申请有关人证出庭为依据,在我国现有的制度背景下,辩方申请出庭的证人往往属于控方证人,[③]因此,辩方可以对其进行诱导性询问。当前,可以借鉴2012年《高检规则》第438条第1—2款的规定,即只有在诱导性讯

---

① 以上参见江必新主编:《〈最高人民法院关于适用〈中华人民共和国刑事诉讼法〉的解释〉理解与适用》,中国法制出版社2013年版,第213页。
② 国外的交叉询问中存在大量的允许诱导性询问的情况,参见王颂勃:《刑事诉讼法庭质证规则研究》,中国人民公安大学出版社2015年版,第110—115页。
③ 有学者调研发现,实践中,绝大部分证人出庭申请是辩方提出的,其进而认为,出庭证人绝大多数是辩方证人,控方不积极申请证人出庭,导致大量的控方证人无法出庭。毛逸潇、袁继红:《新刑事诉讼法视野下证人出庭实效观测——以Z省法院为样本》,载《江西警察学院学报》2015年第1期。我们认为,虽然绝大部分证人出庭申请是辩方提出的,但辩方申请出庭的证人中,有很大一部分是控方证人,辩方申请其出庭的目的是对质。

问、询问可能影响陈述或者证言的客观真实的情形，才应当予以禁止。

最后，关于异议的处理问题。在人证交叉询问程序中，如何提出异议、提出异议后如何处理等问题至关重要。对此，2012年《高法解释》对于讯问、发问异议的处理问题作了规定，但没有规定详细的规则，特别是没有明确规定异议的法律后果，而是赋予审判长较大的自由裁判权。换句话说，"一方提出异议后，究竟会引发何种程序，会产生什么样的法律效果也并没有一个统一的、具有规范性的操作方法"。①司法实践中对于如何提出异议、如何处理异议等问题均存在不同的做法。例如，司法实践中，控辩双方动辄提出异议，法官由于无法准确判断该如何处理相关问题，便要求控辩双方的发言需要经过法庭的准许，包括异议，②从而违反了及时提出异议的基本原理。又如，从裁决异议的主体来看，除了审判长之外，庭审中也出现了控辩双方对异议进行判断而要求证人不予回答相对一方询问的情况，更有甚者，还出现了证人对询问自行提出异议后径行决定不予作答的情况。③因此，对于异议的提出和处理问题，需要进一步予以完善。

事实上，人证交叉询问程序的具体运行有一套较为复杂的规则体系，但最为基本的规则有以下五项：(1)关联性规则，即所有发问必须与所要证明或反驳的事实相关；(2)禁止质疑己方证人规则；(3)禁止主询问进行诱导询问的规则；(4)原则上禁止反询问超出主询问范围的规则；(5)当场异议和裁判规则，即诉讼一方对相对方在询问过程中的违规行为，必须当场提出异议，否则事后原则上不予受理，而法庭也必须对质证过程中的异议立即作出决定，并记入笔录。不难发现，这套规则对控辩审三方在证据调查中的行为均提出了较高的要求，尤其是对主询问有较为严格的限制；至于反询问，只要不超过主询问所涉及的事实范围，在询问方式上完全可以进行诱导发问，以便对

---

① 参见王颂勃：《刑事诉讼法庭质证规则》，中国人民公安大学出版社2015年版，第163页。
② 参见田文昌、陈瑞华：《刑事辩护的中国经验》，北京大学出版社2013年版，第226页。
③ 参见王颂勃：《刑事诉讼法庭质证规则》，中国人民公安大学出版社2015年版，第175页。

人证陈述的真实性、可信性进行有力的质疑。① 如果能够在贯彻直接言词原则的基础上，结合我国实际情况建立起符合上述规则要求的人证交叉询问程序，我国刑事诉讼的法庭质证水平必将得到大幅度提高。

综上，在对我国刑事诉讼法庭质证规则的立法沿革进行梳理，并对现行有效的法庭质证规则进行分析以后，我们可以发现，我国现行法庭质证的模式有以下三个方面的特点：第一，审判人员在法庭质证中发挥主导作用，即审判人员不仅主持庭审，操控法庭质证的节奏，还可以讯问被告人，向证人、鉴定人以及有专门知识的人等发问，也可以进行庭外调查核实证据。正因如此，有学者将我国的质证制度称为"审问式质证模式"。该学者认为，审问式质证模式最大的特点就是裁判权在质证活动中起到控制或主导性作用。② 还有学者认为，我国现行刑事诉讼法庭审理具有一个突出的特征，即在强化了控辩双方的举证和辩论职能的同时，重视和保留了审判职能的主导作用。③ 第二，质证方式既包括询问相关人证，也包括对书面证据材料发表相关意见，还包括对实物证据的辨认。由于人证普遍不出庭，且立法对庭前书面证言等书面材料的使用没有任何限制，④ 导致我国法庭质证的最重要、最常见的方式是发表意见。第三，没有严格的与法庭质证有关的规则。如前所述，我国的刑事证据规则存在诸多不足之处。就狭义的法庭质证规则而言，对人证的质证规则不太完善，而对实物证据和科学证据的质证则几乎没有任何规则。之所以如此，是因为审判人员在法庭质证中发挥

---

① 参见孙长永、三彪：《论刑事庭审实质化的理念、制度和技术》，载《现代法学》2017年第2期。
② 参见尚华：《论质证》，中国政法大学出版社2013年版，第60页。
③ 参见王颂勃：《刑事诉讼法庭质证规则研究》，中国人民公安大学出版社2015年版，第155页。
④ 《法庭调查规程》第25条规定，虽然证人出庭的，除两种例外情形外，其庭前证言一般不再出示、宣读；第34条第2款规定，当庭陈述与庭前供述存在实质性差异的，可以出示、宣读庭前供述中存在实质性差异的内容。但这些规定存在以下问题：第一，在证人不出庭的情况下，庭前证言如何使用？第二，在证人的当庭陈述与庭前陈述不一致的情况下，出示、宣读庭前陈述的目的是什么？庭前陈述还能否作为定案的根据？对于这些问题，其他国家有相应的规则，参见史立梅：《庭审实质化背景下证人庭前证言的运用及其限制》，载《环球法律评论》2017年第6期。

主导作用，审判人员根据发现案件事实真相的最高宗旨，可以对相关问题进行灵活处理。事实上，推进以审判为中心的诉讼制度改革，就要落实刑事诉讼法对庭审的一系列措施，其中的核心环节是质证。[①]因此，对刑事诉讼法庭质证规则需要继续研究。

---

① 参见杨宇冠、刘曹祯:《以审判为中心的诉讼制度改革与质证制度之完善》，载《法律适用》2016年第1期。

第四章
我国刑事庭审质证规则的实践运作

最高人民法院常务副院长沈德咏大法官曾指出:"研究和完善证据制度时,既要立足中国国情、认真总结经验,探索建立符合本国实际的证据制度,又要全面考察、积极借鉴域外证据制度发展的成果。"① 我国的庭审质证规则不同于英美法系国家的质证规则,我国庭审质证规则的规范与完善首先要考虑我国的司法实践与中国语境。故本章拟采用实证研究的方法,深入司法具体实践和庭审的具体语境,真实地观察、感知、透视庭审质证规则的运作状况,以发现庭审质证规则运作中存在的问题。

一、研究样本简介及研究方法

(一)研究样本

为了全面、深入地考察我国刑事庭审质证规则的实践运作情况,课题组先后通过观看庭审直播录像、考察样本法院在一段时间内刑事庭审中质证规则的运用情况、与法检一线工作人员交流访谈、发布问卷调查等方式,以点带面地还原真实庭审活动以及在庭审中运用质证规则的实际状况。

---

① 沈德咏:《要注重取证、举证、质证、认证四个司法证明环节的作用》,载《法制日报》2013年7月24日,第9版。

首先,课题组选取于欢故意伤害案①作为典型案例加以考察,分析其庭审中的质证规则运用情况,主要基于以下几方面考量:(1)于欢案是重大敏感案件,具有重大法治教育意义,其审判采用全程微博直播方式,控方、辩方以及法院均高度重视,其庭审过程,可以完整展示举证、质证的过程;(2)与其他案件不同,于欢案涉及的关键证人出庭接受对质,被害人亦出庭接受询问,可以完整展示证人、被害人质证规则运作的情况;(3)于欢案案情复杂、持续时间长、涉及主体多、证据多,且该案控方主张防卫过当,辩方主张无罪,被害方主张构成故意伤害罪,庭审中各方观点激烈交锋,可以揭示各种可能出现的质证规则在实践中运行的状况。

其次,课题组通过中国法院网网络庭审直播平台,抽取了40宗庭审直播的适用一审普通程序审理的案件进行观察与统计分析。为使研究样本尽可能地具有代表性和广泛性,抽取的案件来源地包括北京、吉林、浙江、广东、广西、重庆、新疆、西安、武汉、江西等来自我国沿海与内地10个省份。

再次,课题组选择G市Y法院作为样本法院进行重点考察,前后在样本法院共观摩庭审84宗。之所以选择Y法院作为样本法院,一是地域的前沿性。Y法院位于东部某省南部G市,处于经济繁荣地区,它的前沿问题能在相当程度上代表东部地区,也是中西部地区经济发展以后可能面临的问题。二是基层的典型性。全院除院机关及业务庭外,外辖人民法庭5个。"基层司法运作,实际上构成中国法治建设过程的'基石'部分。"②基层法院的问题最突出、最大量、最集中、最复杂,最能代表中国司法的运行现状。三是法官的代表性。Y法院法官以本科及以上、法律科班出身、23—45岁的青年为

---

① 2016年4月14日,山东聊城妇女企业家苏银霞因借贷纠纷被11名催债人催要欠款,在其公司接待室内被限制人身自由,在控制期间,苏银霞的儿子于欢持刀将催债人杜志浩、程学贺、严建军、郭彦刚捅伤,导致一死二重伤二轻伤的后果,聊城中院一审判处于欢无期徒刑,剥夺政治权利终身。后《南方周末》以"刺死辱母案"为题进行了报道,引发了全民关注与热议。2017年5月27日,该案由山东省高级人民法院二审公开开庭审理。

② 刘星:《法学知识如何实践》,北京大学出版社2011年版,第192页。

主，这也是当前东部地区法官结构的主要概况。① 四是案件的多样性。G 市各种"城市病"问题突出，犯罪率居高不下，年均审理刑事案件 2000 宗左右。其中，2014 年收案 2159 宗，结案 2146 宗；2015 年收案 2645 宗，结案 2536 宗；2016 年收案 2419 宗，结案 2405 宗；2017 年 1 至 6 月收案 1308 宗，结案 1147 宗。案件类型多、数量大，可以提供足够的研究样本。

此外，2017 年 7 月至 2018 年 1 月期间，课题组先后前往重庆、甘肃、新疆、西藏、青海、贵州、四川等地调研②，与各地刑事法官、检察官进行访谈与调研，以了解中西部地区司法实践中庭审质证规则的运用情况和存在的问题。其中接受访谈的对象包括主管刑事审判的法院副院长、主管公诉业务的检察院副检察长、法院刑庭庭长、检察院公诉科科长以及具有丰富实务经验的刑事法官和检察官。

最后，为增加研究样本的广泛性和代表性，课题组还通过网络，向不特定的法官、公诉人和辩护律师发放调查问卷，就刑事庭审质证规则的相关问题，进行调查。问卷共设计 21 个问题，涉及刑事庭审质证规则的功能定位、运行状况、存在问题以及制度设计等问题。参与调查的共 230 人，其中刑事法官 92 人，占 40%；另有 51 位检察官和 40 位辩护律师参与调查；除此以外，还有 47 位从事其他司法职业的，如公证员、刑侦人员等参与本次问卷调查。

（二）研究方法

刑事庭审质证规则的实践运作属于描述性的一类研究，课题组拟采用以下的社会学研究方法：

---

① 青年法官是当前法院有效运行的主体力量，而知悉制度是典型的程序性权利，他们的重视程度更能代表整个法官群众的态度。更详细的分析，请见王飞、刘卉：《十年回首：对法官遴选制度的检视与修正——基于对东部地区基层青年法官司法能力的调查分析》，载万鄂湘主编：《探索社会主义司法规律与完善民商事法律制度研究》（上），人民法院出版社 2011 年版，第 262—263 页。

② 调研法院、检察院包括 8 个中级人民法院、4 个基层人民法院、2 个市级人民检察院：G 省 L 市中级人民法院、D 市中级人民法院；X 自治区 K 地区中级人民法院、W 市中级人民法院及辖区内 D 区、X 区、S 区和 T 区基层人民法院；Q 省 X 市中级人民法院、X 市市级人民检察院；X 自治区 L 市中级人民法院、L 市市级人民检察院；G 省 B 市中级人民法院；S 省 M 市中级人民法院。

1. 个案分析法

典型个案具有代表和示范意义。目前，对于重大案件的开庭审判，往往采用全程庭审直播或者微博直播方式开庭，关键证人、受害人亦可能出庭接受询问，庭审程序完备、规范，为庭审质证规则问题的研究提供了条件和鲜活的范本。个案分析法可以结合案件的案情，对庭审质证规则进行深入透析，发现实证研究、统计研究等不可能发现的问题。

2. 参与观察法

该方法系社会学研究的一种方法，研究者透过感官知觉或科学仪器，对研究对象、行为或事件，进行系统的观察与记录，并忠实地呈现其所观察到的结果与意义。[①] 由于研究者能够进入研究对象的世界，所以，能够真正地了解到研究对象行动的内在意义，即所谓局内人的观点与行为。刑事庭审质证规则在实践中运行的状况如何，通过亲身的参与观察，可以更客观地发现问题。从2016年8月至2017年5月，课题组前后于样本法院观摩庭审84宗，平均每月8宗左右，2016年11月和12月，开庭审理案件较多，平均每月10宗；另外，于中国法院庭审直播网上观摩庭审40宗，调查样本为124宗。上述案件类型包括盗窃、抢劫、故意伤害、强奸、毒品犯罪、交通肇事等个体犯罪案件，也包括电信网络诈骗、开设赌场、组织卖淫等被告人较多的共同犯罪案件。

3. 调查研究法

课题组通过对各地调研法院的刑庭法官、参与样本案件审理的公诉人、辩护律师、诉讼代理人以及涉案被告人与受害人进行相应的问卷调查与访谈，以发现各诉讼主体在庭审质证规则运作过程中的主观心态。有时候，观念可能具有决定性的意义，但考虑到可能存在价值预设问题，因此，仅将问卷调查结论作为参考。

[①] 许春金等：《刑事司法与犯罪学研究方法》，五南图书出版股份有限公司2016年版，第168页。

二、我国庭审质证规则的实践运行状况

（一）人证质证规则的运行状况

目前来看，我国刑事庭审人证质证规则主要规定于2012年《高法解释》和《法庭调查规程》中，具体来说有以下几项规则：（1）人证出庭作证规则；（2）询问规则；（3）对质规则。

1. 人证出庭作证规则的运行

人证出庭作证规则，包括证人、被害人、鉴定人、侦查人员、有专门知识的人等的出庭作证规则，具体规定了有权申请人证出庭的主体、[①]申请人证出庭的条件及程序、[②]人证出庭作证方式、[③]强制证人出庭的条件及

[①] 2012年《高法解释》第202条规定："公诉人可以提请审判长通知证人、鉴定人出庭作证，或者出示证据。被害人及其法定代理人、诉讼代理人，附带民事诉讼原告人及其诉讼代理人也可以提出申请。在控诉一方举证后，被告人及其法定代理人、辩护人可以提请审判长通知证人、鉴定人出庭作证，或者出示证据。"《法庭调查规程》第12条规定："控辩双方可以申请法庭通知证人、鉴定人、侦查人员和有专门知识的人等出庭。被害人及其法定代理人、诉讼代理人，附带民事诉讼原告人及其诉讼代理人也可以提出上述申请。"

[②] 2012年《高法解释》第203条规定："控辩双方申请证人出庭作证，出示证据，应当说明证据的名称、来源和拟证明的事实。法庭认为有必要的，应当准许；对方提出异议，认为有关证据与案件无关或者明显重复、不必要，法庭经审查异议成立的，可以不予准许。"第205条规定："公诉人、当事人或者辩护人、诉讼代理人对证人证言有异议，且该证人证言对定罪量刑有重大影响，或者对鉴定意见有异议，申请法庭通知证人、鉴定人出庭作证，人民法院认为有必要的，应当通知证人、鉴定人出庭；无法通知或者证人、鉴定人拒绝出庭的，应当及时告知申请人。"《法庭调查规程》第13条规定："控辩双方对证人证言、被害人陈述有异议，申请证人、被害人出庭，人民法院经审查认为证人证言、被害人陈述对案件定罪量刑有重大影响的，应当通知证人、被害人出庭。控辩双方对鉴定意见有异议，申请鉴定人或者有专门知识的人出庭，人民法院经审查认为有必要的，应当通知鉴定人或者有专门知识的人出庭。控辩双方对侦破经过、证据来源、证据真实性或者证据收集合法性等有异议，申请侦查人员或者有关人员出庭，人民法院经审查认为有必要的，应当通知侦查人员或者有关人员出庭。为查明案件事实、调查核实证据，人民法院可以依职权通知上述人员到庭。人民法院通知证人、被害人、鉴定人、侦查人员、有专门知识的人等出庭的，控辩双方协助有关人员到庭。"

[③] 2012年《高法解释》第206条规定："证人具有下列情形之一，无法出庭作证的，人民法院可以准许其不出庭：（一）在庭审期间身患严重疾病或者行动极为不便的；（二）居所远离开庭地点且交通极为不便的；（三）身处国外短期无法回国的；（四）有其他客观原因，确实无法出庭的。"《法庭调查规程》第14条规定："对于应当出庭作证的证人、被害人、鉴定人、侦查人员，在庭审期间因身患严重疾病、行动极为不便或者身处国外短期无法回国等客观原因确实无法出庭的，可以通过视频等方式远程作证。"

程序、①证人保护规则、②证人出庭费用承担规则③等内容。

从调研结果和相关文献来看，证人、鉴定人、侦查人员等出庭作证难的问题依然较为突出，这也反映出人证出庭作证规则的运行情况不尽理想。当然，也可以将人证出庭作证规则设定不合理视为人证出庭难的原因之一。具体情形如下：

（1）证人出庭率依然处于极低水平

根据18个试点中级人民法院关于"三项规程"试点工作的总结报告可知，由于理念和客观条件的限制，证人出庭的安全保障和物质保障等措施仍不能很好地解决证人不愿出庭的问题。④同样，我们在对西北四省法院、检察院的调研中也发现，尽管证人出庭在制度层面有所改善，但实践中证人出庭的情况依然不容乐观。从调研情况来看，广义的人证当中，鉴定人、专家辅助人、侦查

---

① 2012年《高法解释》第208条规定："强制证人出庭的，应当由院长签发强制证人出庭令。"《法庭调查规程》第15条规定："人民法院通知出庭的证人，无正当理由拒不出庭的，可以强制其出庭，但是被告人的配偶、父母、子女除外。强制证人出庭的，应当由院长签发强制证人出庭令，并由法警执行。必要时，可以商请公安机关协助执行。"

② 2012年《高法解释》第209条规定："审判危害国家安全犯罪、恐怖活动犯罪、黑社会性质的组织犯罪、毒品犯罪等案件，证人、鉴定人、被害人因出庭作证，本人或者其近亲属的人身安全面临危险的，人民法院应当采取不公开其真实姓名、住址和工作单位等个人信息，或者不暴露其外貌、真实声音等保护措施。审判期间，证人、鉴定人、被害人提出保护请求的，人民法院应当立即审查；认为确有保护必要的，应当及时决定采取相应保护措施。"第210条规定："决定对出庭作证的证人、鉴定人、被害人采取不公开个人信息的保护措施的，审判人员应当在开庭前核实其身份，对证人、鉴定人如实作证的保证书不得公开，在判决书、裁定书等法律文书中可以使用化名等代替其个人信息。"《法庭调查规程》第16条规定："证人、鉴定人、被害人因出庭作证，本人或者其近亲属的人身安全面临危险的，人民法院应当采取不公开其真实姓名、住址和工作单位等个人信息，或者不暴露其外貌、真实声音等保护措施。决定对出庭作证的证人、鉴定人、被害人采取不公开个人信息的保护措施的，审判人员应当在开庭前核实其身份，对证人、鉴定人如实作证的保证书不得公开，在判决书、裁定书等法律文书中可以使用化名等代替其个人信息。审判期间，证人、鉴定人、被害人提出保护请求的，人民法院应当立即审查，确有必要的，应当及时决定采取相应保护措施。必要时，可以商请公安机关采取专门性保护措施。"

③ 2012年《高法解释》第207条规定："证人出庭作证所支出的交通、住宿、就餐等费用，人民法院应当给予补助。"《法庭调查规程》第17条规定，证人出庭作证所支出的交通、住宿、就餐等合理费用，除由控辩双方支付的以外，列入证人出庭作证补助专项经费，在出庭作证后由人民法院依照规定程序发放。

④ 施鹏鹏：《庭审实质化改革的核心争议及后续完善——以"三项规程"及其适用报告为分析对象》，载《法律适用》2018年第1期。

人员出庭作证难度不大，证人出庭比较困难。自2013年以来，W中院共有41件50位证人出庭作证，K中院共有12件17位证人出庭作证，L中院共有24件30位证人出庭作证，T区院共有12件15位证人出庭作证，D市院和D区院目前尚无证人出庭的案件。大部分法官对证人出庭持消极态度，认为证言笔录记载的内容已经足够丰富，不需要证人出庭。一般情况下，证人也是排斥出庭作证的，或碍于情面或担心被打击报复不愿意出庭。实践中，不仅证人自己不愿意出庭，法官、检察官和律师也不怎么愿意证人出庭——没有证人出庭，大家都省事。证人不出庭，辩护律师和被告人只能针对书面证人证言发表质证意见，且举示的证言范围由控方决定，质证不全面，最终沦为形式。此外，证人不出庭，法官也无法观察证人作证时的神情及一些下意识行为，难以审查证言真伪，不利于查明案件事实。可见，证人不出庭会使质证效果大打折扣。

（2）侦查人员的保护问题影响落实侦查人员出庭

公安机关办案规范化司法理念有所提升，要求侦查人员出庭难度并不大。以往公安机关仅重视打击犯罪，不注重保障人权，但随着近几年的司法体制改革，公安内部的管理越来越强，执法过程规范化要求越来越高，部分地区公安机关设立执法监督支队，相当于内部的监督机构，要求公安机关依法办案、合法办案、保障人权以及防止冤假错案。由于司法理念的进步，执法监督支队与法院、检察院沟通更加便利，又因为执法监督支队作为公安机关的内部机构，其与侦查部门的交流、约束效果也会更佳。法院要求警察出庭证明的对象一般是自首、立功、抓获经过、毒品案件扣押数量和称检的程序等，实践中警察也往往予以配合。侦查人员出庭作证的主要问题在于对警察的人身保护，例如毒品案件中，缉毒警察是不能出庭作证的，为了不暴露缉毒警察的身份，庭审质证时往往会采用画面处理、声音处理、带到不同的房间等方式进行。一方面，工程量特别大，需要技术手段支持；另一方面，被告人及其辩护律师可能会质疑警察作证的真实性——回答问题的是不是该警察。这是目前较为棘手的问题。

（3）侦查人员出庭地位不明，影响其出庭积极性

侦查人员在庭审中接受询问的内容和限度具有较大争议，尤其是被告人是否具有对侦查人员的发问权值得进一步探讨。关于侦查人员出庭问题，刑

事诉讼法、《严格排除非法证据规定》仅赋予了控方有权利提请侦查人员出庭作证，辩方无权申请。①人民检察院在说明证据收集合法性过程中，可以提请法院通知侦查人员出庭说明情况，然而实践中受"侦查中心主义"以及检警关系等影响，侦查人员出庭率很低。《法庭调查规程》赋予了辩方此项权利，规定控辩双方对侦破经过、证据来源及真实性、收集合法性存在异议时，有权申请侦查人员出庭。但不足的是，法院对此必要性具有裁量决定权。事实上，相对于证人、鉴定人、专家辅助人出庭，侦查人员出庭更具现实意义：一方面，侦查人员的知识水平、经济能力相对于一般证人都要高一点，出庭作证的阻碍因素较少。另一方面，侦查人员作为公权力机关工作人员，强制其出庭更加容易实现。此外，警察出庭作证还可以对一般证人起一定的表率作用以及一定的心理安慰作用。此外，《法庭调查规程》颁布以前，立法仅笼统地规定了侦查人员出庭应当就相关情况接受发问，并未具体说明其身份，是否应当接受辩方的交叉询问和质证都未规定，从而导致对侦查人员发问的虚化。《法庭调查规程》虽规定对侦查人员发问适用证人的有关规定，但实践效果尚不明确。

2. 询问规则的运行

询问规则，包括询问顺序、询问方式和询问内容等规则。首先，询问顺序方面，2012年《高法解释》采用的是"谁申请，谁先问"原则，《法庭调查规程》原则上采用的是"谁举证，谁先问"的原则②。此外，二者都规定了对多名证人的发问应当分别进行。③其次，询问方式方面，主要包括禁止诱导

---

① 《刑事诉讼法》第59条规定："现有证据材料不能证明证据收集的合法性的，人民检察院可以提请人民法院通知有关侦查人员或其他人员出庭说明情况。"《严格排除非法证据规定》第31条规定："公诉人对证据收集的合法性加以证明，可以出示讯问笔录、提讯登记、体检记录、采取强制措施或者侦查措施的法律文书、侦查终结前对讯问合法性的核查材料等证据材料，有针对性地播放讯问录音录像，提请法庭通知侦查人员或者其他人员出庭说明情况。被告人及其辩护人可以出示相关线索或者材料，并申请法庭播放特定时段的讯问录音录像。"

② 2012年《高法解释》第212条规定："向证人、鉴定人发问，应当先由提请通知的一方进行；发问完毕后，经审判长准许，对方也可以发问。"《法庭调查规程》第19条规定："证人出庭后，先向法庭陈述证言，然后先由举证方发问；发问完毕后，对方也可以发问。根据案件审理需要，也可以先由申请方发问。"

③ 2012年《高法解释》第216条规定："向证人、鉴定人、有专门知识的人发问应当分别进行。"《法庭调查规程》第23条规定："有多名证人出庭作证的案件，向证人发问应当分别进行。"

性发问、禁止威胁或者误导证人的发问、禁止侮辱人格或者泄露隐私的发问、不得重复发问等规则。① 从规定上看，《法庭调查规程》对询问方式的规范比2012年《高法解释》更加严格和完善。确定禁止诱导性发问规则以及禁止威胁或者误导发问规则是为了准确查明案件事实，避免对证人进行误导；确定禁止侮辱人格或者泄露隐私的发问规则是为了保护人证的人格尊严；确定不得重复发问规则是为了提升庭审的效率。最后，询问内容方面，主要包括相关性规则、意见式询问规则等。确定相关性规则是为了明确事实争点，准确认定事实；意见式询问规则是基于证人应就事实作证，而不是就他们从事实得出的意见作证的理论而确定。

（1）诱导性询问规则的运行

在庭审实践中，最重要、最经常发生，也是最难以把握的规则是禁止诱导性询问规则。原因在于，任何人的提问都带有一定的倾向性，但是倾向性问题一旦具有明显的暗示性，则成为诱导性问题而应当被禁止。诱导性问题，是暗示了盘问者正在寻求之答案的问题。② 例如，"你看到车子是什么颜色的？"与"你看到的车子是蓝色的，是吗？"第二种询问方式就属于暗示或告知了答案的诱导性问题。诱导性问题被禁止的根本原因在于影响证人真实的记忆，可能导致证言的不实。当提问者暗示证人回答其希望得到的答案时，在法庭上作证进行陈述的就不再是证人本人了，因为证人只是在用"是"或"不是"确定律师向法庭讲述的"故事"。③

从于欢案庭审中的发问来看，存在大量诱导性问题，辩护人向于欢询问的26个问题中，涉及诱导性询问的问题共14个，如表1所示：

---

① 2012年《高法解释》第213条规定："向证人发问应当遵循以下规则：（一）发问的内容应当与本案事实有关；（二）不得以诱导方式发问；（三）不得威胁证人；（四）不得损害证人的人格尊严。前款规定适用于对被告人、被害人、附带民事诉讼当事人、鉴定人、有专门知识的人的讯问、发问。"《法庭调查规程》第20条规定："向证人发问应当遵循以下原则：（一）发问内容应当与案件事实有关；（二）不得采用诱导方式发问；（三）不得威胁或者误导证人；（四）不得损害证人人格尊严；（五）不得泄露证人个人隐私。"

② 参见[美]罗纳德·J.艾伦等：《证据法：文本、问题和案例》，张保生等译，高等教育出版社2006年版，第119页。

③ 参见王颂勃：《刑事诉讼法庭质证规则研究》，中国人民公安大学出版社2015年版，第108页。

表 1 辩护人发问涉及的诱导性问题

	辩护人发问的问题	被告人的回答
1	公安到达接待室时,讨债方对你有无殴打?	有
2	公安离开接待室后,这些讨债人有没有对你进行殴打?	有
3	你的左颈部和右肩部有轻微伤势,这和你所说的殴打行为是否一致?	是的
4	民警到现场后,你有没有向民警讲述你被打的情况?	有的
5	民警离开后,你有没有求救,要求出去?	有的
6	对这些讨债人你知道他们有犯罪前科吗?	当时不知道,他们身上有文身,还有从行为上一看就不是好人
7	现场 9 个人有 6 个人有前科,在民警离开现场,有些人对你殴打,有没有人给你说要怎么对你的话?	杜某某说"你乱说话就弄死你"
8	在东南角方向,是不是有两个办公桌并在墙边,在办公桌旁边,有没有一个单人的椅子?	是的
9	本案你在供述中多次提到民警和对方认识,是吗?	是的
10	在事发后,徐某某与你谈话时,一个女民警说对方打来的电话接不接,徐某某说等等再说。这个情况是不是客观的?	是的
11	你有没有对他们事先警告?	有
12	关于持刀警告一事的描述,其他讨债人在笔录中也认可你在持刀后对他们进行过警告……	(被审判长打断)
13	你清不清楚其他讨债人员存在串供情况?	当时不知道,后来知道了
14	你知不知道讨债人员当天都喝酒了?	知道

诱导性询问规则在实践中几乎形同虚设，辩护人向被告人发问时，包含了众多诱导性问题，控方亦没有及时提出任何异议，审判长直到辩护人询问到第12个诱导性问题时，审判长才打断并要求辩护人注意发问方式。使被告人迅速地对辩方暗含答案的问题进行回答，不利于裁判者准确认定事实。

（2）相关性规则的运行

相关性是证据的根本属性，是证据与待证事实之间的一种逻辑联系，相关性旨在促进准确的事实认定。[①] 当事人在质证过程中，首先涉及相关性的问题。于欢案庭审中，辩护人在对被害人郭某某的发问中，涉及相关性规则如何运作的问题。

> 辩护人：郭某某，你在本案前有没有犯罪前科？
>
> 郭某某：和本案无关，我拒绝回答。
>
> 辩护人：你有没有在2013年1月19日驾车堵乡政府？
>
> 郭某某：没有。
>
> 代理人：我反对，辩护人所问的问题与本案无关。
>
> 辩护人：2011年9月，冠县人民法院以故意伤害罪判你有期徒刑10个月？
>
> 郭某某：和本案无关。
>
> 代理人：辩护人你可以直接出示证据向法庭展示，这些和本案无关的事情，郭某某可以拒绝回答。
>
> 审判长：辩护人，建议你发问的内容围绕一审认定的事实，围绕于欢的定罪量刑发问。
>
> 辩护人：你在检察一卷中称没有受到刑事处罚，到底有没有？
>
> 郭某某：我拒绝回答。

---

① 参见［美］罗纳德·J.艾伦：《艾伦教授论证据法》（上），张保生、王进喜、汪诸豪等译，中国人民大学出版社2014年版，第3页。

与诱导性询问规则几乎形同虚设不同，相关性规则在质证中得到当事人的青睐，不仅被询问对象积极运用来拒绝回答对方律师的发问，甚至还出现诉讼代理人积极运用相关性规则代审判长制止辩护人发问的情况。当事人积极运用相关性规则的原因在于证据与待证事实之间是否存在联系一般较为明显，当事人往往可以自行判断。那么，被询问对象认为前科问题与案件事实无关，运用相关性规则来否定对方的发问，是否运用得当？被告人、证人、被害人此前的违法犯罪行为均属于品格证据，但基于不同对象，其相关性是不同的。证人、被害人的品性，与其可信性密切相关，提出证人、被害人的前科问题，目的是挑战证人、被害人的可信性，让审判人员对证人证言、被害人陈述产生怀疑。其背后的理论是，任何犯罪的定罪判决都与证人的可信性有关，因为人们认为这揭示了该人的伦理品质。[①] 有些案件中，被害人的前科问题还可能与案件的动机有关，比如性侵害案件。因此，从这点来看，对证人、被害人提出与前科及不良行为相关的问题是具有相关性的。

而在司法实践中，审判人员对于何为"发问内容应当与本案案件事实有关"往往较为模糊，缺乏清晰的认识。如在绵阳中级人民法院调研时，有法官就认为，对案件发展过程的描述、环境问题、事实经过的细节性问题、证据来源（直接或传闻）等问题全都属于与案件事实有关的问题；而另有法官则认为要明确申请证人出庭作证的目的，证人目的范围内者与案件事实有关，而围绕外围问题发问一般认为与案件事实无关，基于庭审效率会制止。由此可见，相关性规则看似简单，但在实践中运行未必准确，往往可能出现双方对于与案件事实是否具有相关性认识不一致的情形，或者表面看来与案件事实无关，但实际上与被告人的动机、受害人或者证人可信性，甚至是案件的事实密切相关的情形，比如惯习证据等。

（3）意见式询问规则的运行

意见证据规则，指证人应就事实作证，而不是就他们从事实得出的意见

[①] 参见［美］克里斯托弗·艾伦：《英国证据法实务指南》（第四版），王进喜译，中国法制出版社2012年版，第271页。

作证。事实与意见之间的区别,是这一规则及其理论根据的核心。①审判中确立意见证据规则的原因在于,法官和陪审员是依照证据来认定事实。如果允许证人发表其意见,事实裁判者就容易受到证人的误导,因而无法准确地作出事实判断。当然,意见证据规则亦有例外,其典型即允许专家向法院提供其专业知识和意见判断。2012年《高法解释》第75条第2款规定:"证人的猜测性、评论性、推断性的证言,不能作为证据使用,但根据一般生活经验判断符合事实的除外。"于欢案庭审中,辩护人向证人苏某某发问时,曾问道:"民警离开接待室后,你判断当时于欢所处的形势如何?"苏某某回答说:"我们认为形势更糟了,第二次拦我们他们肯定会更嚣张。"这就是典型的要求证人发表意见的发问,且证人的回答也是猜测性、评论性和推断性的,事实裁判者不免受到证人意见的引导。但在庭审中,无论法官还是当事人,均没有运用意见式询问规则制止不当质证。

3. 对质规则的运行

广义的对质包括三种情形:被告人和证人之间的对质、同案被告人之间的对质、证人之间的对质。被告人和证人之间的对质较为普遍,规则主要体现在被告人对证人的询问中,《法庭调查规程》规定,控辩双方可以通过提问的方式向证人询问与案件事实有关的问题,也可以让证人向法庭自由陈述其所亲自感知的案件事实。2012年《高法解释》规定了同案被告人之间的对质规则,未规定证人之间的对质,且规定得较为粗疏。②相比较而言,《法庭调查规程》规定的对质规则更为具体,规定同案被告人供述之间存在实质性差异时或证人证言之间存在实质性差异时,法庭可以传唤有关被告人或证人到庭对质。③对质规则作为分别询问、分别讯问原则的例外补充,能使庭审质证更具有操作性和针对性,更有利于查明案件事实功能的实现。

---

① 参见〔美〕克里斯托弗·艾伦:《英国证据法实务指南》(第四版),王进喜译,中国法制出版社2012年版,第32页。
② 2012年《高法解释》第199条规定:"讯问同案审理的被告人,应当分别进行。必要时,可以传唤同案被告人等到庭对质。"
③ 《法庭调查规程》第8条第2款规定:"被告人供述之间存在实质性差异的,法庭可以传唤有关被告人到庭对质。"《法庭调查规程》第24条第1款规定:"证人证言之间存在实质性差异的,法庭可以传唤有关证人到庭对质。"

实践中，被告人和证人之间的对质规则限于证人出庭率低等原因适用并不普遍，被告人很少有机会能够直接面对证人，与证人进行对质。而证人和证人之间的对质情况则更加罕见，尽管目前立法对此有所提及，但实践中仍未解决证人出庭的难题，要同时保证数个证人出庭更是难上加难。相比较而言，同案被告人之间的对质在实践操作方面面对的阻碍较小，被告人到案几乎不成问题，但由于庭审技术或庭审理念等方面的原因，审判长往往拒绝或忽略同案被告人之间的对质。理论上说，审判长可以根据具体庭审情况，出于查明案件事实真相之目的，决定组织同案被告人同时出庭进行对质。当然，同案被告人之间的对质要警惕其发生串供，需要注意以下几个方面：首先，需要对同案被告人进行分别讯问，并作庭审记录。其次，分别讯问之后发现供述存在实质性差异或在确定主从犯地位方面存在分歧时，才可以要求其同时出庭进行对质。最后，同时出庭对质时，要密切关注其语言、神情、眼神，存在串供、威胁可能性的，应及时制止或停止。

（二）实物证据质证规则的运行状况

在对样本法院的调研中，课题组发现实物证据通常由办公室单独保管，并未入卷，因此，辩护人阅卷时往往看不到实物原件；而且，实物在庭审中一般不出示、不展示，而是以照片、扣押清单等代替物来出示，因此，实物证据在司法实践中质证效果比较差。主要表现为：

其一，无法针对实物证据提出有针对性的质证意见。正如有辩护律师提出，由于辩方在庭前和庭审环节均无法查验证物原物，辩方对实物证据如作案工具的大小、重量、具体尺寸等缺乏直观认识，无法在庭审中提出有针对性的辩护意见，已经严重影响到辩护效果。[①] 在对样本法院的调研中发现，所有毒品类案件中的关键物证——毒品，都在公安阶段上缴缉毒大队，因此，在庭审时，作为物证的毒品早已上缴，无法针对实物进行质证。

其二，辩护人及被告人质证的重点在于质疑取证主体的资格、程序与方

---

① 万毅：《论庭审实质化改革与证据规则之完善——以C市法院改革为样本的分析》，载《中国政法大学学报》2016年第5期。

式等不符合法律规定，主要涉及证据合法性问题，约占七成（具体数据见表2）。主要原因在于实物证据的收集、固定、保管过程往往以"笔录类证据"以及"照片类证据"表现出来。我国刑事诉讼法相关司法解释对物证、书证等实物证据作了详细的规定，包括勘验、检查、提取和扣押，要附有清单与笔录，有侦查人员、持有人、见证人的签名，对特定物品的特征、数量需要描述等，因此，通过笔录类、照片等证据比对，可以一定程度上发现收集、固定、保管中存在的程序性问题。

表2 实践中控辩双方对实物证据质证的主要内容 [多选]

选项	小计（人）	比例
A.质疑相关辨认人的可信性	114	49.57%
B.质疑实物证据保管链的完整性	128	55.65%
C.质疑取证主体资格、程序与方式等	163	70.87%
D.其他	20	8.7%
（空）	18	7.83%
本题有效填写人次	230	

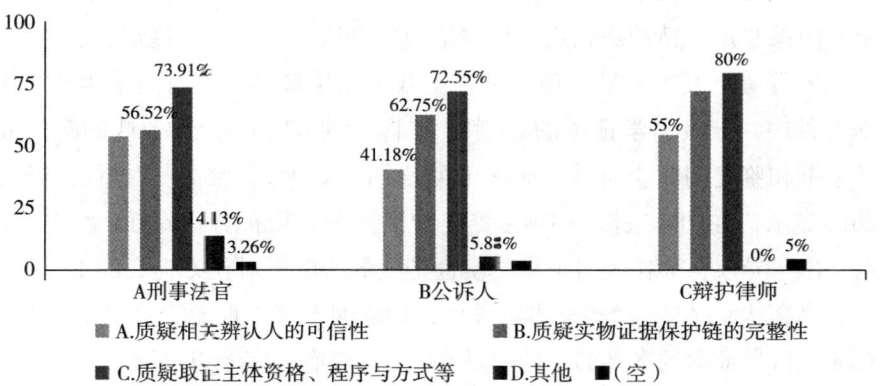

图1 控辩审对实物证据质证的认识

其三，与言词证据相比，实物类证据的质证还涉及鉴真的问题。鉴真有两个相对独立的含义：一是证明法庭上出示、宣读、播放的某一实物证据，与举证方"所声称的那份实物证据"是一致的；二是证明法庭上所出示、宣读、播放的实物证据的内容，如实记录了实物证据的本来面目，反映了实物证据的真实情况。① 简单来说，法庭上举证的证据就是在现场提取的"那一份证据"。鉴真问题涉及实物证据的真实性。由于实物证据是客观性证据，在现场获得的实物证据往往对案件的定罪起到关键性的作用，比如现场提取的匕首、泥土、烟头等。但是，无论是公诉机关，还是辩护人一方，对于实物证据的鉴真问题在质证中都没有给予足够的重视。检察机关举证时不注重证明实物证据来源的真实性，而辩护人一方，尽管近年来，逐渐关注到该问题，比如快播案对视频的来源提出质疑，但从调研法院的情况来看，辩护人质证时对实物证据鉴真问题提出有效质证意见的还非常少。另外，无论是勘验、检查、扣押过程的侦查人员，还是见证人，法律都没有要求其出庭作证，也无法通过询问方式进行质证，因此，只要笔录和照片形式合法，对实物类证据的鉴真性很难提出有效的质证意见。

（三）科学证据质证规则的运行状况

目前在司法实践中，科学证据的使用越来越广泛，包括DNA鉴定、指印鉴定、图像鉴定、精神病鉴定、伤情鉴定、笔迹鉴定、声纹鉴定、痕迹鉴定、测谎试验等等，其中，前三项技术在实践中运用最多。调研组采集的124宗样本案件中，涉及科学证据的84宗，占样本的67.74%，近七成的案件涉及科学证据和鉴定问题。而科学证据在实践中的采信率非常高，"据国内学者类似调研显示，在288宗涉及DNA鉴定的案件中，辩护方仅对1.04%的DNA证据提出了异议；而作为对证据真实性把关的法院，对控方提交的DNA证据的采信率高达99.65%"②。样本案件中，剔除网上庭审直播的案件外，样本法院对涉及科学证据的案件的采信率是98.8%，仅有一宗予以排除。

---

① 陈瑞华：《实物证据的鉴真问题》，载《法学研究》2011年第5期。
② 陈学权：《科学对待DNA证据的证明力》，载《政法论坛》2010年第5期。

与此形成鲜明对比的是,科学证据中质证规则运用较少,具体体现在:

第一,对鉴定人、专家辅助人发问以相关性证据规则为主,其他质证规则较少运用。从对样本案件的调查情况来看,对于鉴定人,在询问中适用的质证规则主要是相关性证据规则,通常要求对鉴定人提问一方"针对鉴定意见"发问,其他质证规则较少运用。但是,由于鉴定意见的特殊性,其相关性规则与其他证人证言运用相关性规则不一致。有些案件鉴定意见本身的结论没有问题,但鉴定意见以外的其他检材没有鉴定或者据以作鉴定的书证本身存在变造的可能性等问题,则往往以与鉴定意见不具有相关性被制上,但从案件整体事实认定来看,专家辅助人提出这些鉴定意见往往与定罪的事实密切相关。

第二,部分鉴定意见存在问题但辩方未提出质证意见。调研中涉及科学证据的 84 宗案件中,被告人、被害人对鉴定意见没有提出异议的高达 69 宗,课题组对这 69 宗案件的后续判决书进行了追踪,并对部分与案件相关的法官进行了问卷调查。涉及鉴定意见但未提出异议案件的审理法官有 7 名,其中,在其所办理的对鉴定意见无异议的案件中,认为鉴定意见可能存在一定问题的占 14.49%;存在的问题中,认为检材的来源不明、鉴定文书缺少签名盖章的占绝大多数。

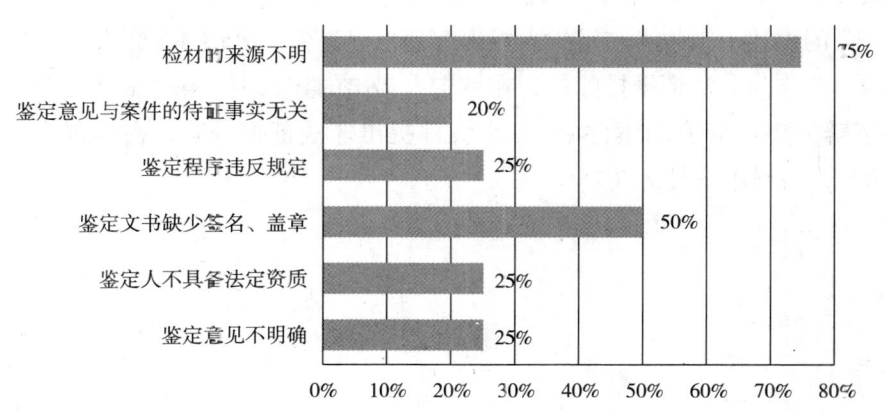

图 2　鉴定意见中可能存在的问题

从上述调研来看，可以在一定程度上反映部分鉴定意见可能存在严重问题，但辩护人没有充分运用质证规则提出有效的质证意见。由于相关案件有其他证据印证，足以定罪，所以一般在判决书中也不会反映出鉴定意见的问题。

另外，通过对后续判决书的追踪，发现有一宗是法官发现鉴定意见存在严重问题而主动排除的。该宗案件涉及检材来源问题：黄某某盗窃案，现场勘验笔录显示在盗窃现场没有提取到指印，却有一份指纹鉴定意见显示，在现场提取到的指印与被告人的指印是同一人所留，明显相互矛盾，检材来源存在严重问题，应予排除。这宗案件的被告人有聘请律师，只要律师认真阅卷，完全可以根据相关性规则提出相应的质证意见。

（四）非法证据排除规则的运行状况

非法证据排除规则系当事人针对证据合法性问题提出质证时经常会涉及的一项证据规则。《严格排除非法证据规定》和《非法证据排除规程》均对非法证据排除规则进行了严格规范。非法证据排除规则是刑事庭审质证规则中最重要的。"不同于一般的证据规则，非法证据排除规则承载着特殊的历史使命，它既是一项法律制度，又是一项以保障人权为根本宗旨的政策性规则，其核心价值是加强公民人身权的司法保障。"① 在调研中，针对被告人的供述，被告人与辩护人提出遭到刑讯逼供，其供述不能作为定案的根据，应作为非法证据排除的，在被告人提出的异议中占相当高的比例。在21宗辩方提出异议的案件中，9宗案件提出非法证据排除，占异议案件的42.8%，占样本案件的7.25%。

---

① 沈德咏：《我们应当如何适用非法证据排除规则》，载最高人民法院网站，http://www.court.gov.cn/zixun-xiangqing-49082.html，2017年6月27日访问。

第四章 我国刑事庭审质证规则的实践运作

表 3 非法证据排除规则具体运行状况

案由	申请时间及理由	提供线索与材料	检方举证情况	启动排非程序时间	决定内容与时间	是否出示	对定罪的影响
1. 白某某等抢劫案	检察阶段申请，一名被告人称被公安人员拖着头撞向墙，强迫认罪	无法提供涉嫌非法取证的人员、时间、地点	人所体检表显示没有伤；公安人员情况说明	当庭于证据出示前启动	当庭决定驳回，理由是无法提供有效线索	当庭出示	采信被告人供述并定罪
2. 李某某抢劫案	当庭申请，被公安人员多次拿木棍夹手指	手指有弯曲	人所体检表显示没有伤；公安人员情况说明	当庭于证据调查环节启动	判决书回应，驳回被告人申请，理由是所体检没有伤，无法证实被告人手指弯曲是刑讯造成	当庭出示	采信被告人供述并定罪
3. 李某某行贿案	庭前申请，检察人员诱导被告人认罪	公安阶段一直稳定地不认罪，检察阶段突然认罪是被诱导的结果	检察阶段讯问没有录音录像，无法提供证据	没有启动	没有回应	当庭出示	采信被告人供述并定罪
4. 李某某抢劫案	检察机关阶段提出，在侦查阶段殴打，在侦查阶段一次是有罪供述，是在被殴打后作出的	无法提供涉嫌非法取证的人员、警号等等线索	人所体检表、公安机关的情况说明	没有启动审查程序，原因是被告人当庭又承认有抢夺的行为，只是辩解没有抢劫	当庭没有裁决，判决书也没有回应	当庭出示	采信被告人有罪供述并定抢劫罪

189

续表

案由	申请时间及理由	提供线索与材料	检方举证情况	启动排非程序时间	决定内容与时间	是否出示	对定罪的影响
5. 张某某抢劫罪案	当庭申请，在抓获出所派出所途中被殴打	无法提供涉嫌非法取证的人员，警号等线索	人所体检表显示没有伤；公安人员情况说明	当庭证据出示前启动	当庭决定驳回，理由是无法提供有效线索	当庭出示	采信被告人供述并定罪
6. 李某某贩卖毒品案	检察阶段申请，派出所时，被带离审讯室，用毛巾包住手脚吊打	无法提供涉嫌非法取证的人员，仅有一次有罪供述，应是在有罪供述前一两个小时被殴打；讯问时笔录被修改，原讯问时间与同步录音录像时间不符	人所体检表显示没有伤；同步录音录像；公安人员情况说明	当庭证据出示前启动	当庭没有裁决，目前案件尚未结案，不清楚判决书中是否回应以及处理的结果	当庭出示	尚未结案，结果未知
7. 韦某某贩卖毒品案	当庭提出，在侦查阶段遭到公安人员殴打	可以提供涉嫌非法取证的人员，但无法提供警号、具体时间等线索	人所体检表显示没有伤；公安人员情况说明；讯问录音录像	当庭证据调查环节启动	当庭没有裁决，目前案件尚未结案，不清楚判决书中是否回应以及处理结果	当庭出示	尚未结案，结果未知

第四章 我国刑事庭审质证规则的实践运作

续表

案由	申请时间及理由	提供线索与材料	检方举证情况	启动排非程序时间	决定内容与时间	是否出示	对定罪的影响
8. 苏某某贩卖毒品案	检察阶段提出，在侦查阶段遭到公安人员殴打	无法提供涉嫌非法取证的人员、警号等线索	人所体检表、审讯录像、公安人员情况说明	当庭证据调查环节启动	判决书回应，驳回被告人申请，理由是被告人没有提交证据，审讯录像证实公安人员讯问过程合法，且有人所体检表佐证	当庭出示	没有采信被告人无罪供述，定罪处罚
9. 桂某某盗窃案	当庭提出，在侦查阶段遭到公安人员殴打，有罪供述笔录是被强迫签名；有罪供述的录音录像是被强迫录制的	无法提供涉嫌非法取证的人员、警号等线索	人所体检表没有显示伤；公安人员说明情况，讯问同时录音录像	当庭证据调查环节启动	判决书回应，驳回被告人申请，理由是审讯录像显示其供述时表情自然、逻辑清晰。而桂某亦未能提供公安证的具体线索或证据，没有证据证实侦查机关刑讯逼供及实施对被告人存在其他非法取证行为	当庭出示	没有采信被告人无罪供述，定罪处罚

从上述统计情况来看，辩方提出非法证据排除后，相关非法证据排除规则的运行存在一定问题，具体体现在：

第一，辩方提出非法证据排除的时间节点混乱。既有在检察阶段提出的，也有在庭前或者当庭提出的，特别是在被告人没有聘请辩护人的情况下，往往到法官询问其是否认罪的环节，或者是公诉人出示完证据，于质证环节才当庭提出。辩方提出的时间节点直接影响法官启动非法证据排除的时间节点，导致有些案件只能在证据调查的质证环节才启动。被告人当庭提出，容易使公诉人和法官措手不及，无法当庭提出证据予以回应；另外，审判人员容易受到已出示的非法证据的影响。《严格排除非法证据规定》和《非法证据排除规程》对此问题进行了明确，要求原则上应在庭前提出，当庭提出的应当说明理由。但是，被告人的应诉能力普遍比较低，在没有辩护人的前提下，强制要求其在庭前提出存在一定的难度。

第二，大部分案件尚未能按非法证据排除规则当庭即时裁决。从上述调研可以发现，大部分案件未能按非法证据排除规则当庭作出决定，而是在判决书中予以回应，或者根本不予回应。这种运作模式导致辩方提出应予作为非法证据排除的有罪供述在法院未作出决定前，均在庭审中出示。当庭即时裁决率低的原因主要包括：一是辩方当庭提出非法证据排除，控方缺乏准备。二是法官即时裁决的能力有待提高。根据非法证据排除规则即时裁决需要法官熟悉并娴熟运用非法证据排除规则，但在实践中，部分法官缺乏相应的庭审应变能力，对非法证据排除规则的运用存在畏难情绪；而部分法官则担心即时决定相关证据是否排除，可能在判决时会陷入被动，所以一般不当庭表态。三是相关非法证据排除规则不完善，对于是否应当庭裁决没有规定。《严格排除非法证据规定》和《非法证据排除规程》确立了当庭裁决原则，明确要求法庭对侦查人员证据收集的合法性进行调查后，应当当庭作出是否排除相关证据的决定；必要时，可以宣布休庭，由合议庭评议或者提交审判委员会讨论，再次开庭时宣布决定。

第三，审查形式单一，无一例侦查人员出庭作证。无论是原有非法证据排除规则的规定，还是《严格排除非法证据规定》和《非法证据排除规程》，都明确规定犯罪嫌疑人、被告人及其辩护人申请排除非法证据，应当提供涉嫌非法取证的人员、时间、地点、方式、内容等相关线索或者材料。实践中，法官、公诉人几乎都是围绕这几方面，以入所体检表、侦查机关情况说明等内部资料为对象进行审查。调研的样本案件中，无一例侦查人员出庭作证，并与被告人进行对质，公诉人能够提供讯问时同步录音录像作为佐证的也并不多，审查方式、内容过于单一。

（五）"异议—即时裁决"规则的运行状况

在发问中，当事人、代理人或辩护人对于不当发问有提出异议的权利。异议的性质属于独立的申请权。异议制度在英美法系国家的交叉询问中广泛运用，而大陆法系国家，如日本，也规定检察官、被告人或辩护人调查证据，可以提出异议的权利。[①]我国刑事诉讼相关司法解释也规定了相类似的异议制度。[②]

在以控辩方质证为主要形式的证据调查中，由控诉方或辩护方提出并由法官裁决的诉讼异议，是贯彻证据规则、维护证据调查的适当性与合法性的主要手段。[③]因此，"异议—即时裁决"的模式既是以刑事庭审质证规则为依据，也是维护质证规则有效运行的手段。"异议—即时裁决"模式的程序包括：第一，及时提出异议；第二，明确简短地陈述理由；第三，等待法官决定；第四，法官即时作出裁决。对照该模式的程序，调研中发现的提出异议及裁决的运作模式如下：

1. 异议提出的主体

调研样本124宗案件中，有21宗案件由控辩双方主动提出质证异议，9

[①]《日本刑事诉讼法》第309条第1项规定："检察官、被告或辩护人得对证据的调查，声明异议。"

[②] 2012年《高法解释》第214条规定，控辩双方的讯问、发问方式不当或者内容与本案无关的，对方可以提出异议，申请审判长制止，审判长应当查明情况予以支持或者驳回；对方未提出异议的，审判长也可以根据情况予以制止。

[③] 参见龙宗智：《刑事庭审制度研究》，中国政法大学出版社2001年版，第225页。

宗案件由被害人主动提出异议。

表4 调研中控、辩、被害人提出异议的情况

提出异议的主体	证据类型	提出次数
控方	证人证言	6
	被害人陈述	4
	被告人供述	10
	书证和物证	4
辩方	证人证言	8
	被告人供述	9
	实物证据	5
	受害人陈述	3
被害人	证人证言	7
	被害人陈述	9

从表4可以看出：

（1）控方、辩方、被害人主动运用质证规则的情形较少，态度较为消极。其中，控辩双方主动提出异议的案件仅占16.94%。而根据我们的观察，除了控辩双方提出异议以及法官主动适用质证规则的情形外，尚有大量需要运用质证规则的情形，包括发问存在语意不明的问题、预设没有证据支持的事实作为发问的前提、复合性问题等，均没有提出异议，没有运用相应的质证规则予以规范。

（2）从次数的绝对值来看，控方和辩方在21宗案件中分别提出异议24次和25次，平均1.14次/宗和1.19次/宗，控辩双方的作用显得比较被动和消极。而相关司法解释规定，控辩双方的讯问、发问方式不当或者内容与本案无关的，对方可以提出异议，申请审判长制止，审判长应当判明情况予

以支持或者驳回；对方未提出异议的，审判长也可以根据情况予以制止。在我国控辩式庭审中，对于质证规则的运用，立法目的以当事人提出异议为主，只有当事人未提出异议时，审判长才可制止，以弱化法官主导庭审的职权作用，减少法官对证据调查的积极干预，但质证规则在实践中的运行状况与立法的本意存在出入。

（3）被害人作为诉讼主体介入，质证规则运作主体多极化。在故意伤害、强奸、交通肇事等类案件中，被害人及其诉讼代理人出庭参与诉讼，质证规则将在控方、辩方以及被害人间运用。这与传统英美法系国家交叉询问仅在控辩双方中进行不同。被害人当事人化，并介入交叉询问，使质证规则运作主体具有多极化。根据我国法律的规定，被害人可以对被告人、证人进行发问，经审判长同意，被害人也可能成为被发问的对象。调研样本案件中，被害人在9宗案件中提出异议16次，平均1.78次/宗，高于控辩双方提出异议的次数。可见，被害人较为积极地运用质证规则维护自身的权益，毕竟，被害人也与案件处理具有利害关系。

2. 异议提出的时间

异议提出的目的促使庭审质证规则可以有效地发挥作用，因此，为达到目的，及时提出异议是异议权行使的关键。如果发现发问不当，当事人应紧接在发问的问题后马上提出异议。如果发问对象已经就发问人的问题作出回答，此时再提出异议，就失去了意义。于欠案庭审中，辩护人问被害人："你有没有在2013年1月19日驾车堵乡政府？"郭某某回答："没有。"其诉讼代理人随后提出："我反对，辩护人所问的问题与本案无关。"这是典型的当事人对辩护人质证行使异议的范式。但是，被害人的代理人在被害人已经回答后，方才提出"我反对"，显然不属于及时。该案庭审中控方针对诱导性询问，也没有及时提出异议，异议规则的提出较为消极。

异议时间的滞后，反映出检察官、辩护人和诉讼代理人对于庭审质证规则，尤其是发问被告人、证人与受害人的询问规则不够熟悉。

3. 异议的具体内容

表5　调研样本中当事人异议的具体内容

	提出异议的情形	次数
控方	辩方对被告人、证人发问存在诱导	12
	辩方证据存在相关性问题	8
	辩方重复性发问	3
辩方	提出非法证据排除	9
	质疑控方的关键证人不出庭	6
	质疑控方不当庭出示实物证据	5
	受害方对受害人使用诱导性发问	3
	控方对证人使用诱导性发问	2
被害人	辩方对被告人使用诱导性发问	7
	辩方对受害人使用侮辱性发问	4
	辩方对受害人询问无关性问题	5

从上述统计可以看出：（1）控、辩双方提出异议主要集中于人证调查的发问，尤其是在一些比较明显的不当发问中使用，包括重复性问题、诱导性问题以及不具有相关性等问题，至于实物证据、科学证据，几乎没有运用到质证规则。（2）辩方提出异议主要集中于提出非法证据调查以及证据出示方式。控方一般以询问笔录的方式出示证人证言，证人出庭率极低，辩方无法有效地针对证人证言进行对质与辩驳，仅能以传闻证据规则质疑控方出示证据的方式。另外，辩方还质疑控方不当庭出示实物证据，特别是毒品犯罪案件，往往对毒品的成分、数量存在异议，要求控方出示毒品的方式来提出证据的质疑。（3）被害人提出异议主要集中于辩方对被告人、被害人的发问上。被害人可能因其被害而对被告人产生一定仇恨情绪，对于辩方的发问往往产生一种敌对的态度。从观摩庭审的情况来看，被害人提出异议往往带有一定的感情色彩，缺乏客观性，一定程度上加剧了控辩不平等的情况。

4. 异议的处理程序及结果

在当事人提出异议后,法院作出决定前,双方均应等待法官的指示、决定后,再继续进行发问。异议是请示审判长维护庭审质证规则的意思表示,因此,等待审判长作出决定,是异议程序最重要的一环。未待审判长作出决定而继续发问,不利于庭审质证规则的有效运行,也不利于司法权威和法庭秩序的维护。

而从样本案件的调研来看,法官运用质证规则制止当事人不当、重复性的发问或者发表意见共计34次,其中,当事人没有提出异议,法官主动运用质证规则为22次,占64.71%;当事人提出异议后,法官根据当事人的异议作出决定为12次,占35.29%。结合上述控方、辩方和被害人针对不当发问提出异议共计41次,即法官对于当事人提出异议的回应率仅为29.27%。法官对于当事人提出的大部分异议,没有作出回应的原因主要是:一方面,法官对于庭审质证规则,尤其是诘问规则掌握得不够,无法迅速反应并正确地作出裁决,往往等到当事人连续提出几次异议后,才作出回应;另一方面,当事人不清楚庭审质证规则的程序,未待法官作出裁决,就进行下一问题的发问,对前一问题的异议不作回应。

"一个立即而成功的决定具有定分止争的功能,可以有效维持法庭秩序并达到诘问的目的。"① 因此,即时裁决,及时对当事人异议进行回应,制止不当发问,是审判长有效维护庭审质证规则的关键,不能置之不理,否则,质证规则将得不到遵守,审判将无法公正、有秩序地进行。样本案件反映出法官的裁决有两种形式:一种是建议的形式,即建议当事人注意发问的方式,建议其围绕案件事实发问等。这种裁决没有强制的效力,仅是给当事人一种指引。从庭审观摩的情况来看,法官异议裁决绝大部分以这种温和的形式作出。如于欢案中,审判长对当事人异议的处理,即建议其接下来的发问的内容应围绕一审认定的事实和于欢的定罪量刑。以建议的形式来裁决,并非作出驳回或制止的决定,无法起到定分止争的效果。被发问人不知道自己是否

---

① 王梅英:《异议与诉讼指挥》,载《法官协会杂志》2001年第3卷第2期。

需要回答发问人的问题，发问人也不清楚是否可以换一种形式再次发问。另一种是决定的形式，即决定驳回异议人的申请或者支持异议人的申请，制止发问人对该问题的发问。至于制止的具体手段，我国相关法律没有规定，导致实践中出现一定的混乱，有的直接禁止相关问题的提出，一定程度上侵犯了发问方的对质权。具体来说，根据不当问题的性质不同，其限制的手段亦应有所不同，包括：第一，如果是诱导性问题、语意不明问题、双重问句的问题等，可以要求发问人将原来的问题转化为合法的形式，再予提出，并非禁止发问人提出该问题。第二，如果是没有相关性的问题或者对证人要求发表意见或议论的发问，则需要禁止发问人对同一问题进行发问。如此，才能真正发挥质证规则维护质证秩序的效果。

（六）法官对质证规则的维护状况

1. 法官消极维护庭审质证规则

于欢案庭审中，尽管审判长在发问之初已经确立了一系列的发问规则，但是，当出现发问可能存在不当时，审判长并没有适时维护质证规则的有效运行、维护庭审的秩序。辩护人对被告人的询问中，询问到第12个诱导性问题时，审判长才打断并要求辩护人注意发问方式。辩护人对被害人的询问中，连续询问多个与前科相关的问题，被害人一再拒绝回答，被害人的代理人提出异议后，审判长亦没有及时根据质证规则予以裁决，导致质证规则形同虚设。

从调研组对于审判长对法庭质证的引导和控制情况的问卷调查中可以发现：（1）大部分法官（61.96%）认为审判长对质证过程的引导过多，与其形成鲜明对比的是，绝大部分辩护律师（72.5%）认为审判长对质证过程引导过少。（2）大部分法官认为审判长已经尽责，能够主动制止不当质证方式，但是大部分检察官、辩护律师却认为审判长很少能够主动制止不当的质证方式。

第四章 我国刑事庭审质证规则的实践运作

表6 审判长对控辩双方法庭质证的引导和控制情况 [多选]

选项	小计（人）	比例
A. 审判长经常引导控辩双方开展质证活动	100	43.48%
B. 审判长较少引导控辩双方开展质证活动	96	41.74%
C. 审判长对质证活动的引导多从照顾弱势被告人质证的角度考虑	36	15.65%
D. 审判长对质证活动的引导多从查清案件事实的角度考虑	124	53.91%
E. 审判长经常对不当质证方式主动制止	59	25.65%
F. 审判长较少对不当质证方式主动制止	46	20%
G. 其他	12	5.22%
（空）	18	7.83%
本题有效填写人次	230	

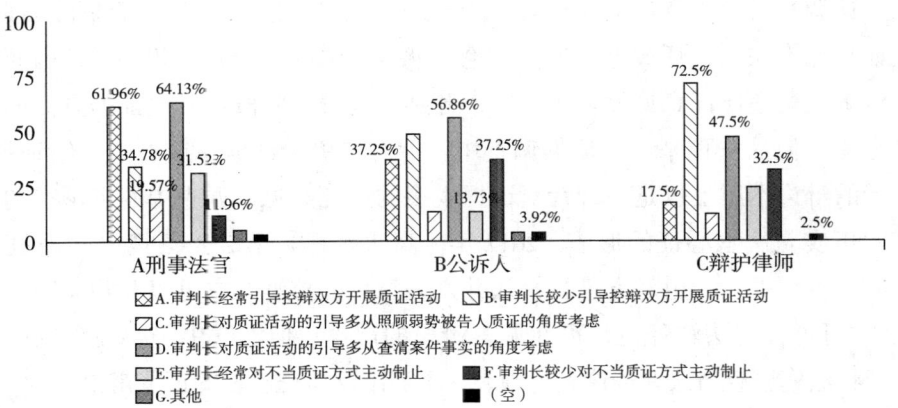

图3 关于"审判长对控辩双方法庭质证的引导和控制情况"的认识

2. 法官维护质证规则的具体内容

调查样本124宗案件中，有16宗案件，法官主动运用质证规则规范当事人的质证行为，仅占全部案件的12.9%。

表 7 法官在庭审中维护质证规则的具体内容

维护质证规则的情形	次数
禁止当事人重复发问	10
当事人使用诱导性询问问题	7
证人、鉴定人质证内容与案件事实无关	5
当事人发问方式存在侮辱性语言	5
当事人在证据质证中发表辩论性意见	5
要求被告人、证人发表意见	2

从表 7 可以看出，法官在庭审中维护质证规则主要是禁止当事人重复发问。当事人是否重复发问，相对较好判断；而当事人重复发问往往影响庭审效率，容易引起法官反感，因此，法官会主动禁止当事人重复性发问。另外，如上述调查所示，有辩护人在质证阶段进行证据辩论，被法官打断了，理由是如果允许在质证环节进行证据辩论，就会与法庭辩论阶段相混淆，因而要求辩护人调整质证意见发表的顺序，等到法庭辩论阶段再发表证据方面的辩护意见。但从法理来说，证据调查中，针对"单个证据"或者"一组证据"进行的辩论本质上也是一种针对证据发表的质证意见，调查中的辩论有利于查明事实与法官心证的形成。2012 年《高法解释》第 218 条规定："举证方当庭出示证据后，由对方进行辨认并发表意见。控辩双方可以互相质问、辩论。"可见，司法解释也认可在调查阶段的辩论，但实践中仍存在限制的情形，将法庭调查与法庭辩论人为割裂，不当限制质证阶段的证据辩论。

（七）认罪认罚案件中质证规则的适用情况

自 2016 年试点以来，基层法院受理的案件中约 85% 是通过认罪认罚从宽处罚制度审理的。认罪认罚案件可以分别采用速裁程序、简易程序、普通程序进行审理，审理程序不同，质证规则的适用情况也存在不同。目前来看，适用普通程序审理的认罪认罚案件并不常见，在此不做考察。下文主要考察适用速裁程序和简易程序审理的认罪认罚案件中质证规则的适用情况。

《刑事诉讼法》第224条规定，适用速裁程序审理案件，一般不进行法庭调查、法庭辩论。因此，采用速裁程序审理的认罪认罚案件中，并不存在庭审质证过程，自然无须讨论质证规则的适用情况。需要说明的是，速裁程序并不意味着剥夺被告人的质证权，只是将"质证"过程前移至审前程序，也就是说，适用速裁程序审理的案件，在审前阶段应充分保障被告人的证据知悉权以及获得律师有效帮助的权利，确保认罪认罚的自愿性以及案件的事实证据基础。

根据《刑事诉讼法》第219条的规定，适用简易程序审理的认罪认罚案件，不受讯问被告人、询问证人或鉴定人、出示证据等有关规定的限制。有实证数据显示，简易程序中法庭调查和法庭辩论所耗的时间比约为6∶4，也就是说，法官将庭审60%的时间用于调查证据和事实，法庭调查依然是简易程序的重心环节。但进一步考察庭审质证的具体内容之后，就会发现简易程序的庭审质证过于形式化，被告人、辩护律师通常只是简单地回答"同意"，并不会发表具体质证意见。由于简易程序审理的是认罪案件，被告人对事实、证据基本没有异议，庭审质证形式化无可厚非。但由此可以发现，简易程序庭审的重点并非查明案件事实，而是确定认罪的自愿性和真实性。因此，与速裁程序一样，简易程序也需要强化对被告人认罪认罚自愿性的审前保障。

三、我国庭审质证规则存在的主要问题及原因

（一）结构因素："控辩审等腰三角结构"尚未形成

虽然十八届四中全会提出了以审判为中心的诉讼制度改革，但不可否认的是，目前的司法现状下，侦查权仍处于强势地位，公检法三机关互相配合，共同打击犯罪的结构没有发生根本的转变。在目前的诉讼程序下，法庭更多是一个确认侦查结果正确与否、认定被告人有罪的复查场所，庭审无法发挥认定事实的关键作用，以侦查案卷审查程序为中心的审判结构没有发生根本

改变。在此情形下，庭审质证规则作为技术性规则，往往受到忽视，且其运作效果不佳，具体体现在：第一，非法证据排除率低。上述调研反映，9宗提出非法证据排除的案件中，除两宗案件尚未判决外，其余案件都被法院驳回，非法证据排除率比较低。实践中，被告人很难按法律规定提供涉案人员的姓名、警号、时间、地点等线索。目前，对于非法证据排除的审查方式单一，侦查人员几乎都没有出庭与被告人对质，如果被告人身体没有伤痕或者没有明显存在缺陷的审讯笔录证明，被告人的申请很难获得支持。第二，有罪判决率高。样本法院84宗调研案件中，仅有一宗案件作出无罪判决，一件由检察机关撤回起诉，另有两宗案件尚未判决，其余80宗案件均作出有罪判决。总体来说，有罪判决率较高，这与最高人民法院公布的有罪判决率基本是相符的。最高人民法院工作报告以及《中国法律年鉴》的统计显示，全国法院2014年至2018年的无罪判决率分别为0.066%、0.084%、0.088%、0.09%和0.057%，可见，我国的无罪判决率呈趋零的走势。有罪判决率畸高，容易给辩方以"质证规则无效""质证只是在做无用功"的错觉，失去运用质证规则以查明案件事实的积极性。

控辩审三角结构是控辩平等对抗、法官居中裁判的庭审结构。这种三角结构是一种等腰三角形的庭审构造。刑事庭审质证规则作为证据调查的重要规则之一，其发挥作用、有效运转的前提条件是控辩审三角结构的形成。因为"如果控诉方与审判方名为两方，实为一体，或在相当程度上融为一体，共同对付辩护一方，那就会消解三角结构，形成一种国家对个人的两面关系，诉讼构造及其公正性将不复存在"。[①] 目前，"控辩审三角结构"的构建虽然大致形似，但控辩缺乏实质平等，刑事案件辩护率较低以及控审高度科层性、官僚性足以使等腰三角的构造向控方偏斜。当然，随着刑事律师辩护的全覆盖，[②] 控辩双方不平等的局面未来或可能发生改变。

---

① 龙宗智：《我国刑事庭审中人证调查的几个问题——以"交叉询问"问题为中心》，载《政法论坛》2008年第5期。

② 2017年10月11日，最高人民法院、司法部联合发布《关于开展刑事案件律师辩护全覆盖试点工作的办法》，要求在北京、上海、浙江、安徽、河南、广东、四川、陕西等地试行刑事案件审判阶段律师辩护全覆盖试点工作。

另外，职业司法官员出现制度疲劳现象。职业法官在日复一日、年复一年几乎同样的案情演绎中，机械地运作、裁判，形成思维定式，检察官与辩护律师在大部分案件中几乎丧失了庭审辩论、举证质证的激情。处于支配地位的法官、检察官希望高效率地处理案件，几乎没有什么理由需要通过参与繁复的法庭仪式来达成可预见的定罪与判决。课题组针对调研的法官设计了四组答案和一个开放性答案供自由填写，并可以多项选择。调查发现，影响法官运用质证规则的主要因素是担心过多介入当事人举证、质证，影响中立性以及担心质证规则运用不当，激化矛盾，引起当事人投诉；另外，也有质证规则规定不清以及当事人法律水平的制约因素。

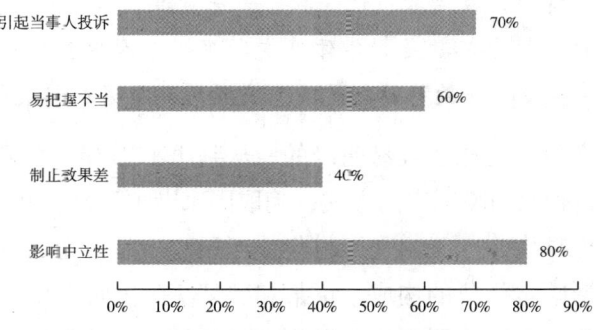

图 4　影响法官运用质证规则的因素

另外，调研样本中的出庭检察官与实际承办检察官经常不一致，出庭检察官仅负责出庭，对案件的证据并没有深入了解，出庭更多是一种任务，而若运用质证规则，整个庭审的节奏和速度都不可避免地会受到影响。因此，司法实践中，控辩审三方主动运用质证规则的情形较少，态度较为消极。

（二）制度因素：证据出示制度尚待完善

通过上述的实证考察，可以发现我国质证规则运行不畅与证据出示制度缺失密切相关。庭审过程中，无论证据属于哪一种类，控方举证均以宣读为主，出示证据甚少，当事人运作质证规则缺乏有效的可质证的对象。其突出地表现在：

1. 控方过度批量举证，法庭调查的争点不突出

以争点为中心是证据调查程序的基本要求，只有把纷繁复杂的案情简化为可以集中争辩的具体问题，才能明确庭审重点，减小争议解决的范围和难度。① 如果法庭调查的争点不突出，很可能导致法庭调查的混乱和无序，控辩双方的举证、质证和辩论不能围绕争点展开，法庭调查的实际效果将大打折扣。对于法庭调查争点不突出的具体表现，课题组拟以一起贪污案的庭审过程为例进行解读。②

【案例1】衡山县人民检察院指控：被告人周某在担任衡山县江东乡某村党支部书记、村主任期间，利用职务上的便利，冒用村民章某、廖某的名义，骗取国家发放的特困户救助款、低保款、五保款共计36065元，并予以侵吞。被告人及其辩护人提出其款是村集体开支所用，个人没有使用该款，不是贪污，并且给章某、廖某发放补贴款是集体决定的，章某和廖某知情。

本案的事实争点是比较容易明确的，从判决书来看，本案的核心争议点应当是被告人是否以隐瞒事实的方式，骗取国家专项资金，并实际占有。③ 只要是骗取国家专项资金，无论是为村集体所用，还是占为己有，其行为已是非法占有，不影响贪污罪的构成。章某和廖某实际上符合申请低保款和五保款的条件，如果是在两人同意的情况为其申请补贴款并留用，就不是骗取专项资金。另外，与被告人定罪量刑紧密相关的还有为章某、廖某申请补贴款是否经村集体讨论决定，这也是本案调查的重点。

被告人对起诉书的答辩意见：没有贪污行为。一、两笔款项用于村里的正常开支；二、任职期间，村里数目并不清楚；三、我在村里账目上也有自己垫付款项；四、申请表上，我没有冒用和伪造签字，有村民的签字。

本案中，决定被告人是否构成贪污罪的关键点是被告人是否在章某、廖某不知情的情况下冒用其名义申请、领取专项补贴款。但在本案的法庭调查

---

① 冯文生：《争点整理程序研究》，载《法律适用》2005年第2期。
② "横山县人民法院直播一起贪污案"，中国法院网网络直播，http://old.chinacourt.org/zhibo/zhibo.php?zhibo_id=42856，访问时间：2016年10月23日。
③ 参见（2015）山刑初字第170号判决书。

中，公诉人并没有围绕争点进行重点举证。所有的证据都是根据其形式归类后进行批量举证，例如：

公诉人批量举示了一组书证，证明事项：村民章某和廖某的低保、五保补贴发放情况；章某和廖某具备申请低保款、五保款的资格，申请手续等形式要件齐全。

被告人及辩护人：无异议。

公诉人批量举示了一组证人证言（共12人），证明事项：廖某、章某不知补贴款的事；被告人所说的其他几名村干部在申请表上签字的事，只有周某一人承认签过，但他不清楚申请低保的事；其他村干部不清楚被告人领取的补贴款是否用于弥补财务的亏损。

被告人：对证人廖某某的证言有异议，我没对廖某某说过钱退给民政局了。其他有的人签了字不承认的，我申请笔迹鉴定。

辩护人：证人吴某的证言可以证明被告人告诉他帮章某领钱的事；廖某某的证言可以证实村里经过两次算账，财政有亏损的情况。

公诉人通过批量举证的方式将所有的证人证言在法庭上一并举示，没有宣读每份证言的具体内容，只是说明每份证言的证明目的。由于这些证人证言指向多个不同的事实细节，有的与被告人骗取专项资金的事实有较强的关联性，有的关联性比较弱，在未综合分析这些证言之间的联系并充分指明这批证人证言证明主旨的情况下，公诉人这种"打包举证"的方式不仅没有明确本轮举证的重点，而且给辩方质证增加了难度。被告人只能简单地表示"这些人签了字不承认的，申请笔迹鉴定"，实际上被告人也没记住具体是哪些人签了字不承认，从之前讯问被告人的情况来看，被告人辩解共有3个人在申请表上签字或代签字，公诉人举示的证人证言中有两人否认签字。辩护人没有直接针对公诉人的证明事项质证，而是在案卷笔录中翻出两项对被告人有利的证言内容，也就是说，在这一轮的举证、质证环节中，公诉人的举证内容与被告人的质证内容没有对上，双方都是将案卷笔录中的部分内容"摘要式"地作为自己发言的根据。通过对该案判决书的进一步分析，12份证人证言中，有5份证言与被告人冒用章某、廖某名义骗取国家发放的低保款、五保款并予以侵吞有较大关联性，而且这几份证言除了都对被告人不利之外，互相之间并没有直接的联系，但都作为本案定案的重要证据。但遗憾的是，公诉人并没有将这些证人证言逐一重点举示并让辩方重点质证。从被告人庭审全程的辩解来看，被告人至少会对其中4份证言的内容持有明显异议，但在公诉人举证时基本没有发表什么意见。公诉人举示这12份证人证言共用了不到两分钟时间，对于无争议的证据采取这种简化举证的方式无可厚非，但对于有争议的证据则显得不合适，特别是在证人不出庭的情况下，如果不对证人证言详细加以举示，不仅使辩方难有质证的空间，而且不能突出法庭调查的争点，以促使控辩双方以争点为主线就具体问题展开质辩。

《法庭调查规程》规定，对于可能影响定罪量刑的关键证据和控辩双方存在争议的证据，一般应当单独举证、质证；对于控辩双方无异议的非关键性证据，可以仅就证据的名称及其证明的事项作出说明。即原则上"一证一质"，无异议且非关键性证据才能简化批量质证。但我们调研发现，由于《法庭调查规程》只规定了关键证据、争议证据，一般应当单独举证、质证，而未进一步明确其举证方式，为控方简化关键证据、争议证据举证留下漏洞，实践中证据出示仍存在以下问题：

第一，控方基于庭审效率的考量，原则上采用"批量举证"或者"整体举证"的方式宣示性地出示证据，法官对此证据出示形式也予以默许。证据调查并非"一证一质"或者以"人证调查"为主线的举证、质证。课题组在毕节中级人民法院调研时，相当多的法官也认为，由于案多人少的突出矛盾，刑事司法实践无法做到"一证一质"，仅是针对对定罪量刑有重要作用的证据，特别是死刑案件中的某些重要证据，组织双方进行"一证一质"，充分听取控辩双方意见。这种做法导致辩方往往在控方连续出示一组证据或者全部证据出示完毕后，才能发表质证意见，而被告人和辩护人很难运用质证规则针对单个证据发表意见，仅能简单、笼统地表示"事实不是这样的""证据没有意见，但证据无法证明犯罪事实"等，所谓的质证也演变成为对案件事实整体发表意见。在选取的40份庭审录像中，公诉机关全部都是采用"一组一质"的分组举证的方式进行举证，其中梁某某诈骗案中公诉机关甚至采用"五组一质"的方式进行举证，漆某某运输毒品案中公诉机关采用全案证据一次举示质证的方式进行举证。

此外，为了节约庭审时间，公诉人员通常采用的是批量举证和"证据名称＋证明内容"的方式进行举证，并不会具体解释说明证据内容。通过"证据名称＋证明内容"的举证方式，举证时并不宣读每份证据的具体内容，只是说明举证要旨即证明目的，概括介绍这批证据的内容，待控方将证据全部举示完毕，再由辩方针对控方所有证据进行质证。虽然这种举证方式可以节约庭审时间、提高诉讼效率，但是不能客观具体地展现证据内容，不利于辩方质证。利用这种方式举证，辩方没有足够的时间去准备，只能凭记忆在浩如烟海的证据里面挑选最重要的部分发表意见，存在极大的偶然性和不全面性，质证程序也就因此而虚化了。被告人及其辩护人不能充分了解证据的内容，也不能对证据的真实性和合法性进行判断，自然无法发表充分的质证意见。

第二，宣读式举证过多，出示性举证少。根据《法庭调查规程》，对于物证、书证、视听资料、电子数据等证据，应以出示、展示为原则，除非取得原物、原件确有困难的才可以以替代方式出示。观摩样本案件的庭审，可以发现实物证据基本不出示，而以扣押清单代替出示；对于书证、视听资料和电子数据，控方基本以宣读式方式进行举证；仅在少数案件中，将鉴定意见、视听资料等证据以当庭出示、当庭播放的形式举证。课题组在毕节中级人民法院调研时，有法官也提出有些视听资料过长，很难在庭审中完全出示，公诉人和法官均不愿意，导致被告人在庭审过程中很难有效进行质证。

对于证人证言、犯罪嫌疑人供述和辩解等言词证据，为了节约庭审时间，公诉人员通常采用摘要宣读笔录的方式进行举证。这种举证方式的弊端是：由于控方的立场限制，允许控方以"告以要旨""摘要式"方式宣读容易断章取义，存在质证范围由控方决定的瑕疵。实践中，控方往往会在几次讯问笔录中挑选对被告人最不利的笔录进行宣读，会在一份笔录中截取对被告人不利的部分进行宣读。由于我国被告人不享有阅卷权，庭审时被告人手中也没有案卷复印件，故公诉人在宣读笔录的时候，被告人无法发现公诉人的宣读是否遗漏了有利于自己的证言或辩解部分，在如此大量的片段式控方举证下，被告人仅凭记忆的质证效果可见一斑。尤其是没有聘请律师的被告人，在庭前无法完整阅卷的前提下，当庭只能以"事实不是这样的""证人证言不属实"等概括、抽象性的内容予以回应，即使是不认罪的案件，也无法对证据提出实质性的意见。刑事庭审质证规则既没有发挥的空间，也无法发挥有效的规范证据调查的作用。

第三，公诉人举证的语言以及方式有待完善。在毕节中级人民法院调研时，部分法官提出，公诉人在举证时只宣读证据的名称，欠缺对证据证明目的的归纳；且公诉人出示证据语言过于书面化，被告人文化水平一般较低，对公诉方的举示证据的表达有时难以理解，从而无法有效质证。

"证据调查程序系指如何将诉讼资料呈现于法庭，而认定被告犯罪事实的过程。"① 完善的证据出示制度包括规定关键证人、鉴定人出庭作证规则，物证展示使当事人加以辨认规则，书证宣读或者出示阅览规则，录音、录像等当庭播放规则。我国相关法律规定对于证据出示问题规定得较为粗糙，没有形成完善的证据出示制度，简略式的举证与质证成为普遍的证据调查风格。

2. 举证、质证方式过于僵化，对事实争点的质辩不充分

在我国目前的刑事庭审中，控辩双方对重要证据的质辩不充分是比较普遍的现象，这在案例1的庭审中能够得到体现。由于控方过度的批量举证，案例1的法庭调查没能突出争点，显得辩方质证和整个法庭调查有些无的放矢。可以肯定的是，法庭调查的争点不突出很可能导致控辩双方对事实争点的质辩不充分。控方举证时主次区分，做到重要证据重点举证和次要证据简化举证，确实能够突出法庭调查的争点，也能使辩方质证的对象更明确，但这并不代表法庭调查就一定能发挥实质性的作用。实际上，在大多数证据并不疑难、复杂的案件中，即使法庭没有在开庭审理前整理争点，庭审调查的过程中也能很快突出争点。所以更突出的问题是，即使法庭调查的争点明确并成为庭审的主线，也不能保证控辩双方对事实争点进行充分的质辩，法庭调查的实际效果仍会不佳。对于这种实践样态，课题组拟以一起故意伤害案

---

① 黄朝义：《刑事诉讼法》，新学林出版股份有限公司2014年版，第427页。

的庭审过程为例进行解读。①

【案例2】被告人杨某与朋友几人在酒店吃饭时因为行车纠纷与余某发生争执打斗,余某离开后为了报复遂纠集几人携带铁棍回来对杨某等人进行殴打,杨某等人拾起地上铁锹、木板凳等物进行反击。在打斗过程中,属于余某一方的被害人付某头部被击打,导致颅脑损伤,到医院后抢救无效死亡。被告人杨某以涉嫌故意伤害(致人死亡)罪被起诉,公诉机关指控其在被害人付某倒地时趁势用木凳击打其头部,最终导致被害人颅脑损伤。参与斗殴的其他几人以涉嫌聚众斗殴罪被另案处理,在本案中作为主要证人。被告人杨某承认自己拿过木凳反击,但否认击打过被害人,并辩解自己是在被打晕躺在路边后看见另有人被击倒在地。

因为本案的主要证据是几位在现场的证人的证言,所以在出示证言笔录时采取的是一证一举一质的方式,举证的具体方式是宣读各主要证言笔录的要点,展示其证明的核心事项。几份关键证人证言的举证、质证情况如下:

● 公诉人举证要点1

证人A的证言笔录(另案讯问笔录)。第一次询问笔录证明事项:证人A拿铁锹反击打倒了被害人,然后被告人杨某拿木凳继续打了被害人,但忘了杨某具体打到被害人哪个部位。第二次询问笔录证明事项:被告人杨某用木凳打到了被害人的头部,然后被害人便倒在了地上。

辩护人质证要点:第一,证人A是本案利害关系人,因为他曾用铁锹打倒了被害人,证言可信性低;第二,证人A供认用铁锹击打了被害人胸部,但从尸检报告无法看出被害人胸部有伤;第三,证人A两次作证笔录不一致,第一次称记不得被告人杨某打到被害人哪个部位,在得知被害人付某在医院去世后,第二次称记起被告人杨某用木棍打到了被害人头部,第二次供认的动机值得怀疑。

---

① 《嘉定法院审理一起故意伤害案》,中国法院网网络直播,http://old.chinacourt.org/zhibo/zhibo.phpZhibo_id=38644,访问日期:2016年10月25日。

●公诉人举证要点2

证人B的证言笔录（另案讯问笔录）证明事项：一个穿红衣服的人（现场只有被告人穿红衣服，这点没有异议）用木棍击打了倒在地上的被害人。

辩护人质证要点：证人B与证人A是亲兄弟，陈述的真实性存疑。

●公诉人举证要点3

证人C证言笔录（另案讯问笔录）证明事项：穿红衣服的人（被告人）用木棍击打了被害人。

证人D证言笔录（另案讯问笔录）证明事项：穿红衣服的人（被告人）用木棍击打了被害人的上半身。

证人C和证人D的证言笔录同时指出被害人被铁锹打倒。

辩护人质证要点：证人C和证人D并没有指明被告人用木棍击打了被害人头部，只说了上半身。

公诉人回应要点：头部和上半身方向一致，而且木凳长度不是很短。

本案中控方采取的一证一举的方式是值得肯定的。控方在法庭调查初始阶段举示了证明被告人犯罪事实的几份关键证据，即相关现场证人的证人证言。将与本案具有直接利害关系的证人A的证言最先举示并让辩方质证，控辩双方对该证言的举证、质证过程展示了本案事实的主要争议点，即被害人颅脑受损是被证人A用铁锹击打导致还是被告人手持木凳击打导致。明确案件事实争点对于促进法庭证据调查的高效化和实效化非常重要，这也是刑事诉讼法新设庭前会议制度的主要功能。但该案由于其他斗殴者被另案处理，案情没有那么复杂，也就没有召开庭前会议。本案中，控方采取一证一举的方式，并按照证据与待证事实的关联性大小先后举证，案件的争点很快就能明确，使接下来的法庭调查针对性更强。

除了以上4人外，其余在场证人的笔录内容并没直接指明被告人杨某击打了被害人，只是反映打架的场面、被害人倒在地上、证人A手持铁锹、被告人手持木凳、一些人手持铁棍等情况。这些内容并非被告人致被害人死亡的关键证据，并且被告人与辩护人基本无异议，不再赘述。公诉人对以上四位关键证人的证言笔录采取的是一证一举的方式，所以被告人及辩护人有比较充足的空间针对各份证言笔录发表质证意见。不过遗憾的是，辩护人在发表充分的质证意见后,公诉人几乎没有进行回应就继续宣读下一份证言笔录。在出示证人证言的过程中,辩方一共对以上4位关键证人的证言笔录内容提出异议,其中对证人A的两份有出入的笔录提出比较充分、合理的质疑,但公诉人未作回应,控辩双方未就证人A和证人B的证言内容展开局部辩论。公诉人唯一回应的是辩护人对证人D证言的质疑,认为被告人用木凳打向被告人上半身存在打中头部的较大可能性。

在证人证言出示完毕后,公诉人出示了相关书证,关键书证的举证、质证情况如下:

●公诉人举证要点4

尸检报告证明事项:被害人死亡是因为左侧脑部受到打击导致右侧脑部伤,是脑对冲伤,伤只有一个。

辩护人质证要点:证人E证明被害人刚入院时神志清醒,后来血压下降才昏迷,住院报告记载的病因是被害人被铁锹击打了头部,由此可见被害人在清醒时向医院表达的意思是自己被铁锹打到头部,所以来医院检查和治疗。

●公诉人举证要点5

法医出具的情况说明:本案中证人提到的木凳具有可以致被害人受伤的可能性,只要头部不贴在地面上,就可能造成对冲伤。

辩护人质证要点:铁锹拍中左脑,也有可能造成对冲伤,对冲伤需要脑部与地面有一定空间,倒地后反而没有空间,难以形成对冲伤。

对于公诉人出示的两份书证,辩护人并不是直接针对书证的合法性和内容的真实性进行质证,而是"借题发挥"提出对被告人有利的意见。有的学者将这种辩护方式称为"消极辩护",消极辩护是"以子之矛攻子之盾",即从控方的案卷笔录中寻找对被告人有利的证据,对指控的罪名进行攻击,以达到推翻或者削弱指控罪名的效果。[①] 在我国辩护律师调查取证权行使难度较大和效果不佳的情况下,从案卷笔录发现漏洞和矛盾之处不失为一条可行

---

① 参见陈瑞华、汪文昌:《刑事辩护的中国经验》,北京大学出版社2012年版,第196页。

的辩护路径。① 但问题是，由于我国审前案卷笔录的制作没有辩方的参与，本质上属于控方汇总的证据材料，而这种隐藏在控方案卷笔录里却有利于被告人的证据该如何进行调查？控方显然不可能主动举示，否则就是"搬起石头砸自己的脚"，若由辩方主动举示，就需要控方进行质证，至少也应该对案卷笔录中的疑点进行解释。本案中，辩护人将案卷笔录中有利于被告人的内容作为质证的依据在控方举证后提出，质证的内容并没有否定举示的证据，严格地讲，并不算是一次有效的质证。对于辩护人主动提出的质疑，控方未进行任何回应。

在法庭辩论阶段，控辩双方又发表了综合性的举证、质证意见，主要如下：

公诉人第一轮的辩论几乎重述了所举示证据的要点和证明的内容，认定被害人是由于被告人反击过程中的击打而导致颅脑损伤，并认为可排除是由证人A的打击造成的。

辩护人的第一轮辩论要点：法医学尸体检验报告没有排除被害人是被铁锹击打而导致颅脑损伤，证人A用铁锹打倒被害人也具有造成对冲伤的可能性，反而是用木凳击打倒地的被害人还不容易造成对冲伤。

公诉人第二轮辩论要点：根据相关检验，铁锹很可能造成脸部的擦伤。相关证人证言能够印证被告人打过被害人这一事实。综合全案来看，被害人遭受了两次打击，而被告人的打击是造成死亡结果的原因。由于警察到现场后，现场已经改变，造成对作案工具无法取证的情况。综合全案来看，能够认定被告人的犯罪事实。

辩护人第二轮的辩论要点：被害人的死亡主要是因为第一次打击造成的，因为被告人被打倒在地后已经短暂失忆。

从法庭辩论的过程来看，控辩双方主要围绕犯罪事实展开，由于被告人

---

① 实践中，很多律师都是从控方卷宗里找到对被告人有利的证据。卷宗实际上既是控方的证据之源，又是辩方证据之源。出现这种情况的根本原因在侦查机关不对法庭负责，侦查人员不出庭，法庭也不会实质性地审查控方卷宗笔录，因而缺乏动力去改善案卷笔录的制作方式。参见陈瑞华、田文昌：《刑事辩护的中国经验》，北京大学出版社2012年版，第188—190页。

及其辩护人始终否认指控事实,法庭辩论并没有就量刑相关问题展开辩论。控辩双方在法庭辩论中的发言又提到两项未在法庭调查中举示和质辩的重要信息:一是被害人脸部的擦伤经过检验,很可能是铁锹造成的;二是被告人的作案工具没有被侦查机关提取。

法官在该案庭审过程中基本保持了消极中立的态度,除了对被告人进行了简短发问,后面几乎没有主动调查证据。但法官在庭审过程中未开展任何认证活动,那么合议庭是否通过法庭审理查明了案件事实呢?我们可以结合该案的判决书①一窥究竟。该案判决书对辩护人意见总结如下:"1.现有证据无法排除被害人因受铁锹殴打致死的可能性;2.部分证人证言未能证实杨某有打击被害人头部的事实,另有部分证人证言存在串供的可能,不应采信,且公安机关未能调取相应物证,故本案现有证据无法证实被害人除受铁锹伤害之外另有头部受第二次殴打的事实。"但判决书并未对辩护人的意见直接进行回应,而是罗列了案卷笔录的证据材料从而得出结论:被害人是被被告人用木凳击打头部致颅脑损伤而死亡。判决书否认辩护意见的主要理由是案卷笔录中的证人证言、尸体检验鉴定书、辨认笔录等证据能够相互印证,而非对庭审过程中暴露的疑点和辩护人的意见进行有针对性的回应。判决书强调所有定案证据均经当庭质证属实、合法有效,但实际情况是,合议庭在法庭审理过程中并没有对这些证据的真实性进行确认,甚至有些证据内容都没有在法庭上经过举证、质证,又是如何得出当庭质证属实的结论的呢?很显然,在庭审过程中保持消极中立的法官主要是依据案卷笔录作出的判决。

在我国,导致法官主要通过研读案卷笔录作出判决的原因是比较复杂的,不能一概而论。但可以肯定的是,如果庭审不能对案件事实进行实质性的调查,法官就只能根据案卷笔录作出事实认定。就本案而言,庭审过程的形式化是导致法官最终选择案卷笔录审理方式的主要原因。从以上分析可见,本案庭审过程的形式化主要表现在控辩双方对重要证据的质辩不充分。且然控方采取一证一举的方式使得所有重要证据的内容能够较为清晰地展现在法庭

---

① 参见(2014)嘉刑初字第 1574 号判决书。

上，但控方几乎没有针对辩护人的质疑进行回应，都是在辩护人发表完质证意见后立即举示下一份证据，整个法庭调查基本是按照这样的节奏推进。本案庭审中，法官没有对控辩双方推进的证据调查加以必要的引导，特别是在辩护人的质证暴露出案件事实的一些疑点之后，法官没有要求控方进行回应，也没有组织控辩双方进行必要的辩论。可以看出，本案的法官根本不担心在法庭上能否查清事实。由于缺乏必要的辩论，法庭调查中质证的互动性和对抗性明显不足，整个庭审过程给人的感觉是止于疑点的发现，而未能澄清疑点，更不可能查清案件事实。

举证、质证过于僵化的另一个表现是，被告人在公诉人和辩护人发问时已经翻供，但公诉人未在讯问被告人时借助庭前供述笔录或其他证据指控被告人，对被告人与庭前供述不一致的地方也不作回应，而是等到法庭调查的最后阶段再举示被告人的供述笔录。这种做法切割了讯问被告人和举示被告人供述笔录之间的联系，不仅没有就被告人翻供的内容及理由展开进一步调查，更没有解决被告人庭上供述和庭前供述矛盾的问题。[①]类似的情况也会发生在证人当庭翻证的案件中。[②]控方对被告人翻供、证人翻证的情况不回应，同样导致法庭对事实争点的调查不充分。

从30起案件的庭审实录看，未对控方举证提出质证意见的证据占75%左右；只提出异议但没发表具体意见的占2%左右；发表了质证意见但控方未回应的占20%左右；控方回应或辩方再发表意见形成一问一答式辩论的占2%左右；形成两轮及以上辩论的不到1%。[③]从对一些法官的访问情况来看，就单个证据的质证回合数而言，各法官把握的标准不统一，同一法官在不同案件中把握的标准也可能不一样。具体有以下几种模式：一证一质后就停止，法庭辩论阶段再继续；一证一质后，控方答辩后停止；一证一质，控方答辩，辩方再答辩，总共两轮；控辩双方交互发表意见，三轮及以上。其中第一种

---

① 《门头沟法院审理"赚取毒品差价 涉嫌贩毒"被公诉案》，中国法院网网络直播，http://old.chinacourt.org/zhibo/zhibo.php?zhibo_id=39576，访问日期：2016年10月26日。

② 《玉州区法院审理一起受贿案》，中国法院网网络直播，http://old.chinacourt.org/zhibo/zhibo.php?zhibo_id=29131，访问日期：2016年10月26日。

③ 这是对控辩双方就书面证据的举证、质证情况的统计，不包括证人、侦查人员、鉴定人出庭时控辩双方的发问情况。

第四章 我国刑事庭审质证规则的实践运作

和第二种模式在调研法院的庭审中最常见。多数质证辩论之所以在两轮之内就结束,主要是因为控辩双方已经不再申请发言。如果控辩双方申请继续发言,法庭有时会允许控辩双方再质辩一至两轮,有时会立即拒绝。从与数位法官的交谈中可以发现,法官普遍忽视质证时的辩论,很少在法庭调查中组织控辩双方针对某一特定证据进行分散辩论,而习惯让控辩双方把更多的想法留到法庭辩论阶段去讲。不少法官表示,我国目前的庭审很难在法庭调查阶段查清事实,辩方在法庭辩论阶段继续质证的情况时有发生,整个庭上质证的效果往往比不上辩护律师庭后提交的辩护意见。综上可以认为,我国庭审实践中"重法庭辩论阶段的集中辩论,轻质证过程中的分散辩论"是导致庭审中重要证据和事实争点质辩不充分的一个重要原因。

3. 关键证人出庭作证少,要求与证人对质的请求较难获得支持

案例2的庭审之所以对案件事实争点的调查不充分,与几位关键证人未出庭作证直接相关。被告人无法与其通过直接对质的方式争辩事实真相,辩护人也无法就庭前证言的内容展开实质性的发问,所发表的质证意见只能针对各份证言笔录中的内容。如果以辩方存有异议的言词证据作为定案的主要依据,就应当通过对言词证据提供者的发问来调查该证据的真实性,这样才能展开实质性的人证调查。但目前我国刑事审判中的关键人证不出庭的情况比较普遍,对于辩方的质证形成较大阻碍。在案例2中,4位关键证人的庭前证言成为定案的主要证据,却无一人出庭作证,辩护人通过综合分析案卷笔录的内容先后对其中两位最重要证人的庭前证言进行了反驳,虽然起到了展示疑点的效果,但无法通过实质性地发问进一步暴露庭前证言的问题。另外一些案件中,在没有其他证据或线索辅助质证的情况下,被告人及其辩护人仅针对能够与其他证据印证的证言笔录,更难提出有意义的质证意见,更多时候只能表达出反对的态度。这种情况在当下的法庭审理中同样比较常见,从一起贩卖毒品案的庭审过程可以看出。①

【案例3】被告人朱某因涉嫌贩卖毒品罪被提起公诉。检察院指控事实:

---

① 《门头沟法院审理'赚取毒品差价 涉嫌贩毒'案公诉案》,中国法院网网络直播,http://old.chinacourt.org/zhibo/zhibo.php?zhibo_id=39256,访问日期:2016年10月26日。

朱某与张某（另案处理）约定张某以每克200元的价格向朱某出售甲基苯丙胺（冰毒），同时朱某与韩某（另案处理）约定以每克300元的价格向韩某出售甲基苯丙胺，由韩某联系买家出售，并约定韩某售出毒品后向朱某支付钱款。朱某从张某处取得甲基苯丙胺样品交给韩某联系买家，当日韩某向朱某提出有人要购买20克甲基苯丙胺。第二天21时许，朱某在北京市某地铁站附近从张某手中购买甲基苯丙胺一包，当日23时许朱某在返回暂住的韩某家中时被民警抓获，当场从朱某身上起获甲基苯丙胺48.21克。

本案中涉及两名关键证人，被告人对这两名证人的庭前证言都持有异议，但这两名证人都没能出庭作证。庭审中的举证、质证要点如下：

● 公诉人举证要点1

证人韩某证言笔录（另案笔录）证明事项：与朱某约定由朱某以每克300元的价格向他提供毒品，他再以350元每克的价格卖出去，等毒品卖出去以后他再向朱某付钱。8月21日上午朱某出去了一次，下午拿回来1包冰毒交给了他。他告诉朱某有人跟他要20克冰毒，并让朱某再去拿冰毒。

被告人：对韩某证言有异议，韩某为了立功陷害我。

● 公诉人举证要点2

证人张某证言笔录（另案笔录）证明事项：与朱某约定以每克200元卖给朱某，8月21日晚上21时许，他给了朱某由白色塑料袋装着的40多克白色晶体的冰毒。

被告人：对张某证言有异议，张某当天就给了0.6克冰毒。

● 公诉人举证要点3

被告人的供述笔录，证明指控的犯罪事实。

被告人：有异议，派出所民警强制让我在笔录上签字，我当时不知道笔录上写的什么，这些内容和我说的不符。

被告人在法庭上坚称40多克冰毒只是自己持有，理由是自己没钱吸食冰毒才想骗些冰毒，而非用于贩卖挣钱。被告人对证人张某、韩某的庭前证言都提出了异议，认为自己并没有和韩某共同贩卖毒品，并辩解案发当天持有的40多克毒品非张某当日给他的,还提出自己在供述笔录上的签字是被强制所为。从该案的判决书来看,证明被告人犯罪事实的各份证据基本能够相互印证,其中庭前口供起到了比较重要的作用,可以说,该案主要是以被告人口供为中心建立起的证据体系。①但是在法庭审理中,面对公诉人举示的证言笔录,被告人除了直接否定证言内容的真实性外,几乎没有能够反驳两位关键证人的庭前证言的其他更具体的理由。在这种情况下,如果两位关键证人没有出庭与被告人对质和接受控辩双方的发问,被告人不可能为自己对庭前证言的异议寻找更多的依据。如此一来,法庭对案卷笔录中各言词证据的调查沦为对"纸证"的核实。另外,当被告人在法庭上翻供并解释是侦查人员强制让他在供述笔录上签字时,法庭对口供合法性的异议未予理睬,并未传唤侦查人员出庭作证。

案例2中的辩护人虽然综合其他证据比较有力地质疑了庭前证言,但法庭并没有对疑点展开进一步调查。如果证人能够出庭,或许这些疑点就能在法庭上被查实或排除。案例2和案例3所反映出的因为关键证人未出庭作证,导致法庭人证调查(对庭前证言的质证)难以实质性展开的情况在我国目前的刑事审判中仍然比较普遍。在调研中考察的30起案件的庭审过程中,共举示证人证言191份,平均每案举示证人证言6.4份;辩方提出异议的证人证言共58份,约占总数的30%。据我们判断,所有被辩方异议的证言,对认定犯罪事实起到直接作用的共46份,约占总数的24%,共涉及23起案件;46份重要证言的28起案件中,一共8起案件16位证人出庭作证,关键证人出庭率约35%,这意味着仍有65%的关键证人未出庭作证。当然,出庭的证人不止这16位,有的证人证言对认定指控事实没有直接联系。例如,在一起斗殴引起的故意伤害案的庭审中,法庭根据控辩双方的申请传唤了3名证人出庭作证,其中一名证人作证称在50米开外看见了斗殴现场,并看见了其中一名被告人在场,但并没有看见是谁拿刀捅了被害人。在该案中,两名被告人对参与斗殴的事实是承认的,所以该证人出庭对于查明争议事实

---

① 参见(2015)门刑初字第12号判决书。

的作用不大。①

此外,在调研的样本案件中,有6宗案件辩方以传闻证据排除规则为据,质疑控方的关键证人不出庭,出示证人证言方式违法,并据此申请关键证人出庭。但是,仅有2宗案件获得法官支持,其中一宗是强奸案,另一宗是故意伤害案。这两宗案件的关键证人中,一宗证人是受害人的朋友,另一宗是受害人的邻居,通知证人出庭较为容易;另有4宗案件的关键证人虽然不出庭,被告人也无法与关键证人对质,但庭前证人笔录成为定案的根据。至于调研样本的其他案件,虽然辩方没有提出关键证人不出庭的质疑,但有约80%的案件定案均依赖于关键证人的证言,而这些证人均没有出庭接受对质。课题组在贵州中级人民法院和绵阳中级人民法院调研时,法官都一致认为有利于指控的证人一般较容易出庭,但不利于指控的证人出庭较难。辩方申请证人出庭作证的案件主要是职务犯罪案件。但职务犯罪案件中,行贿人愿意出庭作证非常困难,且在庭上基本是无效作证、不敢作证。上述调研结果与国内某些实证研究项目的结论是一致的。例如,张中教授主持的"法官运用证据经验规则实证研究"项目在对9省市的法律职业群体和社会公众的调查显示,在刑事审判中,如果被告人要求与证人对质,只有10.3%的受访者认为"非常可能"获得法官支持,而认为"不太可能"的则高达30.8%。②

证人出庭难的原因是多元的:第一,法官主观上不希望证人出庭。由于证人出庭会增加庭审对抗性,提高采信难度,法官本着"多一事不如少一事"的惰性取向,并不愿意让证人出庭。③再加上现行立法下,法官拥有对证人是否出庭的决定权,使证人出庭更加困难。对申请证人出庭,刑事诉讼法采用"控辩双方对证人证言有异议""证人证言对定罪量刑有重大影响""法官认为证人出庭有必要"的"三要件",由于法官享有过大的自

---

① 参见《柳州市鱼峰区法院开庭审理一起故意伤害案》,中国法院直播网网络直播,http://old.chinacourt.org/zhibo/zhibo.php?zhibo_id=26258,访问日期:2016年10月26日。
② 参见张中:《实践证据法:法官运用证据经验规则实证研究》,中国政法大学出版社2015年版,第138—139页。
③ 俞世裕、潘广俊、林嘉栋等:《鉴定人出庭作证制度实施现状及完善——以浙江省为视角》,载《中国司法鉴定》2014年第5期。

由裁量权而备受争议。《法庭调查规程》将"三要件"改为"二要件",即"控辩双方对证人证言有异议""法院认为对案件定罪量刑有重大影响",事实上法院对于证人是否出庭仍具有较大的裁量决定权,不利于证人出庭制度的运行。第二,"以和为贵"的传统观念导致证人不愿意出庭作证。经济社会背景下,"事不关己,高高挂起",目击证人为了不给自己惹来不必要的麻烦往往是拒绝出庭作证的。第三,配套保障措施的不完善导致证人不愿意出庭作证。要使证人出庭,必须落实证人保护制度、证人补偿制度、强制证人出庭制度等具体配套制度,然而我国证人保护和补偿的义务主体仍不明确,公安司法机关互相推诿,证人保护方式十分局限。《法庭调查规程》规定法院有义务审查并决定采用相应的保护措施,必要时可以商请公安机关采取专门性保护措施。《法庭调查规程》规定证人出庭费用,除由控辩双方支付以外,由法院按照程序发放,却未明确哪些费用由控辩双方支付,使该条文毫无实施意义。第四,形式化的质证又会反过来使证人、鉴定人认为出庭只是浪费时间,最终证人、鉴定人不出庭和质证形式化产生了恶性循环。

4. 鉴定人出庭作证少,科学证据质证流于形式

涉及科学证据的84宗案件中,被告人、被害人对鉴定意见提出异议的有15宗,但鉴定人出庭的仅为2宗,占异议案件的比例仅为13%。可见,实践中,当事人申请鉴定人出庭,或者人民法院通知鉴定人出庭的情况都非常少。鉴定人不出庭,被告人只能针对"沉默的"鉴定意见书发表质证意见。由于鉴定意见与其他证据不同,鉴定意见属于科学证据,其发现、收集、保全以及鉴定的过程、内容均具有高度的专业性与技术性。无论辩护人还是公诉人,无论法官还是陪审员,都没有相应的科学知识,在没有鉴定人对相关科学问题给出解释的基础上,辩护人质证流于形式。如调研样本中的一宗盗窃案件,据以定罪的依据是现场提取的一枚指印与被告人指印为同一人所留,被盗现场附近的监控图像画面出现的男子与被告人是同一人像。被告人质证时称不清楚为什么现场有其指印,反正其没有到过案发现场,不是他做的;辩护人质证时一直强调指纹与头像的同一性仅是一

个概率问题，并非100%，而且，指纹鉴定与人像鉴定的准确率很低。但是，在鉴定人没有出庭的情况下，这种针对科学证据"科学性"本身质疑往往缺乏说服力，很难获得法官的采信。而且，部分鉴定意见的出示，仅向被告人出示鉴定意见，但是，鉴定意见中详细载明鉴定中检材来源、鉴定过程、鉴定方法的部分则不出示，导致鉴定意见的质证缺乏针对性。福建念斌案是专家辅助人有效协助质证的典范。福建省高级人民法院分别在2013年7月4日至7日和2014年6月25日至26日开庭审理，针对定罪关键性证据——毒物检验结论，第一次开庭有4名鉴定人出庭，4名专家辅助人出庭发表意见，第二次开庭有3名鉴定人出庭，5名专家辅助人出庭发表意见，分别以4:4、3:5的强有力的专家辅助人团队，对鉴定意见提出有效的质证意见，判决书最后对此描述道："而能否判定检出氟乙酸盐鼠药成分，双方聘请的专业人员提出的意见严重分歧。因此，从俞丙心血、俞乙尿液中检出氟乙酸盐鼠药成分的检验结论可靠性存疑。"最后，判决认定二被害人死于氟乙酸盐鼠药中毒的事实不清，相关证据不确实、不充分，成为念斌最后被判决无罪的重要依据。①

鉴定人出庭难的原因也有很多方面：第一，法官认为鉴定人没必要出庭。目前仍有法官没有认识到鉴定意见的意见性质——不绝对真实准确、不具有终局性效力，而过于"迷信"司法鉴定意见，认为鉴定人没有必要接受质询。第二，同证人一样，鉴定人出庭也会增加庭审对抗性，提高采信难度，影响法官通知鉴定人出庭的积极性。第三，鉴定人出庭会影响法官的权威。由于鉴定意见涉及专业知识，法官基于常识判断是不够的，因此司法实践中常常形成鉴定人代替法官进行认定证据的尴尬局面，这也是美国确立"最终争议"规则的原因之一。②实践中，法官因其对鉴定专业知识的陌生，在庭审时很难提出高质量的问题，也不容易掌握庭审质证程序的主导权。久而久之，法官主观上也就排斥鉴定人出庭。第四，鉴定人客观上没有出庭条件。目前许多鉴定人是兼职司法鉴定人，他们除了从事司法鉴定外，还有许多专职工作，

---

① 详见念斌投放危险物质案刑事附带民事判决书[（2012）闽刑终字第10号]。
② 美国《联邦证据规则》第704条规定，在刑事案件中，不允许专家证人就被告人是否具有属于被指控犯罪的构成要素或相关辩护要素的精神状态或状况，发表意见和推理。

客观上没有时间和精力出庭参与质证。大部分证人亦有专职工作,并不愿意浪费时间和精力出庭作证。第五,鉴定人出庭的费用承担问题影响法院通知鉴定人出庭的积极性。由于鉴定技术落后,西部许多法院刑事案件的鉴定都需要拿到深圳、上海、北京等发达地区的鉴定机构进行鉴定,若双方对鉴定材料有异议,法院就会用通知鉴定人出庭作证。外地的鉴定人到当地来参与庭审,车船差旅费用势必是一笔很大的开销,全部由法院承担是否合理,这也会直接影响法院通知鉴定人出庭的积极性。

(三)主体因素:控辩审三方缺乏规则运作技能

正如日本学者田口守一所言:"催生制度者是人,扼杀制度者也是人。人是制度的核心,这是古今中外不问自明的真理。"① 从上述的调研可见,刑事庭审过程中,控辩审三方缺乏有效遵守、行使和维护质证规则的能力。没有受过专业法律知识训练的被告人与被害人对庭审质证规则基本处于不了解或者完全不了解的状态,没有辩护人与诉讼代理人协助,根本无法有效地运用庭审质证规则。即使受过专业法律知识训练的法官、公诉人、辩护人和诉讼代理人,绝大多数也仅处于基本了解的状态,仍无法娴熟地掌握。

1. 法官提问和引导当事人正确行使质证规则的能力欠缺

调研组在绵阳中级人民法院调研时,就有法官反映由于对诱导性询问规则缺乏明确的认识,实践中更多是凭感觉,感觉辩护人有诱导性询问的目的就制止,感觉没有就不制止。正确行使质证规则的能力欠缺导致出现发问存在不当时,审判长无法适时维护质证规则的有效运行、维护庭审的秩序;对于当事人在质证时所提出的异议,无法即时裁决;裁决的方式无法达到有效维护质证规则运行的效果,有的法官直接禁止相关问题的提出,一定程度上又侵犯了发问方的对质权。

---

① 参见[日]田口守一:《日本裁判员制度的意义与课题》,付玉明译,载《法律科学(西北政法大学学报)》2012年第1期。

2. 控方庭审质证能力有待提高

一方面，控方对质证规则不熟悉。实践中出现控方在法庭上就对方的问题以诱导性、非相关性或者侮辱性问题为由提出反对，但实际上并没有真正弄清楚这些问题之间的界限。另一方面，控方质证不积极，在实践中，出庭公诉人与实际案件承办人不一致的情况经常出现，出庭的公诉人往往不熟悉案情，而无法对辩方提供的证据有效质证或者对辩方的质证意见进行有效的回应。在问卷调查中，当问及实践中辩方开展质证活动主要面临哪些外在难题时，47.39%的受访者认为其中一个原因是控方对辩方的质证意见缺少回应，导致难以展开进一步的互相质问和辩论。

3. 辩护方缺乏有效运用质证规则的能力

课题组的调查问卷显示，辩护方自身能力存在的问题主要包括：质证内容针对性不强、说理不足、对质证规则不够了解以及对质证对象的主次把握不准等问题。

表8 实践中辩方开展质证活动主要存在的自身问题 [多选]

选项	小计	比例
A. 对质证规则不够了解	102	44.35%
B. 对质证对象的主次把握不准	100	43.48%
C. 质证内容的针对性不强	135	58.7%
D. 对人证发问的方式不当	101	43.91%
E. 质证说理不足	126	54.78%
F. 基本不存在问题	28	12.17%
G. 其他	8	3.48%
（空）	16	6.96%
本题有效填写人次	230	

结合上述调查，可以发现辩护方对于庭审质证规则，尤其是发问被告人、证人与受害人的诘问规则不熟悉，发问存在大量违反质证规则的情形；对于对方违反质证规则的行为，辩护人也没有及时提出异议；提出异议后，经常出现没有等待法官的指示、决定，又继续发问的情形，导致法庭秩序出现一定的混乱；部分鉴定意见存在问题但未提出任何反驳性的质证意见；不清楚各质证规则的具体内涵和界限。

4. 针对科学证据不知如何运用质证规则

针对鉴定人出庭的案件，法官尚缺乏熟练运用质证规则的能力，特别是鉴定人与专家辅助人同时出庭的情况下，更难以把握。一方面，鉴定人的属性难以把握。鉴定人是友性证人、敌性证人，还是中性证人？如果鉴定人是敌性证人或者中性证人，那么辩方发问是否可以使用诱导性询问？另一方面，控辩双方运用质证规则主要集中于人证调查的发问，尤其是在一些比较明显的不当发问的问题上使用，至于科学证据，几乎没有运用质证规则规范双方的质证行为。随着科学技术的发展，科学证据被广泛地应用于刑事案件中。证据调查的目的在于运用质证规则来判断科学证据是否可信。司法实践中尽管可以申请鉴定人、专家辅助人出庭协助，但是，如果法官以及控辩双方对于科学证据鉴定原理的知识严重缺乏，甚至一无所知，恐怕很难有效运用与科学证据相关的质证规则进行证据调查。

质证规则是证据制度的一部分，庭审质证规则，包括禁止诱导询问规则、意见规则、相关性规则、异议规则等均是从英美法系交叉询问规则发展而来的，本身较为复杂，需要经过长期的专业、系统的训练，方能熟练掌握并运用。然而，无论是大学教育和法官经验性的传承，都缺乏对法官、检察官和律师如何有效运用质证规则的培养，法官、检察官和律师对于质证规则所包含的技术方面缺乏必要的训练。我国法学课程设置不合理，证据法学长期处于不受重视的位置。我们从东部地区及中、西部地区选取了10个学校进行调研，包括政法类的学校，也包括综合类大学。调研显示，虽然大部分学校都有开设证据法学的课程，但是，几乎都是作为选修课，没有将其作为训练法科专业学生的必备技能来对待，仅中国人民大学将其作为必修课。

表9　部分院校开设证据学课程统计

序号	调研院校	有无开设证据学的课程	选修课/必修课
1	西南政法大学	有	选修课
2	华东政法大学	有	选修课
3	中国政法大学	有	选修课
4	西北政法大学	有	选修课
5	中国人民大学	有	必修课
6	中山大学	无	
7	四川大学	有	选修课
8	厦门大学	有	选修课
9	海南大学	有	选修课
10	吉林大学	有	选修课

（四）规则因素：精细化的庭审质证规则缺失

我国刑事庭审实践之所以往往对案件事实调查不充分，与我国刑事庭审证据调查缺乏技术和制度的支持有很大的关系。制度的执行力固然直接影响着制度的实施效果，但理性的制度设计同样不可或缺。庭审程序具有一定的刚性和透明度，实务操作和规范具有较高程度的一致性，虽然个案实践中的庭审实效受多重因素的影响和制约，但起到根基作用的仍然是庭审的制度设计。控方举证活动过于简略，辩方质证活动难以充分展开，在一定程度上是因为证据调查制度的不充实和不合理造成的。从规范的角度审视，已经成为控方惯习的各种宣读和出示案卷笔录的简略举证方式并没有违反我国证据调查的规定，控辩双方举证、质证的程序规定也比较简单，可以说，粗疏的制度设计无法满足证据调查的充实化要求，难以对实践中控方各种形式化的举证方式进行有效规制。

与其他国家刑事诉讼法对于法庭证据调查制度的规定相比，我国刑事诉讼法明显不重视法庭证据调查制度的设计，一共5条规定涉及法庭证据调查。与之相比，韩国刑事诉讼法共14条规定涉及法庭证据调查，日本刑事诉讼法共15条规定涉及法庭证据调查，俄罗斯刑事诉讼法典和德国刑事诉讼法典与法庭证据调查有关的规定有18条，意大利刑事诉讼法典的相关规定有20条，法国刑事诉讼法典更是多达26条。① 在法庭证据调查制度比较简单的情况下，法庭调查的具体技术性操作主要由控辩审三方掌控，但实际情况并不理想。庭审技术与庭审制度之间既相互影响又彼此独立，庭审技术需要庭审制度的指引和约束，庭审制度需要通过庭审技术取得实效。具体而言，我国缺乏精细化的庭审质证规则主要表现在以下几个方面：

1. 质证规则简陋，导致质证程序的无序化

与英美法系严密的质证规则不同，我国刑事庭审中仅规定了简陋的质证规则。无论是询问的内容、范围和规则，都只是作了原则性的规定，缺乏精细化，法官、检察官和律师在实践中都较难把握。例如：主询问应该有什么要求？反询问又有什么要求？两者是否应该区分？无论是主询问还是反询问，一律禁止诱导性询问是否恰当？若是反询问都禁止诱导性问题，质证效果是否会受到影响？诱导性问题如何定义？相关性规则适用于何种情形？意见性规则的适用有何例外？复合性发问等规则是否应该明确规定？质证的顺序和方法有何规则？科学证据有何特殊的质证规则？专家辅助人、鉴定人如何定性？专家辅助人、鉴定人出庭适用何种质证规则？这些问题规定得不详细，导致实践中有关质证规则的运行由法官、控方及辩方临场把握。因各方立场不同，对规则的理解也不同，适用质证规则有时还会引起证据调查的混乱。在问卷调查中，高达一半以上的受访人员认为质证规则内容不完整是目前较大的问题。

---

① 虽然2012年《高法解释》对法庭证据调查的规定达到13条，但从内容篇幅上看仍与这几个国家法典的规定有明显差距。

表10 我国现行刑事庭审质证规则存在的主要问题［多选］

选项	小计	比例
A 内容不够完整	117	50.87%
B 内容不够合理	57	24.78%
C 逻辑不够清晰	71	30.87%
D 权利保障不足	113	49.13%
E 基本不存在问题	39	16.96%
F 其他	17	7.39%
（空）	14	6.09%
本题有效填写人次	230	

可以说，目前质证规则运行中较大的难题是粗疏的质证规则设计与证据调查精细化现实需要之间的矛盾，亟须结合我国庭审的背景和特点，在我国刑事诉讼的"法空间"中，借鉴国外成熟经验和技术，构建一套操作性较强的刑事庭审质证规则。

2.专家辅助人、鉴定人出庭质证规则不完善

在上述样本案件中，虽然鉴定人出庭的案件仅有两宗，但两宗案件中，辩方都聘请了专家辅助人。在鉴定人作证时，一宗案件的专家辅助人可以在场，而另一宗案件的专家辅助人则被法官要求回避，理由是鉴定人与普通证人适用完全相同的质证规则，而对证人的询问要分开进行，所以专家辅助人应与鉴定人分开质证。司法实践的分歧，反映了目前对专家辅助人、鉴定人的定性以及专家辅助人、鉴定人的质证规则规定尚不完善。总体而言，专家辅助人出庭质证存在两个方面的问题：第一，专家辅助人出庭质证规则不够具体、系统，可操作性弱。《法庭调查规程》规定专家辅助人出庭发问参照适用证人的有关规定，没有考虑到专家辅助人和证人之间的区别，对于专家辅助人出庭的费用承担问题也没有提及。总体而言，专家辅助人出庭质证规则零散地分布在有关立法中，不成体系，不够具体，操作性不强，不利于专家辅助人出庭制度的落实。第二，专家辅助人出庭质证的权利、义务不明确。

事实上，专家辅助人出庭质证应当享有发表意见权、发问权、获得报酬权以及人身安全保障权等诉讼权利，明确专家辅助人出庭质证的权利，方便其参与庭审，有利于落实专家辅助人出庭制度，实现庭审质证实质化。

3. 脆弱证人等特殊质证规则基本没有规定

涉及性侵害、未成年人的案件，无论质证主体、质证方式还是质证内容，都具有其特殊性，实践中几乎没有注意到脆弱证人与普通证人不同的质证规则。脆弱证人容易激发法官的同情心，法官在实践中容易对被告人的质证过度限制，限制辩护人质证的时间、主体、方法、内容，导致质证成为走过场；但有个别法官对于被告人询问脆弱证人又过度放松，在缺乏有效的质证方式缓解证人的紧张与焦虑的情况下，被告人或者代理人的进攻性询问可能会使脆弱证人陷入抗拒的状态，仅以"不记得""不清楚"来模糊回答，根本无法达到质证的效果。脆弱证人，是指由于其本身的"脆弱性"，身体或精神处于不健全的状态，按照通常的质证规则质证会造成困惑，无法全面、准确地进行有效质证的一类证人。①许多国家的法律都对脆弱证人规定了特殊的质证规则。脆弱证人的特殊质证规则包括：限制被告人本人亲自质证，由委托或指定的辩护人替代；采取屏蔽性措施、引入中间人辅助等间接质证方式；限制被告人提出涉及个人性以及被害人与被告以外的人之性经验的问题等。②我国有关脆弱证人质证规则的立法几乎空白。而且，基本上作为脆弱证人的保护措施进行规定，而非为了实现质证的有效性、规范性和提高证言质量的目的，因此，仅停留在浅层次的一些保障性的规定，而非深层次的以提高证言质量和规范质证为目的的质证规则。脆弱证人等殊的庭审质证规则缺失，导致庭审质证中出现脆弱证人"一问三不知"或者"理解错误"等质证无效的情况；以同一质证规则适用于不同的证人，没有考虑脆弱证人的特殊性，导致脆弱证人在司法实践中更加不愿出庭。

---

① Martin Hannibal and Lisa Mountford, *Criminal Litigation (2015-2016)*, Oxford University Press, 2015, p.270.

② 参见英国《1999年少年司法与刑事证据法》第34条和第35条；《加拿大刑法典》第486.3条；《德国刑事诉讼法典》第241a条规定；美国《联邦证据规则》第412条。

4. 对被害人适用同样的质证规则

被害人作为诉讼主体介入，质证规则运作主体具有多极化的特点。这与英美法系传统的交叉询问仅在控辩双方之间进行不同，我国法律规定，经审判长许可，被害人对被告人、证人、鉴定人等均可以发问，但对于被害人参与庭审没有规定特殊的质证规则。实践中，控辩审三方对被害人参与质证的规则把握都存在一定的困难。另外，对被害人适用同样的质证规则，一定程度上会影响证据的客观性，导致诉讼秩序的紊乱。被害人与公诉人虽然同为控方的角色，但被害人与公诉人的立场和地位毕竟不同，因此，被害人询问顺序、内容和方法等询问规则方面均与一般证人诘问规则存在差异。比如，对于被害人发问的顺序应该如何安排、被害人对被告人发问内容的把握、被害人发问证人或鉴定人是否可以采用交叉询问的方式、被害人能否质疑公诉方传唤的证人等问题，均需要制定专门的质证规则予以规范。未来，刑事诉讼立法需要提升被害人的地位，被害人与检辩等方的关系及对证人、鉴定人的诘问问题，更需要专门的法律予以规定。

（五）理念因素：质证权保障与证据调查在法庭等理念的欠缺

1. 辩方质证权得不到有效保障

法庭审理围绕案卷笔录展开，以及辩护律师的缺位、不尽责或能力不足也是质证权行使效果较差的重要原因。与此同时，辩方质证权无法得到中立裁判者的支持和保障，同样导致质证的功效无法得到发挥。前述案例中的关键证人都没有出庭，庭审难以获取更多有用的信息，质证难免沦为一种空泛的辩论，法庭调查的效果差强人意。① 在我国刑事审判中，辩方无法通过诉权的行使确保证人出庭作证，实践中法官拒绝辩方提出的证人出庭的申请的情况比较常见，透过一些判决书可以发现法官拒绝证人出庭申请的一些不合理

---

① 通过对各位法官访谈得知，控辩双方主要是在开庭之前提出证人、鉴定人出庭的申请，法官是否同意传唤证人、鉴定人出庭也是在庭前决定，所以在庭审过程中一般不会再专门讨论证人、鉴定人出庭的问题，辩方即使在庭上提出证人、鉴定人出庭的申请，如果没有新证据和其他新的情况，法官一般不会予以支持。

的理由。① 其一,以辩方申请证人出庭的理由是否引起对庭前证言真实性的合理怀疑为出庭必要性的判断标准。② 例如,在一起受贿案中,辩护人以某证人的证言对被告人收受某笔贿赂的事实认定存在影响为由申请证人出庭,法官认为目前没有任何理由和证据表明该证言可能不真实,因此拒绝了辩护人的申请。③ 其二,以庭前证人证言是合法取得为由拒绝辩方的申请。例如,一起诈骗案的判决书指出:"关于被告人、辩护人申请证人出庭的意见,经查,李某、王某1、王某2均依法作出证言,故上述证人无出庭作证的必要。"④ 也有的判决同时以证人证言真实性不存疑且系合法取得为由认为证人无出庭之必要。⑤ 其三,以证人证言不能直接证明犯罪事实为由拒绝辩方的申请。在一起赌博案中,辩护人申请几名参赌人员出庭作证,法官拒绝的理由是:"赌博活动的组织分工主要于组织实施者内部之间的衔接,作为外部人员包括本案参赌人员等对其中的实际分工等具体情况并不直接掌握,其证言本身只能作为间接的证据从侧面予以印证,而在现有证据中参赌人员俞某、许某等人就基本事实均已作出了相应的证明,故无须再行重复调查。"⑥ 其四,以全案证据已经足以认定犯罪事实为由否定证人出庭的必要性。在一起贪污案中,判决书没有直接对拒绝辩方申请证人出庭作出解释,而是在得出"在案指控证据确实、充分,证据之间相互印证,已经形成完整的证据链条,足以认定"的结论后,将此作为不采纳被告人及其辩护人辩护意见和不支持被告人及辩护人所提关于证人出庭作证、要求笔迹鉴定及调取部分证人证言、书证的申请

---

① 通过对选取的100起案件的判决书的统计,共有9起案件的控方申请证人、鉴定人出庭作证,法院全都同意;共有66起案件的辩方申请证人出庭作证,法院同意出庭的案件有49起,占辩方提出申请案件总数的74.2%。但由于我们是以"出庭作证"为关键词检索的案例,所以通过对样本案件统计得出证人出庭率比较高的结论也在情理之中,并且,我们通过访谈法官得知,如果未同意辩方对证人、鉴定人出庭作证的申请,他们一般不会在判决书写明理由。所以,通过统计这些案例判决得出的结论同样不具有代表性。
② 参见(2015)温永刑初字第920号判决书,(2015)温永刑初字第864号判决书。
③ 该案中,辩护人同时申请调取侦查机关询问证人陈某乙的同步录音录像和证人陈某乙与本案有关的全部笔录,也一并被拒绝。参见(2015)温永刑初字第920号判决书。
④ 参加(2016)云0211刑初442号判决书。
⑤ 参见(2015)渝刑初字第45号判决书。
⑥ 参见(2015)嘉海刑初字第700号判决书。

的理由。① 从以上四种不同意证人出庭的理由可以看出，辩方申请证人出庭能否得到同意全在法官，法官在是否通知证人出庭的问题上具有较大的裁量权。因为大部分证人出庭作证的案件，证人的庭前证言同样能够与案卷笔录中的其他证据相互印证，案卷笔录承载的控方证据基本是以相互印证为前提的，关键证人出庭作证正是为了发现这种相互印证表象下可能存在的漏洞。所以，庭前证言与其他证据相互印证不应当作为出庭必要性的主要标准。证言系合法取得更不可能作为出庭必要性的标准，仅通过证言笔录无法了解取证过程，结果就是推定证言的合法性，除非有相反线索或证据予以推翻。如果法官常以上述这些理由拒绝辩方的出庭申请，那么等于是任由法官决定是否同意证人出庭。另外，法官通常不会依职权主动通知证人出庭作证。例如，在一起组织他人偷越国（边）境案中，辩方对几份庭前证言都提出异议，并明确指出："本案没有一个证人出庭作证，全部是言词证据，没有其他形式的证据相互印证，且证人与本案有利害关系，证人不出庭，无法印证其证言的真实性，因此，证人证言的证明力度将大打折扣。"由于辩方未申请证人出庭作证，判决书对这一辩护理由的回应是："被告人及辩护人和公诉机关均未向法庭提出过要求证人出庭作证的请求，故本院在开庭审理时也没有必要通知证人出庭。"② 综上，在我国现行司法程序尚未建立一种"通过诉权来制约司法裁判权"的机制的情况下，辩方无法对法官的裁判权产生有效的制约，③ 其在法庭上询问证人的权利还得不到可靠的保障。

除了对言词证据的质证权得不到实质性的保障外，辩方在对实物证据行使质证权时也不一定能得到裁判者的支持。例如前文解读的案例1中，被告人及其辩护人向法庭申请对一些证人不承认签字的申请表的笔迹进行鉴定；在另外一起合同诈骗案中，被告人被指控虚构购车合同和发票用于抵押借款以骗取130万元，一名证人的庭前证言证明购车合同是被告人代签的，被告

---

① 参见（2014）三中刑初字第00542号判决书。
② 参见（2016）皖0221刑初54号判决书。
③ 参见陈瑞华：《司法裁判的行政决策模式——对中国法院'司法行政化'现象的重新考察》，载《吉林大学社会科学学报》2008年第4期。

人则表示购车合同上的字不是他代签的,辩护人申请笔迹鉴定。① 但两起笔迹鉴定申请都未得到法官的明确回复,判决书也未对申请笔迹鉴定的问题进行回应,② 两份书证的真实性是因为能够与其他证据印证而得到裁判者的确认。

2. 通过庭审解决问题的理念欠缺

通过对一线法官和刑辩律师的访谈发现,参与刑事审判的法律职业者普遍缺乏通过庭审解决问题的意识。对于法官而言,通过当庭审理形成裁判结论并不是其工作追求,一些法官甚至直接表示,根本没想过通过开庭把所有问题解决,除非案件特别简单或者开庭前已经把主要问题查清,否则都会在庭后继续分析案件。通过 30 起案件的庭审实录可以发现,合议庭基本不会当庭对辩方发表的明确的质证意见,以及证人当庭和庭前不一致的证言进行认证,通常的回应是"需要待合议庭综合全案证据进行分析后再作认定";对于辩方未异议的证据,合议庭会当庭予以认证;对所有证据都不当庭认证也是较多的操作方式。③ 对于律师而言,由于当庭裁判并非普通程序法庭审理的常态,所以也不急于在庭审过程中把所有问题讨论清楚。既然没把庭审当作定论的场合,就有不负责的律师在庭审中可能会采取一种不以说服裁判者接受其辩护意见为目标的表演性辩护方式,④ 或者消极不作为,等到庭审后再继续开展所谓的辩护活动。就算是负责任的律师,也不会把庭审当作最关键的辩护场所,因为在庭审结束后还有时间和必要继续为被告人辩护。正如一名知名律师所言:"我认为,庭前形成完整的书面辩护是不对的,顶多准备一个初稿、一个提纲,然后随着庭审的发展,根据案件的审理情况,形成最终的辩护意见。我本人都是在法庭上根据庭审情况现场发表辩护意见,然后在庭后

---

① 《昌平法院审理"被控虚构抵押骗百万 涉嫌合同诈骗被公诉"案》,中国法院网网络直播,http://old.chinacourt.org/zhibo/zhibo.php?zhibo_id=42555,访问时间:2016 年 11 月 25 日。
② 参见(2015)昌刑初字第 1206 号判决书。
③ 这种认证方式是实践理性的体现,对有争议的证据当庭不表态,可以避免当庭表态因考虑不周而陷入被动,但当庭认证的形式化势必影响庭审实质化。参见龙宗智:《庭审实质化的路径和方法》,载《法学研究》2015 年第 5 期。
④ 李奋飞:《论"表演性辩护"——中国律师法庭辩护功能的异化及其矫正》,载《政法论坛》2015 年第 2 期。

再整理辩护词。"① 不少律师非常清楚，只要辩方对指控认定的事实和定性持有较大的争议，合议庭就不会当庭裁判，很多问题还要留待庭后去解决。我国刑事审判的现实生态造成了庭后往往比庭上还要重要的局面，庭审中心地位的缺失，使法官对庭审的关注和投入不足，辩护律师也未将庭审作为"决战场"，庭审活动无法实质性地展开成为法官和律师早已接受的事实。

---

① 参见陈瑞华、田文昌：《刑事辩护的中国经验》，北京大学出版社2012年版，第161页。

第五章
我国刑事庭审质证规则的完善

一、完善我国庭审质证规则的基本思路

通过对我国刑事庭审质证规则的规范文本和实践运作进行分析与考察，可以发现我国刑事庭审质证规则仍存在诸多不足，对此需要继续逐步完善。在本章探讨如何进一步完善我国刑事庭审质证规则之前，有必要厘清规则完善的基本思路，这样才能保证未来的工作能够有条不紊地进行。

（一）完善刑事庭审质证规则的主要目标

作为一项兼具权利保障、事实查明、程序推进属性的综合性制度，庭审质证规则的完善，对于刑事审判制度和证据制度，乃至整个刑事诉讼制度的完善能够起到"由点及面"的推动作用。因此，完善庭审质证规则，首先应当从更高的角度来审视庭审质证规则的重要作用，从而为规则的完善确立主要目标，以此指引审质证规则完善的方向。

首先，从当前我国刑事诉讼改革的大方向来看，完善庭审质证规则是推进以审判为中心的诉讼制度改革、实现庭审实质化的基础性环节，因此，质证规则的完善的最终目标是助力于这一改革目标的实现。以审判为中心的诉讼制度改革之目的在于确立审判的诉讼中心地位，而审判中，当以庭审为中

心；庭审之中，当以法庭调查为中心；法庭调查之中，终以质证为中心。可以说，以审判为中心的改革重心是庭审实质化，而庭审实质化的核心是质证实质化。质证规则作为改革的起点和奠基石，应当始终以庭审实质化的标准来规划和设计未来的完善路径。

其次，从我国刑事审判制度的发展历程来看，完善庭审质证规则符合我国审判制度从粗疏走向精细的总体趋势，因此，内容的逐步精细化是贯穿于整个质证规则发展历程的目标。刑事庭审的发展史就是从制度化程度较低的庭审方式向制度化程度较高的庭审方式逐步转变的过程，具体而言，庭审制度经历了从缺失到生成、从简单到完备、从不合理到合理的发展阶段。[①] 质证规则是庭审制度体系中最重要的子制度之一，从"质"和"量"上同时促进质证规则的合理度和完备度，有助于推进证据审查判断的精细化和提高事实认定的准确性。

最后，从法庭审理的功能来看，完善质证规则有助于发挥庭审查证案件事实、保障辩方权利和增强审判权威这三项理想庭审应具备的功能，因此，质证规则的完善也应着眼于如何实现庭审功能。在职权主义诉讼模式的审判中，庭审的首要目的或许并不是建构事实，而是解构指控事实，从中发现证据的问题和事实的疑点，这是庭审防错价值直接的体现，只有经历过庭审的防错检验，指控事实才能最终成为生效判决所认定的事实。对于解构指控事实、实现防错价值，质证无疑是最重要的一个步骤，对质证规则的设计应着力于有效发挥发现疑点这一质证的技术性特长。同时，也应注重质证的权利属性和程序推进功能，"当程序给予当事人参与机会时，人们就会倾向于认为法律权威是中立的、尊重他人的和可信任的，从而间接提升程序公正感"。[②] 所以质证规则完善的另一重要目标是切实保障辩方的质证权，从而增强审判的权威性。

---

① 庭审制度实际上是由框架内一系列直接关系庭审运行的子制度组成的制度体系，"从缺失到生成"并不是指庭审制度的从无到有，而是庭审制度框架内涵盖的某个子制度的从无到有；"从简单到完备"指的是整个庭审制度或框架内某个子制度从粗疏到充实；"从不合理到合理"形容的是整个庭审制度或框架内某个子制度内容的转变。

② 李昌盛：《刑事审判：理论与实证》，法律出版社2015年版，第7页。

（二）完善刑事庭审质证规则的战略性思路

完善质证规则的战略性思路与质证规则的内容具体如何设计无关，其更多是一种方法论层面的探讨。在庭审实质化改革的大环境之下，质证规则的有效实施难免会遇到与庭审实质化改革类似的困难，正确认识这些困难，采取合理的战略方法，也许能缓解规则完善之路上的阻碍。

首先，需要清楚认识到制度完善的渐进性。"法律的生命在于实施"，评判制度好坏的最终标准不在于其本身，而在于到底能够发挥多大的实效，虽然我们可以认识到理想的质证状态，但我们却无法保证实践中的庭审能够达到这样的状态，因为现实中，相当部分法官、公诉人和律师的技术素养无法达到理想庭审实质化的要求，纯粹的诉讼技能和坚守立场的独立人格都有所欠缺。诉讼技能的提升需要结合理论教育和实战锻炼，对于大多数实务工作者而言注定是一个渐进的改变过程；人格的培育同样需要长期的教育和培训，同时也受到整个司法环境和氛围的影响，我国司法办案个体的素养状况可以说是司法体制的客观产物，需要制度环境的协调契合才能逐渐改观，[①]这同样是一个长期的过程。所以，我国刑事庭审质证规则的完善不可能一蹴而就，只能是在不断探索和总结的基础上逐步推进。

其次，认可制度文本选择的多样性。与大部分具体的程序规则和证据规则的产生相似，我国刑事庭审质证规则的规范依据出自多个文本。效力层级最高的刑事诉讼法与其说是勾勒出质证规则的框架，不如说只是规定了部分质证原则，质证规则要想精细和充实，得依靠其他规范性文件。实际上，质证规则的性质已经决定了在一个不太成熟和稳定的审判状态中，其难以具备刚性的效力，很难通过法典和司法解释的形式将其固化，毕竟质证规则的内容不涉及基本诉讼制度的调整和基本权利的限制，其只是在确立辩护权和质证权的大前提下，决定权利实现的方式和路径，顶多影响权利实现的程度。在不同的案件中，质证规则没有得到充分的遵守也是常有之事，我们调研发现，《法庭调查规程》中的相当部分内容也未得到贯彻执行。而之所以

---

① 参见李奋飞：《我国刑事诉讼制度持续发展因子探析》，载《法商研究》2016年第5期。

还要这么规定，在于质证规则的指引功能而非约束功能，也正因为如此，现行质证规则在实施的同时也是在对自己进行检验和试错。在未来长时间内，我国刑事庭审质证规则的发展完善必然受多层级、多样化的制度文本的推动，这些文本主要包括最高人民法院以司法文件形式制定的规范性文件，[①]比如《推进以审判为中心的刑事诉讼制度改革的实施意见》《法庭调查规程》等，以及地方各级司法机关以推动试点改革或细化实施依据为目的制定的有关质证的地方性规则，后者对于检验规则构想的可行性起到非常重要的作用。通过这样一种"自上而下"的顶层设计推动和"自下而上"的实践、反馈相结合的改革发展模式，若干年后将提炼出最契合我国诉讼制度的质证规则。

最后，应当推进运作环境的协同改良。"司法制度合成理论"认为，在当代中国，"司法制度为的是回应历史过程中不同诉讼人的需求，是因此的制度积累，那么就应当关注诸多具体的司法制度之间的协调和互补"。[②]单丝不成线，独木不成林。在我国，司法制度是一个庞大的系统，由许多子系统（即各项司法制度和各类司法制度）构成，它们之间互相联系、互相影响、互相促进，共同服务于社会主义法治建设和经济建设。质证规则要想发挥其应有的功能，则必然离不开包括辩护制度在内的其他制度的支撑，因此，在构建我国刑事庭审质证规则时，要同时考虑为质证规则的存在与运行创造一个良好的环境。

（三）完善刑事庭审质证规则的技术性思路

完善质证规则的技术性思路主要用于厘清质证规则的内容架构，使规则设计逻辑清晰、结构合理。如果说上述战略性思路是一种历时性的考量，本部分的技术性思路追求的则是一种共识性的认识，它不需要我们去思考还要经历多少时间和付出多少努力才能达成这样一个目标，只需要我们纯粹以庭

[①] 所谓司法文件，是指除法律规范与司法解释之外涉及司法系统组织人事、行政管理、诉讼制度运行、司法改革与法律适用等问题并具有一定约束力的规范性文件。参见郭松：《司法文件的中国特色与实践考察》，载《环球法律评论》2018年第4期。

[②] 苏力：《司法制度的合成理论》，载《清华法学》2007年第1期。

审实质化的制度标准来设计庭审质证规则。

　　构建质证规则应注意不同证据之间存在的共性和个性。若将所有证据分为书面证据和言词证据两大类分别规定质证规则，则仅注意到证人证言、被害人陈述、被告人供述和辩解、鉴定意见之间的共性，忽略了它们的个性，同时也割裂了言词证据和实物证据的共性。事实上，无论是言词证据还是实物证据，证据调查的核心对象都是人，即使实物证据的调查，也要通过询问物证的收集人、保管人等来辨别真伪，故书面证据调查和实物证据调查在某种程度上存在共性，出于立法经济原则，宜将此共性总结提炼出来。因此，我们从技术层面将质证规则分为一般性规则和特殊性规则。

　　首先，逐步完善刑事庭审质证的一般性规则。如第一章所述，法庭调查阶段以证据调查为中心，举证、质证和部分认证活动都在这一阶段进行，这三项活动紧密相关，多数情况下是无缝对接的展开，特别是举证和质证活动，没有举证，就没有质证的展开。从2012年《高法解释》和《法庭调查规程》可以看出，质证规则在法庭调查规则中占有很重的分量，正如法庭调查在庭审中的核心地位一般，质证在法庭调查中处于承上启下的重要位置，既是对举证的回应，又是认证的基础，有的时候举证和质证的界限还会出现混淆，比如询问"敌意"证人。因此，在探讨质证规则完善的同时，也需要探讨举证规则的完善，这样才能使两者互相协调。就质证的一般性规则，下文将主要分为询问规则、对质规则和异议规则三个板块。

　　其次，着力构建刑事庭审质证的特殊性规则。展开质证活动离不开质证主体和质证对象，在这两者出现特殊情形时，一般性的质证规则很可能无法完全涵盖需要特别注意的事项，所以我们还需着力构建质证的特殊性规则。2018年刑事诉讼法的修改建立了刑事缺席审判制度。在质证主体缺少被告人的情况下如何展开法庭调查的质证活动，是一个值得思考的问题。质证的对象载体可以分为人和实物。当人的情况特殊时，比如系未成年人或精神有障碍的人时，如何合情合理地开展质证也值得思考。这就需要专门建立脆弱证人质证规则。质证的对象还可以分为一般性的陈述、实物和技术含量较高的证据，后者就需要进行专业的鉴定，正是由于鉴定意见的专业性，针对鉴定意见也需要建立专门的质证规则。另外，作为质证对象的证据材料从开始被收集到最后在法庭上被出示，会经历不同工作人员的处理，由此可能引发证据收集合法性和证据同一性的疑问，对此也需要建立专门的质证规则解决这一并非出自证据自身的问题。由于技术侦查措施的特殊性，在对技术侦查所获证据材料进行质证时需要专门考虑对技术手段和相关人员进行保密，这又涉及保障权利和打击犯罪之间的平衡，也需要建立专门的质证规则予以明确。

二、刑事庭审质证的一般规则

有学者提出将刑事诉讼法中八种证据分为言词证据和实物证据两大类，并在此基础上构建我国刑事诉讼法庭质证规则。[1] 也有学者将质证规则分为总则（包括质证的目的、原则、范围、效力以及诉讼各方的权利义务等）、质证的基本程序、对言词证据的质证、对实物证据的质证、特殊证据的质证五个部分。[2] 我们认为，刑事诉讼法作为程序法，是以诉讼程序的推进为主线进行架构的。庭审质证程序是法庭调查阶段的核心部分，为了更加契合刑事诉讼法的布局逻辑，庭审质证规则宜按照时间顺序加以构建。另外，我们认为构建刑事庭审质证规则应注意不同证据之间存在的共性和个性。综上，我们试图首先架构出一套刑事庭审质证的一般规则体系，分为举证规则、询问规则、对质规则、异议规则等五个方面，再根据实践经验的情况，分列几种特殊情况下的质证规则。

（一）举证的一般规则

举证行为包括举示行为、说明行为和论述行为三部分。举证方在举证过程中（可在举证前，也可在举证后）需要对证据的来源、形成过程、种类、名称、拟证明的问题等进行说明。举证方需要向法庭以及质证方出示证据，如采用传唤证人、鉴定人到庭作证的方式将口头言词证据举示到庭，采用宣

---

[1] 王颂勃：《刑事诉讼法庭质证规则研究》，中国人民公安大学出版社2015年版，第184页。
[2] 熊焱主编：《刑事庭审实质化改革：理论、实践、创新》，法律出版社2017年版，第87页。

读、播放等方式将书面言词证据举示到庭。实物证据则采用出示实物、提交复印件或照片的方式进行举证，视听资料采用播放的方式出示等。此外，举证方需要对证据所证明的对象进行简要论述，阐述证据与证明对象之间存在关联性、具有证明力。在证据本身具有多项内容而与案件事实有关的正明对象只有一个或两个的时候，举证方需要加以概括、总结、说明和论述。有时证明对象需要一组证据相互印证才能证明，举证方也要在一组证据举示完毕后进行综合论述。具体而言，一般举证规则包括举证的基本要求、举证的顺序与范围、举证的方式与方法等方面的规则。

1. 举证的基本要求

第一，庭审举证应严格依照法律规定进行，即遵守程序法定原则。如举证主体方面，控辩双方是法定的举证主体，证人、鉴定人等虽可提供证据，但并非举证主体，法官是庭审举证的组织者和指挥者，亦不能称为举证主体；又如举证顺序方面，刑事诉讼一般先由控方进行举证、辩方质证，随后辩方才可以提供相关证据。举证方式方面，关键证据和存在争议的证据，应单独举证，无异议的非关键性证据可进行简化举证或不再举证。当然，庭审举证符合程序法定要求的前提是具有一套完善的举证程序规则，而目前立法界、学界对此研究并不深入。

第二，庭审举证应在审判长的主持、指挥下规范、有序地进行。无论是对被告人、被害人的发问，还是对证人、鉴定人等的交叉询问，也不论是对未出庭的证人类书面证据的宣读、播放，还是对物证的出示，控辩任何一方都必须事先征得审判长的同意，并且要对举证的目的作出必要的说明，否则就不会获得发问和举证的权利。如果不经审判长准许，任何一方都可以随意发问、举证，势必会造成法庭调查秩序的混乱和失控。[①] 此外，还要求举证主体向法庭提交的证据应严格遵守相关的法律规定，提交的证据要具有证据能力和证明力，单个证据要与其他证据相结合形成完整的链条，证据出示的次序及搭配要有层次感，能够逐步展现案件的事实真相，吸引法庭的注意，为进一步说服法庭对证据加以采信打下基础。

---

① 万永海：《刑事法庭调查论》，中国政法大学2005年博士学位论文，第152—153页。

第三，庭审举证应做到清晰明确。首先，举证主体应将证据材料清晰地展示出来，保证质证主体、法官能够理解证据材料的内容。如言词类证据，举证方采用宣读的方式进行举证的同时，可以将笔录复印件交给质证主体和法官，并指明宣读部分所在位置。此外，宣读笔录的过程中，要求举证方声音洪亮、清晰。又如实物类证据，举证方应将原物呈现法庭，并由法警传质证方观察。原物不便举示的，可用照片替代，但须保证照片能准确、清晰地反映出物证的特征，需从多角度拍摄或拍摄视频。其次，举证主体在展示证据时，须有明确的证明对象或证明目的，不能无的放矢。对控方而言，举证应围绕控诉主张即证明被告人有罪这一特定的待证事实进行，将有关的犯罪事实从已知证明到周知，使法庭通过公诉人的举证来了解案情，案件的细节事实在证实的同时证伪，即运用证据支持己方主张并反驳对方主张，证明所得出的结论的唯一性和正确性。控方也可针对某一犯罪构成要件进行集中举证，举示一组证据并论证待证事实的成立。而对辩方而言，举证的目的则是反驳控方主张，可通过举证来反驳控方证据，降低其证明力，动摇法官对控方所举证据的合法性、客观性和关联性的认识，从而影响其采性，也可以通过举证来证明抗辩事实的成立，以此影响定罪量刑。

2. 举证的顺序与范围

举证的顺序主要有两个方面：一是举证主体在法庭调查过程中的依次举证的顺序，即是控方举证主体先行举证，还是辩方举证主体先行举证，控方举证主体中由公诉人先行举证，还是被害人及其诉讼代理人先行举证；二是不同类型证据之间的出示顺序，是"由供到证"还是"由证到供"，或是先举实物类证据再举言词类证据，还是先口头言词证据，再书面证据，最后举实物类证据的举证顺序。

对于举证主体的顺序，立法已有明确规定，2012 年《高法解释》第 202 条规定："公诉人可以提请审判长通知证人、鉴定人公诉人出庭作证，或者出示证据。被害人及其法定代理人、诉讼代理人、附带民事诉讼原告人及其诉讼代理人也可以提出申请。在控诉一方举证后，被告人及其法定代理人、辩护人可以提请审判长通知证人、鉴定人出庭作证，或者出示证据。"《法庭调查规程》第28条规定:"开庭讯问、发问结束后,公诉人先行举证。公诉人举证完毕后,被告人及其辩护人举证。"目前,学界和实务界对"公诉人—被害人—辩护方"的举证顺序并没多大异议,因此可以保留。

对于不同证据之间的举示顺序。根据刑事诉讼法和《法庭调查规程》,目前的顺序是"讯问被告人(被告人供述和辩解)—证人证言、鉴定意见等言词证据—物证、书证等实物证据"。对此,学界存在许多争议。如有的学者认为"先供后证"的审查顺序混淆了庭审程序与侦查程序之间的本质区别,违背了程序公正的基本要求,违背了证据的认知规律。[①] 而有的学者则认为"先证后供"的口供一般具有引供诱供的风险性,被告人也可以根据庭审证据临时编造口供,"先供后证"的口供则通常具有真实性,证明力较高,对于案件事实认定具有更大的价值。[②] 我们认为,对被告人供述和辩解的调查应放在最后:第一,在被告人作出口供之前,其他证据就能够形成一个证明案件事实的较为完整的体系,达到"铁证如山"的程度,被告人也会在铁证面前低头认罪,如实作出供述,使案件事实更加清楚;第二,将被告人口供置于最后,可使口供成为"串联"其他证据的链条,发挥口供编织绳索功能;第三,将被告人口供置于最后,案件事实认定或者被告人有罪是建立在其他证据的基础上,证明案件事实的递进并没有以口供为基础,即使被告人当庭翻供,也不影响前面案件事实的认定,能够落实刑事诉讼法规定的"没有被告人供述,证据确实、充分的,可以认定为被告人有罪和处以刑罚"的规定;第四,将被告人口供置于最后,能够充分体现不得自证其罪的原则,符合国际刑事司法准则的基本要求。

综上,刑事庭审举证顺序规则主要是以下几条:其一,法庭调查阶段,公诉人先行举证。公诉人举证完毕后,被告人及其辩护人举证。其二,法庭调查阶段,首先举示物证、书证、视听资料等实物证据,其次传唤证人、鉴定人以及侦查人员出庭作证,听取被害人陈述,最后讯问被告人。其三,审

[①] 参见郭华:《庭审案件事实认定程序规则研究》,载《法学杂志》2018年第1期。
[②] 参见陈闻高:《论供证关系——侦讯证据审查与侦讯假说查证之考量》,载《中国人民公安大学学报(社会科学版)》2015年第2期;聂昭伟:《供证关系在证据审查及事实认定中的价值分析》,载《人民司法》2015年第24期。

判长认为适当时，可以随时听取控辩双方的意见，变更证据调查的范围、顺序和方法。

3. 举证的方式与方法

（1）人证出庭的相关规则

证人出庭接受质证是一个国家诉讼文明的重要标志。当前，在刑事案件审理中，证人因传统厌讼观念及耽误个人工作、生活等原因不愿出庭，或因担心打击报复不敢出庭，导致证人出庭率不高、证人出庭难。落实证人出庭、提高证人出庭率是以审判为中心的诉讼制度改革的标志性内容，也是改革进程中的重点、难点之一。为实现庭审实质化，需要从以下几个方面规范证人出庭作证。

第一，细化"关键证人"的判断标准，明确应当出庭的人证范围。对于普通证人而言，是否属于"关键证人"、是否应当出庭宜参照《法庭调查规程》，采用"有异议+重大影响"的判断标准：控辩双方对证人证言、被害人陈述有异议，并申请证人、被害人出庭的，人民法院经审查认为证人证言、被害人陈述对案件定罪量刑有重大影响的，证人、被害人应当出庭作证，也就是说，通过证言内容对定罪量刑是否有重大影响及双方是否对该重要证人证言有异议来判断证人是否有出庭必要性。如目击犯罪的证人因其可以直接证明案件事实而为关键证人，又如故意杀人、抢劫、贩卖毒品等案件中，被告人可能面临较重刑罚甚至死刑判决，证人出庭与否意义重大。而证人证言对案件事实或量刑情节无重大影响，并且控辩双方对该证人证言并无质疑，如证明被告人日常邻里关系、被告人品格等内容的证言，则可以视证人为非必要出庭证人。成都市中级人民法院还把此归结为"两个优先"——"重大、疑难、复杂案件优先"和"控辩双方有严重分歧的案件优先"①：对于鉴定人、专家辅助人，采用"有异议+有必要"的判断标准，即控辩双方对鉴定意见有异议，申请鉴定人或者有专门知识的人出庭，人民法院经审查认为有必要的，应当通知鉴定人或者有专门知识的人出庭；对于侦查人员，控辩双方对侦破经过、证据来源、证据真实性或者证据收集合法性等有异议，申请侦查

---

① 熊焱主编：《刑事庭审实质化改革：理论、实践、创新》，法律出版社2017年版，第66—68页。

人员或者有关人员出庭,人民法院经审查认为有必要的,应当通知侦查人员或者有关人员出庭。由此可见,侦查人员出庭作证的必要性主要体现在对证据合法性的证明方面,有时也为证明被告人自首、坦白等量刑情节出庭作证。此外,人民法院根据案件情况,认为确有必要,也可以依照职权直接决定通知证人、鉴定人、侦查人员等人证出庭。

进一步说,"对证人证言有异议"指对证人证言所证明主要事实的真实性及证人证言取证合法性有异议。"证人证言对案件定罪量刑有重大影响",包含以下情形:其一,影响犯罪事实是否发生的认定。其二,影响犯罪事实是否被告人所为的认定。其三,影响被告人是否承担刑事责任的认定。其四,影响被告人承担刑事责任大小的认定;其五,其他对案件定罪量刑有重大影响的情形。

列举来看,证人应当出庭作证主要有七种情形:其一,证人的庭前证言前后矛盾,证人不能作出合理解释;其二,证人的庭前证言与其他证据间存在难以排除的较大矛盾;其三,证人的庭前证言涉及部分待证事实,但不完整,需要进一步予以说明;其四,被告人、辩护人提供可能证明被告人无罪、罪轻的新的证人,被告人、辩护人能说明证人证明的事实及相关理由,并提供具体联系方式;其五,对证人证言的取证合法性有疑问的;其六,对证人的作证能力有疑问的;其七,法庭认为有必要出庭作证的其他情形。

此外,证人在具有以下合理理由的情况下,人民法院可以准许其不出庭,并通过视频等方式远程作证:在庭审期间身患严重疾病或者行动极为不便的;居所远离开庭地点且交通极为不便的;身处国外短期无法回国的;因自然灾害、意外事件等原因不能到庭的;因其他客观原因,确实无法到庭的。另外,证据具有下列情形之一的,法院可以准许其不作证:证人系被告人的配偶、父母或子女,且拒绝出庭的;因职务或工作原因知晓当事人隐私、商业秘密的律师、医生、记者等有职业保密要求的专业人员,被要求就该隐私、商业秘密作证,上述人员拒绝出庭的。但案件涉及国家利益或者重大公共安全,确需证人出庭作证的除外。

第二,明确证人出庭程序的启动规则。证人出庭作证程序有依申请和依职权两种启动方式。控辩双方、被害人及其法定代理人、诉讼代理人、附带民事诉讼原告人及其诉讼代理人都有权申请人民法院通知证人出庭。法院在对关键证人证言的真实性、合法性存疑的情况下，也可以直接依职权通知证人出庭。

首先，依申请启动的证人出庭程序。人民法院向被告人及其辩护人送达起诉书副本时，应当告知其有权在开庭审理前申请证人出庭作证。控辩双方申请证人出庭作证，应在开庭前5日以内向人民法院提交证人出庭作证申请书。证人出庭作证申请书应载明出庭作证的人员名单、基本身份情况及详细通讯信息，同时说明拟要证明的事实及申请出庭作证的理由。此外，申请未成年人出庭作证的，还应当提供其法定代理人的姓名和联系方式，申请聋哑人和不通晓当地通用的语言文字的人出庭作证，应明确注明并申请人民法院为其提供翻译。对于控辩双方的申请，人民法院应及时审查，决定是否同意，并及时告知申请方。

其次，依职权启动的证人出庭程序。人民法院依照职权直接决定通知证人出庭的，应在开庭前3日以内告知控辩双方。人民法院决定通知证人出庭后，至迟应当在开庭前3日以内将出庭通知书送达证人，并将送达情况告知控辩双方。证人出庭作证通知书应载明开庭时间、地点、案件当事人姓名、案由，并附权利义务告知书。人民法院通知未成年人出庭的，应当同时通知其法定代理人到庭，其法定代理人不能到庭或者法定代理人是该案被告人的，也可以通知未成年证人的其他成年亲属，所在学校、单位、居住地基层组织或者未成年人保护组织的代表到庭。如遇证人因客观原因在通知时间无法出庭的，应尽量调整开庭时间，为证人出庭作证提供便利。人民法院通知证人出庭的，控辩双方负责协助证人到庭。

第三，完善证人出庭作证保障措施，主要有三个方面：

其一，保障证人及其近亲属的人身、财产安全。在案件审理期间，证人及其近亲属的人身、财产安全面临危险时，人民法院可以依申请或依职权采取相应的保护措施。相应的保护措施包括：首先，不公开真实姓名、住址和工作单位等个人信息。决定对出庭作证的证人采取不公开个人信息的保护措施的，应在相关法律文书中使用化名，其签署的出庭作证保证书等可以显示其真实身份信息的材料应当单独立册存档，予以保密。相关人员应对其因履行职务而获知的上述信息承担保密义务。其次，采取不暴露外貌、真实声音等出庭作证措施。法院应当设立同步视频作证室，并配置可对影像、声音进行技术处理的相关设备。再次，禁止特定的人员接触证人及其近亲属。最后，对人身和住宅采取专门性保护措施等。人民法院还应当采取相应措施确保证人出入法庭时的安全，有条件的法院应当为证人设立专门候庭场所和出入法庭专用通道，必要时可由人民法院提供可掩饰出庭作证证人体貌特征的服饰并安排专门的车辆接送出庭，同时派法警护送其离开法庭。此外，人民法院应严厉打击报复证人的行为。人民法院在接到出庭作证证人被打击报复的反映后，应在第一时间受理，及时采取必要措施保护受报复的证人或者其亲属的人身、财产安全，并将案件移送至有管辖权限的单位处理。对下列打击报复行为，构成犯罪的，可依法追究其刑事责任。下列情节轻微，依法尚不够刑事处罚的，可由人民法院以妨碍诉讼处10日以下拘留或者移送公安机关予以治安处罚：以暴力、威胁或者非法限制人身自由的方法侵犯出庭作证证人及其亲属的人身安全的；非法占有或者毁损出庭作证证人及其亲属的财产的；以滋事、骚扰等方法扰乱出庭作证证人及其亲属的正常生活、工作秩序的；陷害、侮辱、诽谤、谩骂出庭作证证人及其亲属的；违反规定开除、辞退、解聘出庭作证证人及其亲属的；其他明显侵害出庭作证证人及其亲属合法权益的行为。受到打击报复的证人或其近亲属可以提起刑事附带民事诉讼或单独提起民事诉讼，要求加害人赔偿，还可以申请法院为其指定法律援助律师参与诉讼。受到报复的证人的损失不能及时得到赔偿，导致治疗或者生活困难的，可向受诉法院申请国家司法救助金。

其二，给予出庭作证人员适当的经济补偿。人民法院应设出庭作证补助专项经费，按规定补偿证人合理的交通费、住宿费、就餐费用及误工费。交通费一般根据证人常住地到人民法院的距离及案情需要选择乘坐的交通工具，凭票给予报销。住宿费、就餐参照当地财政部门制定的差旅费相关标准执行。未成年人、60岁以上的人或者生活不能完全自理的人出庭作证，可以有1—2名陪同人员。陪同人员的误工费、交通费、住宿费、就餐费等合理费用参照证人出庭标准补偿。

其三，拒证、作伪证、不支持证人作证需承担相应的法律后果。无正当理由拒不出庭的,经院长同意,并签发强制证人出庭令,可以强制其出庭。由法警执行,必要时,可以商请公安机关协助执行。强制证人出庭令应载明案号、开庭时间、地址及强制出庭的法律依据。证人无正当理由拒绝出庭或出庭后拒绝作证的,法院有权予以训诫;情节严重的,经院长批准,处以10日以下拘留。出庭作证证人涉嫌作伪证、帮助毁灭、伪造证据等犯罪的,依法移送司法机关依法处理。应协助证人出庭作证的有关单位,不履行协助义务,人民法院可以向其主管单位发出司法建议。第一审人民法院对于控辩双方提出的证人出庭作证申请未予审查、未通知或未采取措施切实保障应当出庭的证人出庭,并以有关证据作为定案的根据,可能影响公正审判的,第二审人民法院可以裁定撤销原判,发回原审人民法院重新审判。

第四,确定刚性的庭前书面证言排除规则。依据现行法律规定,证人庭前证言仍有证据能力,这在相当程度上弱化了证人出庭的必要性,并导致证人出庭率低的问题难以根本性的解决。[①]为摆脱对庭前书面证言的依赖,维护被告人的质证权,有效解决因证人不出庭导致的庭审虚化等问题,有必要和庭外鉴定意见一样,确定庭外书面证言排除规则,依法应当出庭而没有出庭的证人的证言笔录不得作为证据使用。[②]

(2)实物证据举证的相关规则

实物证据可以分为两类:一是以物品的外在特征和本质属性来证明案件事实的证据,即物证;二是以物品所记载的内容来证明案件事实的证据,包括书证、视听资料、电子数据和勘验、检查、辨认、侦查实验等笔录以"书面方式"证明案件事实的证据。在法庭上出示实物证据首先要将其展示出来,让法庭上的控辩审三方能够观察,甚至触碰到该证据。[③]与实物证据举证相关的,主要是最佳证据规则。

最佳证据规则(best evidence rule),又称"原本法则"(original document rule),是英美法系一项古老的证据法则,要求对于文书以及记载有思想内容

[①] 卢莹:《庭审实质化视阈下交叉询问规则建构》,载《南海法学》2018年第2期。
[②] 沈德咏:《论严格司法》,载《政法论坛》2016年第4期。
[③] 王颂勃:《刑事诉讼法庭质证规则研究》,中国人民公安大学出版社2015年版,第198页。

并以此证明案件真实情况的证据,通常必须出示原件,只有当存在可信以为真的理由的情况下,才可以作出例外不出示原件。我国刑事诉讼中的最佳证据规则主要规定在2010年《死刑案件证据规定》中,其第8条第1款规定:"据以定案的物证应当是原物。只有在原物不便搬运、不易保存或者依法应当由有关部门保管、处理或者依法应当返还时,才可以拍摄或者制作足以反映原物外形或者内容的照片、录像或者复制品。物证的照片、录像或者复制品,经与原物核实无误或者经鉴定证明为真实的,或者以其他方式确能证明其真实的,可以作为定案的根据。原物的照片、录像或者复制品,不能反映原物的外形和特征的,不能作为定案的根据。"该条第2款规定:"据以定案的书证应当是原件。只有在取得原件确有困难时,才可以使用副本或者复制件。书证的副本、复制件,经与原件核实无误或者经鉴定证明为真实的,或者以其他方式确能证明其真实的,可以作为定案的根据。书证有更改或者更改迹象不能作出合理解释的,书证的副本、复制件不能反映书证原件及其内容的,不能作为定案的根据。"《死刑案件证据规定》同样规定了视听资料的最佳证据规则。第27条第3项规定,对视听资料应当着重审查以下内容是否为原件,有无复制及复制份数;第28条规定,视听资料经审查或者鉴定无法确定真伪的,或者对视听资料的制作和取得的时间、地点、方式等有异议,不能作出合理解释或者提供必要证明的,该视听资料均不能作为定案的根据。

  比较来看,我国的最佳证据规则和英美法系的该规则存在以下几个方面的不同:一是适用范围不同。英美最佳证据规则仅适用于广义的文书证据,即传统意义上的文书和作为现代科技产物的照片、X光片、录音录像资料及其他视听资料等。我国最佳证据规则不仅适用于文书,而且也适用于物证。二是证明对象不同。英美最佳证据规则仅适用于证明文书所包含的内容的场合,而不适用于其他虽然与文书有关但并非证明文书内容的情形。我国则不同,只要是文书、记录或照片或者其他视听资料,均要求出示原件。三是概念界定明确程度不同。由于英美普通法历史传统比较悠久,通过一系列判例使文书、照片、记录、原件、副本等概念的界定都比较明确,比较具有可操作性。我国的最佳证据规则在文书、照片、记录、原本、副本等方面概念并不清晰,实践中的适用取决于法官的执法水平和经验。四是例外规定不同。英美法系对于原件要求的例外规定得比较细致、种类繁多,如原件掌握在对方手中、原件掌握在第三人手中、原件属于官方文件、原件属于成册文书、原件无法搬运等。我国的最佳证据规则只规定了原件已经丢失或损毁这一种情况(物证规定了不便搬运的例外),比较欠缺。五是规则的侧重点不同。英美的最佳证据规则着眼于证据的可采性,我国的最佳证据规则却同时侧重于证据的证明力①。

完善我国的最佳证据规则,需要从以下几个方面入手:一是明确文书、照片、记录、原本、副本等概念的内涵,使最佳证据规则的适用范围得到明确界定。二是完善最佳证据规则的例外规则,明确将对方对副本无异议、原件已经丢失或损毁、原件掌握在对方手中、原件掌握在第三人手中、原件属于官方记录、载体不便搬运等典型情形列为原件要求的例外。三是删除有关证据证明力大小的规定,将证据证明力的问题交还给法官,实现真正的"独立判断",自由心证。②

(3)庭审举证的简化规则

《法庭调查规程》"对于可能影响定罪量刑的关键证据和控辩双方存在争议的证据,一般应当单独举证、质证。对于控辩双方无异议的非关键性证据,举证方可以仅就证据的名称及其证明的事项作出说明"的规定,可以作为简化举证规则的直接来源。但是因为关键证据、争议证据的具体内涵没有得到明确,实践中控方常常采用批量举证的方式。因此,适用简化举证规则必须以证据分类筛选为基础,在《法庭调查规程》的基础上进一步明确界定关键证据和争议证据,以此简化甚至省略无异议的非关键证据的举证。可以召开庭前会议进行证据分类,关键证据或争议证据应当单独、重点举证,做到"一证一举、一证一质",必要时应全文宣读,并准备证据复印件同时提交法庭、被告人及其辩护人。重点举证时,法庭认为公诉人举证不清的,可以

---

① 易延友:《最佳证据规则》,载《比较法研究》2011年第6期。
② 易延友:《最佳证据规则》,载《比较法研究》2011年第6期。

依职权要求公诉人重新举证；辩护人认为公诉人举证不清的，也可以向审判长提出申请，要求公诉人重新举证。无异议且非关键证据可以采用分组打包的方式简化举证，甚至可以在得到辩方认可的前提下不再举证，但举证方应制作清单列表交给法庭和质证方，质证方享有当庭提出异议的权利。质证方一旦提出异议，且能够说明庭前会议未提出异议的合理理由的，应当将无异议证据转为有争议证据进行处理。

（二）询问的一般规则

1. 法庭询问的形式

简单来看，世界各国的法庭询问形式可以分为"交叉询问"和"轮替询问"两类。英美法系国家将诉讼分为控辩两大阵营，在双方对抗的背景下，采用交叉询问的方式发现真实。大陆法系国家则在法官的主导下，采用多方参与、轮替询问的方式进行事实探求。在1979年刑事诉讼法施行期间，我国法庭询问是一种职权主义下的查明事实，不仅体现在审判人员对询问的主导性，还体现在公诉人与辩护方不享有平等的询问权。[①]

目前来看，我国法庭询问并非单纯的交叉询问或是轮替询问，而是介于两者之间的状态。1996年，为了增强庭审实效性，刑事诉讼法吸收了英美法系国家当事人主义的有关内容，但受我国诉讼传统和背景制度的影响，我国法庭询问制度仍未完全实行"交叉询问"，而是保留了职权主义的一些的做法和特点，如我国法官相对于英美法官具有更大的诉讼指挥权，检察官也不像英美检察官那样单纯行使控诉职能，还需要承担更多的客观性义务，庭审中控辩双方阵营分立的特征没有英美法系那么鲜明，证人也无控方证人和辩方证人之分，法庭询问依然以连续性陈述为基础、以"一问一答"为补充。当然，我国法庭询问也存在不同于大陆法系轮替询问的特点。如德国法官享有较大的诉讼指挥权，能够灵活决定轮替询问的

---

① 1979年《刑事诉讼法》第115条规定："审判人员、公诉人询问证人，应当告知他要如实地提供证言和有意作伪证或者隐匿罪证要负的法律责任。当事人和辩护人可以申请审判长对证人、鉴定人发问，或者请求审判长许可直接发问。审判长认为发问的内容与案件无关的时候，应当制止。"

顺序，而我国法庭询问顺序相对固定，基本还是按照控辩双方的顺序进行发问；德国法官询问占据着主导性地位，而我国法官的发问仅作为控辩交叉询问的必要补充。①

2. 法庭询问的具体规则

整体而言，这种混合式的法庭询问形式体现了我国借鉴对抗制和职权主义传统之间的磨合和交融，能够吸收两者各自的优势，但也存在兼容性难题，需要在实践中不断予以修正。询问证人主要有以下几个方面的规则：

（1）询问证人的基本规定

控辩双方均有权发问，具体包括公诉案件中的检察机关、自诉案件中的自诉人、被害人、附带民事诉讼的原告人及其诉讼代理人、被告人、辩护人、附带民事诉讼的被告人及其诉讼代理人。询问证人、鉴定人、被告人、被害人、有专门知识的人以及侦查人员都适用以下规定。法庭询问分为主询问、反询问、再主询问、再反询问四个环节，当然并非都要完整地经历这四个环节。法庭询问不限次数，法官认为查明案件事实需要，可以组织控辩双方进行询问。

（2）询问证人的顺序规则

对证人的询问，应当个别、具体、简洁地进行。证人出庭后，先向法庭陈述证言，然后由申请方询问，申请方询问完毕后，对方也可以进行询问。审判人员认为有必要的，可以询问证人。法庭依职权通知证人出庭的，应当先由审判人员询问。经审判长准许，被告人可以询问证人。

（3）询问证人的发问规则

询问证人时，控辩双方应遵守以下几项规则：②

第一，关联性规则。询问内容应当与案件事实有关。

第二，禁止复合式及其他混乱性问题的规则。主询问一方应避免使用那

---

① 尚华：《论质证》，中国政法大学出版社2013年版，第134—135页。
② 禁止诱导性询问规则是法庭人证调查中一项重要性规则，鉴于我国当前司法解释与规范性文件对诱导性询问"一刀切"的做法与国际上通行的"原则禁止＋例外允许"的做法有较大区别，本章将在下一部分重点讨论我国诱导性询问规则的构建思路。

些不恰当的、会使证人感到迷惑或误解的问题。复合式问题或"双筒枪"问题可能使法庭内的每一个人都感到困惑，这种问题几乎总会导致含义不清或疑似不完整的回答。因此，主询问一方的询问应简短、明确且简单合理。①

第三，禁止威胁、误导证人；损害证人人格尊严、泄露证人个人隐私。审判长认为询问不适当时，可以制止。另外，经审判长许可，控辩双方可以借助画图、照片、模型、装置等进行询问。

（4）询问证人的内容范围

对证人的询问，可以针对案件事实，或者证人的观察、记忆、表达等能力，以及证人与案件的利害关系、偏见、预断、前后证言之间的矛盾等事项进行；在询问中发现证言合法性有疑问的，也可以针对证言收集的合法性进行。但是，不得擅自涉及证人的前科、劣迹、行为特例等有损证人名誉的事项。控辩双方可以通过提问的方式向证人询问与案件事实有关的问题，也可以让证人向法庭自主陈述其亲自感知的案件事实。

（5）询问不当时的处理规则

首先，控辩一方询问方式不当或者内容与案件事实无关，违反有关询问规则的，对方可以提出异议，并说明理由。对方当庭提出异议的，询问方应当说明询问理由，审判长判明情况予以支持或者驳回，并说明理由；对方未当庭提出异议的，审判长也可以根据情况予以制止并说明理由。其次，审判长认为证人当庭陈述的内容与案件事实无关或者明显重复的，可以进行必要的提示。

（6）庭前证言出示、宣读规则及其例外

证人出庭作证的，其庭前证言一般不向其出示、宣读，但下列情形除外：一是证人出庭作证时遗忘或者遗漏庭前证言的关键内容，需要向证人作出必要提示的；二是证人的当庭证言与庭前证言存在矛盾，需要证人作出合理解释的。为核实证据来源、证据真实性等问题，或者帮助证人回忆，经审判长准许，控辩双方可以在询问证人时向其出示物证、书证等证据。

---

① 卢莹：《庭审实质化视阈下交叉询问规则建构》，载《南海法学》2018年第2期。

(三) 对质的一般规则

1. 构建对质规则的必要性

对质询问主要有两类：一类是作为查明事实方法的对质询问，大陆法系国家普遍采用此种立法模式；另一类是基于对质权而展开的对质询问，英美法系国家普遍采用此种立法模式。考虑到我国刑事诉讼程序的基本形态和现实国情以及事实观等因素，我们认为我国采用作为查明事实方法的对质制度更为合理。

作为查明事实方法的对质询问，是指法官为了查明案件事实，让对某一事实作出不同陈述的人员同时到场，面对面质询，以揭穿不实、辨析真伪。在刑事诉讼中，可以让被告人与同案犯、被告人与证人（含被害人）以及证人与证人进行对质。这种狭义的对质询问包含五项要素：一是前提要素，即对同一事实的陈述不同，真假莫辨，事实判断者需要以对质的方式查验。二是启动要素，即事实判断者出于查明案件事实的需要，而采取的职务行为，因此启动与实施的原因是职权行使，而非权利申请。三是主体要素，即对质的主体应是同一事实的不同亲历者，如果一人亲身经历，另一个人并为经历而只是道听途说，两人信息不对称，不构成对质。另外，刑事诉讼对质的主体限于被告人、证人以及被害人。四是空间要素，对质应当到场且出于面对面状态。五是行为要素，在场的对质者应当进行陈述、问答和辩驳。①

让对事实陈述存在矛盾的多方主体当面质询对查明案件事实有着多方面的意义：第一，当面对质可以对说谎方施加一定的心理威慑力，防止说谎，可以促进真实有罪的被告人自愿认罪，也可以防止诬告和虚假控诉。第二，通过对质也能够激发真实性记忆，尽早发现错误。对质常常可以创造现场感，通过当时场景的营造以及情节，包括某些细节的提示，能够勾起某些回忆，发现认知与记忆中的某些错误。第三，对质能够揭穿谎言。被告人可以通过对质程序一针见血地指出证人诬告的部分或错误的部分，因此对质询问对防

---
① 龙宗智：《证据法的理念、制度与方法》，法律出版社2008年版，第165页。

止错误定罪具有重大的意义。第四，双方到庭面对面对质，能使事实判断者直接、全面地获取有关的信息，从而更为有效地判定真伪。在真假难辨的情况下对质，法官可以根据对质过程中双方的语言、神情以及形态来判断有关陈述的真伪。

2. 现行对质规则存在缺陷

我国刑事诉讼法并未规定对质制度。2012年《高法解释》只规定了被告人和同案犯之间的对质①。2012年《高检规则》将对质主体扩大至被告人、证人，但从法理角度而言，法庭调查时应以2012年《高法解释》的规则为准。②《法庭调查规程》在基础上作了进一步完善。第8条规定："被告人供述之间存在实质性差异的，法庭可以传唤有关被告人到庭对质。审判长可以分别讯问被告人，就供述的实质性差异进行调查核实。经审判长准许，控辩双方可以向被告人讯问、发问，审判长认为有必要的，可以准许被告人之间相互发问。"第24条规定："证人证言之间存在实质性差异的，法庭可以传呼有关证人到庭对质。审判长可以分别询问证人，就证言的实质性差异进行调查核实。经审判长准许，控辩双方可以向证人发问。审判长认为有必要的，可以准许证人之间相互发问。"但《法庭调查规程》并未具体规定被告人和证人的对质问题，只是规定"经审判长允许，被告人可以向证人发问"，而有学者已经提出不宜将"被告人—证人对质"与证人出庭作证程序混同，因为容易产生单向对质的误解③。另外，刑事诉讼法、2012年《高法解释》、2012年《高检规则》、《法庭调查规程》等都没有规定被害人必须出庭，也没有将被害人规定为对质主体。

我国目前刑事诉讼的对质规则主要存在以下缺陷：第一，刑事诉讼法缺乏规定，对质制度主要是通过司法解释确立。第二，"两高"解释存在矛盾，

---

① 2012年《高法解释》第199条规定："讯问同案审理的被告人，应当分别进行，必要时，可以传唤共同被告人等到庭对质。"

② 2012年《高检规则》第438条规定，被告人、证人对同一事实对陈述存在矛盾需要对质时，公诉人可以建议法庭传唤有关被告人、证人同时到庭对质。

③ 参见龙宗智：《证据法的理念、制度与方法》，法律出版社2008年版，第176页。

有效的解释规范中对质主体仅为共同被告人。尽管最高人民法院出台的《法庭调查规程》已将矛盾略微削平，但《法庭调查规程》的效力低于司法解释。第三，在证人出庭作证制度中穿插被告人和证人对质规则容易引起单向对质的情况，不利于揭露证人说谎或记忆不清的事实。第四，因不能强制证人出庭，被告人和证人对质不能保证、难以实现。第五，由于对质权理论的缺位，目前被告人还不能主动申请对质，都由法官依职权通知对质。

3. 基本对质规则的构建

（1）对质的主体

应当进一步扩大对质主体，允许共同被告人间的对质、被告人与证人的对质、被告人与被害人的对质、证人与证人以及证人与被害人的对质。贯彻直接言词原则，要求被害人、重要证人出庭作证。而在供述与陈述出现明显矛盾有必要对质时，可以安排对质或应被告人及其他主体的请求进行对质。刑事诉讼法应当明确对质主体的范围。

（2）对质的前提条件

刑事诉讼法应明确对质的前提条件，即在不同主体陈述事实存在"实质性差异"时，就可以组织双方进行对质。并应通过司法解释对"实质性差异"进行具体解释。所谓"实质性差异"，是指在重要的案件事实和情节上，不同主体的陈述相互冲突，存在矛盾。如同案犯之间常对共谋与犯意的提出、犯罪行为的实施及其各自担当的角色以及分赃的多寡说法不一。被告人与证人之间的矛盾一般以客观事实为主，如案发环境的光线问题、案发时的声音背景等。需要通过对质的方式来暴露和解决矛盾，使法官能够直接听取矛盾中的供词及其相互质辩，并通过察言观色辨别真伪。

（3）对质的启动程序：依职权和依申请

对质除了具有查明案件事实的意义以外，还具有保障人权的重要意义。一是有利于被告方从控方证人陈述中获取有利于本方的信息，从而论证本方的诉讼主张。二是有利于被告方揭露控方证言中的虚假或不实之处，从而动摇控方的诉讼主张。在刑事诉讼中，证人对案件事实的感知、记忆、表述可能存在一定的偏差。有些证人与案件或案件当事人存在牵连，还可能故意夸大或缩小案件事实。而被告人享有质证权可要求证人出庭作证，通过对质揭露证人证言中可能存在的虚假或不实之处，防止法官作出对被告人不利的裁判。三是有利于保障被告方对审判过程的充分参与，维护审判程序的公正。被告人与案件事实有实体上的利害关系，案件裁判结果的不同直接决定着被告人的自由、财产甚至生命等重要权利，因而要保证案件审判程序的公正合理，就必须保障被告方在诉讼过程中有充分的参与机会，能够对案件裁判结果的作出施加有效的影响。①

因此，应当在"对质权"理念之下，建立法官依职权决定和当事人依申请对质并存的启动机制。一方面，法官认为有必要时，有权决定相关人员进行对质；另一方面，被指控人要求对质的，应当准予对质，除非有妨碍对质的因素存在。这些因素如：对质时可能对参与的某一方产生不良影响导致证词或供词的扭曲；证人或被害人未成年，对质可能损害其身心健康；被害人受到严重精神损害，对质会加重这种损害等。被害人要求和被告人或证人对质的，也可以准予对质。

4. 对质的具体运用程序

（1）事先固定供述和证词

由于对质会使同案被告人相互了解供述的内容，这种了解有可能会产生某种影响，如诱导、威胁等，导致一方违心改变供词。因此，对质应当在分别询问不能解决矛盾的情况下实施，并注意事先固定供述和证词。法庭调查阶段开始，审判长首先应分别询问被告人对起诉指控、对犯罪事实是否有异议，并听取其供述和辩解，此时被害人不得在场旁听（刑事诉讼法已有规定证人不得旁听审理）。经审判长准许，公诉人可以讯问被告人，辩护人可以询问被告人。当同案被告人供述出现实质性差异时，法院认为有必要的，可以传唤有关被告人到庭进行对质。接着，审判长可以传唤被害人到庭陈述，此时被告人可以在场，但其他证人不得在场。被害人陈述完毕后，经审判长批准，公诉人、辩护人可以询问被害人，被告人可以与被害人进行对质；接着，

---

① 陈永生：《论辩护方当庭质证的权利》，载《法商研究》2005年第5期。

公诉人可以提请法庭传唤证人到场，同样应遵守个人询问原则，证人陈述时，被告人、被害人可以在场。证人陈述完毕后，经审判长批准，公诉人、辩护人可以询问被害人，被告人、被害人也可以与证人进行对质。

（2）同案被告人之间的对质

共同犯罪案件中，在不损害司法公正的前提下，可组织同案被告人进行集中质证。为了避免出现较严重拖延诉讼的现象，可以考虑在公诉人出示完全部证据后，再听取被告人的质证意见，这样的证据调查规则就是集中质证规则。具体而言，根据指控排序，先由辩护人进行专业性的质证，然后再听取被告人的质证意见。辩护人在进行集中质证时，被告人是否应当退庭由法官自由裁量。若被告人在庭的情形下并不影响事实调查，则可不退庭，反之，则应当退庭。

同案被告人的对质应当在集中质证中一并解决。比如，在三人盗窃珠宝的案件审理程序中，若三被告人对被告人乙住处查获的珠宝来源的解释存在矛盾，在三被告人集中质证之后，法官依然无法对珠宝的来源进行认定的，则可以组织三被告人针对矛盾性陈述进行对质。

此外，为了确保对质的效果，应遵守"一对一"的对质规则，即每一场对质只安排对立的两人进行。不参与对质的被告人不得出现在庭审中。原因在于其中对质的任何一方人数超过两人，都会形成最少三人的格局，而三人格局又会形成一种会议式的研讨格局，成员之间相互影响、相互启发的可能性较大，这种会议式研讨格局会使串供的可能性增大。

可见，共同被告人之间的对质，立法应当明确的具体规则是：第一，共同被告人之间的对质应当在共同被告人集中质证结束后进行；第二，共同被告人之间的每一场对质应采用"一对一"模式。

（3）证人和证人的对质

原则上，对证人的询问应当分别进行。但证人证言之间存在实质性差异的，法庭可以传唤有关证人到庭对质。

证人之间的对质，依照以下程序规范：首先，审判长告知对质主体的权利义务，告知陈述者故意虚假陈述所应承担的责任。其次，审判长查明对质双方的身份及其相互关系,并合理安排对质的顺序及其内容(焦点),确保对质能够有序进行。再次,对质过程的每一个环节和内容都应当如实记入笔录。对质开始前的告知内容就应当记入笔录;当面对质过程中的提问及其回答均应当在笔录中记明。有条件的法院还需要对对质过程进行同步录音录像。最后,在当面对质的笔录中,被询问人的陈述应当按照他们的先后顺序加以记载。当面对质的每一个参加人应对自己的陈述签名,并在每一页上分别签名。

(四)异议的一般规则

异议规则是指在证据调查过程中,一方当事人针对对方当事人的证据调查行为和证明行为违反证据规则时提出反对,由审判人员当即裁定该反对是否有效的规则。若裁定该反对有效,进行的证据调查行为和证明行为予以排除;若该反对无效,进行的证据调查行为和证明行为继续,法庭予以认可。①

1. 我国现行异议规则的考察

我国现行刑事诉讼法未明确规定异议规则,但第190条、第193条规定了控辩双方对证据调查过程发表意见的权利,可视为确定了异议规则。但司法解释层面较为明确地规定了异议规则,2012年《高法解释》第214条规定,"控辩双方的讯问、发问方式不当或者内容与本案无关的,对方可以提出异议,申请审判长制止,审判长应当判明情况予以支持或者驳回",这是针对庭上不当发问设置的异议规则。第221条规定,"公诉人申请出示开庭前未移送人民法院的证据,辩护方提出异议的,审判长应当要求公诉人说明理由",这是针对控方提交新证据设置的异议规则。可见,异议规则在我国刑事诉讼中已在一定程度上确立。

进一步说,我国异议规则具有以下几个特点:第一,可被异议的对象范围过窄。根据相关规定,只能针对言词证据的调查过程提出异议,且只能对

---

① 万燕:《刑事庭审异议规则研究》,西南政法大学2012年硕士学位论文,第2页。

发问方的行为提出异议,也就是说,对被诘问方的回答并不能提出异议,对实物证据的调查过程也无法提出异议。此外,目前可提出异议的对象仅限于控辩双方的证明行为,而不能针对证人、鉴定人等其他当事人或法官的庭审行为提出异议,即使其他诉讼参与人的回答不符合证据规则,法官主持庭审或庭外调查核实证据违反了证据规则,诉讼当事人也无法提出异议,获得有效救济。第二,异议规则过于粗疏。首先,提出异议的理由过于笼统。目前刑事诉讼法只规定了"与本案无关"或者"方式不当"两种情形,不够具体明确,可操作性不强。其次,缺少适用异议规则的具体程序规定,如提出异议的时机、对异议的裁决、异议的法律效力、不服法官裁定时的救济等。刑事诉讼法虽规定被告方不服一审判决、裁定可以提出上诉,但对异议的上诉没有明确,而是笼统地将其归入上诉中,导致异议这种程序性权利被淹没。第三,我国异议规则保留了职权主义色彩。当事人主义诉讼中法官消极、中立,一般不主动适用证据规则,双方当事人需要主动提出异议,由法官裁决。而我国在引入当事人主义庭审模式的过程中,仍保留了职权调查的诉讼模式,对与本案无关的发问、发问方式不当的问题,即使当事人没有提出异议,审判长也有义务主动予以制止。

如前文所述,异议规则在我国司法实践中适用率并不高,控辩双方很少主动提出异议,法官适用证据规则的态度也较为消极。

异议规则形式化的根本原因,主要有以下几点:第一,受职权主义的诉讼背景影响。为了增加庭审对抗性,我国刑事诉讼法自 1996 年开始进行当事人主义改造,但迄今为止,我国的证据调查依然是由法官主导的,控辩双方甚少对证据调查提出补充或质疑。进一步说,法官负有查明事实真相的义务,诉讼风险仍由法官(国家)承担,而英美法系是通过当事人行使异议权实现对证据的审查来发现案件事实的,诉讼风险由当事人承担,因此当事人主义的异议规则在我国缺乏实质对抗的制度背景。[①] 第二,控辩不平等的格局仍未得到根本改变。我国刑事诉讼法试图通过引入对抗制因素来实现控辩平等,但受惩罚犯罪的传统目的论以及检察机关法律监督职能的影响,辩方依然处

---

① 万燕:《刑事庭审异议规则研究》,西南政法大学 2012 年硕士学位论文,第 22 页。

于天然的劣势地位,再加上实践中辩护律师权利的行使面临重重阻碍,无法真正得到落实,控辩平等根本无法实现,异议规则也就不存在正常适用的空间。第三,我国证据规则对证据的证据能力基本上没有限制,法官在法庭上往往也只关注证据的证明力,而忽视证据能力问题。① 而"证据规则本身所要限制的主要是证据的可采性或证据能力,而不是证据的证明能力"。② 因此我国证据规则的不完善限制了异议权的行使。

2. 异议规则的明确规定

(1) 异议规则的适用对象

总的来说,所有庭审行为都可成为异议规则的适用对象,既包括控辩双方和其他诉讼参与人在法庭上的证明行为,也包括法庭补充调查的证据和法庭主持庭审行为,只要上述行为违反了庭审规则或证据规则,控辩双方都有权提出异议。同时,异议规则也不限定证据类型,既可以针对人证的调查,也可以针对物证和其他证据的调查。此外,除了控辩双方,其他诉讼参与人也有权提出异议。只要是证据调查行为或证明行为与其存在利益关联,其他诉讼参与人也可以提出异议,如被害人、证人可对询问人的不当询问方式提出异议。

(2) 提出异议的理由和时机

提出异议时需要简述理由,如针对提问的异议主要有缺乏关联性、违反意见规则、假设性问题、诱导性问题、重复提问、容易引起偏见等,针对回答的异议主要有不相关、发表评价性意见等,针对物证、文书证据的异议主要有欠缺关联性、违反最佳证据规则等。现行刑事诉讼法对异议理由的规定过于笼统,导致可操作性不强,但穷尽所有异议理由也不现实,因此可在司法解释层面列举出较为典型的异议理由,并增设兜底条款"其他违反证据规则和庭审规则的行为"。当然,异议理由的完善需以证据规则和庭审规则的完善为基础。立法需明确何为关联性规则、意见法则等,需明确

---

① 汪贻飞:《论证言笔录的证据能力》,载《中国刑事法杂志》2009年第8期。
② 陈瑞华:《从"证据学"走向"证据法学"——兼论刑事证据法的体系和功能》,载《法商研究》2006年第3期。

假设性问题、诱导性问题等的界定标准，需明确控辩审三方在庭审过程中的权利和义务。

为保证诉讼的顺畅进行，异议的提出应遵守及时原则，有权提出异议的主体应当在可提出异议的诉讼行为、法官的决定或裁定作出后及时提出，如果不及时就意味着放弃了异议的权利。如对证人的资格有异议时，应在法庭核对证人身份以后、证人回答之前提出异议；对询问证人的方式有异议时，应在提问完毕之后、证人回答之前提出异议，若因证人回答太快而没有及时提出的，应在其回答完后立即提出，请求取消其回答。逾期提出异议的，应说明理由，若理由合理或事项重要的，法庭应裁定允许。

（3）对异议的裁判

异议提出后，法庭应及时进行审查并作出裁判。审判长有权要求异议提出方进一步说明理由，或命令双方就异议事由简单陈述意见。如果异议的理由符合规定或异议的对象违反了法律规定或虽不违反法律但明显不合情理，法庭可以支持该异议；如果异议的理由不成立或没有例外情形而错过了异议的时间或是为了拖延诉讼、干扰正常的询问和回答，法庭可以驳回异议；若当庭无法对异议事由作出裁判的，审判长可以宣布休庭。

异议得到法官支持的，被异议的行为或决定将被撤销或变更，如限制询问的范围、改变询问的方式、调整询问的顺序、驳回传唤证人的请求、撤销违法的询问行为、取消证人的回答、排除违反法律规定的证据、变更法官的决定等。如果异议被驳回，则应继续进行先前的行为，如认可证据的证据能力、继续询问证人、要求证人回答问题、接受对证人的传唤等。

（4）对异议的裁决不服的救济措施

法官对异议的裁决应当庭作出，并记入庭审笔录。控辩双方对此不服可在法院作出终局性裁判之后，以程序违法为由提起上诉或抗诉。二审法院根据庭审笔录审查一审法官的决定是否合法、合理；若一审法官的决定错误且会影响司法公正或限制了被告人的诉讼权利，二审法院可依法将案件发回重审。

三、刑事庭审质证的特殊规则

刑事庭审质证包括举证、询问、对质和异议等一般规则。此外，鉴于对质主体、质证对象的特殊属性，刑事庭审质证还存在一些特殊规则。质证的特殊规则有别于民事诉讼中鉴定意见的质证规则，也不同于通常证据的质证规则。刑事诉讼中的特殊证据材料需要依据不同的质证规则进行审查判断，特殊情况下的质证规则也有其自身的特点。下文分别从质证的主体、程序、对象以及内容等，阐释脆弱证人、诱导性询问、技侦材料、鉴定意见以及物证保管人的刑事庭审质证规则。

（一）脆弱证人的质证规则

我国刑事诉讼法未对脆弱证人的特殊质证规则进行系统的规定。与脆弱证人相关的立法条文主要包括：《刑事诉讼法》第281条规定，询问和审判未成年被害人、证人时，应当通知合适成年人到场，到场的法定代理人可以代为行使诉讼权利；《人民法院法庭规则》（2016年）第4条规定，刑事法庭可以配置同步视频作证室，供依法应当保护或其他确有保护必要的证人、鉴定人、被害人在庭审作证时使用；《关于依法惩治性侵害未成年人犯罪的意见》（2013年）第18条规定，人民法院开庭审理性侵害未成年人犯罪案件，未成年被害人、证人确有必要出庭的，应当根据案件情况采取不暴露外貌、真实声音等保护措施，有条件的，可以采取视频等方式播放未成年人的陈述、证言，播放视频亦应采取保护措施。

从这些规则来看：首先，脆弱证人的范围狭窄，基本是针对未成年人这一类证人作出特殊规定，对于性侵案件受害人和其他精神存在障碍之人，并没有规定特殊的庭审质证规则。其次，法律规定的目的存在偏差。现行规范仅停留在浅层次的保障性的规定，而非深层次的以提高证言质量为目的的质证规则。最后，证人庭审质证规则简单。我国现行法律规定的证人质证模式基本上与英美法系庭审活动中的主询问、反询问和法官的裁量性询问相对应。但是，发问需经审判长准许，法官在质证中的控制权相对更大。

另外，与英美法系严密的质证规则不同，我国对于证人的质证仅规定了简单的规则。一方面，无论是主询问还是反询问，一律禁止诱导性询问是否恰当值得商榷，若是反询问都禁止诱导性问题，质证效果可能会受到影响。另一方面，有关脆弱证人的特殊质证规则几乎空白。如上所述，脆弱证人由于其本身的特性，质证规则与一般证人的质证规则有不同之处，仅仅适用一般证人的质证规则，且还是简略的规则，无法实现有效质证脆弱证人的目的。

司法实践中，脆弱证人庭审质证主要存在"三无问题"。其一，无法质证。脆弱证人相较于一般证人而言，其更不愿意出庭接受质证。尤其我国目前的司法实践以同一质证规则适用于所有的证人，基本没有考虑脆弱证人的特殊性，脆弱证人在司法实践中几乎不愿出庭，被告人仅能对书面的证人证言或者询问笔录进行质证。其二，无效质证。脆弱证人容易激发法官的同情心，一些法官在实践中容易对被告人的质证过度限制，限制律师质证的时间、主体、方法、内容，导致质证成为走过场；但有个别法官对于被告人询问脆弱证人又过度放松，在缺乏有效的质证方式缓解证人的紧张与焦虑的情况下，被告人或者代理人的进攻性询问可能会使脆弱证人陷入抗拒的状态，仅以"不记得""不清楚"来模糊回答，根本无法达到质证的效果。其三，无序质证。质证规则简陋，导致质证程序的无序化。而且，法官庭审控制能力较弱。我国的庭审程序虽然借鉴英美对抗制进行构建，但法官对于其所包含的技术方面却缺乏必要的训练。无论是大学教育和法官经验性的传承，都缺乏对法官有效行使庭审指挥权的培养。以至于在实践中，经常出现控辩双方在法庭上就对方的问题以诱导性、非相关性或者侮辱性问题为由提出反对，但无论是检察官还是辩护律师，抑或审判法官，都没有真正弄清楚两者之间的界限。而涉及脆弱证人的案件更加特殊，无论质证主体、方式还是内容，都具有其特殊性。对脆弱证人的质证，更考验法官的庭审掌控能力。

1. 树立对脆弱证人的关照意识

"法院的诉讼关照责任意识缺乏，是当前刑事审判改革中应当注意的一个问题。"① 在中国传统的司法观念里,司法体系的任务是维护社会秩序,专事于审判的官员们只是对社会秩序,以及对有助于实现繁荣的社会太平负责。② 因此,法官在庭审中的重要任务仍然是打击犯罪和维持社会秩序,司法原则中不存在要实现具有绝对地位的价值和权益。以至于在司法实践中往往存在以下问题:如果脆弱证人出庭,绝大多数情况下是案件的受害人,法官在庭审中普遍将其置于被害人的角色;而有的法官则认为法官中立性就是让控辩双方对质辩论,无须法官多加干预;也有的法官认为脆弱证人的角色总体上属于"控方证人",控方权力已经很大,无须再对其进行特别保护与照顾,否则会导致控辩失衡。

总体来说,我国刑事庭审中,法官未考虑到脆弱证人的特殊性对其给予关照与照料,也未意识到这种诉讼关照义务的缺失仅是简单以"形式平等"为借口,不仅会对脆弱证人的隐私权益造成伤害,而且无法形成有效的质证效果。而这种"二次伤害"和"被审问角色"的观念一旦形成,并在老百姓口口相传中传播,会导致脆弱证人更加不愿出庭。而脆弱证人与被告人对质,往往是查明案件事实最重要、最可靠的途径。脆弱证人不出庭,会使案件陷入事实更加无法查清的恶性循环之中。因此,在大力提倡人权保障和庭审实质化改革的今天,在法官主持庭审质证时,对脆弱证人树立诉讼关照意识尤为重要。

2. 构建脆弱证人的具体质证规则

脆弱证人出庭,为保证质证的效果,从比较法的经验来看,均应规定特殊的质证规则,具体包括:

(1)明确脆弱证人的范畴

结合我国的司法实践,未成年人、有明显的智力或者精神障碍的人以及因性侵案件或者严重暴力案件导致身心受损之人应划定为脆弱证人。脆弱证

---

① Cole v. State. 634 P. 2d 1313. 1317 (Okla. Crim. App. 1981).
② 龙宗智:《我国刑事庭审中人证调查的几个问题———以"交叉询问"问题为中心》,载《政法论坛》2008 年第 5 期。

人原则上应出庭质证，其脆弱性不能当然成为不出庭质证的理由。①

（2）限制质证主体

为避免脆弱证人因紧张与焦虑，影响质证效果，应禁止被告人直接询问脆弱证人。如果被告人有辩护律师，可以由辩护律师进行质证；如果没有辩护律师，可以由法院指定律师询问，或者将问题以书面形式递交给法官，由法官代为询问，被告人可以听到脆弱证人的回答。

（3）引入中间人协助质证制度

英国的中间人协助作证制度值得我国借鉴。中间人制度对英国刑事司法产生重大影响，帮助了成千上万的儿童以及脆弱成年人，他们认为，如果没有中间人的帮助，对儿童和脆弱证人的会谈与询问不可能准确表达需要传递的问题，错误传达是必然的结果。②我国可以引入中间人协助质证制度，形成登记在册、经过培训的具备各种语言学、心理学和社会学等专长的中间人数据库，由法庭根据各中间人的专长，挑选与脆弱证人匹配的中间人出庭协助质证。中间人对法庭负责，具有独立性，出庭时可以坐在脆弱证人旁边，审视被告人质证时提出的问题与证人回答，并将可能存在表达错误的问题告知法庭，帮助脆弱证人质证，以提高证据的提供质量。

（4）适当限制被告人质证的问题

除了法官有效行使庭审指挥权，进行必要的干预与打断外，法律应明确禁止质证的内容。被告人的询问涉及被害人与被告人以外的人的性经验以及被害人性癖好的问题原则上应予以禁止，仅在涉及犯罪事实之构成等必要的情况下可以提出。比如询问被害人之前的性行为是为了证明双方的"合意"或者被害人虚假指控的动机。另外，应当允许被告人质问脆弱证人与案件有关的个人性问题，只要这些问题的提出没有侮辱性或者贬低性即可。

---

① 欧洲人权法院通过一系列的判例认为，脆弱证人并没有获得当然不出庭接受质证的权利，其本身的脆弱性，难以作为完全限制被告人对质询问权的依据。参见 ECHR，Bocos — Cuesta v. the Netherlands, Judgment of 10/11/2005 (no.54789/00); A. L. v. Finland, Judgment of 27/04/2009 (no. 23220/04) 等。

② Joyce Plotnikoff and Richard Woolfson. Intermediaries in the Criminal Justice System: Improving Communication For Vulnerable Witnesses and Defendants [M]. University of Bristol, 2015, p.5.

（二）诱导性询问规则

诱导性询问规则作为交叉询问制度的一项重要规则，一般禁止主询问方进行诱导性询问和允许反询问方进行诱导性询问，但存在诸多例外情形。目前我国刑事庭审尚未建立标准意义上的诱导性询问规则，导致实践中对诱导性询问的处理标准不统一和处理方式不恰当。随着庭审实质化改革的推进，以控辩询问为主的人证调查将成为庭审最主要的调查方式，基于庭审查明事实、辩方充分质证、提高庭审效率的需要，我国有必要借鉴域外经验构建约束庭审发问方式的诱导性询问规则。① 具体而言，诱导性询问是一种指示证人如何回答或将问题的答案嵌入问话的询问方式，其对于案件真相的调查同时存在积极和消极的影响。一方面，诱导性询问可能导致证人的陈述偏离客观真实；另一方面，诱导性询问可以针对性地发现证人证言的破绽和一些未知事实。故区分具体情形允许和禁止诱导性询问就成为规范庭审诱导性询问的核心内容。

1. 我国建立诱导性询问规则的必要性

首先，从发现真实的角度看，诱导性询问规则有助于正确区分不当和可以允许的诱导性询问，最大可能地避免和控制虚假、错误的诱导，同时放宽和鼓励可以获取更多案件信息和澄清事实的诱导。在主询问中对诱导性询问的原则禁止和例外允许可以保证证人按照自己的意志和记忆陈述证言，在确有必要的时候可以通过诱导性询问保证证人能够准确、充分表达；而在反询问中原则上允许诱导性询问更有助于反对方在不利之境况下发现有利的信息。可以说，诱导性询问对于发现案件真相就是一把"双刃剑"，关键在于能否把持得当，而诱导性询问规则可以分情况对其进行严格的限制和适当的放宽，尽可能允许有利于发现真实的诱导，同时防范扭曲真相的诱导。

---

① 成都市中级人民法院进行的庭审实质化试点改革已经对诱导性询问持宽容态度，其制定的《刑事诉讼人证出庭作证操作规范（试行）》第43条明确规定就五种情形发问时，"可不严格限制诱导性发问"。但最高人民法院随后出台的《法庭调查规程》仍然保留了2012年《高法解释》一概禁止诱导性询问的做法。

其次，从保证控辩双方质证的角度看，诱导性询问有利于反对方更好地质疑证人的诚实性和证言的真实性。即使证言确实属实，也不能因此否定反对方对其进行交叉诘问并使用诱导性问题的权利。只有充分保障控辩双方的质证权，才能更好地促进控辩平衡、实现程序正义，否则证据调查很可能沦为强势方的单方表演。如果一概禁止庭审的诱导性询问，辩方就很难从控方证人的口中策略性地问出有利的信息。

最后，从提高庭审效率的角度看，诱导性询问的作用更为明显。我国法庭询问方式采用自然叙述与一问一答相结合的方式，不采用可以严格限制证言范围和内容的一问一答询问方式，这种情况下证人可能在庭上作出大量意义不大的陈述。对此，控辩双方可以通过针对性的提问梳理证人的回答内容，在这种情况下，合理放宽诱导性询问可以帮助证人在回答内容中找到重点，将有价值的信息更有效率地展现于庭上。

2. 我国诱导性询问规则的具体设置

（1）禁止诱导性询问的情形

禁止诱导性询问的出发点在于防止被告人、被害人、证人、鉴定人受询问者引导而作出虚假的陈述，2012年《高检规则》第438条对于应当避免可能影响陈述或者证言客观真实的诱导性讯问、询问的要求是符合这一精神的。对此，我们可以根据虚假陈述的风险大小来进一步明确禁止诱导性询问的情形。基于证人一般倾向于本方询问者的规律，在主询问中原则上应当禁止诱导性询问，同理，当证人的立场开始向反询问方倾斜时，反询问中也应当禁止诱导性询问。任何规定都不是绝对的，具体到实践中，法官可以有区别地灵活把握限制诱导性询问的宽严程度。就禁止诱导性询问的情形而言，我们可以根据所要引导事实的性质将其分为绝对禁止的情形和相对禁止的情形。对于控辩双方针对被告人、证人等庭前已经陈述的事实进行的诱导性询问，以及针对相对中立的证人进行的诱导性询问，法官可以视情况禁止。[①]一般而

[①] 在审前阶段，无论是作为涉案当事人的被告人、被害人，还是知悉案情的证人、作出专业判断的鉴定人，都会就案情或相关专业问题作出陈述。在审判阶段，可以将他们审前已陈述的事实作为已知事实。

言，如果另一方没有对此类诱导性询问提出异议，法官可以不予制止，但是应当即时制止在被告人、证人、鉴定人配合时的连续诱导性询问，以保证证人相对自白地陈述。此为对已知事实诱导性询问的相对禁止。如果主询问方就未知事实进行诱导性询问，那么无论反询问方是否提出异议，法官都应该主动加以制止。比如，应严格禁止辩护律师无故就未知事实对被告人的诱导性讯问，以避免其引导被告人作出违背事实的翻供。此为对未知事实诱导性询问的绝对禁止。除此之外，我们可以借鉴澳大利亚1995年证据法的立法经验，在反询问中赋予法官限制诱导性询问的自由裁量权。① 如果法官根据证人的个人情况判断其更适合进行相对自由的陈述，则可以制止反询问方的诱导性询问。此为相对禁止的另一种情形。

鉴于我国交叉询问"对抗性不足，'和合性'较强"的特点以及证人的控辩性质容易出现"合而不分"的情形，② 法官在被动或主动制止诱导性询问时总体上应掌握这样一个原则：对控辩一方自己提出的证人在诱导性询问上限制得严一些，对反对方的证人限制得宽一些；对涉及案件主要事实的诱导性询问限制得严一些，对涉及案件辅助事实的诱导性询问限制得宽一些。

（2）允许诱导性询问的情形

在交叉询问中，反询问中一般允许诱导性询问，主询问中作为例外允许诱导性询问。在反询问中，只有当证人属性不明显或偏向反询问方时，以及出现法官认为不宜采取诱导性询问的情况时，反询问方不得采取诱导性询问，其余大部分时候都允许诱导性询问。在主询问中，一般不允许诱导性询问，以下情况则例外：其一，可以对无争议事实进行适当的诱导，比如对一些不涉及案件关键环节，被告人自始至终认可、控辩双方都无意见的事实的诱导；其二，可以对不涉及实体争议的准备性事项和过渡性事实进行诱导，比如对证人的职业、生活习惯、近期日程安排和家庭背景情况的诱导；其三，可以采取弥补证人能力欠缺的诱导，比如唤醒记忆的诱导、矫正陈述的诱导；其四，可以对中立证人、敌意证人进行适度的诱导，对于转变立场的敌意证人，主询问方展开

---

① 参见《澳大利亚联邦证据法》，王进喜译，中国法制出版社2013年版，第337—339页。
② 龙宗智：《我国刑事庭审中人证调查的几个问题——以"交叉询问"问题为中心》，载《政法论坛》2008年第5期。

诱导性询问之前需得到法官的认可。

在交叉询问之外，法官原则上可以采取诱导性询问。在英美法系国家，法官在必要时应当通过询问证人澄清复杂问题、阻止陪审团被误导，使审判变得恰当、得体、迅速、经济。不过，法官能否提出诱导性问题，法律没有明确答案。我们认为，作为中立、负有查清事实职责的法官可以通过诱导性询问澄清证人证言，毕竟其本身是庭审的指挥者，更容易处于一个超然的位置去把握诱导性询问的得当与否，在必要的时候可以对被告人、证人、鉴定人采取适当的诱导性询问。

（三）技侦材料的质证规则

1. 技侦材料质证规则的规范与运行考察

根据《刑事诉讼法》第150条的规定，公安机关在立案后可以对特定种类的案件实施技术侦查，由此取得的证据材料是技侦材料。与技侦材料质证规则相关的规范散见于司法解释以及相关规范性司法文件。从规范内容来看，现行规定对技侦材料质证规则的规定较为初步，呈现出缺乏系统性、内容概括性较强的特点。

在法律层面，刑事诉讼法关于技术侦查的规定总计4条，分别是第150条、第151条、第152条和第154条。其中，第150条是关于技术侦查措施实施原则的规定，第151条是关于技术侦查措施决定期限的规定，第152条是关于技术侦查措施的实施要求，第154条则是关于技术侦查措施取得证据的适用原则。

在司法解释、部门规章和规范性司法文件层面，《关于实施刑事诉讼法若干问题的规定》（以下简称《实施规定》）、2012年《高法解释》、2012年《高检规则》、《公安规定》以及《法庭调查规程》等均对技侦材料的使用作了规定，其中部分规定与技侦材料的质证规则直接相关。在《实施规定》中，与技侦材料质证规则相关的规定共计1条。《实施规定》第20条规定，采取技术侦查措施收集的材料作为证据使用的，批准采取技术侦查措施的法律文书应当附卷，辩护律师可以依法查阅、摘抄、复制，在审判过程中可以向法庭出示。在2012年《高法解释》中,关于技术侦查的规定总计3条①。在2012年《高检规则》中,涉及技侦材料质证规则的规定主要包括第265条、第266条、第363条第3项。在《公安规定》中,与技侦材料相关的规定包括第259条、第260条第1款。在《法庭调查规程》中,涉及技侦材料质证规则的规定主要是第35条。其第1款规定,采用技术侦查措施收集的证据,应当当庭出示;当庭出示、辨认、质证可能危及有关人员的人身安全,或者可能产生其他严重后果的,应当采取不暴露有关人员身份、不公开技术侦查措施和方法等保护措施。该条第2款规定,法庭决定在庭外对技术侦查证据进行核实的,可以召集公诉人和辩护律师到场;在场人员应当履行保密义务。

从前述与技侦材料质证规则相关的规定来看,现行法明确了技侦材料可以作为证据使用,属于质证的对象。比如,根据2012年《高法解释》第180条第3项的规定,对技侦材料进行质证时的质证对象为"采取技术侦查措施的批准决定和所收集的证据材料"。但现行规定也存在如下不足:

其一,对庭审质证原则的例外情形的规定缺乏明确性。原则上,定案的证据均需经过控辩审三方组成的庭审质证环节。例如,《刑事诉讼法》第50条规定,证据必须经过查证属实,才能作为定案的根据。但依据《刑事诉讼法》第154条的规定,对于用作证据的技侦材料,"必要的时候,可以由审判人员在庭外对证据进行核实"。由此可知,在庭审质证原则之外,还存在例外情形。对于"必要"的确切内涵究竟为何,不仅刑事诉讼法未能明确,就连司法解释也未能及时关注。依据2012年《高法解释》第63条的规定,证据未经当庭出示、辨认、质证等法庭调查程序查证属实,不得作为定案的根据,但法律和该解释另有规定的除外。最高人民法院对于这里的"另有规定"的立场是,技侦材料的庭外方式即属于该条规定的例外情形之一,②言外之意是,还存在其他特定情形。

其二,技侦材料质证的具体方式、方法的规定较为抽象,可操作性较差。

---

① 见2012年《高法解释》第107条、第180第3项、第347条。
② 参见江必新主编:《〈最高人民法院关于适用《中华人民共和国刑事诉讼法》〉的解释〉理解与适用》,中国法制出版社2013年版,第43页。

《刑事诉讼法》第 61 条规定了证人证言的法庭质证原则,[①]但未明确客观性证据的质证原则。而技侦材料往往是以视听资料或书面证据的形式呈现于庭审中。此外,现行刑事诉讼法也未对技侦材料的质证作特别规定。质言之,刑事诉讼法层面并未明确技侦材料的质证方法。《法庭调查规程》第 35 条第 1 款仅规定,应当当庭出示、辨认、质证采用技术侦查措施收集的证据。司法解释等规范性文件对技侦材料的质证作了相对细致的规定,但仍显不足。比如,以常规型和特殊型庭审核实方式审查判断技侦材料时,人证是否需要出庭,物证的举示条件,控辩双方在遵循一般性的证人发问规则之外,还需遵循何种特殊性的质证规则,现有规定缺乏细致的说明。

在司法实践中,技侦材料的质证对象包括书证、证人证言以及视听资料等。技侦材料的质证方式包括侦查人员出庭作证、宣读书面证据(如监听录音的文字摘录、视听资料转化的文字记录)以及播放录音的原始件,质证的内容包括证据的"三性"问题。刑事诉讼法将技侦措施入法,并规定技侦材料的证据使用,对于规范取证行为、保障辩方的知情权和程序参与权意义重大。司法实践中,也有部分法院将合法性[②]或真实性[③]存疑的技侦材料排除在庭审之外。然而,我们对选取的部分裁判文书进行分析后,发现技侦材料质证规则在运行中也存在诸多问题,包括公安司法机关对"必要时"存在认知偏差,质证对象被严重压缩,异议难以获得裁断者支持。

第一,对技侦材料进行庭外核实的启动门槛较低,当庭质证对象被严重压缩。司法实践中对何为"必要时",难以把握。为确保技侦秘密以及相关人员的安全,当涉及技侦材料的案件在庭审中核实技侦材料容易暴露技侦方法和"线人"、卧底身份时,部分公安机关将规定要求的"必要性"理解为只要

[①] 《刑事诉讼法》第 61 条规定:证人证言必须在法庭上经过公诉人、被害人和被告人、辩护人双方质证并且查实以后,才能作为定案的根据。法庭查明证人有意作伪证或者隐匿罪证的时候,应当依法处理。

[②] 参见(2017)内 0981 刑初 50 号,载中国裁判文书网。

[③] 在詹某某等贩卖运输毒品案中,法院认为监听录音的文字摘录不能替代录音原始件作为定罪量刑的证据。鉴于该案的关键证据技侦材料(监听录音)原始件未能在庭审中当庭播放,被告人及其辩护人不能辨认和质证,公诉机关指控被告人詹某某贩卖甲基苯丙胺 7000 克,被告人周某某、罗某某贩卖、运输甲基苯丙胺 7000 克的证据不足,不予认定。参见浙江省高级人民法院(2016)浙刑终第 245 号,载中国裁判文书网。

有泄密风险就庭外核实。比如，在吴某等贩卖毒品案中，合议庭在二审庭审中指出，"庭外核实了检察机关出示的视听资料转化的文字资料，证实上诉人吴某和原审被告人马某某通过电话和手机短信联系贩卖毒品的事实"。① 在项某某贩卖运输毒品上诉案中，一审法院将公安机关出具的"技术侦查获取证据情况说明书"作为认定被告人项某某与攀某某交易毒品的证据予以采信。而攀某某及其辩护人认为该证据没有办案机关公章、没有相关相关人员签字、没有当庭播放，系非法证据，应当予以排除。对这一诉讼请求，合议庭再次进行了庭外核实。法院认为，"技术侦查获取证据情况说明书"是相关办案人员在听取相关电话录音后，根据电话录音整理制作的，制作过程中存在的上述问题，属于疏忽，不影响证明效力，不属于非法证据排除的范围。② 对技侦证据材料进行庭外核实在实践中普遍存在，在吴某等贩卖毒品案和项某某贩卖运输毒品上诉案中，合议庭均对技侦措施获得的通话录音转化成文字资料进行了庭外核实。根据《刑事诉讼法》第154条的规定，庭外核实要满足如下条件：一是使用技侦证据可能危及有关人员的人身安全或者可能产生其他严重后果；二是必要的时候。然而，就合议庭对前述两案的庭外核实情况来看，即使将通话录音转化的文字资料在法庭中进行宣读、质证，也不会危及有关人员的人身安全，且对于通话录音类证据材料的审查、质证一般来说只围绕上述语音内容展开，并不会暴露相关技术侦查秘密③。因此，上述案件并不符合庭外核实的条件，而实践中类似"转化"质证方式情况普遍存在，不利于保障被告人的质证权。

此外，在拒绝被告人和辩护律师参与的情况下，法官单独核实证据，被告人质证权贬损严重。庭外核实盛行的原因在于：一是降低了泄密的风险。二是审判人员庭外核实可以保证核实的效率。单方进行的证据核实显然较三方参与更加迅速、简便。三是保证瑕疵证据补正的机会。由于公检法三方特有的分工、协作、制约关系，法官可以在发现证据有问题的情况下，通知办案部门补充证据或者作出合理解释，避免了辩方提出排除非法证据申请。但

---

① 参见（2017）宁刑终40号，载中国裁判文书网。
② 参见（2018）辽刑终60号，载中国裁判文书网。
③ 刘鹏：《技术侦查疑难问题研究》，载《法学杂志》2017年第7期。

弊端也是明显的,即未能确保辩方的质证权。

第二,对技侦适用范围与适用期限的异议,难以获得司法认定。比如,在张某某等妨害信用卡管理案中,辩护人在"其他银行卡存在证据瑕疵"的辩护意见中指出:"关于秘密技侦措施,本案所涉及的犯罪不属于刑诉法规定的几种可以采取技侦措施的犯罪范围之内,对本案采取技侦措施系违法,且本案的技侦措施从 2016 年 2 月 29 日开始至 2016 年 10 月 21 日长达八个月之久,公诉机关应当提供公安机关采取技侦措施的批准决定和延期手续,从而确认该措施的合法性。"① 最终,法院综合评判认为:"关于张某某的辩护人提出的秘密技侦措施的使用非法的观点,本院认为,公安机关使用技术侦查措施调查的并不仅仅针对本案的三名被告人,而是针对一个非法买卖身份证、银行卡的网络犯罪集团,涉案人数众多,案情复杂,公安机关也只是摘抄技侦调查的部分有关三名被告人的内容,因此公安机关通过技侦措施获得的证据合法,即使在本案立案之前调查的涉及本案被告人的内容亦属合法,辩护人的该辩护意见本院不予采纳。"② 从这个实例中可以看出,审判人员在既未审查技侦措施是否在立案后适用,也未审查该网络犯罪是否属于《刑事诉讼法》第 150 条规定的案件范围内案由的情况下,就直接拒绝了辩方的主张。

第三,技侦材料质证的专业性强,缺少辩护律师的情况下,难以娴熟运用质证方法对技侦材料展开有效质证。在严某某贩卖毒品案中,被告人无辩护人,在自行辩护中对技侦措施的适用以及所获证据的资格问题未能发表任何质证意见。法院认为:被告人在开庭审理过程中无异议且认罪,并有立案决定书、受案登记表、到案经过、被告人常住人口信息,采取技术侦查措施决定书、搜查证及笔录、照片,扣押决定书及清单,调取证据通知书及电话清单,称重笔录等证据证实,足以认定。③ 通过检索中国裁判文书网发现,2017 年 5 月 1 日至 2018 年 5 月 1 日期间内,涉及技侦证据的案件有 731 件,而其中被告人没有聘请辩护人的有 204 件。由此可推算出在涉技侦材料使用的案件中,被告人自行辩护率为 27.91%。实际上,技侦证据相对于其他证据

---

① 参见(2017)鲁 0285 刑初 175 号,载中国裁判文书网。
② 参见(2017)鲁 0285 刑初 175 号,载中国裁判文书网。
③ 参见(2017)川 0182 刑初 238 号,载中国裁判文书网。

来说，极易造成对被告人秘密通讯自由权和隐私权的无限侵害；且较于其他证据，技侦证据材料在证据能力认定上专业性强，而一般情况下被告人不具有相关专业法律知识来识别对自己采取的技侦措施是否超越法律规定的界限，以此来为自己更好地辩护，基于此，如果在涉及采取技术侦查措施的案件中由被告人自行辩护，有效保障被告人权益则更加困难。刑事诉讼法中并未规定涉技侦案件为必须指定辩护律师的范围，但是考虑到技侦案件的特殊性，应加强对被告人提供法律援助。

第四，对技侦材料异议的裁断说理充分性不足。在郑某某案中，郑某某及其辩护人提出，技术侦查材料不能作为定案证据。法院则认为：经查，本案通过技侦获得的视听资料转化的文字记录经法定程序核实，能够作为定案证据，故原审被告人郑某某的辩解及其辩护人的辩护意见不能成立，不予采纳。① 在另一起实例中，辩护人提出：公安机关未对技术侦查措施作任何说明，其采取的侦查措施合法性存疑。法院则以"本案没有证据显示公安机关采取的技术侦查措施违反了法律规定"作为回应。② 郑某某案中辩护人提出技侦证据材料不能作为定案证据时，法院以经法定程序核实作为采信证据的理由予以回应。经法定程序核实是认定证据的程序，但是核实的内容是证据的合法性、客观性还是关联性还是均已核实并未提及，且也未对证据"三性"核实的具体情况，如是否合法、是否客观、是否具有关联性予以充分说明。后一实例中，法院在辩护人对侦查措施合法性存疑时仅以没有证据显示侦查措施违法作为回应，而未予正面直观的说理，说理论证的充分性欠缺。

另外，我们通过与技侦工作人员和法官就技侦证据问题的座谈了解到，对一些不当庭质证的技侦证据材料，不在裁判文书中罗列出技侦证据以及相应的采取技侦措施的决定书，故而案件被告人对自己被采取了技侦措施并不知晓，多由法官独自对技侦证据进行庭外核实。在这种情况下，被告人无从提出证据异议，也无辩护律师参与该庭外核实程序。

---

① 参见（2016）宁刑终94号，载中国裁判文书网。
② 参见（2018）皖刑终61号，载中国裁判文书网。

2. 技侦材料质证规则的构建

英国有句古老的法谚：正义不仅应当得到实现，而且还应以看得见的方式实现。龙宗智教授也指出："使用不经质证的证据打破了程序公正的底线。"[①]我国司法实践中，普遍存在技侦材料质证方式单一以及质证程序欠缺的情形，不仅达不到保障被告人质证权目的，也难以实现平等武装。我国刑事诉讼法明确规定证据必须经过当庭质证才能被采信，鉴于我国当前技侦材料质证规则缺失的现状，完善相应配套制度和程序是当务之急。根据刑事诉讼法的规定，技侦证据审查模式主要为庭审质证和庭外核实两种，庭审质证又包括常规型质证和限制型质证。据此，构建技侦材料的质证规则应围绕技侦材料的质证方式展开。

（1）规范庭审质证

根据 2012 年《高法解释》第 63 条的规定，证据未经当庭出示、辨认、质证等法庭调查程序查证属实，不得作为定案的根据，但法律和本解释另有规定的除外。该规定中所说的法律另有规定为《刑事诉讼法》第 154 的规定："依照本节规定采取侦查措施收集的材料在刑事诉讼中可以作为证据使用。如果使用该证据可能危及有关人员的人身安全，或者可能产生其他严重后果的，应当采取不暴露有关人员身份、技术方法等保护措施，必要的时候，可以由审判人员在庭外对证据进行核实。"技侦材料如果要作为定案根据，在使用该证据不涉及第 154 条规定的情形时必须遵守相关的质证规则，即必须将证据随案移送并当庭围绕证据的"三性"质证。据此，技侦材料的庭审质证规则至少可以从如下方面进一步完善：其一，明确技侦材料质证的范围。应通过总结司法实践，以指导性司法案例的形式列举必须庭内核实的技侦材料类型。其二，明确技侦材料的质证方式。即使是庭内核实也涉及证据的宣读、播放等方式的选择。实践中比较常见的是，在不存在《刑事诉讼法》第 154 条的例外情形下，将以技侦手段获取的证据材料转化为书面情况说明来进行质证。如通过通信监控措施获取的语音通话记录，该类证据涉及的主要是通话内容，一般不会危及有关人员的人身安全，且质证主要围

[①] 龙宗智：《两个证据规定的规范与执行问题研究》，载《中国法学》2010 年第 6 期。

绕通话内容的合法性、客观性、关联性展开，其合法性上主要也是涉及程序方面，并不会暴露相关技术细节，故而应当将其刻录光盘或拷贝且制作好的书面内容记录一并随案移送以常规模式进行质证。另外，在常规型质证模式中，建议对人证的质证参照适用《法庭调查规程》第 20 条关于向证人发问应当遵守的规则。

对于限制性保护措施，应当明晰"有关人员""其他严重后果"的概念范围和"采取有效保护措施"的适当限制。"有关人员"从立法本意来看，应该主要指采取技侦手段的侦查人员、相关证人或其他知晓犯罪情况的人；"其他严重后果"，根据全国人大常委会法制工作委员会刑法室的解读，是指使用该证据会造成泄密、提高罪犯的反侦查能力或影响其他案件的侦破等后果；[①] 而"采取有效的保护措施"必然会导致技侦材料的原始性受损，故而对技侦材料进行处理不能无限制，其处理的方式应当得到法官以及控辩双方的认可，且处理后的结果应不影响证据的客观性。此外，在发问规则上，除了遵循一般性的发问规则之外，应当禁止询问与泄露侦查人员身份或侦查秘密相关的内容，即"不得泄露侦查身份或侦查秘密"。

（2）规范庭外审核

关于庭外核实的内涵，有论者主张："庭外核实是法官在开庭审理过程中，在法庭以外，对于案件有关的事实进行的调查、核实的司法活动。"[②] 该观点强调了庭外核实是法官依职权为发现犯罪真实而为的调查、核实行为。技侦材料庭外核实意在发现犯罪真实、增强裁判的可接受性和保障相关人员的安全与公共利益。而技侦材料的庭外核实程序在实践中体现为由法官独自对证据进行调查、核实，鲜有被告人及辩护律师的参与，对技侦材料也不进行质证，致使在技侦案件中存在"秘密审判"之嫌；不仅如此，因技侦部门奉行技侦证据材料"保密"主义，导致对部分不属于庭外核实技侦证据材料也采取庭外核实的模式进行审核，致使最终的判决结果因程序上公正的欠缺而难以为被告人接受。因此，规范庭外审核程序显得尤为重要。

---

① 法制工作委员会刑法室：《中华人民共和国刑事诉讼法解读（权威读本）》，中国法制出版社 2012 年版，第 341 页。

② 陈瑞华：《刑事审判原理论》，北京大学出版社 1997 年版，第 245 页。

根据法律规定，在限制保护性措施实施的前提下，必要的时候，可以采取庭外核实模式对证据进行审查。根据相关权威解读，"必要的时候"主要是指两种情况："一种是采取不暴露有关人员身份、技术方法不足以认定这些证据材料的真实性、可靠性，无法做出判决。另一种是采取不暴露有关人员身份、技术方法等保护措施无法防止严重后果的发生。"[①] 有且只有在这两种情况下，才能由审判人员在庭外对证据进行核实。在庭外核实的具体过程中，辩护人能否参与进来，因法律及司法解释对此都无明确规定，故对此有不同的观点：一种观点认为庭外核实程序基于对特殊人员保护的需要，应该严格限制参加人员的数量和范围，但是应考虑兼顾程序正义允许辩护人参与。另一种观点认为，允许辩护方参与庭外核实程序，则无法避免或消除潜在的风险，与庭外核实模式设立的目的相悖。从法理上讲，拒绝质证，不仅突破了程序公正的基本要求，导致控辩平等对抗在遭遇技侦材料时被进一步架空和虚置，而且还可能由于大量真假难辨且违反程序取得的证据材料未经控辩双方质证直接进入审判程序，从而损害实体公正。[②] 因采取庭外核实属于为确保特殊人员安全以及避免严重后果发生而作的迫不得已的抉择，而证据的特殊性，可以在保障有效质证的前提下将法官单独核查与具体情况下的律师有限参与结合起来，即法官在庭外单独核实后，认为辩护律师、被告人可以参加核实程序，则被告人、辩护律师在签署保密承诺书后可以参加核实；[③] 如法官在庭外单独核实后认为辩护律师、被告人不宜参加核实程序的，则将核查后的结果以书面形式通知辩护律师，律师可对证据提出质证材料。作为异议的裁断一方，法官应对辩方的异议作出回应，但该回应的对象不包括具体的证据来源和取证方式。

（四）鉴定意见的质证规则

鉴定意见实质上属于言词证据。鉴定意见并不因为属于科学证据而可以径直越过法庭质证环节，进而直接作为定罪量刑的证据。鉴定意见仍需要法

---

① 全国人大法制工作委员会刑法室：《中华人民共和国刑事诉讼法解读（权威读本）》，中国法制出版社2012年版，第342页。
② 参见龙宗智：《两个证据规定的规范与执行若干问题研究》，载《中国法学》2010年第6期。
③ 参见刘鹏：《技术侦查疑难问题研究》，载《法学杂志》2017年第7期。

庭质证，有必要构建鉴定意见的质证规则。鉴定意见的质证规则的特殊性主要体现在质证主体和质证内容两个方面，而鉴定人出庭作证规则和专家辅助人制度属于鉴定意见质证规则运行的保障性措施。

1. 鉴定意见的质证主体

鉴定意见的质证主体应当包括公诉人、被告人及其辩护人、被害人及其法定代理人。除此之外，专家辅助人也应当享有一定的质证权，专家辅助人对被告人而言意义尤其重要。在控方提出鉴定意见时，被告人因专业知识缺乏的原因不能有效行使质证权，因而需要专家辅助人的帮助，在这一点上，专家辅助人和辩护律师有异曲同工之处。专家辅助人是被告人质证权的延伸，可以说专家辅助人的质证权并非由法律赋予，而是被告人质证权行使的必然结果。需要注意的是，法官在质证活动中并不是质证主体而是认证主体，因此在必要时有权对提出鉴定意见的一方进行询问。

2. 鉴定意见的质证内容

鉴定意见具有一般性言词证据的共性，也有自身的特性。对于鉴定意见的质证规则，可参照2010年《死刑案件证据规定》对鉴定意见审查判断内容的规定进行提炼。

第一，在证据能力层面，鉴定意见的质证内容包括：（1）鉴定人是否存在应当回避而未回避的情形；（2）鉴定机构和鉴定人是否具有合法的资质；（3）鉴定程序是否符合法律及有关规定；（4）检材的来源、取得、保管、送检是否符合法律及有关规定，与相关提取笔录、扣押物品清单等记载的内容是否相符，检材是否充足、可靠；（5）鉴定的程序、方法、分析过程是否符合本专业的检验鉴定规程和技术方法要求；（6）鉴定意见的形式要件是否完备，是否注明提起鉴定的事由、鉴定委托人、鉴定机构、鉴定要求、鉴定过程、检验方法、鉴定文书的日期等相关内容，是否由鉴定机构加盖鉴定专用章并由鉴定人签名盖章；（7）鉴定意见是否明确；（8）鉴定意见与案件待证事实有无关联；（9）鉴定意见与其他证据之间是否有矛盾，鉴定意见与检验笔录及相关照片是否有矛盾；（10）鉴定意见是否依法及时告知相关人员，当事人对鉴定意见是否有异议。

在证明力层面，鉴定意见的质证内容包括：（1）鉴定机构是否具备法定的资格和条件，或者鉴定事项超出本鉴定机构项目范围或者鉴定能力；（2）鉴定人是否具备法定的资格和条件、鉴定人是否具有相关专业技术或者职称、鉴定人是否违反回避规定；（3）鉴定程序、方法是否有错误；（4）鉴定意见与证明对象是否有关联；（5）鉴定对象与送检材料、样本是否一致；（6）送检材料、样本来源是否不明或者是否被污染且不具备鉴定条件；（7）是否违反有关鉴定特定标准的；（8）鉴定文书是否缺少签名、盖章；（9）是否存在其他违反有关规定的情形。

有论者认为，科学证据的质证内容除了证据的证据能力与证明力外，还包括可靠性要求，具体为以下几项内容：（1）专家证言依赖的原理、技术和假设是否已被充分、正确地检验；（2）该原理、方法和技术是否取得同行审查和出版，如果存在同行审查，该原理、方法和技术在科学团队中被认为正确的程度；（3）该原理、方法和技术适用的错误率。①实际上，从宏观的角度来看，鉴定意见在质证的问题上与一般刑事证据几乎没有差别，证据能力与证明力都是证据的本质属性或者证据质证的目的。前文提到的科学性仍然不能脱离鉴定意见的证据能力和证明力范畴。换言之，鉴定意见的科学性中包含了证据能力和证明力的内容。鉴定意见的质证内容必然包括主体条件和客体条件两个方面，主体不具有相应资质或作为客体的检材不具有原始客观性，必然会直接丧失证据能力，不能成为定案依据，主体主观不公正或科学原理不准确往往会降低证据的证明力。

（五）物证保管人出庭询问规则

在规范层面，我国刑事诉讼法对物证的证据属性、物证的收集与使用作了规定。2018年修改后的刑事诉讼法全文涉及"物证"的规定共计7处。其中，第50条在"证据及其种类"中规定了物证。第54条、第56条、第137条、第195条以及第204条，分别规定了与物证有关的证据收集与使用、非法证据排除规则、协助义务、调查核实、调取新证据以及延期审理。通过对

---

① 孔令勇：《新刑诉法技术专家质证规则研究》，载《政法学刊》2013年第4期。

前述梳理可以发现,在涉及物证的诸多刑事法律规范中,主要是对物证的发现、收集、使用等作了规定,对于物证保管人的规定付之阙如。

通常而言,物证经由发现、收集后才得以保管。物证的保管,系指针对物证而进行的包装、保存、运输、管理等事项。①通常意义上,物证的保管具有技术性、专业性等特性,伴随着人权保障水平的日益提升,对物证的保管亦需注重法律性。而检验物证的保管是否具有合法性的动态性操作,即对物证保管人科以出庭接受询问的义务。我们认为,物证保管人是指依法对物证进行包装、保存、运输以及管理等事项的责任主体。具体而言,由于保管方式不同,因此,物证保管人也存在差异。然而,在刑事审判中,当物证的合法性存在争议时,物证保管人具有出庭接受询问的必要性。

首先,物证保管人出庭接受询问是以审判为中心的刑事诉讼制度改革的必然要求。为贯彻落实《中共中央关于全面推进依法治国若干重大问题的决定》,推进以审判为中心的刑事诉讼制度改革,最高人民法院、最高人民检察院、公安部、国家安全部和司法部联合制定并实施了《关于推进以审判为中心的刑事诉讼制度改革的意见》。以审判为中心的诉讼制度改革在我国刑事司法改革中具有"四梁八柱"的关键性地位。以审判为中心要求以完善庭前会议程序,对适用普通程序审理的案件,健全庭前证据展示制度,听取出庭证人名单、非法证据排除等方面的意见。以审判为中心要求规范法庭调查程序,确保诉讼证据出示在法庭、案件事实查明在法庭,确保控辩双方的质证权;对定罪量刑的证据,控辩双方有争议的,应当单独质证。以审判为中心的诉讼制度改革还要求,完善对证人、鉴定人的法庭质证规则,要落实证人、鉴定人、侦查人员出庭作证制度,提高出庭作证率。物证保管人系公安机关工作人员,可以归入侦查人员出庭作证的范畴。鉴于此,物证保管人在庭前会议、法庭调查以及法庭质证中出庭接受询问,对于贯彻以审判为中心的刑事诉讼制度改革具有重要意义。

---

① 李学军:《物证论——从物证技术学层面及诉讼法学的视角》,中国人民大学出版社2010年版,第107页。另外,需要指出的是,物证保管不同于物证保全。克罗斯·罗科信教授认为保全不等于保管,"证据的保全通常是指扣押,而非保管"。参见[德]克罗斯·罗科信:《德国刑事诉讼法》,吴丽琪译,三民书局1998年版,第275页。

其次，物证保管人出庭接受询问是检验物证合法性的必要手段。2012年刑事诉讼法正式在基本法律层面确立了非法证据排除规则，并明确指出侦控机关需要对证据的合法性承担证明责任。2017年《排除非法证据规程》《法庭调查规程》也规定了侦查人员的出庭作证义务。物证保管人出庭接受询问是检验物证合法性的必要手段。第一，物证保管人出庭接受询问可以提升侦查机关对物证的保管意识。司法实践中，物证保管不善是极易被忽略的一种导致证据非法的事由。比如，某地公安机关虽已将在逃人员缉捕归案，却因之前收集的物证、书证保管不当而缺乏必要的证据支持，不能对已经抓获的在逃人员予以相应处罚，同时引起被害人方的误解，造成被害人及其亲属的不满甚至上访。① 我们认为，应设立物证保管中心，在此基础上强化侦控人员的物证保管意识，对物证的保管形完整、封闭的保管链条，从而为物证保管人出庭接受询问做好预备性工作。第二，物证保管人出庭接受询问可以最大限度地保证法院探知真相、被告人行使辩护权，可以实现对物证真实性、合法性的有效质证，排除非法证据，促进庭审实质化。

总之，物证保管人出庭作证并接受控辩审三方的询问，具有协助检验物证合法性以及促进庭审实质化的机能。物证保管人的质证规则应立足现有法庭调查规则加以完善。

1.询问主体与询问对象

询问主体与询问对象系物证保管人质证规则构建的关键性要素。

在哲学层面，主体是指对客体有认识和实践能力的人，是客体的存在意义的决定者。在法学层面，主体则是指权利义务的承担者。具体而言，在刑事诉讼法律关系中，主体是指刑事诉讼权利的享受者和刑事诉讼义务的承担者。就物证保管人而言，询问主体系对物证保管人进行询问的人。具体到物证保管人出庭作证这一刑事诉讼行为，对物证保管人的询问主体主要限定在控辩审三方。那么，控辩审三方是否均有权作为询问主体对物证保管人进行询问，刑事诉讼法律以及相关规范性文件对此缺乏规定。我们认为，应当赋予控辩审三方询问物证保管人的主体资格。理由有二。

---

① 张耀宇：《设立统一的物证、书证保管中心》，载《人民公安报》2014年2月24日，第5版。

第一，特定的诉讼模式决定了人民法院奉行积极能动的职权主义。以1996年为界，之前我国为强职权主义的诉讼模式，1996年后，我国引入当事人主义的合理成分，采行控辩式诉讼模式。尽管在职权主义与当事人主义之间作了调和，但是我国刑事诉讼仍属于典型的职权主义诉讼模式。该诉讼模式下，刑事法官负有查明案件事实真相之义务。是故，刑事法官作为询问物证保管人的一方主体，亦无不可。

第二，控辩审三方作为询问主体符合庭审实质化的要义。庭审虚化是我国刑事庭审的顽疾。《庭前会议规程》等三项规程亦旨在推进刑事庭审实质化。赋予控辩审三方询问主体的资格，使物证保管人不论是作为控方证人、辩方证人，均可以就混沌不清的案件事实提供额外的信息来源，增强对抗性。

作为询问对象的物证保管人，与出庭作证的普通证人既有联系又有区别。我们认为，将物证保管人视为询问对象的同时，需要赋予其特定的权利，也要科以一定的义务。比如，在特定情况下，需要赋予物证保管人拒绝证言权。此处语境下的物证保管人系公务员，因而其基于公务员事项拒绝作证应以涉及国家利益为前提。

2. 询问顺序及询问内容

第一，询问顺序。在通常的质证规则中，交叉询问是质证的主要方式。在对普通证人展开交叉询问时，由传唤证人的一方率先进行主询问，相对方随后对反方证人进行反询问。这一点同样适用于物证保管人。

第二，询问内容。我们主张，在质证程序中，对物证保管人进行询问应当主要围绕保管链条展开。对物证保管人进行询问旨在发现受保管的证据的真伪状况。伊曼纽尔教授认为，实物证据鉴真的第一种方法可以称为"快捷的可辨认性"或"独特的可辨认性"，而第二种方法则是通过保管链条的证明来进行鉴真。[①] 具体而言，对物证保管人的询问包括两个要点。一是物证最初进入保管人的控制范围时的同一性，即物证能否产生于已然的案件。二是物证在该证人保管期间，是否有其他人接近过。对物证保管人的询问内容应围

---

① ［美］史蒂文·L.伊曼纽尔：《证据法》（第四版），中信出版社2003年影印本，第458—459页。转引自邱爱民：《实物证据鉴真制度研究》，知识产权出版社2012年版，第324页。

绕证据"三性"展开，其中，询问内容应重点以证据的合法性为限。在对物证保管人进行合法性询问时，应重点从证据主体的合法性、证据形式的合法性、证据来源的合法性以及提取方法的合法性等几个方面予以展开。具体而言，应当根据不同种类的物证的异质性，分别就物证保管的包装、保存方式、是否受到污染等事项进行询问。至于真实性和关联性，尽管也是证据资格的构成要素或者会对证据的证明力产生影响，但与物证保管人出庭接受询问的诉讼目的关联性较弱，因此，不宜一并纳入询问内容。

3. 适用条件及利弊分析

一个成熟的理论总是具有它的局限性，在一些场合下适用，在一些场合下不适用。① 对物证保管人的询问也应以必要为限。换而言之，并不是每个案件中都需要启动对物证保管人的出庭询问程序。② 对物证保管人的询问需要满足一定的条件。

在启动主体方面，首先，控辩双方应享有启动传唤物证保管人出庭作证的权利。其次，如果将物证保管人界定为侦查人员，那么，法官有权传唤。证据合法性不明时，基于我国刑事法官肩负的查明真相之义务，法官也有权依职权传唤其出庭接受讯问。

就询问物证保管人的利弊而言，首先，对物证保管人进行询问具有多重正向机能。第一，有助于更加准确地探知案件事实真相。对物证保管人展开询问可以实现对证人询问的全覆盖。第二，有利于侦查机关侦查取证工作的规范化、专业化。对物证保管人进行询问可以激励侦查机关更加重视取证的合法性问题，更加重视物证保管环节的专业性。第三，可以提升侦查机关内部和侦审关系的协作水平。基于我国侦查机关的内部机制以及公安司法机关之间"分工负责、互相配合、互相制约"的关系，物证保管人出庭作证可以在侦查机关内部（侦查部门与物证保管部门）以及侦查机关外部（侦查机关

---

① 陈瑞华：《论法学研究方法》，法律出版社 2017 年版，第 187 页。

② 比如，在比较视野中，在时下，在法国未设陪团的法院中，证人也很少在审判阶段被传唤作证，预审所获取的书面供述通常会在法庭上予以宣读，而非由证人直接出庭作证。Pradel,supra note31,at646. 转引自［美］史蒂文·沙曼：《比较刑事诉讼案件教科书》，施鹏鹏译，中国政法大学出版社 2018 年版，第 123 页。

与审判机关)形成高效的协作式司法。其次,刑事审判中询问物证保管人也存在较多的负向机能。第一,在刑事审判中对物证保管人进行询问会降低刑事诉讼的效率。第二,询问物证保管人存在泄露侦查秘密的可能。第三,询问物证保管人可能增加侦查机关的工作负扫。

四、改善质证规则的运作环境

(一)确立以庭审为中心的诉讼理念

以审判为中心包括:一方面,在诉讼阶段上以审判阶段为中心,审前阶段要服从和服务于审判阶段;另一方面,在审级上,其他审判程序要以第一审程序为中心。① 以庭审为中心是以审判为中心的必然要求。二者关系密切,即以审判为中心通过以庭审为中心得以实现。二者也有明显的不同之处,即审判中心主义主要是解决审判活动与侦查、起诉、刑罚执行活动的外部关系,重在调整控审关系,而以庭审为中心则旨在明确审判机关内部对被告人定罪量刑的活动规则。最高人民法院在 2013 年 11 月出台的《关于建立健全防范刑事冤假错案工作机制的意见》(法发〔2013〕11 号)第 11 条提出,为防范冤假错案,"审判案件应当以庭审为中心",要真正做到"事实证据调查在法庭,定罪量刑辩论在法庭,裁判结果形成于法庭"。最高人民法院《关于全面深化人民法院改革的意见——人民法院第四个五年改革刚要》(法发〔2013〕3 号)在"全面深化人民法院改革的主要任务"中再次强调以庭审为中心,即"要确保庭审在认定证据、查明事实、公正裁判中发挥决定性作用,实现诉讼证据质证在法庭、案件事实查明在法庭、诉辩意见发表在法庭、裁判理由形成在法庭"。另外,在 2016 年 10 月 11 日《关于推进以审判为中心的刑事诉讼制度改革的意见》中也再次提出要落实以庭审为中心。

确立以庭审为中心的诉讼理念的目的有三。一是彰显法院在刑事司法程序中的中心、权威地位。树立庭审中心的诉讼理念,可促使审判人员积极行使对侦查机关证据材料收集合法性的审查判断权,促使控方规范侦查取证行

---

① 参见孙长永:《审判中心主义及其对刑事程序的影响》,载《现代法学》1999 年第 4 期。

为和指控活动接受法官的裁断,树立司法权威。二是确保案件事实真相的发现。树立以庭审为中心的理念,有利于提升证人出庭作证率,落实被告人的对质诘问权,有利于防止将虚假、偏误的证据作为定案的根据。三是彰显诉讼程序的独立价值。确立以庭审为中心的诉讼理念,有利于控辩双方围绕争点充分发表意见,切实参与到庭审中来,实现庭审的实质化。概言之,确立以庭审为中心的诉讼理念有利于促进控辩实质性地影响裁判结果,革除侦查中心主义的流弊,增强被告人对裁判的认可度,使法庭真正成为定分止争的核心场所①。

(二)确立直接言词原则

在发现案件真实的同时保证程序的正当性已经得到普遍认可,庭审实质化是庭审程序具有正当性的基本要求。体现在司法实务中,必须通过实现案卷笔录审理到直接言词审理的状态转变,从而保证庭审程序的正当性。遗憾的是,尽管控辩意见发表在法庭、诉讼证据出示在法庭等口号非常响亮,但目前的庭审实质化改革并没有明确将直接言词审理方式作为基本要求。就制度层面改革的突破口而言,应当将确立和贯彻直接言词原则作为今后改革的基本目标。以直接言词原则为统领,确立刑事被告人的对质询问权,以诉权和裁判权相互制衡的方式推动证人出庭作证,并完善证人出庭作证制度和证据能力规则,以促进关键人证出庭的常态化和限制案卷笔录的使用。

直接言词原则是大陆法系国家基本的审判制度和证据规则,是直接原则与言词原则的合称。直接原则包含四层含义:第一,在法庭审判时,各诉讼主体必须亲自出席法庭,并且从精神和体力上自始至终参与案件的全部审判活动;第二,参与制作案件裁判文书的法官必须亲自参与案件的审理,未亲自参加案件审理的法官无权制作裁判文书;第三,法庭审判应尽可能采用原证据;第四,只有法官在直接审理过程中直接调查所得的证据才能作为定案的根据。物证必须经过当庭辨认和质证,人证必须经过询问或讯问,未经法

---

① 参见罗国良、刘静坤、朱晶晶:《〈关于建立健全防范刑事冤假错案工作机制的意见〉的理解与适用》,载《人民司法》2014年第5期。

庭调查质证的证据不得作为认定案件事实的依据。而言词原则包含两层含义：其一，一切法庭审理和判决活动必须采用言词陈述的形式进行；其二，法庭判决只能以诉讼主体在法庭上以言词陈述的形式提供的证据材料作为认定案件事实的根据，一切未在法庭审理中以言词的形式提出的事实和材料，都视为未曾发生或不存在，不得作为认定案件事实的根据。① 前者强调的是法庭的直接审理和直接采证，而后者则强调采证应当以言词的形式进行。

直接言词审理和排除、限制传闻证据都是现代型庭审方式的基本要求，就我国正在推进的庭审实质化改革而言，确立直接言词原则更契合我国庭审制度的改革方向。在我国刑事审判中确立直接言词原则，旨在切断控方案卷笔录与法庭审判的必然联系，从而建立起法官与证据之间的直接联系，并将裁判建立在法庭证据调查所获取的信息的基础上，并保障当事人有机会向对方证人进行质证、对对方证据进行反驳。以直接言词审理为刑事审判的基本原则，可以更好地统领和协调我国刑事庭审制度体系中各项子制度的发展。另外，直接言词原则内含的"直接采证原则"强调法官必须亲临法庭调查，通过对证据的直接审查形成对案件事实的内心确信，从而保障裁判结果形成在法庭。② 从这一点看，确立直接言词原则也间接明示裁判权必须归属亲历审判的法官。

（三）赋予被告人庭前阅卷权

对于是否应当赋予被告人庭审前的阅卷权，学界存在不同的观点。有观点认为，赋予被告人庭审前阅卷权具有正当性，包括有利于保护被告人的知悉权、有利于律师行使其辩护权、有利于提高诉讼效率，并且符合国际惯例。③ 我们认为，在立法层面赋予被告人庭审前阅卷权的正当性还体现在有利于落实刑事庭审质证规则。具体而言：一是赋予被告人庭审前阅卷权有利于法庭质证效果。通过庭审阅卷，被告人了解了案件事实，便于把握举证、质

---

① 陈永生：《论直接言词原则与公诉案卷的移送及庭前审查》，载《法律科学（西北政法大学学报）》2001年第3期。
② 参见陈光中、龙宗智：《关于深化司法改革若干问题的思考》，载《中国法学》2013年第4期。
③ 参见钱列阳、张志勇：《被告人的阅卷权不容忽视》，载《中国律师》2009年第9期。

证的重点,尤其是在不认罪的案件中,有利于被追诉人与其律师就法庭质证提前交换意见,进行沟通和协商,明确辩护思路。显然,上述准备性活动会使自行辩护和委托辩护更富成效。① 二是赋予被告人庭审前阅卷权,有利于提升诉讼效率。被告人庭审前阅卷权不适用于审判前程序,实际上是一种有限度的阅卷权。被告人在庭审前阅卷,可使被告人打消对证据合法性的担忧,明确有争议的内容。赋予被告人庭审前阅卷权,可以在庭审中简化法庭调查,明确刑事庭审中需要重点质证的内容。换言之,有限度的庭审前阅卷权具有争点整理的功能,从而提升诉讼效率。

我国法律并未明确赋予被告人庭审前阅卷权。②2018年修改后的刑事诉讼法在辩护与代理一章仅规定了律师辩护人的完全阅卷权和其他辩护人受限制的阅卷权。根据第40条的规定,辩护律师自审查起诉之日起,可以行使阅卷权,具体的行使方式包括查阅、摘抄、复制本案的案卷材料。其他辩护人经人民法院、人民检察院许可,也可以查阅、摘抄、复制本案的案卷材料。在司法解释性质文件中,被告人享有庭审前阅卷权。2017年律师法规定,自人民检察院移送审查起诉之日起,有权查阅、摘抄、复制本案的案卷材料。除此之外,根据2012年《高法解释》第47条的规定,除了合议庭、审判委员会的讨论记录以及其他依法不公开的材料不得查阅、摘抄、复制外,辩护律师可以查阅、摘抄、复制案卷材料,其他辩护人经人民法院许可,也可以查阅、摘抄、复制案卷材料。1957年7月2日最高人民法院在对辽宁省高级人民法院提请的〔57〕法研字第77号有关当事人和辩护人阅卷问题的批复(1957年7月2日)中指出,"当事人和辩护人阅卷,一律应当在法院内阅看,不应携带出法院","除当事人以外,辩护人(包括律师)阅卷时,法院也应派人在一旁照看。至于某些律师看卷法院认为的确无须派人在旁照看的,也可以例外"。目前,该批复仍然有效,可见当前被告人并非阅卷权的主体。作为完善庭审质证规则的一项基础性配套,未来可考虑在立法中确立被告人的

---

① 相似的观点,参见曾文科:《刑事被告人阅卷权研究》,载《贵州警官职业学院学报》第2012年第2期。

② 相似的观点,参见陈瑞华:《论被告人的阅卷权》,载《当代法学》2013年第3期。

庭审前阅卷权。

（四）强化控辩双方的平等对抗

推进控辩对抗的实质化是"三项规程"试点工作的目标之一，①庭审实质化的改革意味着庭审中控辩双方的对抗性较之前更为强烈一些，这种对抗性的强化离不开律师的有效参与。有学者称，在很大程度上，刑事诉讼的文明史即辩护制度的发展史。②在我国的刑事审判当中，由于大部分犯罪嫌疑人、被告人文化程度不高，③往往缺乏法律知识和诉讼经历、经验，因此在刑事诉讼中需要获得律师的帮助。在逮捕羁押一体化的前提下，犯罪嫌疑人、被告人的人身自由受到了限制，其诉讼权利的展开基本只能依靠律师。同样，在质证过程中，由于被告人自身质证能力及质证条件的不足，有的被告人会选择请其律师代为质证。然而据统计，2015年我国一审刑事案件中，辩护率为21.2%，律师辩护率为19.9%。④在这些有律师辩护的案件中，学者的实证调研结果显示，只有20.4%的辩护律师会提出质证意见，而接近80%的辩护律师没有质证。⑤可以看出，我国刑事案件的律师辩护率仍处于一个较低的水平，同时辩护律师在庭审中鲜有能与控方形成对抗的，其质证内容攻击性弱，难以有效防御，这就使辩护律师的质证方式没有成为辩护活动重要而有效的组成部分。⑥质证规则的适用相对来说是一项高度技术化的活动，

---

① 刘静坤：《最高人民法院部署开展"三项规程"试点工作》，载《人民法院报》2017年6月11日，第1版。

② 汪海燕：《合理解释：辩护权条款虚化和异化的防线》，载《法学家》2012年第6期。

③ 根据学者的实证调研结果，在速裁案件当中，文盲被告人占5.19%，小学文化占40.26%，中学文化占53.25%，大专以上文化占1.3%。参见郑敏、陈玉官、方俊民：《刑事速裁程序量刑协商制度若干问题研究——基于福建省福清市人民法院试点观察》，载《法律适用》，2016年第4期。这一数据虽然无法说明所有的犯罪嫌疑人、被告人的文化分层，但却足以说明认罪认罚案件当中的犯罪嫌疑人、被告人的一个大概受教育情况。

④ 冷蝴蝶：《14%是彻头彻尾的错误 | 数说司法》，载BINZZ励志网，http://www.binzz.com/jingxuan/35710.html，最后访问时间：2017年6月27日。这与中国政法大学法学院副院长何兵指出的20%左右的辩护率基本一致。中央政法委政法研究所所长黄太云则指出刑事辩护率不会超过30%。

⑤ 左卫民、马静华：《效果与悖论：中国刑事辩护作用机制实证研究——以S省D县为例》，载《政法论坛》2012年第2期。

⑥ 左卫民、马静华：《效果与悖论：中国刑事辩护作用机制实证研究——以S省D县为例》，载《政法论坛》2012年第2期。

有赖专业律师的参与。律师辩护制度的完善不仅是强化控辩双方的对抗性、质证实质化的必然要求，也是推动实现刑事辩护全覆盖的必由之路。

首先，应提高辩护律师参与庭审的比例，这就需要扩大法律援助的范围。我国目前法律援助的范围比较狭窄，单从刑期上看，只有可能被判处无期徒刑、死刑的被告人能够确定得到律师辩护的保障。为了保证被告人能在法庭上有能力对抗控方，应当为不认罪或对重要证据提出异议的被告人提供法律援助。可参考浙江省高级人民法院的做法，其在3年前已经要求各级法院对所有没有辩护人辩护的被告人不认罪的案件，以及可能判处3年以上有期徒刑的案件的被告人提供法律援助。但是，这种覆盖面很广的法律援助只能在经济发达的地区实现。鉴于大部分地区在财力和人力上均有所欠缺，可以优先照顾明确表示需要律师帮助的被告人，同时结合案件性质、证据复杂程度、可能的刑罚轻重和被告人的个人特点综合考虑是否迫切需要律师帮助。① 其次，扩大辩护律师的调查取证权。辩护律师的调查取证对控辩平等对抗具有重要意义。虽然检察机关和法院会全面调查案件真相，但仍有可能忽略有利于被告人的情节，或对有的证据和事实作出错误判断。为降低这种遗漏或错判的风险，有必要让辩护人协助有利于被告人的证据的调查。② 目前我国刑事诉讼中控辩双方的调查取证权是不平等的，控方具有强制性的调查取证权，而辩方的调查取证权却没有强制力。在这种情况下，如果对辩方的调查、取证权还要加以限制，事实上等于剥夺了辩方的调查权，如果辩护律师难以主动调查获得有利于被告人的证据，就只能在法庭上消极辩护。③ 在认可以控方调查取证和主动举证为主导的事实发现的前提下，有必要通过提高辩方的主动防御能力来改变庭审证据调查单方性的现状，使控辩对抗发挥实际作用。一是应当取消对辩护律师调查取证的限制性规定，在赋予辩护律师主动调查取证权的同时，还应强调有关单位和个人的配合义务；二是强调法院调取辩护证据的义务，除非辩方理由确实不合理，否则不得拒绝辩方提出的调查取证申请。可以考虑建立调查令制度，由法院以向辩护律师签发调查令的形式要求相关单位和个人予

---

① 顾永忠等：《刑事辩护：国际标准与中国实践》，北京大学出版社2012年版，第270—271页。
② ［德］克劳思·罗科信：《刑事诉讼法》，吴丽琪译，法律出版社2003年版，第148页。
③ 田文昌、陈瑞华：《刑事辩护的中国经验》，北京大学出版社2012年版，第195页。

以配合，减少律师调查取证的阻碍。最后，建立律师辩护质量的评价机制。应当认识到，我国宪法确立的"被告人有权获得辩护"的原则不只是强调有人为被告人辩护，还应当保证其得到的是有效辩护。为保证有效辩护，应当建立一套旨在规范律师辩护的质量控制体系，①敦促律师积极履行辩护职责。

（五）促进刑事诉讼的繁简分流

我们认为，应当从速裁程序的完善和速裁程序与认罪认罚的衔接的角度对刑事案件进行繁简分流。

1. 速裁程序的完善

近年来，"我国刑事司法领域凸显出犯罪轻型化倾向"，②案件数量呈现出不断增多的趋势，③虽然严重危害社会治安的犯罪案件呈下降趋势，但轻微刑事案件的数量仍在高位徘徊。为优化司法资源配置，提升司法公正效率，"两高三部"于2016年11月发布了《关于在部分地区开展刑事案件认罪认罚从宽制度试点工作的办法》（以下简称《试点办法》）。质证规则的有效运行是为了实现庭审的实质化，然而"实质化的庭审是以控辩双方在证据审查判断和事实认定上存在争议为前提来设计的，由此才要求在庭审中落实严格证明法则，并保障被告人的对质询问权等诉讼权利。一旦被指控人认罪认罚，就意味着控辩双方对于证据审查判断和案件事实认定不存在争议，而对质询问权等诉讼权利的保障也就失去了必要性"。④试点中以被告人认罪认罚为依托，在适用速裁程序的案件中，不进行法庭调查和法庭辩论便体现了这一点。质证的最终目的在于影响法官的心证，然而在被告人认罪认罚的案件中，控辩双方已就被告人的定罪及法律适用达成基本一致，已无必要进行质证活动。司法效率的提高不在于个案的资源投入减少了多少，而在于整体上的投入产

---

① 陈瑞华：《刑事辩护的理念》，北京大学出版社2016年版，第117—118页。
② 陈卫东：《认罪认罚从宽制度研究》，载《中国法学》2016年第2期。魏晓娜：《完善认罪认罚从宽制度：中国语境下为关键词展开》，载《法学研究》2016年第4期。
③ 2017年《最高人民法院工作报告》显示：2016年各级法院审结一审刑事案件109.9万件，判处罪犯123.2万人，同比分别上升7.5%和4%。
④ 万旭：《价值冲突与效率危机：我国刑事证据制度的转型》，载《中山大学法律评论》2016年第3期。

出比是否得以提高。将更多的司法资源投入重大、疑难、复杂案件,不仅减少了司法资源在简单案件中不必要的消耗,而且使繁案可以精审,质证在实质上发挥其应有的作用。

对于速裁程序,首先要完善其实施细节。适用条件过严是目前速裁程序适用率较低的主要原因之一。如前所述,从刑罚条件限制速裁程序的适用是有必要的,但是如果进一步限制适用的案件范围,就会影响速裁程序的适用,也无法满足劳动教养制度废除后微罪案件分流的需求。再加上司法人员选择性适用速裁程序,久而久之可能导致速裁程序沦为一些特定罪名的专属程序。若要保证速裁程序融入整个审判程序的体系,真正发挥程序分流的机能,就不应当对适用案件的罪名作过于严格的限制。只要从证据和程序上满足条件,原则上应当将可能判处一年以下的案件都纳入速裁程序的适用范围,但是,涉及危害国家安全、恐怖活动、黑社会性质组织犯罪、故意实施的职务犯罪案件以及涉外刑事案件等不适宜速裁的案件除外。除了取消专属罪名的限制,也应取消一些无必要的禁止适用情形,比如因犯罪嫌疑人身体残疾而剥夺其享有速裁权利这种比较明显的歧视性规定,以及对违反取保候审和监视居住的被追诉人禁止适用速裁程序这种道理不够充分的规定。[①]

2. 促进个案的繁简分流

除上述对案件的繁简分流之外,在个案中同样存在繁简分流的问题。刑事诉讼法规定,审判人员可以就证据问题召开庭前会议,听取意见。此外,2012年《高法解释》第184条规定,"审判人员可以询问控辩双方对证据材料有无异议,对有异议的证据,应当在庭审时重点调查;无异议的,庭审时举证、质证可以简化"。这也就意味着,对证据材料较多、案情重大复杂的案件,为保证庭审的效率,对不同的证据问题在资源分配上也是存在差异的。有效落实庭前会议,能够确保法庭集中持续审理,同时提高庭审质量和效率。[②] 然而在司法实践中,由于庭前会议不具有约束力,因而适用率不高,也

---

① 参见李本森:《我国刑事案件速裁程序研究——与美、德快速审理程序之比较》,载《环球法律评论》2015年第2期。

② 戴长林,刘静坤:《让以审判为中心的刑事诉讼制度改革落地见效——对"三项规程"重点内容的解读》,载《人民法院报》2017年6月28日,第6版。

很难达到理想的效果。但对于控辩双方而言,庭前会议的有效进行,一方面可以使双方进行证据交换、意见交换,从而避免质证流于形式,解决一直以来在控辩双方信息严重不对等的情况下律师在审判中的质证往往流于形式[①]这一问题;另一方面也可以让双方明确争点、厘清思路,在庭审过程中能够有针对性地、更高效地开展质证活动。

(六)提升诉讼主体技术素养

质证实质化是实现庭审实质化的前提。参与庭审的主要诉讼主体需按照庭审实质化的技术标准,不断提升自身技术素养,以适应并推动庭审实质化。

1. 法官技术素养的提升

提升法官的专业素养与业务能力,是维护审判公正、提高审判质效,进而实现庭审实质化的必要途径。具体而言,法官应当提升驾驭控制庭审、审查判断证据、当庭认证、裁判分析与说理的能力。就驾驭控制庭审而言,如前所述,法官应以尽量产生更多裁判信息为目标,主持和引导控辩双方展开充分的证据调查,并同时维持好庭审的秩序;就审查判断证据而言,法官应当强化证据意识,把握案件的证据要点和疑点,正确适用证据规则,不断提升审查判断证据的能力;就当庭认证而言,一方面需要逐步扩大当庭认证的范围,对法官当庭认证的能力形成倒逼,另一方面需要加强法官听审的能力,为当庭认证做好准备;就裁判分析与说理而言,需要从过去以案卷材料为依托的分析说理方式,转变为以庭审为主,或至少庭审与案卷并重,且特别注重分析举证、质证、辩论情况的论证方式[②],对庭审中的争议焦点及不同意见进行详细分析、说理。实现法官专业化,应加强法官的业务培训,提升法官的综合素能。司法能力的高低是决定案件审判质量优劣的基本条件。在培训的内容上,应合理兼顾审判技能、专业知识、理论水平和应急应变综合能力等多层次的内容,着重提升法官的司法能力水平。在培训的组织及形式上,

---

① 陈文华:《刑事质证中控辩平衡机制的完善——从〈刑事诉讼法〉第150条切入》,载《新疆社会科学》2011年第1期。

② 龙宗智:《庭审实质化的路径和方法》,载《法学研究》2016年第5期。

应注重发挥法官考评委员会的职能作用,切实承担起组织法官培训的规划及实施工作,采取集中学习、讨论交流以及学术讲座等多种培训形式。建立统一的审判知识管理机制,是优化法官培养模式,助益法官队伍专业化的可行之道。所谓审判知识管理,是指将审判经验和知识进行生产、分享、应用以及创新,以实现知识和信息的有效传递及价值发挥的过程。[①] 实践中,在建设审判知识管理体系时,应着力于通过收集、归纳和总结法律法规、前沿理论以及审判经验等知识信息,并通过案例指导、学术讨论以及培训学习等方式将审判知识进行传递和再生产,以实现知识信息在法院系统内部的创造和共享,提升法官司法能力和总体水平。

2. 控辩双方技术素养的提升

控辩双方的技术素养主要体现在法庭上的举证、质证和论辩能力,但庭审之前的准备工作同样非常重要。庭前准备工作是法庭交锋的前提和基础,为保障庭审的顺利开展,有必要把庭前准备工作做扎实、做到位,所以应当提升控辩双方的庭前准备能力。具体包括:熟悉案情,全面了解全案证据及其与待证事实的关系;熟悉相关法律法规及专门知识,熟练掌握条文背后的法理;预判争议的焦点,提高庭审控场能力,必要时就庭审活动与法官进行沟通[②];做好证人、鉴定人、有专门知识的人出庭准备工作,注意调节出庭人员的压力和情绪;充分做好预案工作,预判庭审中可能出现的问题。在证人、鉴定人、侦查人员等人证出庭成为常态后,对人证的质询效果将直接影响庭审效果。当务之急就是提升控辩双方举证、质证的能力,以适应庭审的对抗性。[③] 以人证调查为例,法庭询问方式的技术化与规则的复杂化对控辩双方的人证询问技能提出了更高的要求,参与交叉询问的控辩双方既要熟知规则,又要深谙技巧。与英美法庭控辩双方熟练、专业的发问相比,我国出庭公诉人和辩护律师囿于缺乏交叉询问的技能训练,无法合理、正确地运用询问方式,有效地引导和控制证人作证。因此,我们在加强法庭律师辩护的同时,

---

① 参见闻长智、李凯:《关于人民法院建立审判知识管理体系的构想》,载《中国审判》2012年第12期。
② 王勇主编:《公诉人出庭的方法与技巧》,法律出版社2015年版,第14—15页。
③ 叶青:《以审判为中心的诉讼制度改革之若干思考》,载《法学》2015年第7期。

也需要对公诉队伍和刑事辩护律师进行系统、全面的交叉询问技能培训,使其能在诉讼中熟练掌握和运用交叉询问的专业技能,准确把握和运用诱导性问题,提升诉讼能力。我国法学教育应当逐步加强对法科学生实践技能的培养。此外,检察系统和律师协会应当积极组织职前、定期培训,通过理论学习和实战培训充分掌握法庭询问的技巧和精髓,[1]从根本上改善控辩双方缺乏询问技巧的现状。

---

[1] 参见陈卫东、王静:《我国刑事庭审中交叉询问规则之重构》,载《人民检察》2007年第22期。

主要参考文献

一、中文资料

（一）著作

1. 卞建林、刘玫主编:《外国刑事诉讼法》,中国政法大学出版社 2008 年版。
2. 蔡墩铭:《刑事审判程序》,五南图书出版公司 1992 年版。
3. 陈光中等:《中国司法制度的基础理论问题研究》,经济科学出版社 2010 年版。
4. 陈光中主编:《证据法学》(第二版),法律出版社 2013 年版。
5. 陈瑞华:《刑事审判原理论》,北京大学出版社 2003 年版。
6. 陈瑞华:《程序正义理论》,中国法制出版社 2010 年版。
7. 陈瑞华:《刑事证据法学》(第二版),北京大学出版社 2014 年版。
8. 陈瑞华:《刑事辩护的理念》,北京大学出版社 2016 年版。
9. 陈瑞华:《刑事诉讼的前沿问题》(下),中国人民大学出版社 2016 年版。
10. 陈卫东主编:《刑事诉讼法》(第二版),高等教育出版社 2019 年版。
11. 陈一天:《刑事证据程序控制论》,中国政法大学出版社 2016 年版。

12. 戴长林主编:《非法证据排除规定和规程理解与适用》,法律出版社 2019 年版。

13. 樊崇义主编:《证据法学》,法律出版社 2008 年版。

14. 房保国:《刑事证据规则实证研究》,中国人民大学出版社 2010 年版。

15. 高咏:《非法证据排除程序研究》,中国法制出版社 2014 年版。

16. 顾永忠等:《刑事辩护:国际标准与中国实践》,北京大学出版社 2012 年版。

17. 郭天武、何邦武:《香港刑事诉讼法专论》,北京大学出版社 2009 年版。

18. 郭彦主编:《理性 实践 规则——刑事庭审实质化改革的成都样本》,人民法院出版社 2016 年版。

19. 何家弘、刘品新主编:《证据法学》(第五版),法律出版社 2013 年版。

20. 何家弘、南英主编:《刑事证据制度改革研究》,法律出版社 2003 年版。

21. 何家弘、张卫平主编:《外国证据法选择》(上卷),人民法院出版社 2000 年版。

22. 胡康生、李福成主编:《中华人民共和国刑事诉讼法释义》,法律出版社 1996 年版。

23. 黄朝义:《刑事诉讼法》,新学林出版股份有限公司 2014 年版。

24. 江必新主编:《〈最高人民法院关于适用《中华人民共和国刑事诉讼法》的解释〉理解与适用》,中国法制出版社 2013 年版。

25. 李昌盛:《刑事审判:理论与实证》,法律出版社 2015 年版。

26. 李学灯:《证据法比较研究》,五南图书出版公司 1998 年版。

27. 李学军:《物证论——从物证技术学层面及诉讼法学的视角》,中国人民大学出版社 2010 年版。

28. 林铁军:《刑事诉讼中法院职权调查问题研究》,法律出版社 2016 年版。

29. 林钰雄:《刑事诉讼法》,中国人民大学出版社 2005 年版。

30. 林钰雄:《严格证明与刑事证据》,法律出版社 2008 年版。

31. 林钰雄:《刑事诉讼法》,元照出版有限公司 2013 年版。

32. 刘根菊等:《刑事诉讼程序改革之多维视角》,中国人民公安大学出版社 2006 年版。

33. 刘星:《法学知识如何实践》,北京大学出版社 2011 年版。

34. 龙宗智:《刑事庭审制度研究》,中国政法大学出版社 2001 年版。

35. 龙宗智:《证据法的理念、制度与方法》,法律出版社 2008 年版。

36. 龙宗智等:《司法改革与中国刑事证据制度的完善》,中国民主法制出版社 2016 年版。

37. 马贵翔等:《刑事证据规则研究》,复旦大学出版社 2009 年版。

38. 潘金贵主编:《证据法学》,法律出版社 2016 年版。

39. 全国人大常委会法制工作委员会刑法室编:《中华人民共和国刑事诉讼法——条文说明、立法理由及相关规定》,北京大学出版社 2008 年版。

40. 全国人大常委会法制工作委员会刑法室编:《中华人民共和国刑事诉讼法解读(权威读本)》,中国法制出版社 2012 年版。

41. 尚华:《论质证》,中国政法大学出版社 2013 年版。

42. 沈德咏主编:《严格司法与诉讼制度改革——推进以审判为中心的刑事诉讼制度改革策论》,法律出版社 2017 年版。

43. 宋世杰等:《外国刑事诉讼法比较研究》,中国法制出版社 2006 年版。

44. 宋英辉等:《刑事诉讼原理》(第三版),北京大学出版社 2014 年版。

45. 宋英辉、孙长永等:《外国刑事诉讼法》,北京大学出版社 2011 年版。

46. 孙长永主编:《刑事诉讼法学》(第三版),法律出版社 2016 年版。

47. 孙长永:《探索正当程序——比较刑事诉讼法专论》,中国法制出版社 2005 年版。

48. 孙长永等:《中国地方性刑事司法规则研究》,法律出版社 2016 年版。

49. 田文昌、陈瑞华:《刑事辩护的中国经验》,北京大学出版社 2013 年版。

50. 王爱立主编:《中华人民共和国刑事诉讼法修改与适用》,中国民主法制出版社 2019 年版。

51. 王达人、曾粤兴:《正义的诉求——美国辛普森案与中国杜培武案的比较》,北京大学出版社 2012 年版。

52. 王剑虹:《亲属拒证特权研究》,法律出版社 2010 年版。

53. 王进喜主编:《刑事证据法的新发展》,法律出版社 2013 年版。

54. 王颂勃:《刑事诉讼法庭质证规则研究》,中国人民公安大学出版社 2015 年版。

55. 王晓华:《我国刑事被告人质证权研究》,中国政法大学出版社 2014 年版。

56. 王勇主编:《公诉人出庭的方法与技巧》,法律出版社 2015 年版。

57. 王兆鹏:《刑事诉讼讲义》,元照出版有限公司 2006 年版。

58. 王兆鹏:《辩护权与诘问权》,华中科技大学出版社 2010 年版。

59. 王兆鹏:《美国刑事诉讼法》(第二版),北京大学出版社 2014 年版。

60. 肖铃:《国际刑事诉讼证据规则研究》,人民出版社 2010 年版。

61. 谢佑平、万毅:《刑事诉讼法原则:程序正义的基石》,法律出版社 2002 年版。

62. 熊选国主编:《刑事诉讼法司法解释释疑》,中国法制出版社 2002 年版。

63. 熊焱主编:《刑事庭审实质化改革:理论、实践、创新》,法律出版社 2017 年版。

64. 许春金等:《刑事司法与犯罪学研究方法》,五南图书出版股份有限公司 2016 年版。

65. 薛波主编:《元照英美法系词典》,法律出版社 2003 年版。

66. 杨宇冠:《国际人权法对我国刑事司法改革的影响》,中国法制出版社 2008 年版。

67. 杨宇冠:《人权法——〈公民权利和政治权利国际公约〉研究》,中国人民公安大学出版社 2003 年版。

68. 俞亮:《证据相关性研究》,北京大学出版社 2008 年版。

69. 张建伟:《司法竞技主义——英美诉讼传统与中国庭审方式》,北京大学出版社 2005 年版。

70. 张军、姜伟、田文昌:《刑事诉讼:控·辩·审三人谈》,法律出版社2001年版。

71. 张军主编:《刑事证据规则理解与适用》,法律出版社2010年版。

72. 张中:《实践证据法:法官运用证据经验规则实证研究》,中国政法大学出版社2015年版。

73. 左卫民等:《中国刑事诉讼运行机制实证研究》,法律出版社2007年版。

(二)论文

1. 卞建林:《刑事诉讼法再修改面面观》,载《法治研究》2019年第1期。
2. 卞建林、郭志媛:《刑事证明主体新论——基于证明责任的分析》,载《中国刑事法杂志》2003年第1期。
3. 陈光中:《坚持惩罚犯罪和保障人权相结合、立足国情与借鉴外国相结合——参与刑事诉讼修改的几点体会》,载《政法论坛》1996年第6期。
4. 陈光中、龙宗智:《关于深化司法改革若干问题的思考》,载《中国法学》2013年第4期。
5. 陈瑞华:《从"证据学"走向"证据法学"——兼论刑事证据法的体系和功能》,载《法商研究》2006年第3期。
6. 陈瑞华:《刑事程序失灵问题的初步研究》,载《中国法学》2007年第6期。
7. 陈瑞华:《司法裁判的行政决策模式——对中国法院"司法行政化"现象的重新考察》,载《吉林大学社会科学学报》2008年第4期。
8. 陈瑞华:《实物证据的鉴真问题》,载《法学研究》2011年第5期。
9. 陈卫东:《认罪认罚从宽制度研究》,载《中国法学》2016年第2期。
10. 陈卫东、王静:《我国刑事庭审中交叉询问规则之重构》,载《人民检察》2007年第22期。
11. 陈闻高:《论供证关系——侦讯证据审查与侦讯假说查证之考量》,载《中国人民公安大学学报(社会科学版)》2015年第2期。
12. 陈学权:《科学对待DNA证据的证明力》,载《政法论坛》2010年第5期。

13. 陈永生:《论直接言词原则与公诉案卷的移送及庭前审查》,载《法律科学(西北政法大学学报)》2001年第3期。

14. 陈永生:《论辩护方当庭质证的权利》,载《法商研究》2005年第5期。

15. 戴长林、刘静坤:《让以审判为中心的刑事诉讼制度改革落地见效——对"三项规程"重点内容的解读》,载《人民法院报》2017年6月28日。

16. 戴长林、刘静坤:《人民法院办理刑事案件第一审普通程序法庭调查规程(试行)理解与适用》,载《人民法院报》2018年1月17日。

17. 戴长林、麃素勋:《〈人民法院办理刑事案件庭前会议规程(试行)〉的理解与适用》,载《人民法院报》2018年1月31日。

18. 戴长林、矢晶晶:《〈人民法院办理刑事案件排除非法证据规程(试行)〉的理解与适用》,载《刑事审判参考》(总第113集),法律出版社2019年版。

19. 樊崇义、王国忠:《刑事被告质证权简要探析》,载《河南省政法管理干部学院学报》2006年第5期。

20. 冯文生:《争点整理程序研究》,载《法律适用》2005年第2期。

21. 郭华:《庭审案件事实认定程序规则研究》,载《法学杂志》2018年第1期。

22. 郭松:《司法文件的中国特色与实践考察》,载《环球法律评论》2018年第4期。

23. 韩旭、王釸波:《刑事庭审质证运行状况实证研究——以100个庭审案例为样本》,载《法治研究》2016年第6期。

24. 胡铭:《鉴定人出庭与专家辅助人角色定位之实证研究》,载《法学研究》2014年第4期。

25. 胡云腾:《证人出庭作证难及其解决思路》,载《环球法律评论》2006年第5期。

26. 孔令勇:《新刑诉法技术专家质证规则研究》,载《政法学刊》2013年第4期。

27. 李本森:《我国刑事案件速裁程序研究——与美、德快速审理程序之比较》,载《环球法律评论》2015年第2期。

28. 李奋飞:《论"表演性辩护"——中国律师法庭辩护功能的异化及其矫正》,载《政法论坛》2015年第2期。

29. 李奋飞:《我国刑事诉讼制度持续发展因子探析》,载《法商研究》2016年第5期。

30. 刘静坤、刘建强:《侦查人员出庭如何说明证据收集的合法性》,载《人民公安报》2014年10月19日。

31. 刘鹏:《技术侦查疑难问题研究》,载《法学杂志》2017年第7期。

32. 刘晓兵:《交叉询问质证功能论略》,载《证据科学》2016年第4期。

33. 龙宗智:《论刑事对质制度及其改革完善》,载《法学》2008年第5期。

34. 龙宗智:《我国刑事庭审中人证调查的几个问题——以"交叉询问"问题为中心》,载《政法论坛》2008年第5期。

35. 龙宗智:《两个证据规定的规范与执行问题研究》,载《中国法学》2010年第6期。

36. 龙宗智:《庭审实质化的路径和方法》,载《法学研究》2015年第5期。

37. 卢莹:《庭审实质化视阈下交叉询问规则建构》,载《南海法学》2018年第2期。

38. 罗国良、刘静坤:《证据收集合法性事实的证明方式和证明标准》,载《法律适用》2015年第3期。

39. 马贵翔、孔凡洲:《共同犯罪法庭调查程序探析》,载《甘肃政法学院学报》2018年第1期。

40. 莫湘益:《庭前会议:从法理到实证的考察》,载《法学研究》2014年第3期。

41. 聂昭伟:《供证关系在证据审查及事实认定中的价值分析》,载《人民司法》2015年第24期。

42. 潘金贵:《庭审实质化的核心是质证实质化》,载《证据法学论丛》(第六卷),中国检察出版社2016年版。

43. 沈德咏:《庭审实质化的六项具体改革措施》,载《法制日报》2016年2月3日。

44. 沈德咏：《论严格司法》，载《政法论坛》2016 年第 4 期。

45. 施鹏鹏：《庭审实质化改革的核心争议及后续完善——以"三项规程"及其适用报告为分析对象》，载《法律适用》2018 年第 1 期。

46. 四川省成都市中级人民法院课题组：《成都法院刑事庭审实质化改革试点工作调研报告》，载《刑事审判参考》（总第 103 集），法律出版社 2016 年版。

47. 苏力：《司法制度的合成理论》，载《清华法学》2007 年第 1 期。

48. 孙长永、王彪：《审判阶段非法证据排除问题实证考察》，载《现代法学》2014 年第 1 期。

49. 孙维萍、露卡·露巴利亚：《意大利刑事诉讼法的主要特色及最新修订》，载《政治与法律》2003 年第 5 期。

50. 谭兵、黄胜春：《论我国民事诉讼中的质证制度》，载《法学评论》1995 年第 5 期。

51. 谭世贵：《构建协调发展、和谐有序的中国司法制度体系》，载《苏州大学学报（哲学社会科学版）》2011 年第 1 期。

52. 田国宝：《刑事质证程序研究》，载《中国刑事法杂志》2006 年第 6 期。

53. 田口守一、付玉明：《日本裁判员制度的意义与课题》，载《法律科学（西北政法大学学报）》2012 年第 1 期。

54. 万燕：《刑事庭审异议规则研究》，西南政法大学 2012 年硕士学位论文。

55. 万毅：《论庭审实质化改革与证据规则之完善——以 C 市法院改革为样本的分析》，载《中国政法大学学报》2016 年第 5 期。

56. 万永海：《刑事法庭调查论》，中国政法大学 2005 年博士学位论文。

57. 王彪：《非法证据对法官心证的影响与消除》，载《证据科学》2015 年第 4 期。

58. 王彪：《中国非法证据排除规则的最新发展》，载《兰州大学学报（社会科学版）》2018 年第 2 期。

59. 魏晓娜：《完善认罪认罚从宽制度：中国语境下的关键词展开》，载《法学研究》2016 年第 4 期。

60. 王飞、刘卉:《十年回首:对法官遴选制度的检视与修正——基于对东部地区基层青年法官司法能力的调查分析》,载万鄂湘主编:《探索社会主义司法规律与完善民商事法律制度研究》(上),人民法院出版社2011年版。

61. 汪海燕:《合理解释:辩护权条款虚化和异化的防线》,载《法学家》2012年第6期。

62. 王梅英:《异议与诉讼指挥》,载《法官协会杂志》2001年第2期。

63. 王敏远:《刑事诉讼法重点问题探讨》,载《法治研究》2019年第2期。

64. 汪贻飞:《论证言笔录的证据能力》,载《中国刑事法杂志》2009年第8期。

65. 吴铁刚:《简析美国的诱导性询问》,载《前沿》2007年第7期。

66. 吴巡龙:《对质诘问权的保障与限制——释字五八二号的解释评析》,载《月旦法学杂志》总第115期。

67. 肖铃:《国际刑事诉讼中的证据出示和质证规则》,载《国家检察官学院学报》2010年第4期。

68. 谢小剑:《刑诉法修改后涉密证据的质证》,载《法学论坛》2013年第5期。

69. 熊秋红:《从保障对质权出发研究证人出庭作证》,载《人民检察》2008年第24期。

70. 熊秋红:《刑事证人作证制度之反思——以对质权为中心的分析》,载《中国政法大学学报》2009年第5期。

71. 徐建新、任国权、吴程远:《温州法院推进庭审实质化改革试点工作调研报告》,载《刑事审判参考》(总第103集),法律出版社2016年版。

72. 许身健:《交叉询问:发现真相的最佳机制》,载《检察日报》2013年10月30日。

73. 杨红梅:《转化运用技术侦查材料抗诉零口供无罪判决案件——被告人张某等人贩卖毒品案评析》,载《刑事司法指南》(总第65集),法律出版社2016年版。

74. 杨涛:《刑事诉讼中专家辅助人出庭制度的实践与完善——以"念斌案"和"复旦投毒案"为样本的分析》,载《法律适用》2015年第10期。

75. 杨宇冠：《庭庭质证制度完善研究》，载《刑事司法指南》（总第64集），法律出版社2016年版。

76. 杨宇冠、刘曹禛：《以审判为中心的诉讼制度改革与质证制度之完善》，载《法律适用》2016年第1期。

77. 杨子良：《关于刑事诉讼庭审质证实质化的建议》，载《人民法院报》2017年1月15日。

78. 叶青：《以审判为中心的诉讼制度改革之若干思考》，载《法学》2015年第7期。

79. 易延友：《最佳证据规则》，载《比较法研究》2011年第6期。

80. 俞世裕、滔广俊、林嘉栋等：《鉴定人出庭作证制度实施现状及完善——以浙江省为视角》，载《中国司法鉴定》2014年第5期。

81. 张保生：《证据规则的价值基础和理论体系》，载《法学研究》2008年第2期。

82. 张建伟：《"质证"的误解误用及其本义》，载《检察日报》2012年11月1日。

83. 张军：《关于刑事案件审判方式的若干问题》，载《中国法学》1996年第3期。

84. 张耀宇：《设立统一的物证、书证保管中心》，载《人民公安报》2014年2月24日。

85. 郑未媚：《庭审中心与质证规则构建》，载《证据科学》2016年第3期。

86. 纵博：《论刑事证据规则的规范目的》，载《法学论坛》2017年第1期。

87. 左卫民：《未完成的变革——刑事庭前会议实证研究》，载《中外法学》2015年第3期。

88. 左卫民：《审判如何成为中心：误区与正道》，载《法学》2016年第6期。

89. 左卫民、马静华：《刑事证人出庭率：一种基于实证研究的理论阐述》，载《中国法学》2005年第6期。

90. 左卫民、马静华：《效果与悖论：中国刑事辩护作用机制实证研究——以S省D县为例》，载《政法论坛》2012年第2期。

（三）译著

1. ［德］科劳斯·缇德曼：《德国刑事诉讼法导论》，宗玉琨译，知识产权出版社 2013 年版。

2. ［德］拉德布鲁赫：《法学导论》，米健、朱林译，中国大百科全书出版社 1997 年版。

3. ［德］罗科信：《德国刑事诉讼法》，吴丽琪译，三民书局 1998 年版。

4. ［德］托马斯·魏特根：《德国刑事诉讼程序》，岳礼玲译，中国政法大学出版社 2000 年版。

5. ［美］艾伦·辛德、大卫·索纳辛：《加州证据法与异议实务》，蔡秋明译，商周出版社 2005 年版。

6. ［美］J. R. 华尔兹：《刑事证据大全》（第二版），何家弘译，中国人民公安大学出版社 2004 年版。

7. ［美］克里斯托弗·艾伦：《英国证据法实务指南》（第四版），王进喜译，中国法制出版社 2012 年版。

8. ［美］罗纳德·J. 艾伦：《艾伦教授论证据法》（上），张保生、王进喜、汪诸豪等译，中国人民大学出版社 2014 年版。

9. ［美］罗纳德·J. 艾伦、理查德·B. 库恩斯、埃莉诺·斯威夫特：《证据法：文本、问题和案例》（第三版），张保生、王进喜、赵滢译，高等教育出版社 2006 年版。

10. ［美］罗纳尔多·V. 戴尔卡门：《美国刑事诉讼法——法律和实践》，张鸿巍等译，武汉大学出版社 2006 年版。

11. ［美］马丁·戈尔丁：《法律哲学》，齐海滨译，生活·读书·新知三联书店 1987 年版。

12. ［美］麦考密克：《麦考密克论证据》，汤维建等译，中国政法大学出版社 2003 年版。

13. ［美］史蒂文·沙曼：《比较刑事诉讼案件教科书》，施鹏鹏译，中国政法大学出版社 2018 年版。

14. ［美］约书亚·德雷斯勒、艾伦·C. 迈克尔斯：《美国刑事诉讼法精解》,魏晓娜译,北京大学出版社 2009 年版。

15.[日]谷口安平:《程序的正义与诉讼》,王亚新、刘荣军译,中国政法大学出版社 2002 年版。

16.[日]田口守一:《刑事诉讼法》(第五版),张凌、于秀峰译,中国政法大学出版社 2010 年版。

17.[英]约翰·斯普莱克:《英国刑事诉讼程序》,徐美君、杨立涛译,中国人民大学出版社 2009 年版。

(四)外国法典中译本

1.《俄罗斯联邦刑事诉讼法典》,黄道秀译,中国政法大学出版社 2002 年版。

2.《德国刑事诉讼法典》,李昌珂译,中国政法大学出版社 1995 年版。

3.《马萨诸塞州证据规则指南》,廖永安等译,湘潭大学出版社 2012 年版。

4.《世界各国刑事诉讼法·欧洲卷》,中国检察出版社 2016 年版。

5.《日本刑事诉讼法》,宋英辉译,中国政法大学出版社 2000 年版。

二、外文资料

1. Bryan A.Garnerm, *Black's Law Dictionary (8th Ed)*, West Group, 2007.

2. Jenny Mcewan, *Evidence and the Adversarial Process*, Blackwell Publishers, 1992.

3. John H. Wigmore, "Evidence in Trials at Common Law", 1 *Tillers Reviews*, 18 at 608, Boston, 1983.

4. Joyce Plotnikoff and Richard Woolfson, *Intermediaries in the Criminal Justice System: Improving Communication For Vulnerable Witnesses and Defendants*, University of Bristol, 2015.

5. Louis M. Jr. Natali, "Cross-Examination", 7 *Am. J. Trial Advoc.* 19 (1983).

6. Martin Hannibal and Lisa Mountford, *Criminal Litigation (2015-2016)*,

Oxford University Press, 2015.

7. Phoebe Bowden, Terese Henning and David Plater, "Balancing Fairness to Victims, Society and Defendants in The Cross-Examination of Vulnerable Witness: An Impossible Triangulation", 37 *Melbourne University Law Review*, 2014.

8. Thaman S C, *Exclusionary Rules in Comparative Law*, Springer, 2013.

9. Walter W. Bates, R. Todd Huntley and William S. Jr. Starnes, "Ten Tips for Direct Examination and Cross-Examination", 39 *Am. J. Trial Advoc.* 339 (2015).